U0924212

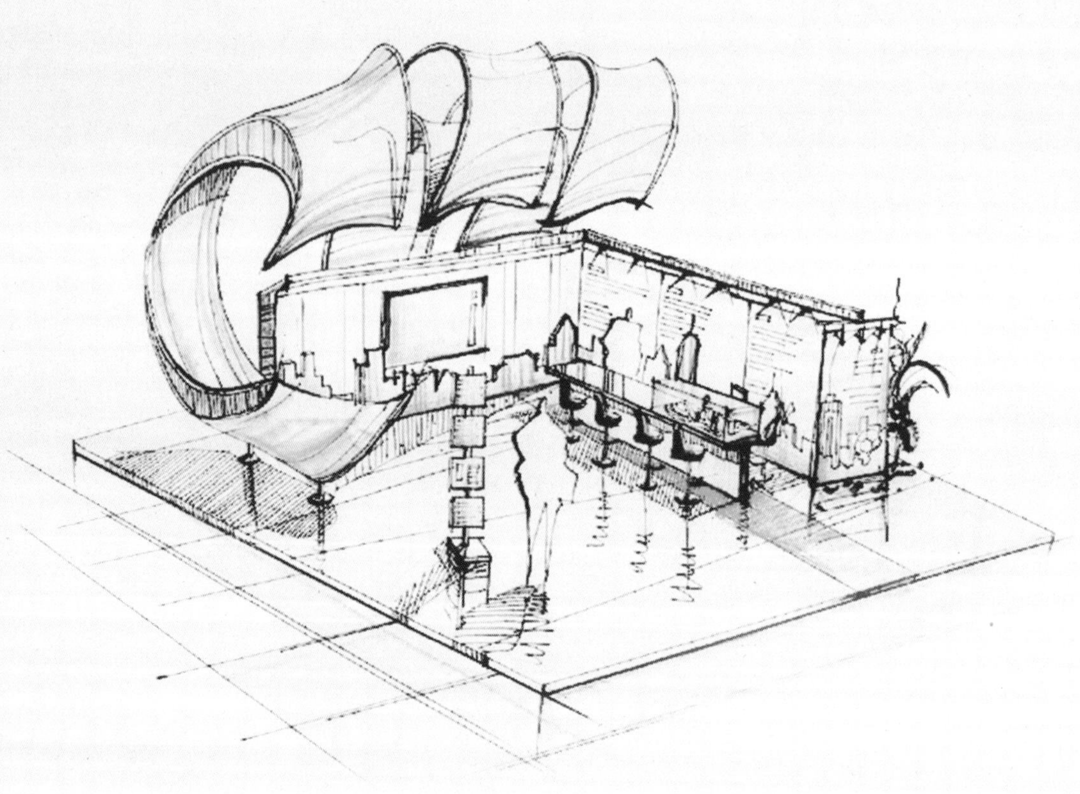

卖场规划与管理

STORE FACILITY PLANNING AND MANAGEMENT

（精华版）

谢致慧 著
Chih-Hui Shieh
卖场规划实务大师

精华版序言

本书初版在去年（2005）问世以来，承蒙学界和业界朋友的抬爱，特此致谢。今为使技职院校师生，能在较短的学程（尤其是毕业班级），达到良好的教学效果，特将完整版之内容加以缩编成精华版，以符合实际教学需要。

精华版之内容维持完整版四大篇的架构，将原17章之精华调整成13章。第一篇卖场规划概论，是将“第2章 开店的准备条件”及“第4章 卖场平面型态与配置机能”去除，仅保留两章在此篇里。此修改目的，是减少理论性的内容，让学生有充分时间学习技能性的规划制图课程。希望学生在开学的第1周能尽快了解“卖场规划基本概述”，第2周及第3周能提前学会“卖场规划基本制图能力”与“卖场平面规划绘图步骤”。

第二篇卖场规划与设计，是将“第5章 外场规划设计”及“第9章 设备器具计划”去除，而保留原四章。此修改目的，是将此篇的学习重点聚焦在直接营业卖场的规划设计，如“店头规划设计”、“店内规划设计”、“卖场动线规划”及支援性功能的“后场行政作业区规划”。

第三篇卖场贩促气氛规划，维持原来四章的主要内容，仅去除“卖场照明计画”中的“第三节 光源与灯具的种类”，主要是因为在课堂上没有足够的实习设施，学生无法深入了解到这些照明器具，为避免教学上的困扰，故去除之。

第四篇卖场管理，保留原来三章的主要内容，仅去除“卖场商品管理”中的第三节之“四、销货退回作业”和“五、缺货防止及商品淘汰”及第四节第一段之“一、仓库空间配置规划”，此修正目的是依据章节内容的必要性考虑而调整之。

本书精华版的问世，希望在卖场规划与管理的观念技能与实务应用上，能够为学校师生与业界先进提供最大帮助。再次感谢大家，敬请不吝指正。

谢致慧　谨识

2006年5月高雄

精华版之章节架构

第一篇　卖场规划概论（第 1~2 章）
第 1 章　卖场规划基本概述 第 2 章　卖场规划基本制图

第二篇　卖场规划与设计（第 3~6 章）
第 3 章　店头规划设计 第 4 章　店内规划设计 第 5 章　卖场动线规划 第 6 章　后场行政作业区规划

第三篇　卖场贩促气氛规划（第 7~10 章）
第 7 章　卖场色彩计划 第 8 章　卖场照明计划 第 9 章　商品陈列规划 第 10 章　POP 广告运用计划

第四篇　卖场管理（第 11~13 章）
第 11 章　卖场商品管理 第 12 章　卖场服务管理 第 13 章　卖场安全管理

本书的目的

本书掌握了卖场整体营运及新开店（或改装）的关键要素，针对卖场规划与卖场管理的所有相关条件做了广泛且深入的探讨。本书以具有逻辑性的论说配合实务精要和图解之形式，有系统地提供具应用性的内容，呈现给读者。

书写此书的目的为：

1. 以实务及富教育意味的方式，向在校学生及在职人员传达卖场规划与管理的精华。期望读者能了解卖场规划与管理的目的与原则，进而学习到其技巧与方法，并运用于未来或现职的实际卖场经营。

2. 针对行销流通管理系与企业管理系的零售课程规划，希望提供对授课老师有所帮助的完整教材。

3. 循序渐进的课程论述，及介绍有步骤过程的技巧方法，期望培养学生未来服务职场或自行创业的卖场经营能力。

4. 强调卖场规划与管理在当今企业经营的重要性，尤其在提高服务及零售产业的竞争优势，希望此书对卖场经理人能大有助益。

5. 运用简炼平易的文字及清晰易懂的图解，将理论与实务结合在一起，使读者容易掌握内容，提高学习兴趣并获得更具体的学习成果。

6. 陈述卖场规划的必要性，卖场规划并非只是专业人员的单一责任，希望借由书本所提供的数据资料，协助管理者皆能依照卖场的需求做好完整的规划。

7. 论述卖场的重点管理，为管理者提供更实际可行的管理方法。

精华版教学进度参考方案

章次	教学内容	教学周次及时数分配		
		A方案 (每周2小时)	B方案 (每周3小时)	C方案 (毕业班)
第1章	前言、课程大纲讲解 卖场规划基本概述	第1周	第1周	第1周
第2章	卖场规划基本制图	第2周	第2周	第2周
第2章	卖场平面规划绘图步骤	第3周	第3周	
第3章	店头规划设计	第4周	第4周	第3周
第4章	店内规划设计	第5周	第5周	第4周
第5章	卖场动线规划	第6周	第6周	第5周
第5章	卖场动线规划	第7周	第7周	
第6章	后场行政作业区规划	第8周	第8周	第6周
	期中考	第9周	第9周	
第7章	卖场色彩计划	第10周	第10周	第7周
第8章	卖场照明计划	第11周	第11周	第8周 (第9周期中考)
第9章	商品陈列规划	第12周	第12周	第10周
第10章	POP广告运用计划	第13周	第13周	第11周
第10章	卖场POP促销海报操作	第14周	第14周	
第11章	卖场商品管理	第15周	第15周	第12周
第12章	卖场服务管理	第16周	第16周	第13周
第13章	卖场安全管理	第17周	第17周	
	期末考	第18周	第18周	第14周(毕业考)
	学习总时数	36小时	54小时	共14周

目　录

精华版序言
精华版之章节架构
本书的目的
精华版教学进度参考方案

第一篇　卖场规划概论

第1章　卖场规划基本概述 …… 3
　第一节　卖场规划与营运之关系 …… 4
　第二节　卖场规划目的与原则 …… 8
　第三节　卖场规划设计流程 …… 15
　学习评量及分组讨论 …… 18

第2章　卖场规划基本制图 …… 19
　第一节　卖场常用尺寸和面积计算 …… 20
　第二节　制图及丈量用具 …… 23
　第三节　制图与识图技巧 …… 28
　第四节　卖场平面规划图绘制步骤 …… 33
　学习评量及分组讨论 …… 36

第二篇　卖场规划与设计

第3章　店头规划设计 …… 39
　第一节　广告招牌设计 …… 41
　第二节　外装门面规划 …… 46
　第三节　出入口规划 …… 47
　第四节　橱窗设计 …… 55
　学习评量及分组讨论 …… 59

第4章　店内规划设计 …… 61
　第一节　内部装潢规划之考虑事项 …… 62

第二节　卖场装潢材料 …… 63
第三节　善用各种内装壁面 …… 64
第四节　收银柜台设计与规划 …… 72
学习评量及分组讨论 …… 79

第 5 章　卖场动线规划 …… 81
第一节　卖场动线种类 …… 82
第二节　顾客动线规划型态 …… 84
第三节　动线通道计划 …… 94
学习评量及分组讨论 …… 108

第 6 章　后场行政作业区规划 …… 109
第一节　行政管理区 …… 110
第二节　仓储与加工作业区 …… 111
第三节　各式卖场之后场规划 …… 112
学习评量及分组讨论 …… 118

第三篇　卖场贩促气氛规划

第 7 章　卖场色彩计划 …… 121
第一节　色彩基础理论 …… 122
第二节　色彩的心理感觉 …… 124
第三节　配色的类型与原则 …… 129
第四节　卖场色彩计划执行重点 …… 133
学习评量及分组讨论 …… 137

第 8 章　卖场照明计划 …… 139
第一节　卖场照明目的 …… 140
第二节　卖场照明的方式 …… 141
第三节　卖场照明计划 …… 146
学习评量及分组讨论 …… 163

第 9 章　商品陈列规划 …… 165
第一节　商品陈列的概念 …… 166
第二节　商品陈列的类型 …… 168
第三节　商品陈列的配置分类 …… 170
第四节　商品陈列的方式 …… 172
第五节　商品陈列应掌握之原则 …… 179
学习评量及分组讨论 …… 183

第 10 章　POP 广告运用计划 …… 185
第一节　卖场企业识别系统 …… 186
第二节　标示指引计划 …… 188
第三节　贩卖促进的 POP 广告 …… 195
学习评量及分组讨论 …… 224

第四篇　卖场管理

第 11 章　卖场商品管理 …… 227
第一节　商品分类管理 …… 228
第二节　商品进货管理 …… 235
第三节　商品销售管理 …… 241
第四节　商品存货管理 …… 253
学习评量及分组讨论 …… 260

第 12 章　卖场服务管理 …… 261
第一节　服务管理的基本理论 …… 262
第二节　收银服务管理 …… 264
第三节　服务竞争策略 …… 270
学习评量及分组讨论 …… 277

第 13 章　卖场安全管理 …… 279
第一节　生财设备之安全管理 …… 280
第二节　公共设施之安全管理 …… 284
第三节　行政与作业之安全管理 …… 285
第四节　安全管理之应变作业 …… 292
学习评量及分组讨论 …… 295

参考文献 …… 296

图目录

图 1-1　卖场构成三要素的相互关系 …… 4
图 1-2　卖场投入产出的流程 …… 7
图 1-3　补货通道设在冷冻冷藏设备后面 …… 10
图 1-4　可口可乐公司将罐装饮料陈列成像圣诞树的形状，不仅提升企业形象，更提高商品的竞争力 …… 11
图 1-5　阶梯式商品架与垂直式商品架的比较 …… 13
图 1-6　卖场规划之设计阶段 …… 15
图 1-7　卖场规划设计流程图 …… 17
图 2-1　文公尺范本 …… 22
图 2-2　三角板配合平行尺画任意 15°的倍角线 …… 25
图 2-3　三角板画并行线和垂直线 …… 25
图 2-4　棱形比例缩尺 …… 26
图 2-5　长度 10 m 的卷尺 …… 27
图 2-6　长度 20 m 的皮尺 …… 27
图 2-7　尺寸标注要简洁清晰、正确有规则性 …… 29
图 2-8　尺寸数字的正确标示方位 …… 30
图 2-9　三视图的理想布局 …… 31
图 2-10　卖场平面规划图绘制步骤图标范例 …… 35
图 3-1　传达信息的外观设计 …… 40
图 3-2　引导机能的门面设计 …… 40
图 3-3　额头招牌前视图 …… 42
图 3-4　骑楼招牌侧视图 …… 42
图 3-5　立式招牌侧视图 …… 43
图 3-6　外伸招牌侧视图 …… 43
图 3-7　顶楼招牌立体图 …… 44
图 3-8　大型广告广告牌前视图 …… 44
图 3-9　街角招牌侧视图 …… 45
图 3-10　旗帜广告前视图 …… 45
图 3-11　设在骑楼及靠近卖场出入口的特贩区 …… 47
图 3-12　卖场门吉利之说 …… 48
图 3-13　出入口面向单一街道 …… 49
图 3-14　出入口设在靠主要街道面 …… 49
图 3-15　依照人潮流量分设两个出入口，主要出入口在正面 …… 50

图 3-16 当两侧街道的人潮流量都各为 50%时，主要出入口置在卖场面积较宽的一边 …… 50
图 3-17 大型卖场设置多个面向街道及停车场的出入口 …… 50
图 3-18 太宽的手推门负载过重，易损坏门后钮结构 …… 51
图 3-19 两截一体的门面设计 …… 52
图 3-20 各种卖场出入门形式 …… 53
图 3-21 平行式橱窗 …… 57
图 3-22 凹入型橱窗 …… 57
图 3-23 透视型橱窗 …… 58
图 4-1 靠墙固定式陈列 …… 65
图 4-2 墙面活动式陈列 …… 65
图 4-3 靠墙之面对面销售规划图 …… 66
图 4-4 靠墙之单面陈列贩卖规划 …… 66
图 4-5 不同图形的塑料地砖 …… 70
图 4-6 冷冻冷藏区地板之管线沟设计 …… 71
图 4-7 作业区漏式排水沟 …… 71
图 4-8 各式收银台 …… 72
图 4-9 L 形组合收银台 …… 73
图 4-10 ㄇ字型组合收银台 …… 73
图 4-11 POS 专用收银台 …… 73
图 4-12 大型零售卖场都设置多个收银台在卖场前方的中央位置且靠近出口处 …… 74
图 4-13 收银台双线排列 …… 74
图 4-14 收银台后面设置包装台，以方便顾客结帐后自行整理商品 …… 75
图 4-15 小型卖场会直接将收银台与服务台一起设置在卖场前方的出入口处 …… 75
图 4-16 将收银服务台设在后方的服饰卖场 …… 76
图 4-17 将收银服务台设在后方的面包店 …… 77
图 4-18 蛋糕柜收银台侧视图 …… 77
图 4-19 规划在卖场中间的收银台，大都设计为四边形、ㄇ字型及圆形 …… 77
图 4-20 将收银服务台设在右侧的珠宝金饰店 …… 78
图 4-21 将收银服务台设在左侧的眼镜行 …… 78
图 5-1 零售业卖场之动线规划 …… 82
图 5-2 餐饮业卖场之动线规划 …… 83
图 5-3 各种小型卖场之顾客动线型态 …… 86
图 5-4 各种中大型卖场之顾客动线型态 …… 90
图 5-5 餐饮店各种动线型态 …… 93
图 5-6 卖场各式通道 …… 95
图 5-7 卖场主通道 …… 95
图 5-8 卖场副通道 …… 95
图 5-9 卖场收银区通道 …… 96

图 5-10 卖场通道宽幅以每人平均 40 公分的肩膀宽度为基准，并计算购物篮车的宽度尺寸 …… 97
图 5-11 受到面窄及橱柜影响之卖场，考虑规划成半自助式贩卖流程，加大主信道尺寸 …… 97
图 5-12 卖场受到橱柜货架之影响，将缩减尺寸规划在末端主通道，并将末端靠壁陈列架设计为 45 公分深 …… 98
图 5-13 大型卖场之面对面贩卖区应在主通道加宽 60 公分，供营业员面对面服务顾客 …… 98
图 5-14 小型卖场两边的缩小副通道不可小于 750 mm，以免造成死角 …… 99
图 5-15 大型量贩店为方便顾客使用大型购物车，可将副通道设计在 2000 mm 以上，以提高量贩经济规模 …… 100
图 5-16 小型卖场设置单一长型柜台时，应将刺激购买性商品陈列在柜台正面的内凹货架，才不会占据通道，影响结帐 …… 101
图 5-17 中型卖场之收银台前方若设有商品端架，其所需空间应另计，不可占据等待信道及收银信道 …… 101
图 5-18 大型卖场之结帐等待信道及收银信道之宽度尺寸 …… 101
图 5-19 餐饮店的各型通道宽幅 …… 102
图 5-20 太窄的通道不仅员工补货不方便，顾客更是动弹不得 …… 103
图 5-21 通道宽幅与橱柜高度之关系 …… 104
图 5-22 各型卖场之通道宽幅与商品橱柜的关系（单位：mm） …… 107
图 6-1 面包店之后场规划 …… 112
图 6-2 便利商店之后场规划 …… 113
图 6-3 生鲜超市之后场规划 …… 114
图 6-4 餐厅之后场规划 …… 115
图 6-5 快餐店之后场规划 …… 116
图 6-6 三 C 电子专卖店之后场规划 …… 116
图 6-7 药妆店之后场规划 …… 117
图 7-1 曼塞尔（Munsell）色相环 …… 123
图 7-2 暖色系与寒色系 …… 125
图 7-3 不同年龄层对色彩的喜好程度 …… 128
图 7-4 色彩的联想与象征 …… 129
图 7-5 四种图示配色的类型 …… 130
图 8-1 整体照明之灯具配置方式 …… 143
图 8-2 局部照明之灯具配置方式 …… 144
图 8-3 卖场照明设计流程 …… 147
图 8-4 面包专用照明灯 …… 151
图 8-5 光源的角度设计对反射眩光的影响 …… 152
图 8-6 招牌灯管直式排列 …… 153
图 8-7 招牌灯管横式排列 …… 153
图 8-8 开放式橱窗之照明位置设置在橱窗的上方及两侧（俯视图） …… 154

图 8-9　封闭式橱窗照明设计 …… 155
图 8-10　骑楼照明之灯管排列以横式设计为宜 …… 156
图 8-11　双面直立多层商品架之照明——直式排列 …… 157
图 8-12　双面直立多层商品架之照明——横式排列 …… 157
图 8-13　双面直立多层商品架之照明——直式排列，其双灯管向下左右两侧散光 … 158
图 8-14　双面直立多层商品架之照明——横式排列，其采用的灯管固定面应为平型，使光线直接下投，不会偏射致使顾客产生眩光 …… 158
图 8-15　单面直立多层墙柜之照明——外伸前照式 …… 159
图 8-16　单面直立多层墙柜之照明——装置在橱柜与信道中间之上方 …… 159
图 8-17　单面直立多层墙柜之照明——装置在橱柜内 …… 160
图 8-18　平型橱柜——双边展售平台之照明设计 …… 160
图 8-19　动线通道照明设计 …… 161
图 8-20　墙壁面的照明 …… 162
图 8-21　柱子的照明设计 …… 162
图 9-1　商品陈列设计的阶梯概念图 …… 167
图 9-2　商品陈列面的位置功能 …… 167
图 9-3　高级服饰店的重点展示陈列 …… 169
图 9-4　超市日用品的一般陈列 …… 169
图 9-5　休闲服饰的强调陈列 …… 169
图 9-6　饮料特贩的量感陈列 …… 170
图 9-7　以正面样品为主诉求、横挂商品供挑选的陈列方式 …… 174
图 9-8　壁面陈列方式 …… 174
图 9-9　柱子陈列方式 …… 175
图 9-10　端架陈列 …… 175
图 9-11　一般陈列 …… 175
图 9-12　平台陈列 …… 176
图 9-13　橱柜陈列 …… 176
图 9-14　各式挂勾陈列 …… 176
图 9-16　挂篮陈列 …… 177
图 9-17　堆量陈列 …… 177
图 9-18　突出陈列 …… 177
图 9-19　书报陈列 …… 178
图 9-20　收银台陈列 …… 178
图 9-21　特殊陈列 …… 178
图 9-22　服饰卖场之商品陈列的空间运用 …… 179
图 9-23　商品立体陈列位置图 …… 180
图 9-24　生鲜食品陈列深度及角度 …… 181
图 10-1　停车场和工地的引导告知及警示标志 …… 189
图 10-2　卖场开店和打烊的告示牌 …… 189
图 10-3　消防及避难设备位置标示 …… 190

图 10–4 出口标示灯 …… 190
图 10–5 逃生口引导指标 …… 191
图 10–6 安全管理臂章及警示立锥 …… 191
图 10–7 直接绘制在墙壁上的商品标示 …… 191
图 10–8 以广告压克力板固定墙上的商品标示牌 …… 192
图 10–9 固定在冷冻冷藏柜上方的商品标示牌 …… 192
图 10–10 嵌入陈列架饰板的商品标示牌 …… 193
图 10–11 悬挂在卖场天花板的商品中分类标示牌 …… 193
图 10–12 配合 POP 架标示单项商品的特色 …… 193
图 10–13 公共设施标示 …… 194
图 10–14 卖场服务标示 …… 194
图 10–15 行政管理标示 …… 195
图 10–16 卖场 POP 广告种类 …… 198
图 10–17 食品竹垫及仕切板 …… 200
图 10–18 水果装饰 POP …… 200
图 10–19 开幕悬挂式布旗 …… 200
图 10–20 现成及空白海报 …… 201
图 10–21 POP 用具 …… 202
图 10–22 海报固定夹 …… 202
图 10–23 广告牌 POP …… 203
图 10–24 试吃盒 …… 204
图 10–25 凸出端台 …… 204
图 10–26 料理贩促道具 …… 204
图 10–27 木制容器 …… 205
图 10–28 树脂容器 …… 205
图 10–29 特贩商品柜 …… 205
图 10–30 各地文教机构及连锁卖场纷纷开班推广手绘式 POP 广告 …… 206
图 10–31 标题字横直线笔划画法 …… 208
图 10–32 标题字笔划正确相接法 …… 208
图 10–33 麦克笔之标题字范例 …… 209
图 10–34 使用平笔描画标题字时，可在笔划尾端作勾笔变化，表现出轻松的感觉 …… 210
图 10–35 使用软性圆笔描绘出活泼有创意的字体 …… 210
图 10–36 说明文之中型字体的横直线笔划画法 …… 211
图 10–37 (a) 中型字的字骨结构 …… 211
图 10–37 (b) 中型字的字骨比例 …… 211
图 10–38 说明文内容的距离安排配置 …… 212
图 10–39 用于标示商品价格的粗型数字之画法 …… 213
图 10–40 用于表示说明文的顺序题号和内文数据的中型数字之画法 …… 214
图 10–41 消费者对价格数字的印象 …… 215

图 10-42 单价尾数被使用频率的高低 …… 215
图 10-43 价格数字组合的画法 …… 215
图 10-44 以角 12 麦克笔描画标题用之粗型英文字母 …… 217
图 10-45 以角 6 麦克笔描绘说明文题号及内文字母的中型英文字母 …… 218
图 10-46 各式强调记号运用于 POP 广告中可发挥重点提示和点缀装饰之效果 …… 219
图 10-47 各式 POP 插图技巧 …… 220
图 11-1 直式大中小分类架构图 …… 229
图 11-2 横式大中小分类架构图 …… 229
图 11-3 卖场定价步骤 …… 242
图 11-4 卖场促销管理流程 …… 248
图 11-5 存货、销货、进货之关系图 …… 256
图 11-6 存货、销货、进货之关系图 …… 256
图 11-7 ABC 分析曲线图 …… 258
图 13-1 生鲜用的补货棚车 …… 286
图 13-2 干货用的补货台车 …… 287
图 13-3 灾害应变小组组织编制 …… 293

表 目 录

表 1-1　卖场规划与管理的价值 …… 4
表 1-2　卖场规划设计流程要项说明表 …… 17
表 2-1　公制单位与台制单位换算表 …… 21
表 2-2　吉祥尺寸：公制单位与台制单位对照表 …… 22
表 2-3　制图纸规格尺寸 …… 23
表 2-4　卖场规模与绘制比例对照表 …… 26
表 2-5　线条的画法与应用 …… 29
表 2-6　箭头标示种类 …… 30
表 2-7　卖场符号表之一 …… 32
表 2-8　卖场符号表之二 …… 33
表 3-1　卖场出入门的适当规格尺寸 …… 52
表 3-2　常用的公制与台制吉利尺寸对照表 …… 52
表 3-3　门的开关方式分类 …… 54
表 4-1　卖场装修施工材料分类 …… 63
表 4-2　柱子活用方法 …… 67
表 4-3　天花板高度参考表 …… 68
表 4-4　管线空间高度参考表 …… 68
表 4-5　各式天花板的优缺点 …… 68
表 4-6　地板面格局规划 …… 70
表 4-7　超商收银柜台区的设计尺寸 …… 75
表 5-1　中大型卖场动线型态的比较 …… 91
表 5-2　卖场主副信道及结帐等待信道之宽度 …… 102
表 7-1　“暖色与寒色”的心理感觉 …… 125
表 7-2　“明度与彩度”所产生的心理感觉 …… 127
表 7-3　用色原理 …… 133
表 7-4　色彩美感原理 …… 134
表 7-5　卖场内装的色彩搭配——百货日用品类 …… 135
表 7-6　卖场内装的色彩搭配——餐饮类 …… 136
表 7-7　卖场内装的色彩搭配——休闲饰品类 …… 136
表 8-1　强调系数与视觉效果 …… 145
表 8-2　前投式照明应用在卖场的视觉效果 …… 145
表 8-3　内装材质及材料表面处理色的反射率标准 …… 148
表 10-1　企业识别系统三要素 …… 187

表 11-1　批发零售业常用的商品分类原则 …… 228
表 11-2　商品编号原则说明 …… 231
表 11-3　商品条形码世界各国代号 …… 232
表 11-4　EAN 条形码系统 …… 233
表 11-5　条形码系统的应用效益 …… 233
表 11-6　各种订货方式的优缺点说明 …… 237
表 12-1　收银作业流程规范 …… 266
表 13-1　前场安全事故之发生原因与预防方法 …… 280
表 13-2　设备安全管理要点和保养事项 …… 283
表 13-3　消防设施检查项目 …… 284
表 13-4　停车场、骑楼特贩区及出入门之安全管理要点 …… 285
表 13-5　灾害应变原则 …… 294

第1篇 卖场规划概论

第1章　卖场规划基本概述

第2章　卖场规划基本制图

第一章 | 卖场规划基本概述

◎ 各节重点

第一节　卖场规划与营运之关系

第二节　卖场规划目的与原则

第三节　卖场规划设计流程

学习评量及分组讨论

◎ 学习目标

1. 了解卖场构成要素之间的相互关系。
2. 知道卖场规划与营运的关系。
3. 能够清楚说明卖场规划的目的和原则。
4. 确认卖场规划时的设计作业流程。

第一节 卖场规划与营运之关系

一、卖场构成要素

卖场的构成要素
由人、空间、商品三者所组成。

虽然卖场的类型有很多种，但是每一种卖场的构成要素都是由人(顾客与员工)、空间（内外卖场)、商品（有形与无形商品）三者所组成。图1-1阐释卖场三要素之间的相互关系：

● “人”与“空间”

“人”与“空间”的关系会衍生为具体的卖场环境，卖场的外部环境如设店位置、交通条件、商圈结构、消费层次、同业竞争、异业结盟、上游厂商配合、卖场外观、停车设施、广告招牌和视觉引导等。内部环境包括内部装潢、公共设施（如化妆室、电梯、消防等)、收银柜台、动线通道、陈列设备、生财器具（如冷冻柜、食品机器等)、基本设备（如照明、空调、音响)、管理设备等。

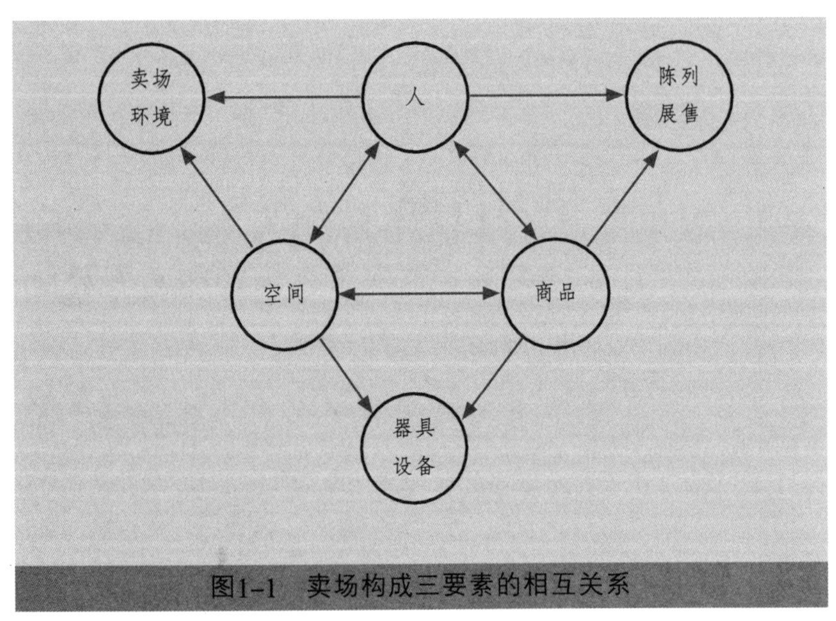

图1-1 卖场构成三要素的相互关系

● “商品”与“人”

“商品”与“人”之间的信息传递，是靠着员工的陈列技巧和服务作业流程，将商品信息传达给顾客，达到有效的展售效果。

● “空间”与“商品”

商品在空间里要表现出最好的展售效果，就必须依赖有形的器具设备。商品的质感与价值经由器具设备的陈列，直接展示在顾客眼前，这也就是“空间”与“商品”所衍生的关系。

二、卖场规划与营运之概念

(一)卖场的营运要素

卖场除了有完整的构成要素之外，还必须加上“营造贩卖气氛”、“商品管理与创新”及“提升服务质量”等营运要素，才能使卖场更具活力。

1.营造贩卖气氛

要营造好的贩卖气氛除了开店时所规划的固定条件之外，还必须包括日后营运的弹性条件，才能使卖场的气氛更活泼热络，达到贩卖促进效果。固定条件包括企业识别系统、卖场色彩与照明计划、标示与贩促广告牌广告、空调与音乐等规划。弹性条件是一种可变、可调整的因素，根据商圈变化及顾客需求所推广的各种促销活动及卖场布景的设计。

2.商品管理与创新

卖场里的商品是属于有形的展售服务，给顾客的感觉比较直接与生硬，管理不当将会导致卖场凌乱及存货滞销，若是从商品选择及开发→比价与协商谈判→订货与验收入库→定价包装→陈列展示→搭配组合到广告促销都能层层发挥管理与创新作用，将使商品更具有亲近性与竞争力。

3.提升服务品质

大多数学者对服务的定义为，“服务是服务组织从了解顾客的需求，然后规划传递系统来满足其需要，最后赢得顾客满意的一个完整过程，这一过程的产出是不可触及的无形性商品，而且产出的过程包括提供者与顾客的共同参与。”由此可知卖场要强化竞争优势，除了提供有形的商品之外，势必要提升无形的服务质量，才能满足顾客需求，赢得顾客满意。

卖场里的服务范围是一系列的提供过程，从顾客停车服务→进入卖场→诱导参观→信息传达→刺激选购→收银结账→商品退换→顾客抱怨处理到慈善公益活动都需要环环相扣，其中若有某些流程发生服务缺陷，将会降低顾客的购买意愿，甚至造成顾客流失。

(二)创造卖场魅力的主要条件

当今商业环境变动性很大，尤其直接面对消费者的卖场，其竞争更是激烈。主要是消费者对卖场的功能需求，已由单纯的购物提升为生活功能的一部分，业者必须考虑“购物”与“生活休闲”的结合，才能吸引消费者。所以，购物现在已成为休闲生活中的一个重要环节。

这种“购物休闲”的经济活动同时提供消费者“生活信息情报”、“社交活动”与“满足购物需求”等功能，为了实现这些功能相应而生的是创造有魅力的卖场。如何创造有魅力的卖场，换句话说就是如何做好“卖场规划设计”才能主导卖场活动的水平,是卖场管理人员必须考虑的问题。所以，这些卖场从小餐馆到大型的量贩店都应设想着如何提供符合顾客需求的展售空间，以吸引顾客进门、参观选购。

一家成功的卖场并非只靠着装潢漂亮或商品便宜的单一条件，而是从评估商圈、选择地点、内外卖场规划、商品诉求结构、有效的营运管理到顾客服务等，都必须审慎考虑、积极执行。评估商圈与选择地点也就是所谓的开店“立地条件”。有好的立地条件之后，就必须克服经营的各种负面因素，创造魅力空间以满足顾客需求。要克服这些负面因素，有两个主要条件：“卖场规划设计”与“卖场管理”，也就是以上所讲的内外卖场规划、商品诉求结构、有效的营运管理到顾客服务。“**卖场规划设计**”是开店承先启后的环节，也是开始经营的成功关键。而“**卖场管理**”，它是维持卖场经营的后续条件，更是营利不可或缺的程序。

卖场规划设计
是开店承先启后的环节，也是开始经营的成功关键。

卖场管理
是维持卖场经营的后续条件，更是营利不可或缺的程序。

(三)卖场规划与管理的价值

卖场的经营要投入很多的相关资源，如人力资源、资金、设备技术、信息情报等，这些资源必须经过多项的转换过程如规划设计、安装布置、运作执行、维护更新、改善升级，才能产出真正的经营价值(如图 1–2)。

卖场由不同的投入设施所产出的价值大致可分成两部分（如表1–1)。硬件部分如卖场建筑物、陈列架、收银设备等必须视作相互关联的各级硬件系统，关注彼此相互联系的每个环节，才能产出效率化的价值。软件部分如自动化管理系统、商品与服务管理体系、促销活动策略执行等必须符合现代化市场竞争的需求，方能实现经营差异化的价值。

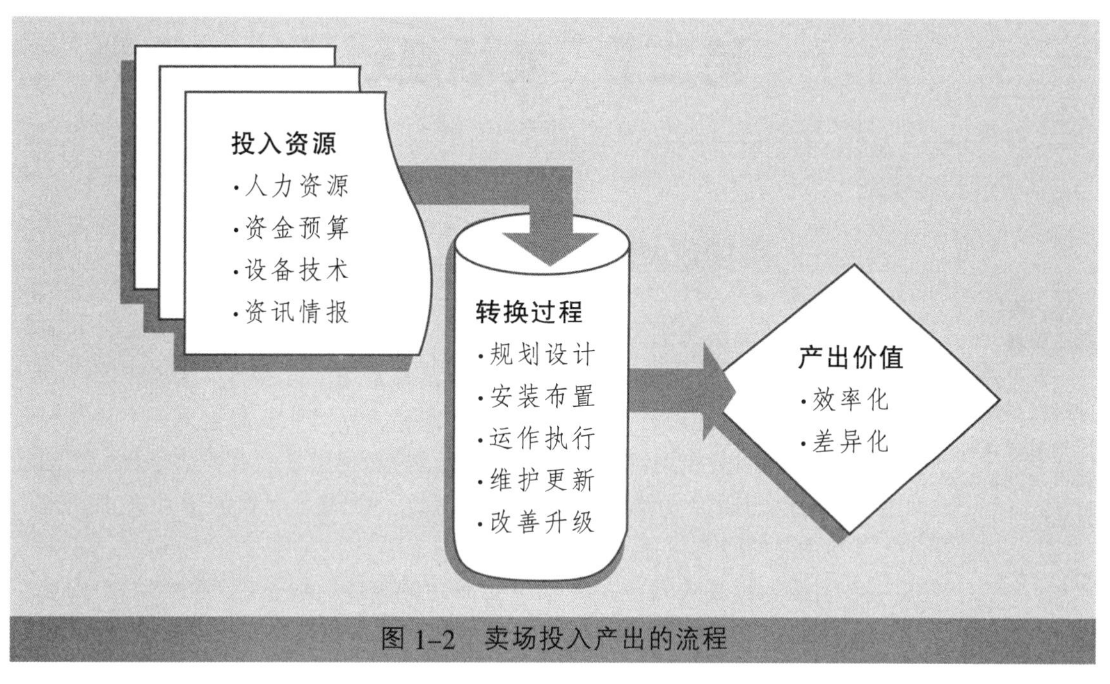

图 1-2 卖场投入产出的流程

表 1-1 卖场规划与管理的价值

	投入设备	产出价值
硬体设施	建筑物、停车设施、公共设施、装潢布置、气氛营造、电子设备、冷冻冷藏设备、展示柜、陈列架、收银设备、补货用具、加工器材、商品及物料。	扩大经济规模、营运更具效率化、卖场符合现代化要求、作业省力化、增加商品线、提升来客数。
软体设施	自动化管理系统、作业流程安排、商品与服务管理体系、人员管理体系、促销活动策略执行、营业控管体系、卖场安全管理系统。	卖场舒适性、经营差异化、服务个性化、降低经营风险、提高产值、延续经营命脉。

第二节　卖场规划目的与原则

一、卖场规划的目的

卖场规划
是一家商店在其贩卖空间针对商圈顾客需求所作的配置设计，其规划得当与否关系着卖场经营成败。

"卖场规划" 就是一家商店在其贩卖空间针对商圈顾客需求所作的配置设计，其规划得当与否关系着卖场经营成败。无论规划的动机是为了新开店、重新改装或局部调整，其目的都是创造一个最佳气氛的买卖场所，让消费者尽情在舒适的卖场里享受购物的乐趣，进而在愉悦的贩促气氛中选购更多的商品，以满足顾客的消费需求和提高企业的经营效益。

"卖场规划"是将硬生生的"建筑体"设计成人性化的"商业空间"，让单纯的"贩卖场所"变成"满足购物欲望的空间"，而这欲望并非像以前的购物习性"买了就走"，消费者希望在购物的同时也能得到相关生活信息、流行趋势情报，在舒适的视觉感官及气氛下尽情地享受购物乐趣。所以，成功的卖场规划就必须以满足消费者欲望为前提，不只是提供商品贩卖而已。首先要深入了解分析"行业别特性"、"商品种类配置"和"商圈顾客型态"。然后，灵活展现最有效的陈列空间，发挥卖场的经营特色，吸引顾客进入卖场，对商品产生选购兴趣。

大部分到过发达国家的人，都会感受到逛国外商店是一种很悠闲的享受，这种感受就是规划设计所带来的卖场魅力。例如，澳洲有一种手工生活用品的专卖店，空间虽然小小的，却规划得细致有序，从柔和的照明、协调的色彩、合理的动线到精心的商品摆设，都呈现出很生活化的特色，尤其整个卖场散发出清淡的花香，更是吸引过往行人的主要因素之一。

或许有人会问台湾早期的商店根本不用什么规划，依然生意兴隆，为什么现在的商店特别要讲究卖场规划。原因是早期的消费市场其需求大于供给，业者只要选对投资时机，设置基本的生财设备就可以进货贩卖。例如，生鲜超级市场在1986—1996年间如雨后春笋般林立，那时繁荣的经济景气带动强劲的消费能力，纵使很多卖场在不很完整的规划条件下依然客源不断。然而，这几年来随着市场全球化的竞争和经济景气的衰退，使业者面临激烈竞争与微利经营的双重困境，明显下降的来客数更让所有业者极力想创新与改革，塑造卖场魅力与差异化，希望再创川流不息的人潮，找回老顾客及吸引新顾客上门。

二、卖场规划理念与原则

当今消费意识已趋成熟，个人可支配的消费额也增多，大大提高了消费者回流购买的频率，消费者每次购物的体验，自然就关系着下次回流的决定。留住顾客重复消费，最直接的因素就是看得见、感受得到、最贴近顾客的卖场规划。

有特色的卖场，本身就是一种卖点，顾客从内心认同卖场的规划进而购买里面的商品，所以规划卖场时就必须掌握以顾客为导向的基本理念和原则。换句话说，不能只把卖场当成容纳商品的空间，要从消费心理层面来思考卖场的内涵，才能掌握规划的真正意义。

事实上，我们常发现有很多卖场在开店后的几年甚至几个月内就被迫停业或转让，追究其原因并不是外在环境和经营策略问题，大都是开店时过于草率或太主观，没有掌握规划的真正理念与原则，造成失败的结果。例如，以面包店来讲，常有面包师傅学成之后，急就章地开店却遭遇失败而转让。然而，经过接手的业主重新规划改装后却可以创造好的业绩，其规划重点以商品的风格为诉求（如欧式面包风格）而强调前场的内部装潢、动线规划、展示陈列、灯光气氛等整体效果，使新卖场有别于生硬感觉的传统面包店，让顾客在温馨的气氛下购物。在交易过程当中，好的卖场形象深深刻印在每位顾客的心里，也掌握了顾客再次光临的考虑因素。

（一）卖场规划基本理念

卖场规划的基本理念有四大要点：①卖场是为方便顾客选购所需的商品；②卖场通道是为顾客而设计的；③卖场规划须以商品为基准考量；④考量商品与陈列的互动关系。

1.卖场是为方便顾客选购所需的商品

卖场的主要目的是贩卖商品，所以规划卖场时首先要考虑方便顾客找到他们所需要的商品，此时的考虑顺序就必须由市场末端反思回来，如：什么是顾客需求的商品→该如何将商品规格分类→如何安排商品配置陈列→如何有效地规划动线通道→安装哪些适当的器具设备→如何贴切务实地装潢设计等。

假如卖场只凭着业主和设计师的偏好来做规划，常常是先考虑到卖场的硬件设施，而商品只能将就已完成的配置区，导致不务实的效果。或许卖场装潢很华丽却显得复杂而掩盖了商品的真实感，或许器具设备很高级却不符合商品的陈列规格，或许信道过于有创意让顾客无所适从而失去动线的连贯性，这些因素都将会造成顾客选购时的不方便。所以，规划时不能以单方面的主观意识当主轴，应符合市场营

卖场规划时不能以单方面的主观意识当主轴，应符合市场行销所强调的“顾客导向”理念。

销（marketing）所强调的“顾客导向”理念。

2.卖场通道是为顾客而设计的

卖场通道是供员工和顾客通行及商品搬运之用，然而卖场是为顾客而存在，所以卖场通道应该以顾客为主要设计考虑因素。

卖场通道是供员工和顾客通行及商品搬运之用，然而卖场是为顾客而存在，所以卖场通道应该以顾客为主要设计考虑因素。至于员工通行及商品搬运通道尽可能另外规划，以避免共享通道时造成混杂、阻塞或脏乱。例如，超级市场的补货通道可以设计在墙壁四周的冷冻冷藏展示设备及单面靠壁商品架的后面（如图 1-3 所示），以降低生鲜货品在卖场搬运流程中所造成的脏乱。中间卖场的补货信道应与顾客信道加宽共享，避免搬运时与顾客擦撞或阻碍选购。

3.卖场规划须以商品为基准考量

商品是卖场最主要的主角，每一种商品都各有不同的规格与特性，规划设计时须以商品为基准考虑因素，才能表现出各自的特征，提高卖相。

商品是卖场最主要的主角，每一种商品都各有不同的规格与特性，规划设计时须以商品为基准考虑因素，才能表现出各自的特征，提高卖相。最基本的是卖场经营类型与气氛必须吻合主要商品，比如说原本设计为西式快餐店，如果用来贩卖台湾小吃，其卖场格局与作业流程完全不相同，容易造成服务与经营上的落差。又比如原为书局文具卖场，用来经营计算机通讯用品，则商品的展示陈列将不知从何着手。

之前我们谈过卖场规划要以顾客为导向，其理念就是要思考商品类型与项目，作顾客层和市场区隔分析，来定位经营的方针，才能符合顾客所要、商圈所需。此基准考虑不难在量贩店看出端倪，量贩店的商品以大量便宜为诉求，所以卖场不讲究华丽的装潢，而刻意营造廉价的感觉与旺盛的买气。

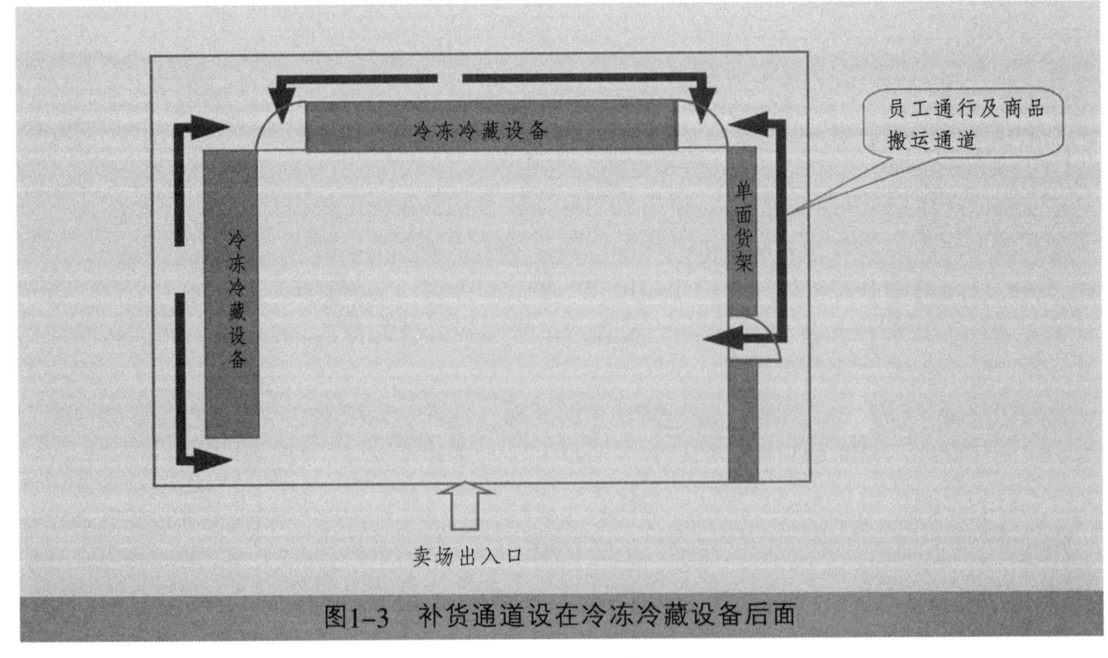

图1-3 补货通道设在冷冻冷藏设备后面

4.考量商品与陈列的互动关系

商品容易受到立地条件与商圈环境改变的影响，产生商品配置与陈列的互动变化。立地条件的差异情形，如在市中心的商业区适合开设精品专卖店，其商品与陈列的互动关系是严谨精致；又如生鲜超市适合设在小区，其商品与陈列的互动关系是快速补货、方便取拿。

随着商圈环境的改变，商品与陈列关系不能一成不变，各项商品应依照其特性，及顾客的需求和消费者的购买习性，适度改变陈列的方式与技巧。例如，当商圈竞争者增加，商品的陈列方式若能更有创意，就能吸引顾客注意、刺激购买欲，同时达到商品宣传效果，也能提升卖场贩卖形象。如台湾可口可乐公司的创意陈列在零售业曾掀起一阵热潮，1986 年，其首创提供“冷藏饮料展示柜”给各卖场展售其公司产品，又在卖场的特贩区将罐装饮料组合陈列出圣诞树的形状，此创意不仅提升了企业形象，更提高了商品的竞争力（如图 1-4 所示）。

随着商圈环境的改变，商品与陈列关系不能一成不变，各项商品应依照其特性，及顾客的需求和消费者的购买习性，适度改变陈列的方式与技巧。

图1-4 可口可乐公司将罐装饮料陈列成像圣诞树的形状，不仅提升企业形象，更提高商品的竞争力

(二)卖场规划基本原则

卖场规划是否得宜，关系到顾客是否愿意光临，顾客光临之后是否能在一个舒适的空间环境，尽情享受购物之乐趣。因此，卖场规划时必须讲求整体性，从外场到内场都要掌握“顾客需求原则”、“卖场合理化原则“与“卖场舒适原则”，才能创造出一个真正符合顾客所需的购物空间。

卖场规划基本原则

卖场规划时必须讲求整体性，掌握“顾客需求原则”、“卖场合理化原则”、“卖场舒适原则”与“弹性运用原则”。

1.顾客需求原则

顾客需求原则
包括方便顾客进出、让顾客能够安全方便地自由选购、让顾客能够清楚了解商品陈列、让顾客在卖场能够停留久一点。

“**顾客需求原则**”包括方便顾客进出、让顾客能够安全方便地自由选购、让顾客能够清楚了解商品陈列、让顾客在卖场能够停留久一点。

(1) 方便顾客进出

让顾客很容易地进出是卖场最基本的规划要求，也是顾客光临之前最在意的事。当今消费者出门购物会先考虑停车问题，如果一家卖场的商品丰富又便宜、内装设计得宜、服务也很好，但是外场规划不良、不易停车，进出口设计复杂、不方便出入，顾客光临此卖场的意愿是会大打折扣的。顾客不愿意进入卖场，纵使有再好的其他条件，也是无济于事。只有方便顾客进入，才能发挥其他的卖场优点，让消费者满意地踏出卖场。

(2) 让顾客能够安全方便地自由选购

顾客进入卖场之后，总是希望在一个安全无虑、方便自由的空间享受购物乐趣。如果顾客发现卖场空间有安全顾虑时，或者无法自由自在地选购，比如通道脏湿容易滑倒、商品摆设摇摇欲坠、店员过度跟催，这不仅会降低购买意愿且顾客很快就会离开卖场。

(3) 让顾客能够清楚了解商品陈列

商品的摆设除了讲究技巧及创意，最基本的是标示明确、排列整齐、有系统地配置在各卖点区。

商品的摆设除了讲究技巧及创意，最基本的要求是标示明确、排列整齐、有系统地配置在各卖点区。同时可将相关商品陈列在一起，提高顾客的联想性购买动机。不可因过度追求创意而造成杂乱陈列，模糊了顾客的选购视线。

(4) 让顾客在卖场能够停留久一点

通常消费者喜欢享受的是愉悦的购物环境，越愉快的贩促气氛，越能让顾客停留久一点、消费更多商品。根据消费者行为分析，冲动性购买动机在卖场是一种非常有潜力的消费行为。所以在规划之初，就要设计能让消费者进入卖场后能停留更久，刺激他们潜在的购买欲，以提高销售额。

2.卖场合理化原则

卖场合理化原则
是指卖场规划设计时，要以“人因工程”因素作考虑，以顾客需求为导向。

所谓“**卖场合理化原则**”是指卖场规划设计时，要以“人因工程”因素作考虑，以顾客需求为导向。在此将分成卖场设施合理化、设备器材合理化、动线流程合理化、商品摆设合理化、空间配置合理化等五方面加以说明。

(1) 卖场设施合理化

如停车设施的坡度太陡、弯度过大、车位及车道太窄等不合理的设计都会使消费者产生进出的压力，甚至畏惧不敢前往，不仅失去设施的功能，更直接影响来客数。另外，残障者进出设施及顾客公共设施（如休息区、化妆室等）都是不可或缺的规划。前场的天花板高度随着卖场规模加大而调整，太低的天花板容易让顾客产生压迫感，缩短消费时间。

(2) 设备器材合理化

如小型便利商店的商品架高度设计为135~150厘米，使卖场整体视觉更为宽敞。其层板架的深度由下（45厘米）往上越来越短的阶梯型设计，避免顾客碰撞到上层层板架，也提升商品展示效果(如图1–5所示)。另外，常有业者采用欧美进口的生财设备，却发现规格尺寸不适合国内消费者，使原有设备功能大打折扣。例如，用于生鲜超市的“开放式冷藏展示柜”，欧美进口的规格常使消费者拿不到较高层架的商品而放弃购买意愿。

(3) 动线流程合理化

动线是以单向设计为原则，让顾客很自然地沿着商品配置流程，轻松地走动选购。若是发生顾客常碰撞挤在一起或对走动方向不知所从，表示动线有规划不良之处。比如当顾客进入卖场时，没有规划主要通道、引导顾客直接走到主力商品区，此时顾客必定会分散到各通道，没有遵循方向，造成消费流程混乱。常见很多卖场的收银区发生拥挤现象，是因结账区太靠近入口处或者没有规划适当的回转空间所致。

(4) 商品摆设合理化

依据商品的分类，将关联性商品有计划性地以不重复、不回头的设计方式，陈列于顾客眼前。此合理的摆设方式，当然也需要考虑商品特性、价值性、周转性、规格大小与轻重、陈列安全等因素。例如在超级市场里，冷冻食品及包装米通常摆在动线尾端或靠近结账区，避免冷冻食品软化和节省提领的重量负担。

依据商品的分类，将关联性商品有计划性地以不重复、不回头的设计方式，陈列于顾客眼前。

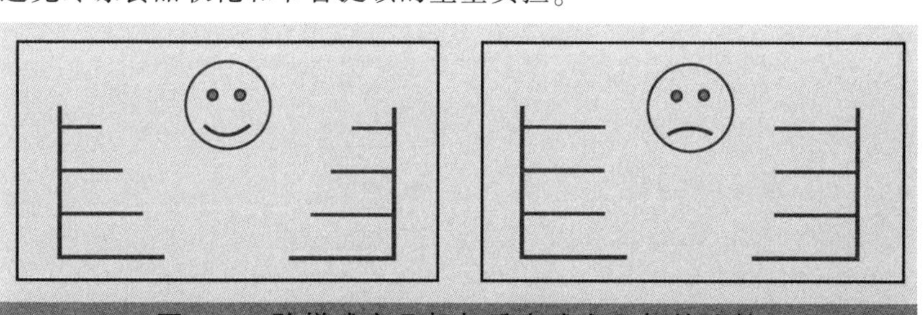

图1–5 阶梯式商品架与垂直式商品架的比较

(5) 空间配置合理化

卖场是商品、设备、顾客、员工产生交易行为的主要空间，每个区域及卖点位置应合理规划，才能发挥最有效的利用功能，否则不仅浪费空间、甚至直接影响营运绩效。空间配置合理化并非是完全将卖场填满商品，而是考虑到顾客购买需求及习惯、善加运用器材设备、利用平面与立体的陈列空间。例如，卖场的出入口应预留足够空间、卖点区域应按照主力商品及顾客购买习性顺序配置、运用器材设备将商品立体陈列或储存、利用卖场墙壁和柱子发挥商品展售效果，以达到空间不浪费、不拥挤，适合顾客走动、方便选购的条件。

3.卖场舒适原则

卖场舒适原则

从“创造优势条件”和“排除不适因素”两方面进行，可达到让顾客在卖场停留久一点的目的。

“**卖场舒适原则**”从“创造优势条件”和“排除不适因素”两方面进行，可达到让顾客在卖场停留久一点的目的。而这两个方向也正是卖场舒适的规划原则，其强调有形的安全规划及无形的感觉设计，使顾客能在一个安全、明亮、整洁、宽敞、舒适的空间环境享受悠闲自在的购物乐趣。

(1) 创造优势条件

就是规划出明亮干净的整体环境和塑造最佳的贩卖气氛。如安全的消防设施、合理的动线通道、清楚易选的商品陈列、亲切专业的服务、舒适的空调室温 (23℃±3℃)、明朗易记的企业识别、得宜的色彩装饰、舒适的装潢设计、良好的灯光照明、适当的音响效果、高效率的生财设备、适时的贩促活动以营造最佳的贩促气氛。

(2) 排除不适因素

商品项不丰富、服务态度不佳、照明及色彩阴暗、商品陈列凌乱、通道太窄脏乱、动线太复杂、音乐粗俗及音响太吵、冷气太冷或通风不良，均缺少贩促气氛。

第三节 卖场规划设计流程

一、规划设计阶段

卖场规划之设计作业分成如图1–6所示之四个阶段，开始为资料收集的准备阶段，接着为设计阶段，其包括企划构想、规划设计、施工设计等三个步骤。

● 准备阶段

首先深入了解卖场新设立或改装的各项因素，并掌握商圈环境的主客观条件，着手汇集开店的各种信息与计划，如卖场规模、经营型态、商品构成、开办预算、开幕日期、业者构想、市场相关信息与流行趋势等。接着丈量现场实际尺寸，除了测量卖场的正确面积之外，各项设施及建筑结构如墙、窗、门、梯、楼高、梁柱、消防栓、配电箱等，都应以公制单位mm测得并记录其详细尺寸，丈量越详细，设计就越精准，施工也就越确实完整。

● 企划构想

分析研判第一阶段所准备的资料及数据，同时参考和比对相关案例的设计，重新提出符合卖场风格的设计企划，并将此构想概念以图表（如各种手绘草图、相关照片或模型）具体显示，进行沟通检讨，以拟定明确的设计方向。

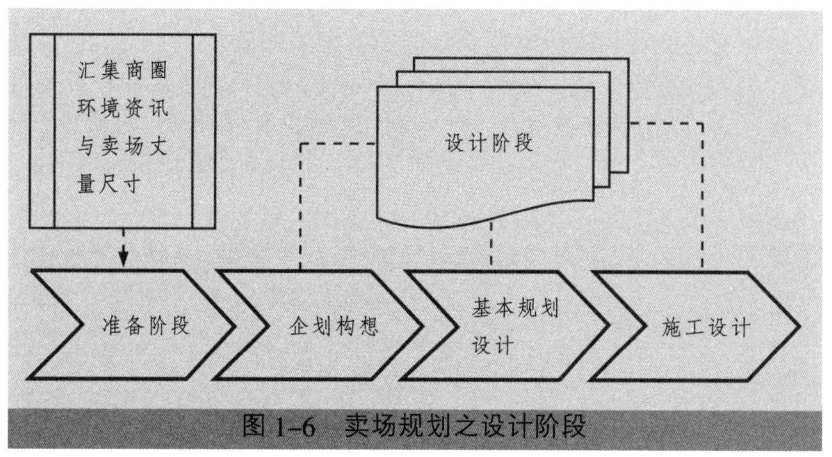

图1–6 卖场规划之设计阶段

●规划设计

本阶段是依照基本的企划构想，将所有卖场有形的物体，以正确比例和尺寸的图文符号说明整合明示的作业，此作业内容包括建筑物及周围设施的规划、结构材质及公共安全设施规划、卖场空间设计及生财设备配置、商品配置陈列及顾客动线设计、卖场形象塑造及贩促气氛营造设计等，这些设计内容在此阶段以详细平面图阐明整个卖场的基本型态和机能，尤其各部空间的搭配与合理性及材质适用与经济性，都应审慎评估检讨后明确标示于图面上。

●施工设计

施工设计是设计作业流程的最后阶段，主要以基本的规划设计为基础，进一步将所规划的卖场相关内容，更细部地以不同角度的图示技巧（如三视图、透视图及立体图）和文字说明表现更清楚的作业内容，使施工者有更明细精确的执行依据。施工设计着重于工程制作方法、设备器材厂牌规格尺寸、不定标尺格或重点特殊说明、机能功效说明、材料明细颜色明示等，甚至提示样品目录以表达设计的原意，如提示装潢所用的样品，可明确表达所需要材质的规格尺寸及颜色。此外，有关生财设备的施工设计作业，应特别说明机器的机能、安全性能及特殊施工方式。例如，冷冻冷藏设备的使用温度、电流电压容量、机器配置规划及配管配线设计、使用说明等，都是非常重要的施工设计事项。

二、设计作业流程

一个卖场规划设计案，从汇集数据到确立设计观点与理念，再到开始构思设计作业的流程应有一定的顺序，才能使规划设计更合理与完整。整个设计流程如图 1–7 所示，首先应将商品明确地按规格特性分类配置，然后安排顾客动线及计算通道，有了大体的商品配置和动线规划就可以进行整个卖场的平面配置规划，由内到外包含外场、前场及后场。确定整体平面规划之后，开始着手软硬件设施的工程计划，包括内外装潢、照明设施、生财设备器具、色彩材料、标示指引等计划，最后作整体总检讨，接着确定设计案交付执行作业。每一个设计要项的详细说明如表 1–2 所列，每个细节都应考虑到必要性、准确性、合理性，在施工之前审慎检讨修改，才能确保执行作业的成功。

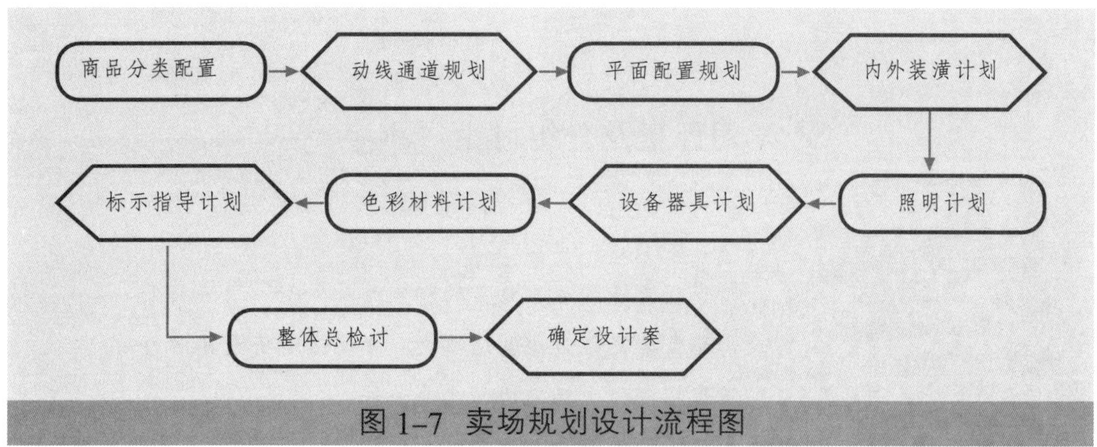

图 1-7 卖场规划设计流程图

表 1-2 卖场规划设计流程要项说明表

设计要项	要项说明
商品分类配置	依照产品线（单件、组合、系列、色样等）、消费习性、产品保存温度带、尺寸重量等分类，安排商品摆放陈列的位置。
动线通道规划	依照消费者行为及习性，从卖场外引导顾客到卖场内的每一商品区。考虑购买连续性和服务的动线，及进出补货商品的通路，更应减少卖场死角和通路阻塞问题，详细计算主通道、副通道、特别区的适当尺寸。
平面配置规划	从卖场外的引导设备区如停车场、骑楼特贩区、展示橱窗、壁柱、出入口，然后由店内的寄物服务台、购物篮车、收银包装柜台、货物架商品区、冷冻冷藏展示柜（含其他设备器具）配置、通道宽幅尺寸、促销展售、照明配置，一直到后场配置（行政办公、食品作业处理、验货仓库、电器设备机房）作一整体性的平面规划配置。
卖场内外装潢计划	包含整地填平或改装原建筑物、卖场外观、广告招牌、地板、出入口、墙壁柱面、天花板等材质颜色造型和施工设计，各项细部装潢计划都应考虑整体的协调性以符合商品陈列和消费需求之机能。
照明计划	首先设定卖场所有照明的需求及用电量计算，包括环境照明、重点照明、专用照明、装饰照明，然后考虑灯具造型、照度分布与空间格局的协调性，使之能表现卖场气氛与商品最佳展示效果。
设备器具计划	分成固定式及非固定式两大类，再依生财器具、展示设备、电器设备、管理设备与加工作业设备审慎评估其功能、品质、规格与价格。
色彩材料设计	以企业识别的主色为基础，延伸重点色彩及装饰色彩以搭配内外装潢的材质选定，同时规划外观、招牌及宣传的色彩文案，务必考虑整体性的协调。
标示指引计划	包含引导标示（街道看板、停车场指引、店面招牌、出入口指引）、商品别标示、服务区标示、说明牌告、消防安全标示等之计划，各项标示书都含有标志识别、字体用色、材质规格等设计，其以简单明了、安全易懂、整体协调性为原则。
整体总检讨	针对以上各项流程计划的细节详加检讨，以利施工前发现问题及时改进，将执行的缺失降到最低。
确定设计案	经过检讨改进，确认符合设计之构想与理念后，明确定案设计的内容并着手规划作业流程。

学习评量及分组讨论

1. 请说明卖场构成三要素的相互关系。
2. 卖场需要具备哪些营运要素，才能使卖场更具活力？
3. 请说明创造卖场魅力的主要条件。
4. 卖场规划的目的是什么？
5. 卖场规划有哪些基本理念？
6. 卖场规划有哪些基本原则？
7. 何谓空间配置合理化？
8. 以小组为单位，讨论新建与改装卖场应该考虑哪些条件。
9. 以小组为单位，讨论并绘制卖场规划之设计作业阶段。
10. 以小组为单位，讨论并绘制卖场规划设计的流程。

第二章 | 卖场规划基本制图

◎ 各节重点

第一节　卖场常用尺寸和面积计算

第二节　制图及丈量用具

第三节　制图与识图技巧

第四节　卖场平面规划图绘制步骤

学习评量及分组讨论

◎ 学习目标

1. 学会使用公制与台制的尺寸单位及面积计算。
2. 认识卖场常使用的文公尺吉祥尺寸。
3. 学习如何丈量卖场的实际尺寸。
4. 学会国家标准工程制图与识图。
5. 学会卖场规划制图常用的符号。
6. 了解绘制卖场平面规划图的步骤。

卖场规划工程如果只凭着想像和记忆就贸然施工，其完工后的硬件设备、卖场布局及贩卖气氛可能会失去实际的准确性，且在施工中因缺少完整的设计图说导致常变更工程或修改装潢，造成进度的延误和费用的增加。由此可见设计图是非常重要的。一家卖场设计图由外场、前场到后场其包括整体布局的平面图、局部卖点区和设备的部分图、色彩照明及其他重点详细图。

设计图
是无声的沟通语言，要绘制理想的设计图，除了要有良好的构想和理念之外，制图概念和技巧是将构想与理念变成图说的主要方法。

"设计图"是无声的沟通语言，要绘制理想的设计图，除了要有良好的构想和理念之外，制图概念和技巧是将构想与理念变成图说的主要方法。本章针对卖场规划时所必须用到的基本制图概念与技巧做详细的运用介绍，其包括卖场常用尺寸和面积计算、制图及测量用具、制图与识图技巧、卖场平面规划图绘制步骤。

第一节 卖场常用尺寸和面积计算

一、单位尺寸概念

卖场规划设计时常用到的尺寸有"公制单位"、"台制单位"和"英制单位"等三种。

公制单位
为美系国家及大部分非英系国家所通用的单位。

"公制单位"为美系国家及大部分非英系国家所通用的单位，在我国的国家制图检定及大部分工商业所用的设计图也都以公制单位为标准。

台制单位
为我国台湾民间最通用的单位，尤其长度和面积的单位，在木工工程业及水泥工程业已经是从业人员共同的单位语言。

"台制单位"为我国台湾民间最通用的单位，尤其长度和面积的单位（如台尺、坪数及才数），在木工工程业及水泥工程业已经是从业人员共同的单位语言。所以，市面上有很多设计者为了方便与施工者沟通配合，他们会同时使用台制和公制单位。例如，大尺寸面积或尺寸数据要求不需要很精准时，可采用台制单位做施工衡量标准；但是，小尺寸面积或者尺寸数据要求很精准时，其施工衡量就必须用到公制的精细单位。在商场估价时，很多业者也都直接以台制尺寸作为估价的单位标准，如油漆和木工装潢业。

英制单位
为英系国家所使用的尺寸单位，如英国、澳洲等。

"英制单位"为英系国家所使用的尺寸单位，如英国、澳洲等。在台湾使用英制单位作为图面设计已逐渐减少，仅限于某些场合或行业如家具制造业。

二、单位尺寸换算

常用的公制和台制单位换算，包括公制和台制的长度、面积和体积的尺寸单位及相互间的换算，表2-1所举的都是卖场规划时最常用也最实用的数据资料。**“公制长度单位”**用于卖场测量及设计图尺寸标示，是制图设计者与识图施工者共同的无声语言；**“台制长度单位”**用于加强与施工者的沟通，如装潢工程、家具与橱柜制作；**“坪数面积”**最常用于地面计算与估价，如地板砖、轻钢架、天花板、水泥工、油漆等工程的估算；“才数面积”经常在计算窗帘、地毯、玻璃、铝材、壁纸、木工等工程估价时使用；“体积”是在计算建物空间及立体材质时使用，如角材、水泥地板和墙壁。

公制长度单位
用于卖场测量及设计图尺寸标示，是制图设计者与识图施工者共同的无声语言。

台制长度单位
用于加强与施工者的沟通，如装潢工程、家具与橱柜制作。

坪数面积
最常用于地面计算与估价，如地板砖、轻钢架、天花板、水泥工、油漆等工程的估算。

表2-1 公制单位与台制单位换算表

	单位制	单位换算	卖场规划适用范围
长度	公制	1公尺(m)=100公分(cm)=1000毫米(mm)	卖场测量、设计图尺寸标示。
	台制	1台尺=0.1台丈=10台寸=100台分	与施工者沟通及工程设备估价如装潢、家具、橱柜等。
	公制与台制	1公尺(m)=3.3台尺=33台寸	
	台制与公制	1台尺=33.3公分(cm)=333毫米(mm)	
面积	坪数与公制	1坪=长1.8公尺×宽1.8公尺=通用值3.3平方公尺(m^2)	地坪计算与估价如地砖、天花板、水泥工、油漆等。
	坪数与台制	1坪=长6台尺×宽6台尺=通用值36平方台尺	
	才数与台尺	1才=1台尺×1台尺=1平方台尺	计算估价如窗帘、地毯、玻璃、铝材、壁纸、木工等。
	坪数与才数	1坪=长6台尺×宽6台尺=36才	
	公尺与才数	1平方公尺 (m^2)=1公尺×1公尺=3.3台尺×3.3台尺=通用值11才	
体积	公制	1立方公尺(m^3)=1公尺×1公尺×1公尺	空间及立体材质计算如角材、水泥地板和墙壁等。
	才积	1才积=1台寸×1台寸×1台丈	

三、卖场之简易目测丈量法

简易目测丈量法
可以在短时间得到大约的尺寸面积，以帮助初步了解卖场的度量衡及粗估某些工程的费用。

“简易目测丈量法”帮助读者在作现场测量时，可以在短时间得到大约的尺寸面积，以初步了解卖场的度量衡及粗估某些工程如地板及天花板工程的费用，或利用此大概的尺寸面积作其他评估度量之用。

大步法
利用个人的一大步代表1公尺(m)来丈量卖场面积。

1. 第一种方法是**“大步法”**，利用个人的一大步代表1公尺（m）来丈量卖场面积。例如，大步丈量卖场地板为：长10大步×宽5大步，则其面积≈10公尺（m）×5公尺（m）=50平方公尺（m^2）≈15

坪（$50m^2 \div 3.3m^2$）。

地板计算法
利用空间现有地板砖的尺寸作丈量。

2. 第二种方法是 **“地板计算法”**，利用空间现有地板砖的尺寸作丈量。例如，地板砖的规格尺寸为 1 台尺×1 台尺，目测计算卖场的地板砖为：长 30 块地板砖×宽 20 块地板砖，则其面积=长 30 台尺×宽 20 台尺=600 平方台尺≈16.7 坪（600 平方台尺÷36 平方台尺）。

四、常用的吉祥尺寸

规划卖场时，常会遇到吉祥尺寸的问题，以下针对民间使用的“文公尺”加以介绍，并提供设计卖场时较常使用的吉祥尺寸对照表（如表 2–2 所示）。民间使用的“文公尺”有趋吉避凶的意义，其经常被使用于确定卖场的出入口、收银柜台、橱柜长宽（如主管办公桌）。尽管 **“文公尺”** 的使用并无任何理论根据，然而商家在宁可信其有的心态下都会使用吉祥尺寸以求生意兴隆、招财进宝。所以，当商家相信此说时，在规划卖场的同时就应该把重要的位置布局或橱柜物品特别标明所要的吉祥尺寸以利施工者进行施工安装。“文公尺”全长为 1 台尺 4 台寸 2 台分=43 公分，其共分成 8 等分，包含有四吉（财、义、官、本）和四凶（病、离、劫、害）。现在“文公尺”已经广泛被运用在工程用的卷尺量具上，消费者在一般五金行就买得到，以方便丈量卖场之用（如图 2–1 所示）。

尽管“文公尺”的使用并无任何理论根据，然而商家在宁可信其有的心态下都会使用吉祥尺寸以求生意兴隆、招财进宝。

表 2–2　吉祥尺寸：公制单位与台制单位对照表

公制（mm）	880	1260	1545	1893	2121	2409	2748	3021
台制（尺）	2′9	4′16	5′1	6′25	7′	7′95	9′07	9′97
代表意义	宝库	进宝	富贵	益利	进宝	富贵	益利	宝库

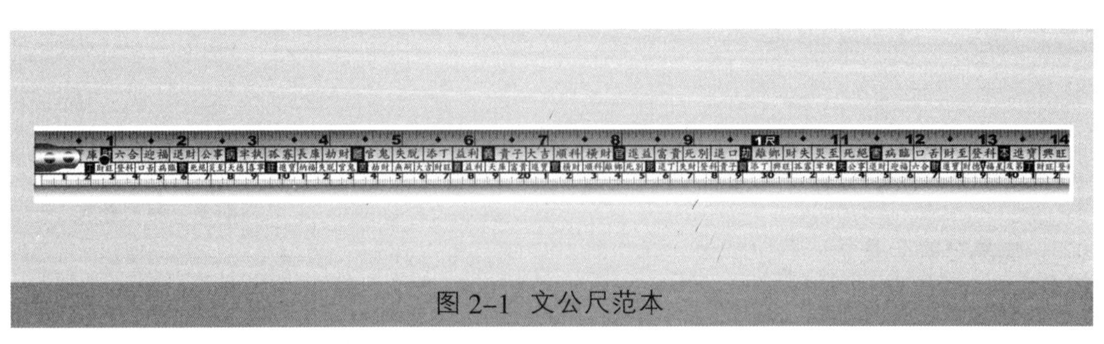

图 2–1　文公尺范本

第二节 制图及丈量用具

一、制图材料及用具

(一)制图纸张

选择制图纸应注意其纸面不宜亮光，画线后不易造成沟痕，橡皮擦拭后不起毛及上墨线时不渗透或晕散。常用的制图纸张有白色模造纸或道林纸、描图纸及方格纸，其规格大小依标准CNS3B1001之规定采A系图纸（或称开)，有A0~A5等六种标准尺寸（如表2-3所示)。

● “白色模造纸或道林纸”是最常用的标准制图纸，纸张的厚度以120~150磅左右为最适合。

● “描图纸”是一种半透明较坚韧的纸质，这种纸通常用于绘制墨线图，是作为设计图的原稿，可晒图复制用。

● “方格纸”是一种在纸面上印成5 mm淡色方格线的纸张，常用于草图或设计图的绘制，是供制图者徒手绘图时或初学者之用。

表2-3 制图纸规格尺寸

制图纸规格	纸张尺寸（mm）
A0	841×1189
A1	594×841
A2	420×594
A3	297×420
A4	210×297
A5	148×210

(二)制图铅笔及橡皮擦

制图用铅笔以装填笔芯的自动铅笔最为适合，笔芯粗细规格有0.3 mm、0.5 mm、0.7 mm。笔芯硬度由软至硬分为2B、B、HB、F、H、2H等多种，视制图线需求及制图纸质而选用，通常以2H、H或F当起稿用，以F、HB、B、2B作为完稿用，运笔时应同时旋转笔杆以保持笔芯尖锐度，用力均匀可保持线条粗细淡浓一致。

橡皮擦分为擦铅笔线及差墨线两种。擦铅笔线的橡皮以质软、擦拭时不伤纸面和不留污痕者为理想，差墨线的橡皮以化学变化材质的专用橡皮最为适合。使用橡皮擦拭时，应配合擦线板（或称消字板）使用，才能减少擦拭范围、降低纸面损伤和涂污。使用擦线板时先将擦线板盖在图面，仅露出要擦拭的部分图线，压住擦线板再进行擦拭，如此才不会擦及旁边线，可达到完好的擦拭效果。

(三)针笔

针笔

笔杆内装有专用墨水，一般都是黑色，专供完成稿描绘墨线之用，由于其使用方便，现已替代过去的鸭嘴笔。

“针笔”的笔杆内装有专用墨水，一般都是黑色，专供完成稿描绘墨线之用，由于其使用方便，现已替代过去的鸭嘴笔。每一支针笔的笔尖只能画出一种粗细的线条，所以画出的线条粗细就是针笔的规格。针笔规格有从 0.1 mm 至 2.0 mm 等多种，一般常用的有 0.1、0.2、0.3、0.4、0.5、0.6、0.8、1.0 及 1.2 mm 等规格；另外，为配合设计图面缩小或放大所使用的有 0.13、0.18、0.25、0.35、0.5、0.7、1.0、1.4 及 2.0 mm 等多种规格。绘制时都以三支为一组合，可画粗、中、细三种线条，运笔时应与图面垂直并往画线方向微倾（可增加画线流畅性），运笔时力道要适当，画线速度要平均，避免停顿，以防止断水破线或墨水过湿。

针笔使用注意事项：

●应在专用描图纸或描图胶片上绘制，不适合在其他类型纸上使用。

●墨水经常保持过半以避免因空气压力而导致漏水。

●短暂不用时也都应立即旋紧笔套头以避免墨水干涸于笔头。

●长期不用时发现有干涸现象应立即将墨水管卸下并用清水浸洗。

●应经常使用才可保持墨水管通畅及保湿笔头，所以常绘制是针笔最好的保养方法。

●使用“化学橡皮”擦拭墨线后，应先用“普通橡皮”擦拭过，再次上墨线时才可避免墨线晕开变粗。

(四)圆规及分规

制图用圆规

依构造和功能上的差异可分为一般圆规、微调圆规、点圆规、梁规、分规等多种。

“制图用圆规”依构造和功能上的差异可分为一般圆规、微调圆规、点圆规、梁规、分规等多种。使用圆规时应先调整两脚尖，使针尖稍长于铅笔或针笔，所使用的铅笔芯应比画直线的铅笔芯还软，而且要削成楔形，这样会比较好画圆弧线。

● “一般圆规”通常用在画半径 20 mm 至 120 mm 的圆，如加装长杆后可画半径 120 mm 至 200 mm 的圆。

● “微调圆规”的两脚是由螺钉拴来控制调整张口的大小，比较适合于需微量调整半径之场合，最常用于画半径 3 mm 至 20 mm 的圆。

● “点圆规”为专用在半径 3 mm 以内的圆。

● “梁规”专用于画大圆如半径约200 mm以上的圆，使用时以左手握住针端，同时右手慢慢推转笔端，左右手可交替画出整个圆。

● “分规”的构造除了两脚都是针尖脚外，其余都与圆规相似。主要用以等分线段量取长度及距离转量，如假设要将某AB线分成五等分时，先将分规大约张开为AB线的1/5，然后从B端开始等量五等份至A端，最后等份若无法与A点重合，则调整分规的张口重新等量直到第五等份的末端与A点重合。

(五) 三角板

三角板组包含有45°：45°：90°及30°：60°：90°各一支，两支的长度刻画标示在45°：45°及30°：90°的边长上，通常以30 cm为标准规格。三角板的选用以板面透明、刻度精确、刻画清楚不脱落、刻度边设计有斜面以利使用针笔画墨线时不会玷污纸面。三角板的运用方法如下：

1. 配合丁字尺或平行尺使用可以画出任意15°的倍角线（如图2-2所示）。

2. 运用两支三角板可以画已知直线的平行线及垂直线（如图2-3所示）。

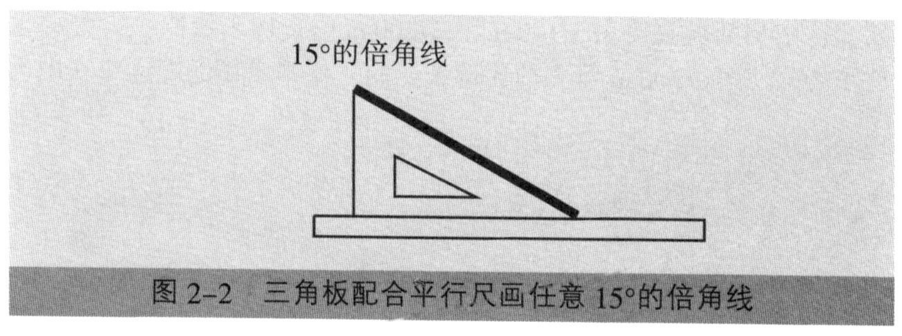

图2-2 三角板配合平行尺画任意15°的倍角线

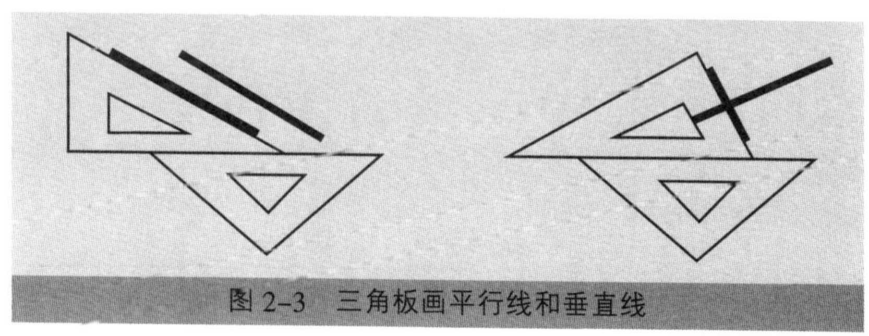

图2-3 三角板画平行线和垂直线

(六)图形板

图形板是一种镂空标准符号或形状图案的塑料制板，使用时只要在镂空的形状内缘画边线即可得所要的符号或图案，既快速又方便。目前制图图形板的种类很多，常用的有圆形板、椭圆形板、英文数字板、室内配置符号板及各类专业工程用的符号板。使用图形板时需要选用正确比例的图形，然后将板上的准线对准所需位置，再以笔垂直纸面沿着图形边画线即可完成。

(七)比例缩尺

比例缩尺依形状有平面尺及三角棱尺两种，一般三角棱形比例尺因有六种不同的比例用途（1/100 m、1/200 m、1/300 m、1/400 m、1/500 m、1/600 m，若去掉 10 单位时也可当成 1/10 m、1/20 m、1/30 m、1/40 m、1/50 m、1/60 m 使用），所以比较受制图与识图者的喜爱（如图 2–4 所示）。

比例缩尺

用在绘图时是把实物的尺寸缩小在图面上，当实物体很大时，其尺寸应该按比例被缩小画出，表现在图面上。

“比例缩尺”用在绘图时是把实物的尺寸缩小在图面上，当实物体很大时，其尺寸应该按比例被缩小画出，表现在图面上。所以，每一张工作设计图都应该标注该图所用的比例及单位，方便让看图的人借由比例缩尺就能够知道图面上的尺寸与实际物体尺寸的关系，施工者更能够按比例尺寸将图形制作成实物体。

绘制卖场规划图时，比例的选用关系到图示的大小。“图示太大”容易降低对图面的整合理解力；“图示太小”对绘图者本身有图面空间太小不易完全表达图说内容的困扰，对识图者来讲因图说内容过度集中，徒增识图吃力感。根据多数卖场规划设计者的经验，小型卖场大都用 1/50 m 的比例绘制，以使其卖场很适中地表现在图面上；中型卖场会使用 1/100 m 或 1/200 m 的比例来绘制；另外，大型卖场都使用 1/200 m 以上的比例来绘制，使其卖场适度缩小在图面上（如表 2–4 所示）。

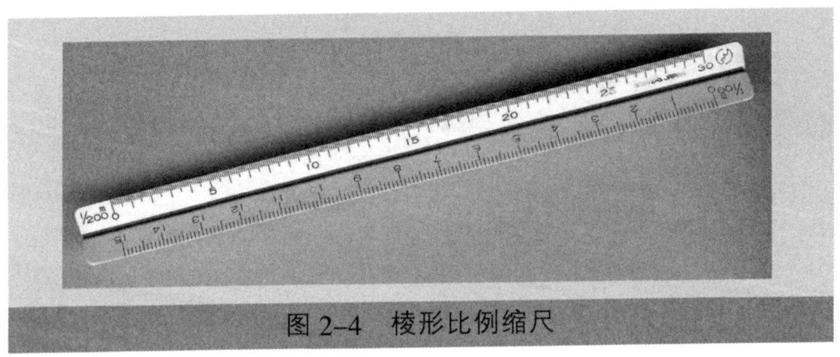

图 2–4　棱形比例缩尺

表 2–4　卖场规模与绘制比例对照表

卖场规模	绘制比例
小型卖场（50 坪以下）	1/50 m
中型卖场（200 坪左右）	1/100 m 或 1/200 m
大型卖场（500 坪以上）	1/200 m 以上

(八)制图桌

专用制图桌上装置有绘图仪，此绘图仪具有平行尺、三角板、比例尺及量角器等多种功能，可以达到快速、精确的绘图效果。在制图桌上绘图时应先用磁性钢片或胶带固定图纸的周边，并将图纸的基准线对齐平行尺的水平线再进行绘制工作，切勿使用图钉固定以避免阻碍绘图仪使用及破坏制图桌面。

二、丈量用具

规划卖场时首先要知道卖场空间大小及正确尺寸，所以规划之前先要以“卷尺”和“皮带尺”丈量现场（如图 2-5、图 2-6 所示）。一般的钢片“卷尺”适合于丈量小型卖场，其总长度为 10 m 且含有公制及台制两种单位。若是丈量中大型卖场则选用“皮带尺”较为方便，其总长度为 20 m。

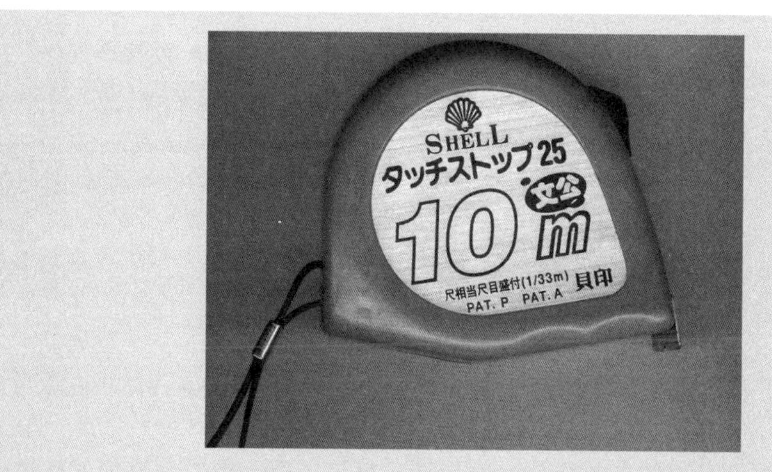

图 2-5 长度 10 m 的卷尺

图 2-6 长度 20 m 的皮尺

第三节 制图与识图技巧

一、制图技巧

设计图是由很多的线条、文字、数字与符号所组成，图中的每一笔、每一画都有其特定的使用功能，所以每一线条都应要求准确、美观、易读。

设计图是由很多的线条、文字、数字与符号所组成，图中的每一笔、每一画都有其特定的使用功能，所以每一线条都应要求准确、美观、易读。要绘制一张完好的设计图，除了要有适当的制图用具和专业的技能外，正确的制图技巧是非常重要的。以下列举几点根据实际经验总结的制图技巧供参考：

●先将制图纸张平整地铺在制图桌上，并用磁性钢片或胶带固定图纸的周边，同时选定图纸的基准线对齐平行尺的水平线再进行绘制工作。

●绘图时应按照由上而下、由左而右、由左上而右下的顺序原则，如此才不易玷污图纸，可保持图面上的清洁。

●每次下笔时，笔尖不可用大力刺着纸面，以免污损图纸及影响拉笔画线的动作。

●为使线条粗细浓淡一致，运笔时应该将铅笔轻微转动。

●画平行线的顺序应由左而右；然而画垂直线时，左手应压住三角板或绘图仪由下而上画，始可保持垂直度。

●线条与线条之间应适当接连一起，不要有缺角或接过头的现象。

●尺寸标示线应与设计图主线保持 10 mm 的距离，且尺寸数字应写在标示线的上方中央位置；标示旁边线也该与设计图主线保持 1 mm 的距离，标示线与标示旁边线都应比设计图主线略细淡。

●尽量使用适合的字规和图形板，可使图面更加整齐美化。若无适当的字规，可在写字之前先画上下两条淡细线再以工程字体标写。

(一) 线条与字体的运用

在卖场设计图里常用的线条有粗实线、实线、细实线、虚线、中心线及点虚线。

在卖场设计图里常用的线条有粗实线、实线、细实线、虚线、中心线及点虚线，这些线条的应用及代表功能如表 2-5 所示。另外，为求设计图面的整体美观，除了准确的线条和符号之外，文字及数字务必要求工整清晰、排列整齐有序不零乱，使识图者能够简明易读。通常在写图说文字时，可先轻画上下两条细线，再以工整的字体写在细线中间。若是标写数字或英文字时，尽可能善加利用“字规”来写，可以得到很好的美观效果和节省时间。

表 2–5 线条的画法与应用

线条	粗细（mm）	名称	应用说明	笔芯规格
━━━━	0.7~1.0	粗实线	建筑物结构体如卖场的外框线；特别强调某施工细部。	使用 B 或 HB 笔芯
━━━━	0.5~0.7	实线	图里的主线如表现卖场的主设备，像收银柜台及商品架等。	使用 HB 或 F 笔芯
────	0.3~0.5	细实线	尺寸标示和次要设备标示如地板瓷砖、墙面装修或花橱。	使用 H 笔芯
- - - - - - - -	0.5~0.7	虚线	又称“隐藏线”，用以表示有形物体被掩盖或遮住。	使用 F 或 H 笔芯
—·—·—·	0.3~0.5	中心线	表示圆体或方体的中心如柱子及墙壁的中心。	使用 H 笔芯
—··—··—	0.3~0.5	二点虚线	表示活动方向及活动的设备如卖场开门方使用向或促销台车。	作用 F 或 H 笔芯

(二)尺寸标注

“尺寸标示”是完成一张设计图的最后阶段，标注时要考虑简洁清晰、正确性、有规则性，使识图者与施工者能明了易懂（如图 2–7 所示）。标注尺寸的基本要素包含尺寸标线、尺寸边线、箭头标示及数字等四项。

尺寸标示
是完成一张设计图的最后阶段，标注时要考虑简洁清晰、正确性、有规则性，使识图者与施工者能明了易懂。

● “尺寸线”是标明尺寸的细实线，其与所要标注的实际线是平行的，而且两端有涂黑箭头用以标示起讫距离。

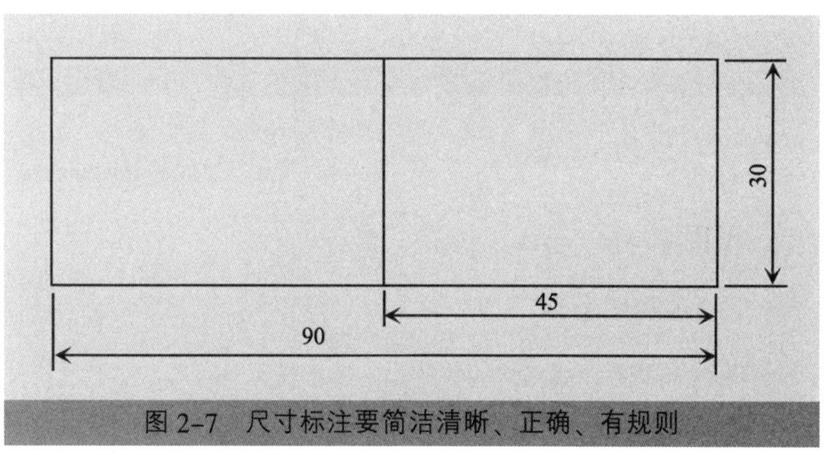

图 2–7 尺寸标注要简洁清晰、正确、有规则

● "尺寸边线"用以界定尺寸的范围，其与尺寸线成垂直。尺寸边线以由所要标注的实际线两端垂直引伸出 10 mm 为理想，且应与实际线保持 1 mm 的距离，才不会造成与实际线的混淆。

● "箭头标示"可分为单边箭头、双边箭头与涂黑箭头等三种(如表 2–6 所示)。

● "数字"代表尺寸的实际大小，所代表的数字应标在"尺寸线"上方的中央位置，随着"尺寸线"角度变化其数字标示的方位，如图 2–8 所示。

表 2–6 箭头标示种类

箭头	箭头种类
单边箭头	——→
双边箭头	←——→
涂黑箭头	——▶

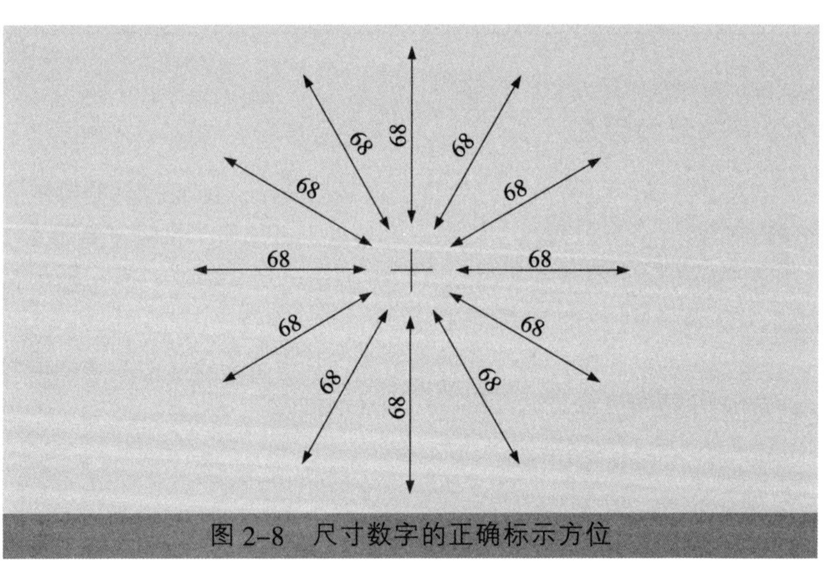

图 2–8 尺寸数字的正确标示方位

二、识图技巧

(一)三视图运用

要将一个实物体透过制图技能完全地表达在图面上，如果只靠一种立体图或平面图的表现，是不足以让识图者或施工者完全明了其结构形状，也无法掌握其正确的比例尺寸。每一个实物体都有上下、前后、左右等六个面，其归类成平面、立面及侧面等三种，此即为俯视图、前视图及侧视图，以上三种投影视图简称为“三视图”。“**三视图**”的理想布局为俯视图在前视图的上方，侧视图在前视图的两侧（如图2-9所示）。关于侧视图，则以实物体较复杂的一侧来表示，或者选在个人习惯的一侧，都可同时表现两侧的形状尺寸。以下为“三视图”的运用说明：

三视图
其理想布局为俯视图在前视图的上方，侧视图在前视图的两侧。

●前视图：前视图就是从物体正面所看到的立面图。“三视图”的开始就是先将前视图正确地画出（依序画俯视图→侧视图），正面看得到的面和线都要以实线表示，后面看不到的面和线也都要以虚线表示出来。

●俯视图：俯视图就是从物体的上面看下来的平面图。以前视图的宽度为准，向上取2 cm适当距离将俯视图画在前视图的正上方，上面看得到的面和线都要以实线表示，下面看不到的面和线也都要以虚线表示出来。

●侧视图：侧视图就是从物体的侧边看到的侧面图（在此以右侧做说明）。以前视图的高度为准，向右取2 cm适当距离将侧视图画在前视图的右侧方，右侧边看得到的面和线都要以实线表示，左侧边看不到的面和线也都要以虚线表示出来。

●卖场的平面规划图通常以实物体的俯视图表现在图面上，如收银柜台、商品货架、器具设备等。一般现成的器具设备，只要以平面图表示即可（另附上实体目录如冷冻设备和规格商品架）；若是需要订制或是装修的物品设施，则需要在平面规划图旁边加以画注前视图或侧视图的正确形状尺寸。

卖场的平面规划图通常以实物体的俯视图表现在图面上，如收银柜台、商品货架、器具设备等。

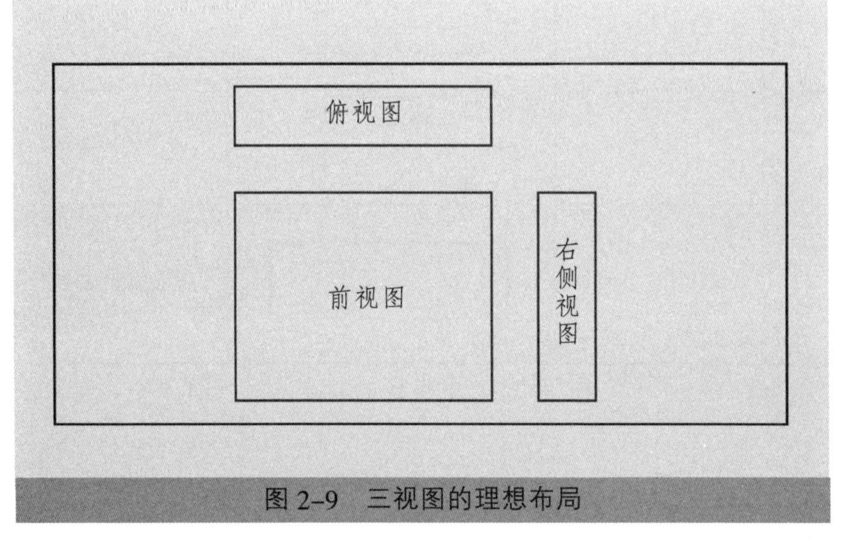

图2-9 三视图的理想布局

(二)卖场平面图常用符号

绘制卖场平面图时，需要很多不同的线条符号来代表实体设备及设施，常用的卖场符号归纳为卖场出入门、店内设备、电器设施及建材结构等四类（如表 2–7 及表 2–8 所示）。这些符号通常以实体的俯视图来表现，部分相似的符号应注明文字以免混淆。

表 2–7 卖场符号表之一

卖场出入门		店内设备	
符 号	名 称	符 号	名 称
	一般出入口	 R	收银机
	自动门		冷气出风口
	单推门	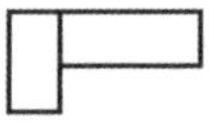	收银台
	双推门	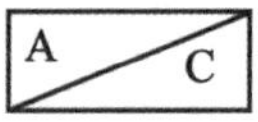 A C	冷气机
	前后推自由门	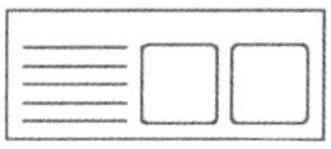	流理台
	旋转门	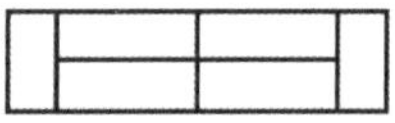	组合商品架
	子母门	 冷藏柜	开门式冷藏柜
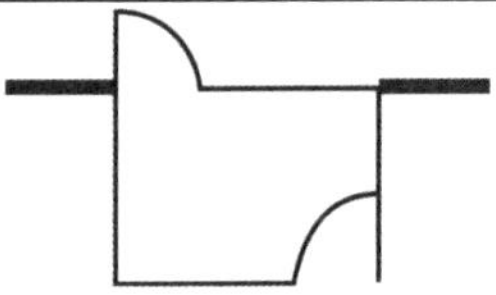	风除室出入门	 开放式冷藏柜	开放式冷藏柜

表 2-8 卖场符号表之二

卖场出入门		店内设备	
符　号	名　称	符　号	名　称
	消防栓		钢筋混凝土
	配电盘		水泥砂浆
	消防喷水头		钢骨架
	警报铃		砖墙
	探烟器		一般壁板
	电源插座		木材
	220V 电源插座		玻璃
	双管日光灯		楼梯

第四节　卖场平面规划图绘制步骤

绘制卖场平面图的步骤依序为丈量现场、布置卖场的格局、按照实际比例绘制卖场外框图、设定出入口及收银柜台、绘制前场（直接卖场）、绘制后场、标示商品别及设施名称、标示尺寸、去余线完成制图。这些步骤如图 2-10 所示，并详述如下：

1. 丈量现场

勘查现场并徒手先画一张整个卖场内外形状的草图，然后详细丈量整个卖场的空间大小，包含壁厚、柱子、楼梯及门窗，将所测量的正确尺寸记录在草图上。

2. 布置卖场的格局

在草图上先布置卖场的格局。

3. 按照实际比例绘制卖场外框图

决定适当的比例（如 1/100 或 1/50），并以比例尺按照所测量的实际尺寸绘制卖场外框，同时设定外场、前场及后场的范围。

4. 绘制出入口及收银柜台

设定出入口及收银柜台的正确位置，并将门及收银台的数量、规格、尺寸依比例绘制在图面上。

5. 绘制前场规划

绘制前场（直接卖场），首先画出流动性最大的主通道及设备（如超市的开放式冷冻冷藏柜），然后绘制次要通道及设备（如超市干货区的商品架）。

6. 绘制后场规划

绘制后场时，首先画出与前场相连接的出入口及主要通道，然后布局办公区、仓库、加工作业区、机器房及其他公共设施区。

7. 标示商品别及设施名称

标示说明商品别及设施名称。

8. 标示尺寸

在图面上作尺寸标示，如卖场外框、出入口、主副通道、重点设备及特殊装修尺寸。

9. 去除余线及填写绘图数据，完成

以擦线板去除多余的杂线，并在图下方标写正确的比例、单位、日期、图名及绘制者名称即为完成图。

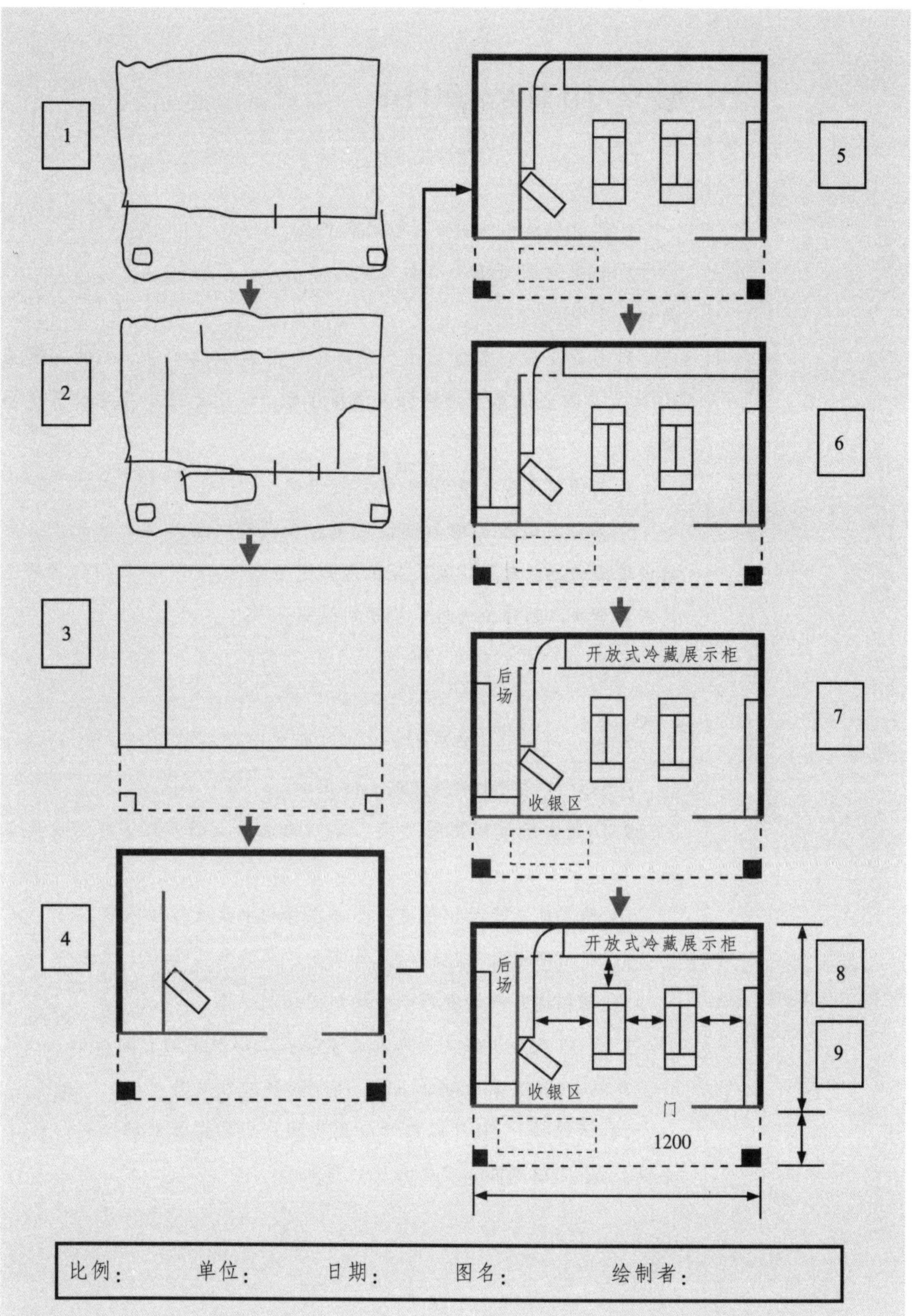

图 2-10 卖场平面规划图绘制步骤图示范例

学习评量及分组讨论

1. 请说明卖场规划设计图的重要性。

2. 一家便利商店的门面宽度为 4 m、纵深为 20 m，请问此卖场面积为几坪？

3. 当你要租一家商店时，得知店面宽度为 24 台尺、店内深度为 30 台尺，租金计算为每坪每月 2 000 元，请问你每个月应付多少租金？

4. 何谓“大步丈量法”？请举例说明。

5. 当你在进行卖场工程估价时，在没有丈量工具的情况下，急欲由现场的地板或轻钢架天花板得知卖场面积，此时可使用何种简易目测丈量法以利作业进行？请举例说明。

6. 台制“文公尺”的全长等于公制的几厘米，其共分成哪八等分？

7. 请明列制图纸的规格及其纸张的尺寸。

8. 请详细说明比例缩尺的实际用途。

9. 绘制卖场规划图的时候，比例的选择与图示大小有何重要关系？

10. 请描述正确的制图技巧，并在你的书桌上模拟练习。

11. 请依照老师所提供的立体实物，草绘此实体的三视图。

12. 请描述正确的卖场平面规划图绘制步骤。

13. 以 2 人为小组，用卷尺丈量现在上课教室的长宽及出入门尺寸，并以 1/100 比例、单位 mm，绘制正确的外框图。

14. 请选择一 50 坪以内的小型卖场，实际丈量并以比例：1/50、单位：mm 来绘制其正确平面规划图。

第2篇 卖场规划与设计

第3章　店头规划设计

第4章　店内规划设计

第5章　卖场动线规划

第6章　后场行政作业区规划

第三章 | 店头规划设计

◎ 各节重点

第一节　广告招牌设计

第二节　外装门面规划

第三节　出入口规划

第四节　橱窗设计

学习评量及分组讨论

◎ 学习目标

1. 知道各种外观招牌的形式，学习如何规划安全有效的广告看板，达到宣传引导的功能。
2. 能够注意门面装潢时的重要事项，并可以规划适当的外场特贩区。
3. 可以依照卖场实际需求，设计理想的出入门。
4. 了解橱窗的功用及类型，并能大略规划出具体的橱窗蓝图。

店头规划
是在卖场外运用直接的设计手法，刺激消费者的注意力，不仅能提升企业形象，更能引起消费者对店内产生兴趣与联想，进而诱导其进入卖场消费。

俗称的“店头”就是一家卖场的外观门面。适当的门面规划可以产生魅力以吸引消费者的亲近，而不良的规划则会将消费者挡怯于卖场外。“**店头规划**”是在卖场外运用直接的设计手法，吸引消费者的注意力，不仅能提升企业形象，更能引起消费者对店内产生兴趣与联想，进而诱导其进入卖场消费。规划之前，应先了解卖场平面位置与连外道路关系，再由外而内规划停车设施、外观门面、外场特贩、出入口与橱窗、后勤外场等设计。

卖场的外观可用来表现商店的风格，引起消费者的注意，提高流动顾客对卖场的好印象，进一步诱导消费者进入卖场。而诱导的方式可分成传达信息的外观设计（如招牌、建筑物外形）和引导机能的门面设计（如门面装潢、外场特贩、出入口）等两大部分（如图 3–1 及图 3–2 所示）。这两种机能的设计，就是使潜在顾客在进入卖场前产生一个印象。周泰华、杜富燕（1997，p.301）研究指出若能掌握以下三个卖场外观设计原则，就能塑造出成功的形象，赢得消费者良好的综合印象。第一，“能见度”，来自于卖场外观的有形物体之醒目、清晰、容易辨识；第二，“独特性”，来自于与众不同且具有吸引力的无形创意；第三，“一致性”，则是来自于和谐一致的整体表现，切勿过度复杂造成主题不一致、形象混乱的感觉。

图 3–1 传达信息的外观设计

图 3–2 引导机能的门面设计

第一节 广告招牌设计

“卖场的招牌” 主要目的是透过有创意的设计手法，使来往的行人留下深刻印象，指引前来消费购物。此设施机能涵盖着吸引一般行人的视觉注意力、激发消费者来店的潜在意识、指引顾客光临的标示效果及表现企业形象的识别等。

卖场的招牌

主要目的是透过有创意的设计手法，使来往的行人留下深刻印象，指引前来消费购物。

广告招牌也是营造卖场魅力的重要因素，其内容显示包含卖场名称、图案样式、商标或企业标志、文字诉求、颜色搭配及照明灯光表现等种种的整体设计。设计制作后再选定适当的吊挂位置，达到醒目易见、清楚易懂、兼顾视觉效果和卖场诉求，以引起过往行人的注目，进一步勾起消费者的好奇与兴趣而进入卖场。所以，为了塑造这第一步的卖场魅力，招牌设计必须要做以下全面性和整体性的考虑，始可达到真正的广告效果。

- 额头招牌（卖场正面）的位置、大小、造型样式、广告效果。
- 立式及外伸招牌的大小、位置。
- 辅助广告牌的规格及位置。
- 所有招牌吊挂需符合相关法规、当地风俗习惯及协调邻居的配合。
- 广告招牌的安全结构及材质选用。
- 评估招牌的广告效益及成本。
- 招牌的版面设计需符合行业别。
- 字体色彩图案与企业识别相称。
- 招牌的色彩鲜明度、照明度、设计形象能够吸引消费者。
- 考虑招牌在夜间的照明设计或装置定时器及漏电开关。
- 随时检修招牌，以免破旧影响卖场形象，或产生安全隐患。

一、广告招牌种类

广告招牌依其与卖场所吊挂的位置可区分成额头招牌、骑楼招牌、立式招牌、外伸招牌、顶楼招牌、大型广告看板、街角招牌、店面旗帜广告等八种，兹分述如下。

(一)额头招牌

吊挂在卖场门面正上方的招牌，犹如一个人的额头位置，故称之

额头招牌
对大部分卖场而言是最重要的广告牌，其位置的广告效果最好，足以表现企业形象及卖场气势。

为“额头招牌”，又称“正面招牌”（如图 3-3 所示）。“**额头招牌**”对大部分卖场而言是最重要的广告牌，其位置的广告效果最好，足以表现企业形象及卖场气势。但是当卖场紧邻的街道太窄（小于 8 m），使消费者的视线角度变小，其广告效果就大打折扣，甚至于 6 m 以下的商店街卖场，反而省去额头招牌而改设计其他的招牌。若以小型卖场为例，额头招牌通常固定在一楼卖场正上方（离地面约 3 m 高），其长度与卖场门面同宽（约 4 m），而宽度以 1.2 m 为理想。假如是中大型卖场或三角窗店面，可依实际需要加大招牌尺寸。

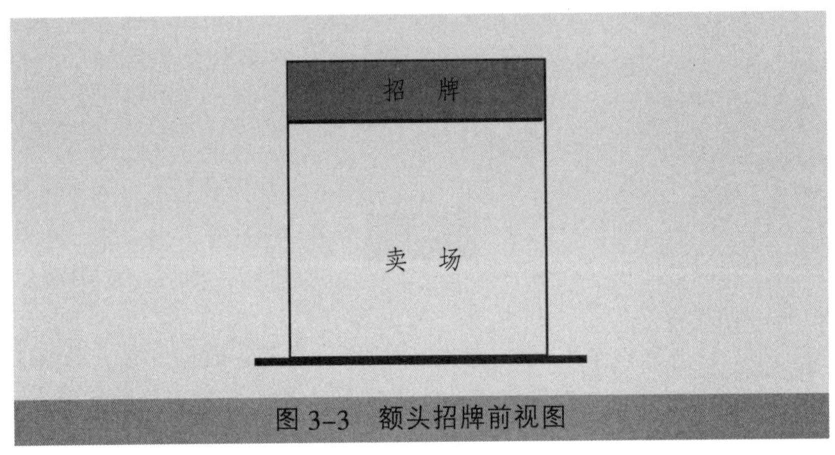

图 3-3　额头招牌前视图

（二）骑楼招牌

当卖场设在商店林立的闹区时，人潮在骑楼流动比率增高，此时在骑楼天花板倒挂的招牌，称之为“骑楼招牌”（如图 3-4 所示）。因考虑骑楼高度会影响消费者通行，一般都设计成小型招牌，并仅以简单易懂的字样作诉求。

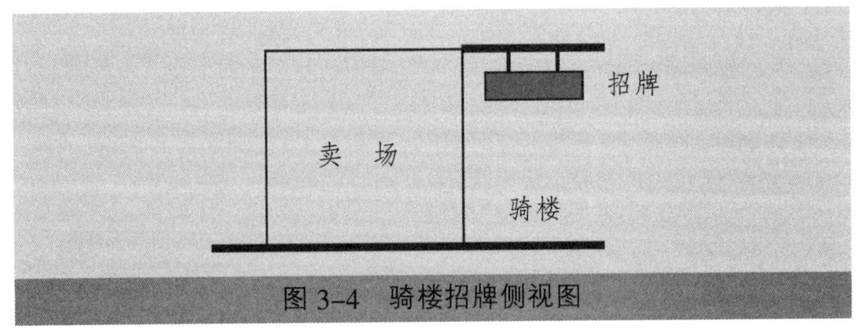

图 3-4　骑楼招牌侧视图

立式招牌
其视觉方向刚好补足额头招牌不及之处，它能吸引卖场左右方向人潮的注意力，并不会受到街道宽窄之限而影响广告效果。

（三）立式招牌

“**立式招牌**”的视觉方向刚好补足额头招牌不及之处，它能吸引卖场左右方向人潮的注意力，并不会受到街道宽窄之限而影响广告效果，以至于几乎所有的卖场都会设置此种招牌（如图 3-5 所示）。若以小型卖场为例，立式招牌通常固定在两建筑物共享壁的 1/2 壁厚（约 4 台寸），且遵照整排建筑物规定的固定边，不可同时设置卖场两边招牌，影响左右邻居的权益。小型卖场的立式招牌规格以长 4.5 m×宽 1.2 m 为标准，固定起高以卖场一楼顶为基准。假如是中大型卖场或独栋建筑物，可依实际需要加大招牌尺寸或同时在卖场两边设置立式招牌，加强双向广告效果。

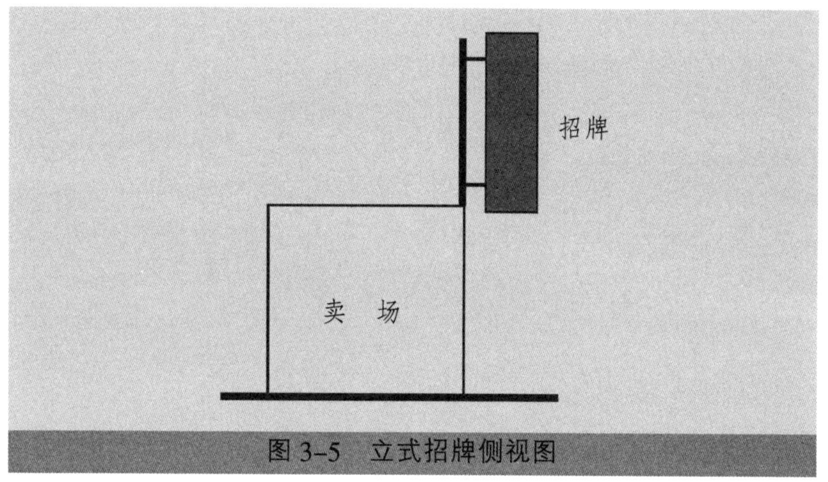

图 3-5 立式招牌侧视图

(四)外伸招牌

“外伸招牌”能弥补额头招牌不及之处，也和立式招牌有互补作用（如图 3-6 所示）。当卖场结构无法设置立式招牌，或者立式招牌无法凸显局部诉求时，皆以外伸招牌来代替立式招牌及强调局部重点广告。因为外伸招牌通常是以长方形向马路延伸，其结构安全性和设置合法性都应慎重评估。

外伸招牌
能弥补额头招牌不及之处，也和立式招牌有互补作用。

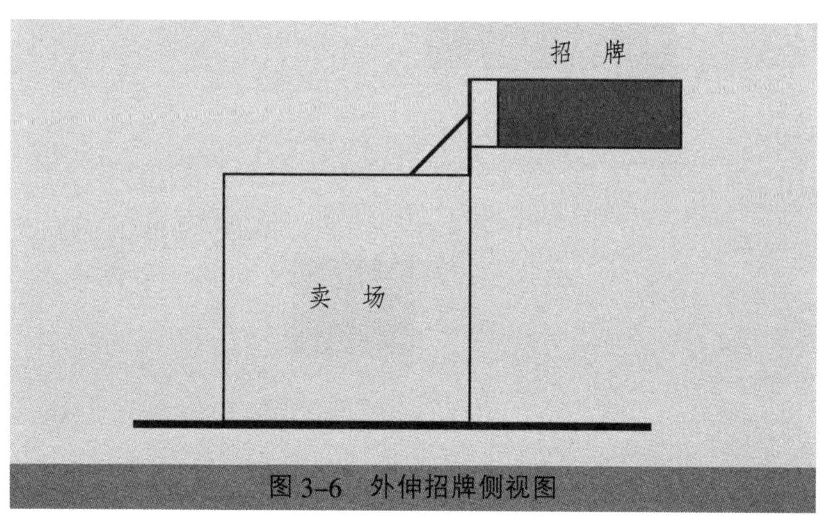

图 3-6 外伸招牌侧视图

(五)顶楼招牌

一般大型卖场或百货公司，为求大商圈的远距离广告效果，将招牌设置在立体建筑物的顶楼上方者，称之为“顶楼招牌”（如图 3-7

所示)。因为顶楼招牌的视觉距离又高又远，必须以大面积广告牌及强烈的视觉刺激素材（如霓虹灯）作表现，才能发挥广告效果。顶楼招牌的制作成本算是最高的一种，其表现内容以笔画简单及单颜色的大字体最为理想。

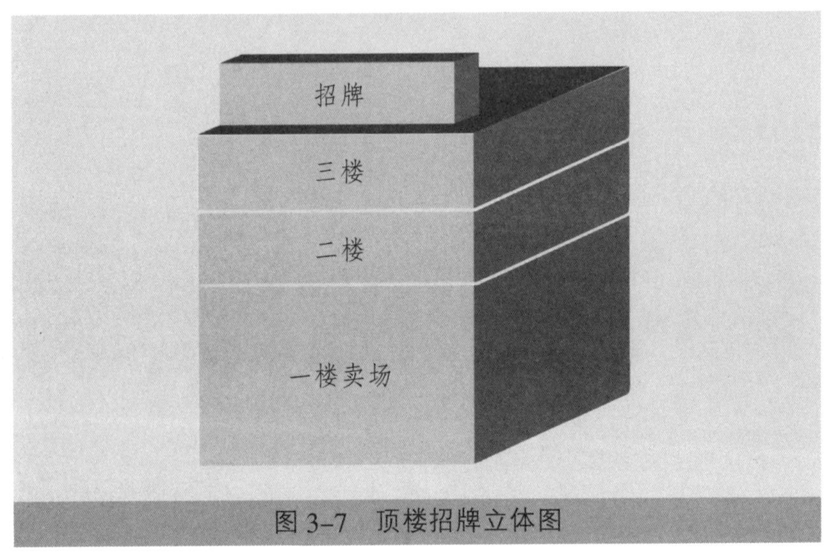

图 3-7　顶楼招牌立体图

(六)大型广告看板

大型广告看板

利用第二层建筑物正面的上方，设置大型平面广告牌以加强其他招牌不足的广告效果。

利用第二层建筑物正面的上方，设置大型平面看板以加强其他招牌不足的广告效果，称之为“**大型广告看板**”（如图 3-8 所示)。此种广告牌大都设计为活动式，例如，活动式的计算机喷画帆布广告，可供更换不同主题的促销内容或新产品宣传，可获得很实际的机动广告效益。

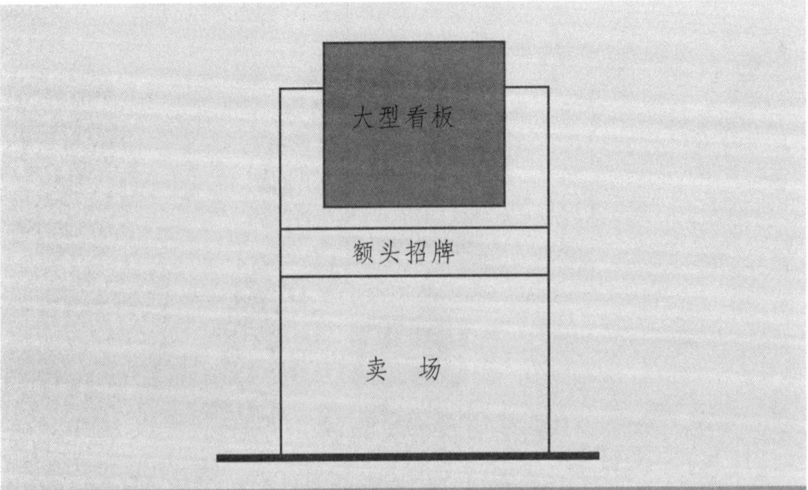

大型看板
额头招牌
卖　场

图 3-8　大型广告看板前视图

(七)街角招牌

为了针对马路口消费者进行指引宣传，将招牌矗立在街道出入口，称之为“**街角招牌**”（如图3-9所示）。在申请合法范围内，街角招牌以小尺寸较为理想，以不影响道路安全为原则。另外，也可以向街口店家租用适当位置，吊挂街角招牌，比较不会妨碍人行安全。

街角招牌
为了针对马路口消费者进行指引宣传，将招牌矗立在街道出入口。

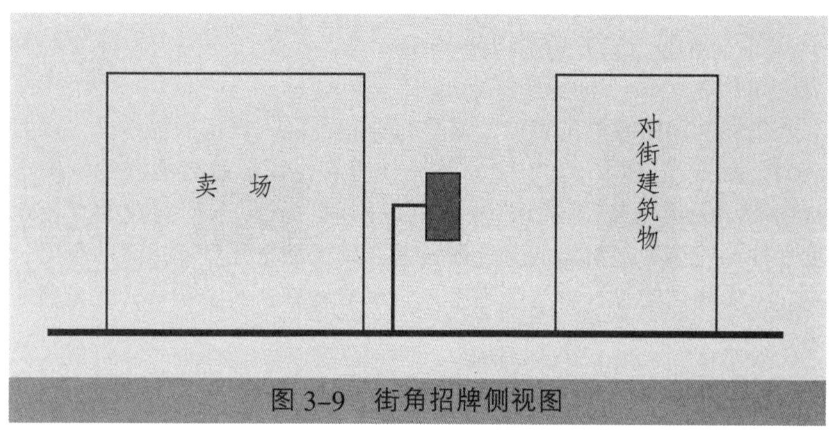

图3-9　街角招牌侧视图

(八)店面旗帜广告

“**店面旗帜广告**”通常有立式旗帜和横式布条两种，一般是矗立或横挂在卖场正面，靠近卖场出入口，以获得及时亲近的广告效果（如图3-10所示）。这种旗帜广告大都使用在开幕、促销、新商品、节庆等活动主题上，其成本最低、经常可变换，及时性和气氛塑造效果都很好。

店面旗帜广告
大都使用在开幕、促销、新商品、节庆等活动主题上，其成本最低、经常可变换，及时性和气氛塑造效果都很好。

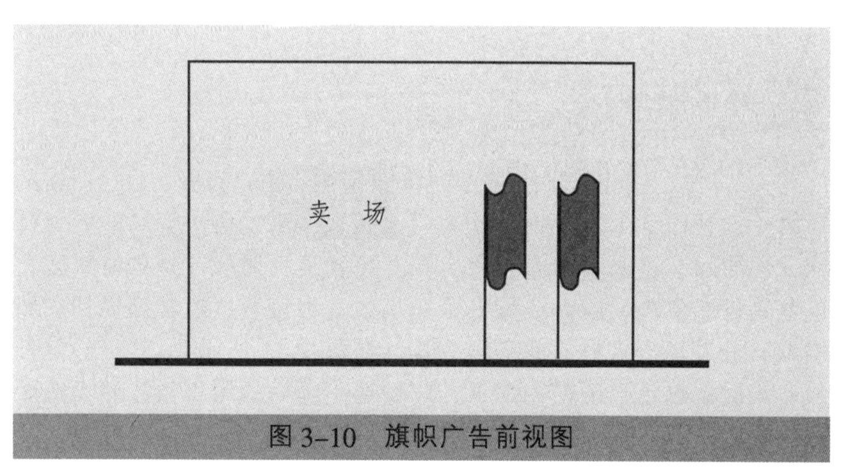

图3-10　旗帜广告前视图

第二节 外装门面规划

一、门面装潢注意事项

门面装潢的目的
是将行业特色融入设计的思维里，以装潢的技巧适当表现出卖场形象与经营诉求，让消费者能清楚了解与认同卖场的经营型态。

卖场“**门面装潢的目的**”是将行业特色融入设计的思维里，以装潢的技巧适当表现出卖场形象与经营诉求，让消费者能清楚了解与认同卖场的经营型态。所以在规划的同时，除了依照行业的专业角度之外，更应从消费者的立场作考虑，以下综合几点该注意的事项。

●卖场门面设计要有亲和力，让消费者有自然亲切、喜欢光临的感觉。

●依照业态及经营型态来决定门面的造型，如建置骑楼柱、玻璃门面及墙壁等结构。

●门面适合采用何种形式，如关门式、开放式或半开放式等。

●是否在门面设置特贩区或相关营业摊位。

●保持店面适当的回转空间和出入通道的顺畅。

●门面设计能够被搭配运用到换季和节庆的促销活动。

●门面橱窗规划是否能发挥商品的展示功能和广告促销效果。

●考虑橱窗玻璃反光问题及平面装饰效果，如贴广告胶膜及促销海报。

●考虑店面设备是否准备得当，如设置消防设施、垃圾桶、休息椅等。

二、外场特贩区

外场特贩区
其目的在于加强非定时定量定点的商品销售，以创造不预期的销售额。

一般消费者会由店头所产生的印象猜想店内是否贩卖自己所需的商品，这种印象的产生是由外观门面而来，更是店头卖场的魅力延伸，诱导顾客进入卖场内。此店头卖场就是所谓的“**外场特贩区**”，也就是设在室外的临时或特定贩卖场。这种特贩区通常都规划在骑楼及靠近卖场出入口的停车场空地（如图 3-11 所示），其目的是加强非定时定量定点的商品销售，以创造不预期的销售额。外场特贩区可规划适当摊位出租给相关商品厂商，以延伸主卖场的产品线，除可增加租金收入外，更可强化卖场魅力增加来客数。

为了活络卖场气氛和提高突破性的业绩，选定在每日或重点节庆日实施定时定样定量的商品促销活动，是外场特贩区的重要机能。当然，不可因过度强调外场特贩活动而影响主卖场的营运，因为过度着重外场特贩会影响店门口的出入，造成卖场管理资源分配不平均、商品容易失窃、顾客容易被区隔在廉价的定位、商品线也会被局限在特贩品之内不易拓展。所以，为提高主卖场的卖点魅力和相辅相成的营运效果，外场特贩区的角色定位和事先完善规划是非常重要的。例如，常有某些商店在外场特贩与卖场差异性太大的产业商品，或者设置不良或非法的特贩设施（如游戏赌博机），导致商品定位模糊、卖场形象受损、主要顾客群流失等。

图 3-11 设在骑楼及靠近卖场出入口的特贩区

第三节 出入口规划

一般“**出入口**”系根据顾客在营业时段的走向习性及流量而设在最容易进出的位置上。所参考因素有自然条件和地理条件，自然条件如街道宽窄、马路的弯向、是否有人行道和既有建筑物等；地理条件包含地形的高低、卖场面积大小、店面的宽窄、停车场位置等。然

出入口
系根据顾客在营业时段的走向习性及流量而设在最容易进出的位置上。

而，有些中小型商店业主相信民间传说，遵照地理师的勘查而将入口设在所谓的“龙边”（面向卖场外的左边，有吉利发财之说），且当设后场的出入门时不可与前门入口呈前后直线位置（如图3-12所示），以避免漏财（钱财从前门进而从后门直接漏掉之意）。

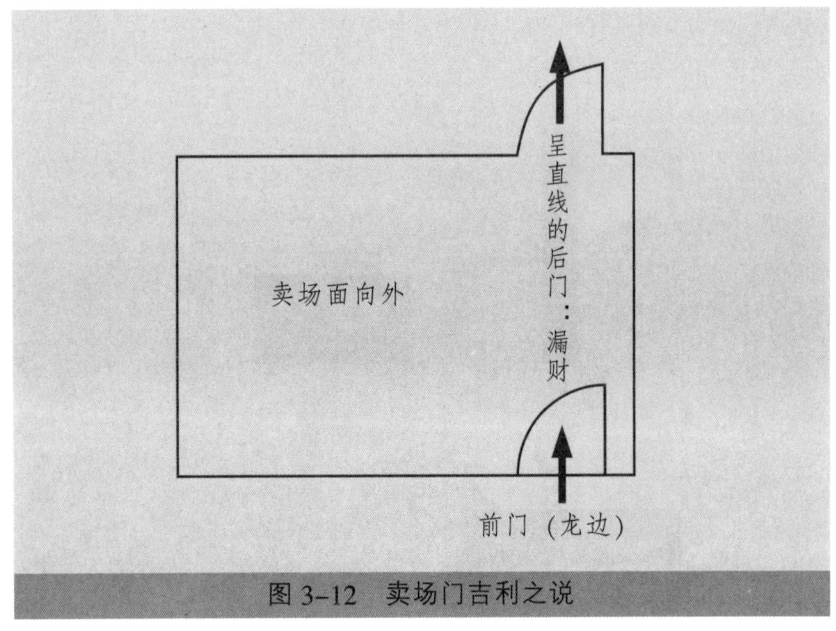

图3-12 卖场门吉利之说

一、出入口位置与街道之关系

通常小型卖场还是以设置单一出入口较为理想，不仅方便管理，也不会浪费店内陈列空间。但是，中大型卖场根据卖场面积大小及人潮流量多寡，可设置一出一入或多个出入口，使来店者有容易入店的开放感觉和避免人潮阻塞问题。尤其，量贩店、百货公司及大型购物中心除了设置面对街道的出入口之外，更需要设置通往停车场的出入口，以方便开车前来消费的顾客。以下所述卖场出入口位置与街道所产生的关系而设置两个出入口的举例，系针对中大型卖场所做的说明。

●紧临单一街道的卖场，其出入口当然设置在面向马路这一边最方便顾客出入（如图3-13所示）。一般小型卖场都只设一个出入口，以便于管理。若是面宽的中大型卖场，可在左右两侧设置一进一出的单独门。

●当卖场两侧都紧邻马路时，应以两条马路的人潮通行量比例来决定出入口位置。如果主要街道的人潮流量为70%以上，次要街道为30%以下，则出入口只设在靠主要街道这一边，人潮流量低于30%的一边无须再设置出入口，但是可利用靠这边的壁面，依行业别需要设计为玻璃橱窗以发挥展示效果（如图3-14所示）。

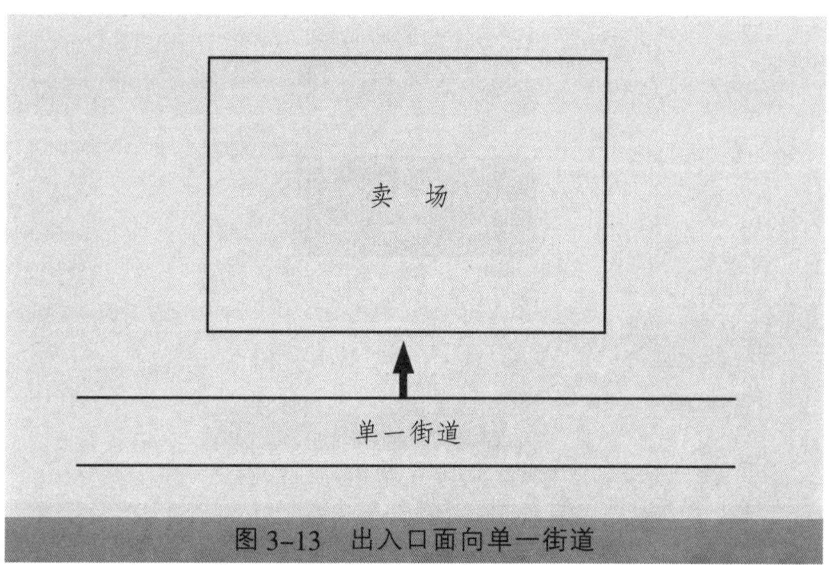

图 3-13 出入口面向单一街道

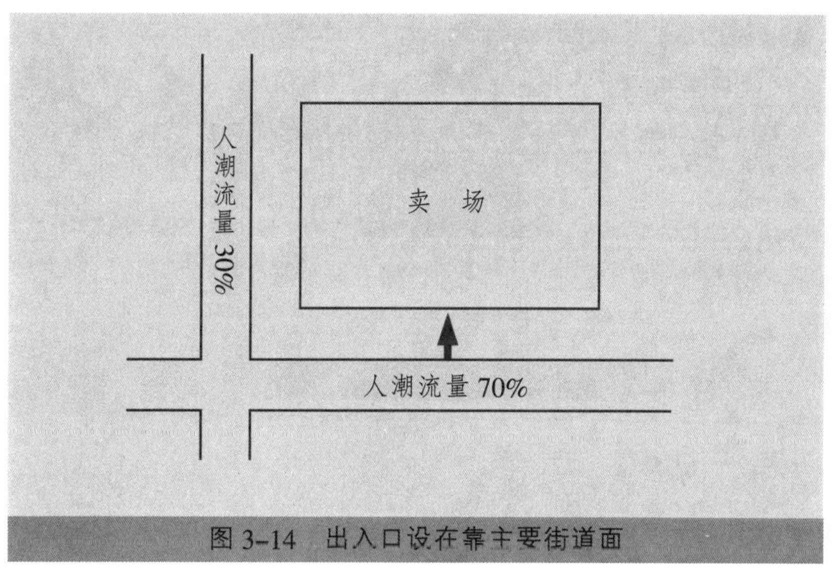

图 3-14 出入口设在靠主要街道面

●当卖场两侧街道的人潮流量分别为60%和40%时，应将主要出入口（如双扇门）设置在人潮流量60%的这一面，另外设置次要出入口（如单扇门）在人潮流量40%的一面（如图3-15所示）。

●当卖场两侧街道的人潮流量各为50%时，应将主要出入口（如双扇门）设置在卖场面积较宽的一边或者是面对主要道路的一边，另外设置次要出入口（如单扇门）在另一侧的壁面（如图3-16所示）。

●大型卖场除了设置多个面向街道的出入口之外，也需要设置靠近停车场的出入口，以方便开车来购物的顾客（如图3-17所示）。

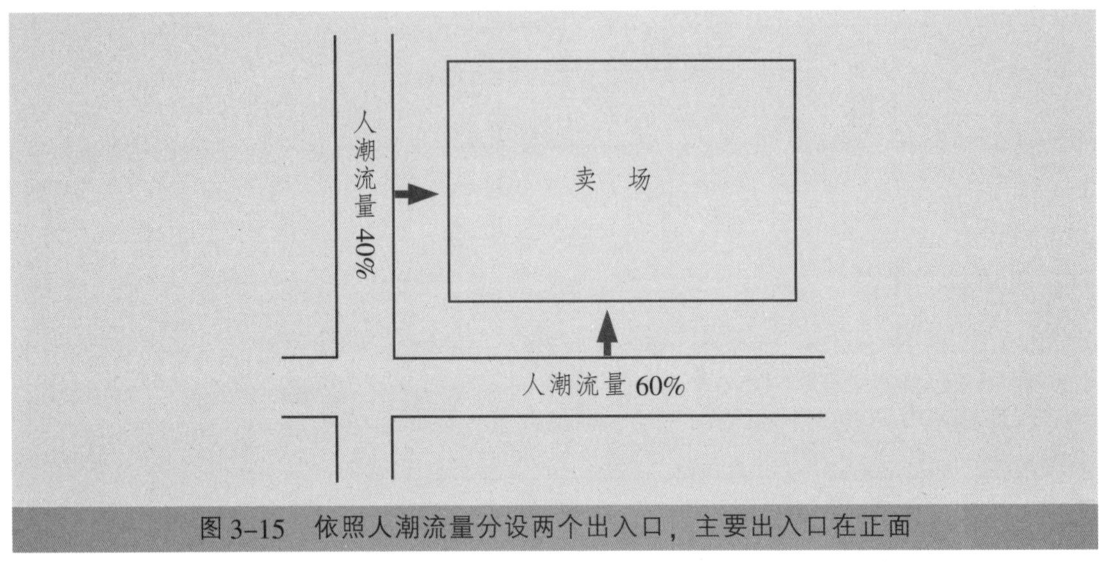

图 3-15 依照人潮流量分设两个出入口，主要出入口在正面

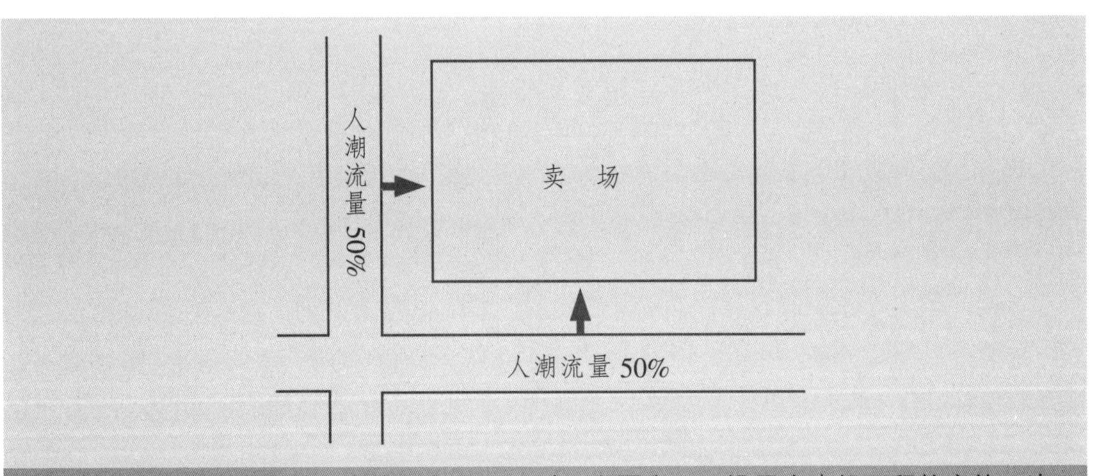

图 3-16 当两侧街道的人潮流量各为 50%时，主要出入口设置在卖场面积较宽的一边

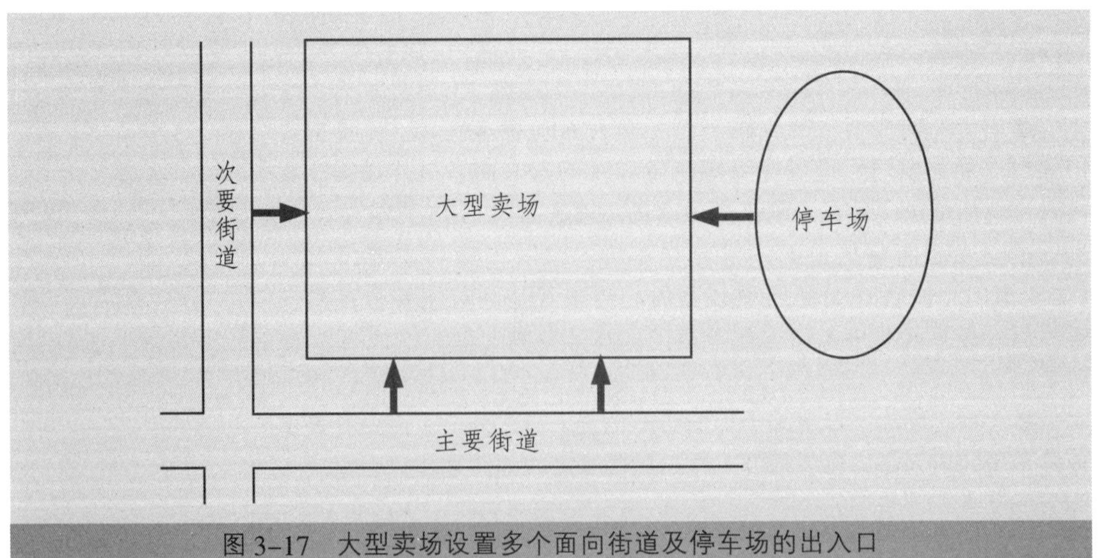

图 3-17 大型卖场设置多个面向街道及停车场的出入口

二、出入门的设计

(一)门的规格

卖场出入门的规格随着门面型态的不同而有大小之分。但是，若非特殊规格需求，通常门的尺寸设计，刚开始会以台尺的整数单位粗略计算，宽度如 3 尺、4 尺、5 尺以上等，而高度为 7 尺、8 尺、9 尺以上等。当然，最后的尺寸订定是以人潮流量、商品货物及器具设备进出的实际需要为主要考虑因素，而决定总宽度和长度。接着再依门的形式，设计门片的数量。

门片的数量也关系到顾客使用的方便性，以及门本身结构的安全问题。例如，尺寸太宽或太高的手动推拉门，因负载过大，容易使门后钮的结构损坏，造成门本身倾斜、笨重不易开关（如图 3–18 所示）。解决的方法，是将宽尺寸的门设计成双扇门或大小门（子母门）；太高的门面可设计为“两截一体”的门（如图 3–19 所示），使门面更宏观无压迫感，门负载也不会过重。表 3–1 为卖场出入门的尺寸，单扇门的适当规格为：宽度 1200~1500 mm，高度 2200~2400 mm；而双扇门以宽度 1500~2400 mm 及高度 2200~2700 mm 为宜。另外，按照台湾的通俗习惯，出入门是关系到一家卖场营运赚钱最重要的位置，所以很多业主常宁可信其有而选定一个最吉利的出入门尺寸，表 3–2 为常用的公制与台制吉利尺寸对照表，供卖场决定出入门宽幅尺寸之参考。

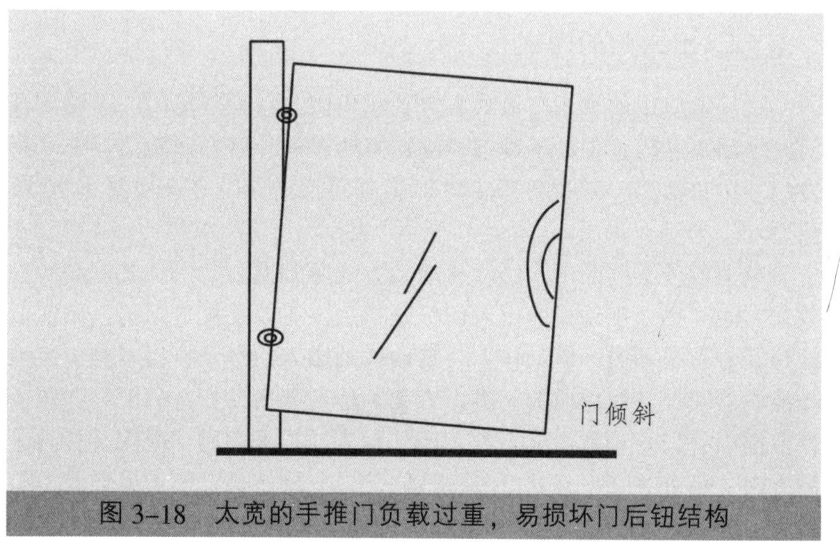

图 3–18 太宽的手推门负载过重，易损坏门后钮结构

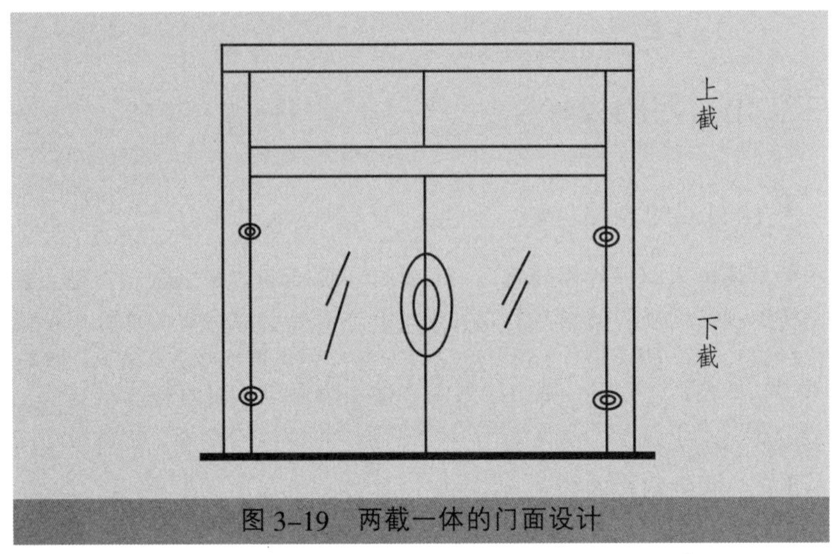

图 3-19 两截一体的门面设计

表 3-1 卖场出入门的适当规格尺寸

门数类型	宽度（mm）	高度（mm）
单扇门	1200~1500	2200~2400
双扇门	1500~2400	2200~2700

表 3-2 常用的公制与台制吉利尺寸对照表

公制（mm）	880	1260	1545	1893	2121	2409	2748	3021
台制（尺）	2′9	4′16	5′1	6′25	7′	7′95	9′07	9′97
代表吉利意义	宝库	进宝	富贵	益利	进宝	富贵	益利	宝库

(二)出入门的形式

卖场常使用的出入门形式有自动单扇门、自动双扇门、手动单开门、手动双开门、手动子母门、除风室两段门、圆形回转门、单向旋转门、单拉滑门、双拉滑门、电子感应门及空气门等（如图 3-20 所示）。

以上各种不同的出入门，从动力方式可归类为“手动式”和“自动式”两种。“**手动式的出入门**”是指进出者以手握住门把，做前后推拉及左右滑动的开启动作；“**自动式的出入门**”是指门本身加装电动控制器及红外线感应器，进出者无须任何开启动作，只要站在感应器范围内，门自动就会开启与关闭。另外，根据门的支撑点及开与关的方向，可分为“平开式”、“滑动式”、“旋转式”及“无形式”等四种。表 3-3 依据门的动力方式、门的支撑点及开与关的方向，将各种形式的门详细归类。

手动式的出入门
是指进出者以手握住门把，做前后推拉及左右滑动的开启动作。

自动式的出入门
是指门本身加装电动控制器及红外线感应器，进出者无须任何开启动作，只要站在感应器范围内，门自动就会开启与关闭。

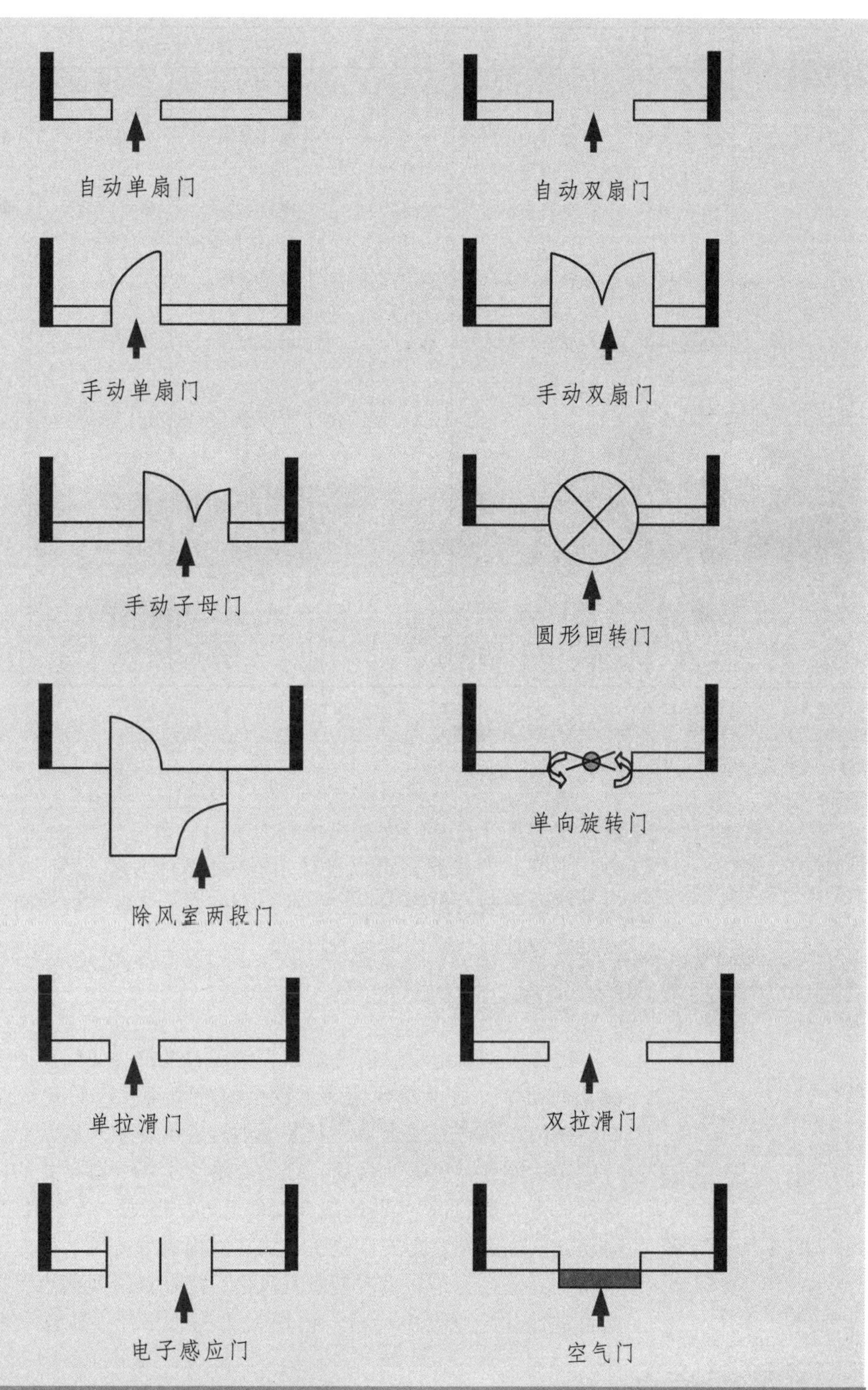

图 3-20　各种卖场出入门形式

表 3-3 门的开关方式分类

门的开关方式	动力方式		支撑点及开关方向			
	手动式	自动式	平开式	滑动式	旋转式	无形式
各形式的出入门	●手动单开门 ●手动双开门 ●手动子母门 ●除风室两段门 ●圆形迴转门 ●单向旋转门 ●单拉滑门 ●双拉滑门	●自动单扇门 ●自动双扇门 ●电子感应门 ●空气门	●手动单开门 ●手动双开门 ●手动子母门 ●除风室手动门	●自动单扇门 ●自动双扇门 ●单拉滑门 ●双拉滑门 ●除风室自动门	●圆形回转门 ●单向旋转门	●电子感应门 ●空气门

平开式的门
优点是可以设计出有创意的样式，以不同的材质表现出店面的风格。缺点是会占据较多的开启空间，以及人潮流量增加时就会变成进出的障碍。

滑动式的门
优点是容易安装施工、顾客进出极为方便、可完全节省开启空间。缺点为不易表现创意及风格、门片及滑门槽容易损坏，尤其当自动门的控制器失灵时，门便无法自动开启，导致顾客进出不方便。

1.平开式

指的是进出者必须以手推拉做开关动作，使门形成前后摆动的扇形弧度。平开式的门支撑点俗称为“门后钮”，其固定在门的单一侧边。平开式的优点是可以设计出有创意的样式，以不同的材质表现出店面的风格。但是，它的缺点是会占据较多的开启空间，以及人潮流量增加时就会变成进出的障碍。

2.滑动式

包含手动及电动，前者是以手做左右推拉，使门在同一条直线上做开关动作，适合顾客进出量较小的小型商店；后者是经由电动控制，使门在同一直线上自动开关，不需进出者做开启动作，目前最被一般卖场顾客及店家所接受，很适合零售卖场。滑动式的门支撑点通常称之为“滑门槽”，其固定在门的上方，形成一条 2 倍门宽的滑道。滑动式的优点是容易安装施工、顾客进出极为方便、可完全节省开启空间。其缺点为不易表现创意及风格、门片及滑门槽容易损坏，尤其当自动门的控制器失灵时，门便无法自动开启，导致顾客进出不方便。

3.旋转式

是指门的开与关方向，以门的中点为圆心做弧形旋转的进出动作。旋转式的门支撑点称之为“门中柱”，其固定在门的中央位置。常见的旋转门有单向旋转门及圆形回转门，单向旋转门是由简易的钢管结构控制单向进和出；而圆形旋转门是由强化玻璃构成圆形的进出空间，其最大优点是门的规格样式可表现出高贵大方，又可保持室内冷气不外流，同时阻隔室外的强风与灰尘入侵，适用于百货公司及饭店旅馆。其缺点是成本高、施工困难、人多时进出不方便不适用于一般的零售卖场如超级市场和便利商店等等。

旋转式的门
优点是门的规格样式可表现出高贵大方，又可保持室内冷气不外流，同时阻隔室外的强风与灰尘入侵。其缺点是成本高、施工困难、人多时进出不方便。

4.无形式

在开放式卖场所设置的电子感应门及空气门，都是属于无形的门。“**电子感应门**”是直接在门侧板加上防窃感应装置，配合商品所附加的电子感应器或防窃夹，以侦测商品未经结账而带出，此种门适合于贵重商品及出入流量大的卖场。“**空气门**”是加装在开放式门口的上方，借由气流阻隔冷气外流及灰尘、蚊虫入侵。其缺点为气流会吹乱顾客头发且会产生噪音。

电子感应门
是直接在门侧板加上防窃感应装置，配合商品所附加的电子感应器或防窃夹，以侦测商品未经结账而带出。

空气门
是加装在开放式门口的上方，借由气流阻隔冷气外流及灰尘、蚊虫入侵。其缺点为气流会吹乱顾客头发且会产生噪音。

另外，在车流量多的地方因受到灰尘强风影响，应设置“除风室”两段式出入口；中型卖场可设置两个不同位置出入门，以减轻拥挤问题；大型卖场更可设置多个出入口以供大量人潮进出。然而，不论哪一种出入口，皆应考虑年长者及残障人士的需求条件。

(三)出入门的材质

通常门框材质以铝材及不锈钢为主，然而一些专卖店为了强调行业别或产品别特色，会选用木材及其他特殊材质。门面以透光5~8 mm强化玻璃为主要材质；精品店会以毛玻璃或浮雕玻璃为选择；便利商店及超级市场通常会在玻璃门面中下方贴上希得广告纸，以强调企业识别和避免进出者因视觉误差而碰撞玻璃，同时在收银台装置一个紧急控制开关，并设置自动丁当铃及红外线电眼扫描器。

第四节 橱窗设计

一、橱窗的目的与功能

橱窗的目的
在于展示所贩售的商品、传递相关的商业活动资讯、塑造店头魅力并提升卖场格调，以吸引消费者的注意及诱导进入卖场选购，达到如推广人员的表现成果。

卖场的橱窗设计就好比商店的推广人员一样，力求表现良好以提升商店形象及创造销售业绩。所以，橱窗的主要目的在于展示所贩卖的商品、传递相关的商业活动信息、塑造店头魅力并提升卖场格调，以吸引消费者的注意及诱导进入卖场选购，达到如推广人员的表现成果。以上橱窗之目的详述如下：

1.展示商品

重点商品经由橱窗展示，强化对商品的说明及陈述商品本身的价值感，达到刺激消费者的购买欲的目的。

2.信息传递

传达新产品介绍及流行趋势的信息，并预告季节主题或宣传促销活动讯息，建立定点的商业情报流通平台。

3.塑造店头魅力

橱窗搭配适当的外装设计，在于凸显卖场特色、塑造店头魅力，以吸引潜在顾客入店消费。

4.提升卖场格调

透过橱窗的展示效果，可明确表达出营业的类别及诉求，发挥市场定位功能，提升卖场格调。

虽然各种橱窗的目的大致相同，但是其功能却因行业不同而有差异。例如，便利商店与西式快餐店的橱窗功能在于表现店内的明亮、轻快、活泼，且凸显企业识别的平面效果，加深消费者对企业的深刻印象；百货公司的橱窗功能较趋向多元化，除了强化新产品展示、节庆时令和特殊主题等促销活动宣传之外，流行趋势讯息及商业动态信息的提供常是逛街人潮的注意焦点；精品店橱窗的功能主要在于诉求商品的差异化及价值性；家具卖场的橱窗功能在于显示卖场内的气势等等。

二、橱窗的类型

橱窗类型依行业别、卖场规模、陈列方式、商品价值诉求、出入口及店头设计等各种不同条件的需求，大致归类成平行式橱窗、凹字型橱窗、透视型橱窗等三种，兹说明如下：

(一)平行式橱窗

与卖场出入口形成一平行线的橱窗，称之为“平行式橱窗”。这种橱窗常见于化妆品、金饰、珠宝、眼镜、钟表等精致小巧的商品卖场，其台面高度离地板约100厘米左右，在橱窗内布置装饰底层及背景，大都以平面陈列为主，衬托出商品的美感与价值。平行式橱窗依照橱窗设计的位置又分成单边型、双边型及中间型（如图3-21之(a)、(b)、(c)所示）。“单边型”指的是橱窗设在同一平面出入口的左边或右边，店面感觉比较封闭安全；“双边型”则是将橱窗分开设在出入口的两边，以展示不同属性的商品；而“中间型”的橱窗即是设在两个出入口的中央位置，适合诉求于轻快活泼的卖场，然而却也缺少一些安定感。

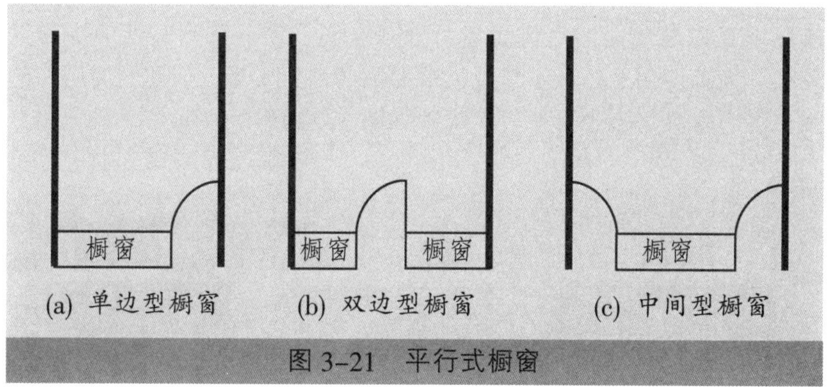

图 3-21 平行式橱窗

(二)凹入型橱窗

橱窗与卖场出入口形成一凹字形，称之为“凹入型橱窗”。这种橱窗的陈列空间比较立体化，其台面高度离地板约 20 厘米左右，橱窗深度也讲究大空间。再者，依照商品陈列的方式，又分为阶梯陈列及吊挂直立两种形式（如图 3-22 之（a）、（b）所示）。“**阶梯陈列型**”主要以橱窗内面为背景，设置阶梯型陈列架和重点照明，以展示专业的商品，如照相机、手提电脑、望远镜、皮鞋、皮包等。“**吊挂陈列型**”主要配合全面照明展示体积或面积较大的商品，其陈列方式有两种，一种是商品从橱窗上方垂吊而下，如服饰等重量较轻的精品；另一种是直接将商品直立在展示台面，如高级脚踏车直立停放展示、服饰人体模型站立展示，或各式商品搭配其他直立式贩促道具在橱窗台面上展出。

阶梯陈列型
主要以橱窗内面为背景，设置阶梯型陈列架和重点照明，以展示专业的商品。

吊挂陈列型
主要配合全面照明展示体积或面积较大的商品，其陈列方式有两种，一种是商品从橱窗上方垂吊而下，另一种是直接将商品直立在展示台面。

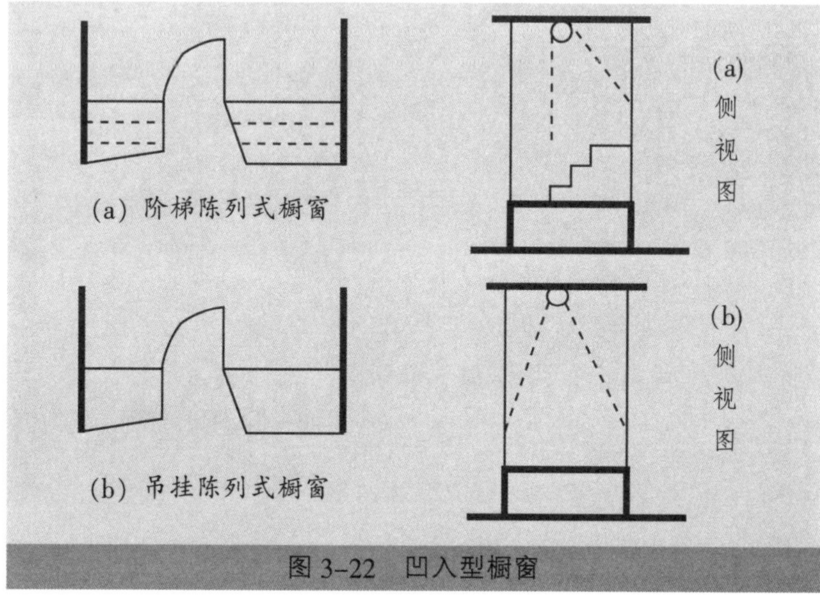

图 3-22 凹入型橱窗

(三)透视型橱窗

透视型橱窗
以大型落地玻璃隔开内外卖场，使消费者从外场可以直接观赏内场商品展示的橱窗。

以大型落地玻璃隔开内外卖场，使消费者从外场可以直接观赏内场商品展示的橱窗，称之为“**透视型橱窗**”。这种橱窗的展示范围，实际上是以玻璃内的沿线卖场为陈列空间，商品陈列高低多寡弹性较大。大都使用于一般零售及量贩商品的展售卖场，如便利商店、超级市场、家具、五金百货等卖场（如图 3–23 所示）。

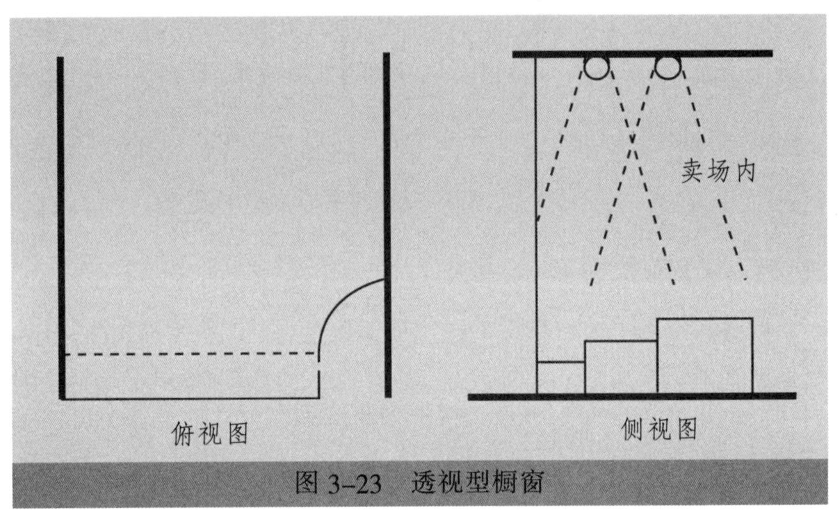

图 3–23　透视型橱窗

学习评量及分组讨论

1. 请叙述卖场外观设计应该掌握哪三个原则。

2. 为了达到有魅力的广告效果，设计招牌时应该考虑哪些事项？

3. 广告招牌依其与卖场所吊挂的位置可区分成哪几种？

4. 何谓“额头招牌”，其有何优缺点？

5. “立式招牌”有何优点？

6. 以小型卖场为例，应如何吊挂立式招牌？

7. 卖场常用的招牌可归类为哪几种形式？

8. 外场特贩区的重要机能是什么？

9. 为何不可过度强调外场特贩活动？

10. 卖场常使用的出入门有哪几种形式？

11. 卖场橱窗的主要目的是什么？

12. 请简述卖场橱窗的三种类型。

13. 以小组为单位，讨论生鲜超市的门面装潢应该注意哪些事项。

14. 以小组为单位，绘图讨论各种人潮流量比例的紧邻马路两侧之卖场，应如何设置比较理想的出入口位置？

第四章 | 店内规划设计

◎ 各节重点

第一节　内部装潢规划之考虑事项

第二节　卖场装潢材料

第三节　善用各种内装壁面

第四节　收银柜台设计与规划

学习评量及分组讨论

◎ 学习目标

1. 可以清楚了解卖场内部装潢时，应该考虑哪些事项，以利塑造卖场的魅力。
2. 能够区别及选用适合卖场的装修材料。
3. 了解不同壁面可发挥的商业功能。
4. 能够善用卖场各种内装平面及空间，营造有效的贩卖气氛和展示效果。
5. 描述各种不同的收银台设计形式。
6. 了解现代化的收银设备与电子化专用收银台的规划原则。
7. 学会如何将收银台规划在卖场的最适当位置。

前场
是由消费者从店铺的入口到结账收银台所经过的场所，就是整个卖场内陈列商品或提供服务让顾客消费选购的地方。

“店内”所代表的意义是一家商店建筑物内的**“前场”**，也就是直接营业的卖场。直接营业卖场的范围是由消费者从店铺的入口到结账收银台所经过的场所；换句话说，就是整个卖场内陈列商品或提供服务让顾客消费选购的地方。

卖场就好像是一个表演舞台，大卖场像是大型舞台，小卖场就像是小型舞台。在这舞台上，有形的商品和无形的服务就是所要演出的戏码，商店经营者和顾客及销售服务人员就像是一起表演的演员。而要演出一场好戏，除了演员的精湛演技之外，必须要有良好的舞台设计才能与演员、道具达到相得益彰的效果。

在商店里，良好的舞台设计即是卖场的规划设计。因此为了提高卖场经营的效益，首先必须慎重仔细规划卖场的每一个空间。规划过程中更应以顾客需求为导向来规划商品的分类配置、陈列展售的方法、设备器具的设置、顾客动线及进出通路的安排，使每一个卖场空间都发挥到最大的功能效益。本章针对内部装潢规划、卖场装潢材料、善用各种内装壁面、收银柜台设计与规划等四个单元详加介绍，而动线规划及设备器具规划将详述于后两章。

第一节　内部装潢规划之考虑事项

卖场内部装潢
其设计理念应建立在对目标市场的了解上，让商品陈列在有规划的空间，创造一个轻松、舒适、有效的购物环境。

“卖场内部装潢”的设计理念应建立在对目标市场的了解上，其诉求不在于很高级华丽，而是要让商品陈列在有规划的空间，创造一个轻松、舒适、有效的购物环境，进而引起顾客的注意力与带动其购买动机。因此，设计之初必须考虑到以下事项，着重于整体性的搭配，才能塑造出卖场的魅力，使消费者喜欢亲近。

● 参观比较商圈内的其他相关商店，设计出更醒目有特色的卖场。但是，切勿为求突出而使卖场过于复杂，应该以务实为诉求。

● 考虑软件设施和硬件设备能充分的搭配规划。

● 充分有效地运用每一寸空间，并腾出适当的通道。

● 装潢和摆设商品时需考虑卖场内的整体视野效果。

● 运用墙面作有效的陈列，或利用靠墙设备上方做临时存货空间。

● 利用墙上方作商品广告或表现企业识别效果。

● 利用柱子作特殊促销陈列或装修成广告版面。

● 利用天花板作垂吊式广告促销广告牌。

● 充分发挥地坪面积的机能。

● 楼梯规划以宽敞安全、方便顾客提物上下出入为原则。

● 每一个商品贩卖区，应依实际商圈需求规划配置。

●收银柜台和顾客服务台应规划在进出口的适当位置。

●专柜区除了表现出该商品特色和厂商形象诉求，同时必须符合整体的卖场设计。

●视觉导引必须明确清楚地标示在各商品区和适当的通道位置。

第二节 卖场装潢材料

卖场内部装潢材料可归为“装修施工材料”和“商品陈列组合材料”两大类。**“装修施工材料”**都是原素材，使用在卖场所有需要订制加工及装潢修饰的工程上；**“商品陈列组合材料”**大都是现成的五金零配件，使用在卖场陈列及展示设备上。由于卖场讲求现代化、时效性及流行趋势，很多卖场都尽量使用组合零配件，不仅施工简便，而且设备变化性及零配件互换性都很高，然而有些工程还是需要原素材的手工技术搭配组合材料才能完成。

装修施工材料
都是原素材，使用在卖场所有需要订制加工及装潢修饰的工程上。

商品陈列组合材料
大都是现成的五金零配件，使用在卖场陈列及展示设备上。

卖场常用的“装修施工材料”大致分成木材、隔板、地板砖、玻璃塑材、涂装、壁纸布、金属材料等七类（如表 4-1 所示）。而卖场常用的“商品陈列组合零件”包含壁用槽柱配件、壁面装饰条、层板三角架、吊管架、活动金属支架、金属扣钮等五金材料。

表 4-1 卖场装修施工材料分类

材料种类	材料名称
木材料	原木材：杉木、橡木、柳木、松木、红木、桧木、樟木、柚木。 加工木材：三合夹板、密集板、弯曲板、木蕊板、木皮美耐板、丽光板、塑合板、软木板。
隔板类	墙壁及天花板：石棉板、石膏板、矿纤、塑钢板、吸音板、玻璃纤维、防火泥。
地板砖类	塑胶地板：一般素色纹、花压纹、图形案、木纹、石纹。 陶瓷砖：瓷砖、陶板砖、马克砖。 木地板：原木地板、铭木地板、拼花地板。 石材地砖：花岗石、大理石、磨石砖、人造珍珠石、环保树脂。
玻璃塑材类	玻璃材质：透明玻璃、毛玻璃、彩绘玻璃、彩色玻璃、强化玻璃、玻璃块砖、雕花玻璃、喷砂玻璃。 镜面玻璃：明镜、墨镜、马赛克镜。 塑胶材质：压克力板、彩绘压克力、镜面压克力、中空板、无接缝招牌面板、卡典希得广告材质。
涂装类	原漆：油漆、水泥漆、调和漆、塑胶漆、乳胶漆、亮光透明漆、原木染色漆、金属漆、喷漆、烤漆（分液体及粉体） 处理涂料：防霉漆、防锈漆、PU 防水漆、防壁癌处理剂。
壁纸布类	壁纸：压花壁纸、塑胶壁纸、泡棉壁纸。 布类：窗帘布、壁布、塑胶帆布、绒布、沙发布。
金属材料类	钢铁材：不锈钢板、镀锌钢板、烤漆钢板、雕花钢板、抛光钢板、一般铁板、金属美耐板、不锈钢管、铒管、一般铁管。 铝材：铝门窗、铝平板、铝格板、一般铝框、抛光铝框、电镀铝框、烤漆铝框。

第三节 善用各种内装壁面

一、墙壁

(一)卖场墙面机能

墙壁在卖场的主要功能是区隔空间，大区域可隔为销售区与非销售区。而销售区可再隔成主力卖场区及辅助功能区，如洽谈室、阅读区、展示间、更衣室、包厢、临时存货区等；非销售区可再隔成办公室、休息室、化妆室、仓库、加工作业区、机电室等。由于空间弹性利用的趋势流行，墙壁的结构材质除了建筑体外墙使用钢筋水泥墙之外，卖场内大都直接用活动组合的陈列设备加以区隔，后场也都使用变动性较高的耐火钢架隔间板。**“墙壁”**除了有隔开卖场区机能之外，其壁面尚有商品展示机能、商品储存机能、货物吊挂置放机能、广告宣传机能、装饰美化机能、卖场气氛塑造机能等。

墙壁

有隔开卖场区之机能，其壁面尚有商品展示机能、商品储存机能、货物吊挂置放机能、广告宣传机能、装饰美化机能、卖场气氛塑造机能等。

(二)墙面陈列方式

墙壁面对卖场摆设的主体性有很大的影响，其可吸引顾客环绕卖场中的每一角落，在空间结构上是最重要的卖点区。

“卖场墙壁主要设计”以陈列及美化商品为诉求，不是单纯为了装饰墙壁而装潢，而是要配合商品的特性、种类和规格大小，表现出清爽、明亮、干净的感觉。墙壁区大都被规划为第一磁石卖点区以陈列主力商品，此区的陈列规划可分成“固定陈列”与“活动陈列”。“固定陈列”是在靠墙边设置固定式展示设备，以长期陈列固定的商品别，例如，在超级市场的主要通道壁面，设置冷冻冷藏展示设备以陈列生鲜蔬果食品（如图 4-1 所示）。这些设备一经安装定位不可任意移动变换位置，除非卖场重新改装翻修。“活动陈列”是在卖场墙壁面设置可移动式的陈列橱柜或直接在壁面上加装层板与吊架，有计划性地变换陈列不同分类的重点商品或季节性商品。例如，在服饰卖场的壁面可变换设置橱柜架，以因应季节服饰和流行商品的展售，这种陈列规划会随着顾客需求和商圈环境改变而作适当的调整（如图 4-2 所示）。

卖场墙壁主要设计

以陈列及美化商品为诉求，不是单纯为了装饰墙壁而装潢的，而是要配合商品的特性、种类和规格大小、表现出清爽、明亮、干净的感觉。

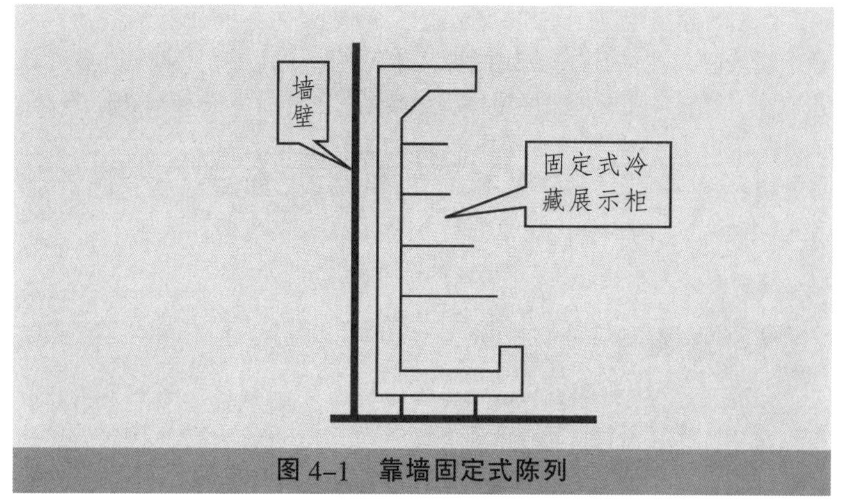

图 4-1 靠墙固定式陈列

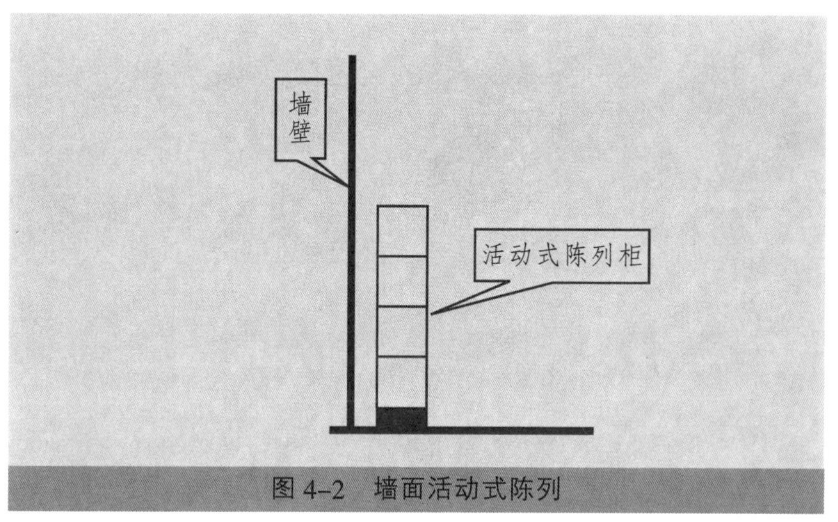

图 4-2 墙面活动式陈列

以上墙壁规划无论是固定或活动陈列方式，其设备的规格材质是依照商品诉求而选用或订制，至于墙壁平面的材质以耐火石膏板、木材、金属板为主材料，再以玻璃、塑料、压克力、灯光、色彩、壁纸及其他广告等辅助素材加以装点修饰，营造贩促气氛。

(三)墙面贩卖型态

墙壁面是最容易吸引顾客视觉注意的卖点区。因此，除了良好的空间规划外，卖点贩促气氛的营造是非常重要的。这些贩促气氛包括展示橱柜的设计、橱柜材质的选用、色彩的调配、照明的设计、商品陈列的方式及商品标示说明的设计。壁面的展示橱柜设计以贩卖方式和商品特性作主要考虑因素。贩卖方式有面对面销售服务和单面靠壁陈列贩卖两种。

面对面销售服务
是售货员在墙的内边隔着展示橱柜面对顾客作销售服务行为，其展示橱柜以 80 厘米的高度为基本考量，采用开放式陈列或关闭式陈列两种。

1.面对面销售服务

“面对面销售服务” 指的是售货员在墙的内边隔着展示橱柜面对

顾客作销售服务行为，其展示橱柜以 80 厘米的高度为基本考量，采用开放式陈列或关闭式陈列两种。展示橱柜内边除了预留售货员通道之外，可在墙壁选用适当材质作装修或在壁面上设计单边陈列架。展示橱柜的另一边应留足够的空间供顾客选购之用。开放式陈列以面对顾客作阶梯陈列或开放平台陈列为宜（如图 4-3 (a) 所示）。关闭式陈列则应在橱柜上方和正前方设计透明玻璃提高展示效果，例如，眼镜钟表行都采用此方式（如图 4-3 (b) 所示）。

2.单面靠壁陈列贩卖

单面靠壁陈列贩卖

是展示架都采用开放式陈列，且其高度设计在180厘米以上，至于壁面设计应视陈列架固定方式而定。

"单面靠壁陈列贩卖"（如图 4-4 所示）则是展示架都采用开放式陈列，且其高度设计在 180 厘米以上，至于壁面设计应视陈列架固定方式而定。例如，陈列架是如超商的活动组合式货架，则壁面需作简单的平面涂装；反之，陈列架是如百货公司的固定式礼盒架，则礼盒架直接固定在壁面上。

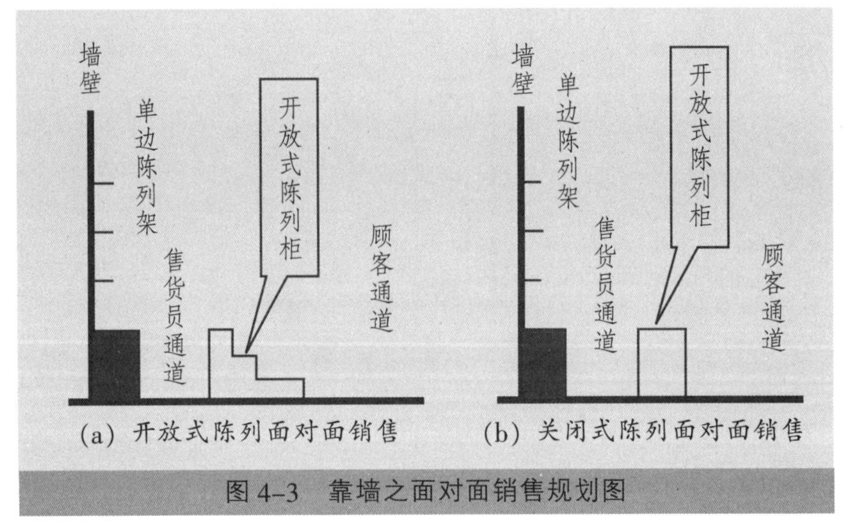

图 4-3　靠墙之面对面销售规划图

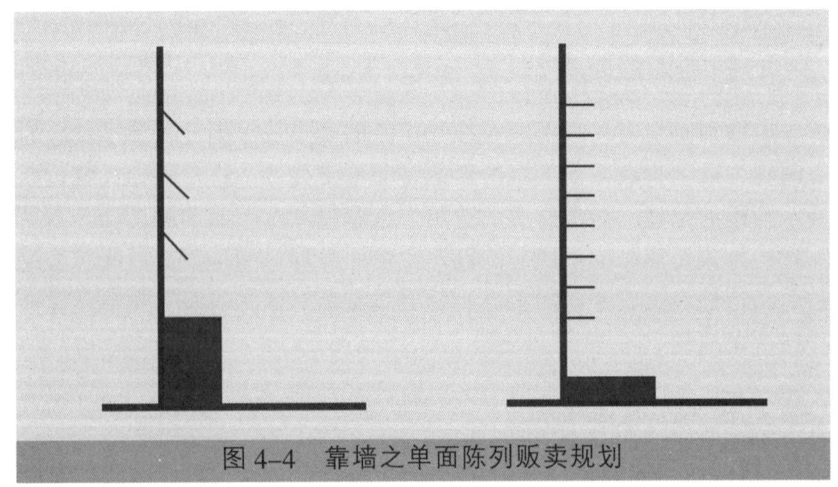

图 4-4　靠墙之单面陈列贩卖规划

以上的壁面规划，无论是以哪一种贩卖方式作设计诉求，皆应搭配适当的颜色和灯光照明，才能表现出此商品区的贩卖气氛。

二、柱子

柱子在卖场里是个规划障碍，小型透天厝商店一般没有柱子问题，但是在中大型卖场却常常因为过多的柱子而影响到卖场空间设计，然而只要事先详加规划，仍然可以发挥很好的贩促效果。在现成大楼及铁皮建筑物，常因建筑结构问题而使柱子林立在可使用的空间，这时若要将空间规划为卖场，则必须 **“善加利用柱子”** 作特殊促销陈列或装修成广告版面，如此不仅可以活泼卖场气氛和增加营业面积，更不会因柱子而妨碍顾客视线或使商品陈列受到限制。表 4-2 为常见的活用柱子方法。

善加利用柱子
作特殊促销陈列或装修成广告版面，不仅可以活泼卖场气氛和增加营业面积，更不会因柱子而妨碍顾客视线或使商品陈列受到限制。

表 4-2 活用柱子方法

桩子种类	活用柱子的方法
墙边柱	将柱子规划于专柜内 将柱子隐藏于商品展示架后面 将柱子隐藏于冷冻冷藏展示设备后面 利用柱子的内凹处作不同的商品分类陈列
中间柱	单面或多面陈列商品 装饰镜面玻璃或特殊气氛布置 装修成广告灯箱 隐藏于商品展示架中间 隐藏于冷冻冷藏展示设备中间 装修成重点促销区

三、天花板

天花板是卖场视觉规划的重要因素之一，外表上它关系到照明设计和整体壁面的接合，同时可透过悬挂 POP 技巧表现出活泼的贩卖气氛；内层里它装置着电器空调设备的管线，因此，**“规划天花板”** 时必须考虑到管线的安装与日后的维修，也就是要留有适当的管线维修口。

规划天花板
必须考虑到管线的安装与日后的维修，要留有适当的管线维修口。

天花板内层安装物包括有电器线路、照明装置、隔音保温装置、冷冻冷媒铜管、分离式冷气被覆铜管、中央空调风管、消防设置、排烟通风管，另外大型卖场和百货公司更在天花板垂直下方装置防火玻璃隔板。所以，规划天花板时首先应计算相关管线装置所需的空间高度，此空间高度由横梁柱算起，除非在横梁安全结构许可下以铣孔穿洞方式预留所需的管线空间（铣孔勿超过直径 10 厘米，以避免影响横梁的安全结构），始可完全利用横梁以内的空间。但是无论哪一种管线空间，其天花板工程进度都应等所有管线设施安装完成后再进行。表 4–3 及表 4–4 为各型卖场天花板之适当高度与管线空间高度参考表。

除了天花板高度，另外天花板造型和材质也是影响卖场气氛的因素。天花板类型是依不同行业的卖场而设计，大致可归类为平式天花板、造型天花板、裸露天花板等三种（如表 4–5 所示）。

表 4–3　天花板高度参考表

各型卖场	天花板适当高度
小型商店（15 坪左右）	2400~2800 mm
小型卖场（50 坪左右）	2800~3000 mm
中型卖场（100 坪左右）	3000~4000 mm
大型卖场（200 坪以上）	4000~6000 mm

表 4–4　管线空间高度参考表

天花板内层安装物	管线空间高度
电器线路、照明装置、隔音保温装置、冷冻冷媒铜管、分离式冷气被覆铜管。	150~350 mm
中央空调风管、消防设置、排烟通风管。	450~650 mm

表 4–5　各式天花板的优缺点

天花板类型	材质和配色	适用卖场	优点	缺点
平式天花板	轻钢架、三合木板。 材质原白色。	中小型零售业商店	施工简单、成本低廉、视觉良好、换装检修容易、加装宣传看板	没有商店个性化
造型天花板	三合木板。 颜色多变化。	西餐厅、咖啡店、面包店等专卖商店	美观富有单店的个性化及卖场的情调气氛	施工技术要求高、价格昂贵、换修不易、不适合吊挂促销看板
裸露天花板	直接喷漆。 灰色或黑色。	大型量贩卖场	节省成本、加高商品储存空间、量贩廉价的感觉、管线维修方便	不美观、浪费照明及冷气电费。

“平式天花板” 都以轻钢架（石膏板、矿纤板、石棉吸音板）、三合木板和轻质塑料建材板为主要材料，其颜色也都以材质原白色为主。此种天花板的优点是施工简单、成本较低廉、日后换装检修容易，在平式天花板上又可变换加上各式的 POP 促销广告牌以营造卖场的贩卖气氛，是最被中小零售业卖场所接受的形式。

平式天花板
优点是施工简单、成本较低廉、日后换装检修容易，又可变换加上各式的POP促销看板以营造卖场的贩卖气氛。

“造型天花板” 是为了改变卖场气氛或强调行业特点而设计各式各样的造型，这些造型依照行业特色、市场诉求、顾客喜好、场地大小、空间宽广高低来设计出卖场的个性化，其大致可归类为梯形天花板、垂吊装饰天花板、圆弧形天花板、倾斜形天花板等多种。造型天花板都以三合木板为主要材料，其经过设计师的造型设计完成后再交由木工装潢按图施工，最后加以涂装修饰完成。这种造型的天花板，其配色通常也都是经过事先设计好再施工，用色大胆及多变化。它的优点是美观富有单店的个性化及卖场的情调气氛，如西餐厅、咖啡店和西点面包店。其缺点是施工技术要求高、价格昂贵、日后换修不易，也不适合吊挂促销广告牌或其他宣传物。

造型天花板
优点是美观富有单店的个性化及卖场的情调气氛。缺点是施工技术要求高、价格昂贵、日后换修不易，也不适合吊挂促销看板或其他宣传物。

“裸露天花板” 一般被用在较大型的卖场如“好市多仓储卖场”及“家乐福量贩店”，此种天花板的管线设施全部裸露在外，有些业者会喷上灰色或黑色漆以修饰管线的杂乱性。它的优点是可以省下天花板的费用又可加高商品储存空间，同时卖场也有量贩廉价的感觉；另外因大卖场的管线设施很多，此种天花板设计对日后的管线维修非常方便。它的缺点是比较不美观，同时因为没有天花板而加高其空间高度，导致浪费更多照明及冷气电费。

裸露天花板
优点是可以省下天花板的费用又可加高商品储存空间，同时卖场也有量贩廉价的感觉。缺点是比较不美观，同时因为没有天花板而加高其空间高度，导致浪费更多照明及冷气电费。

总之，对于天花板的造型设计、材质的选用、色彩的调配，都应考虑到卖场整体性的需求，如视觉效果、安全实用、防火不易燃、耐湿耐腐蚀等问题。

四、地板面

“卖场地面” 具有商品摆设、器具设备装置、顾客行走、员工补货走动等功能。其外场、前场和后场尽可能设计同一水平面，才能使顾客行走没有障碍，更方便购物车和补货推车通行。一般零售卖场的通道和商品区都设计同平面的格局，方便顾客选购如便利商店和超级市场。若是大型量贩卖场，可在通道的地板面贴上引导线条和字样，指引顾客通往其他商品区。具有展示性商品的卖场如三 C 资讯卖场和家具卖场，都将动线信道与商品配置区规划成不同格局形式，以凸显商品主题的特色和贩卖气氛。

卖场地面
具有商品摆设、器具设备装置、顾客行走、员工补货走动等功能。

以上的地板面格局分为同平面与不同平面（如表 4-6 所示）。**“同平面地板”** 有同材质不同图形与不同材质不同图形两种设计，同材质不同图形如小家电展售区内的地板以方格子塑料地板设计（如图 4-5 所示），但通道是以同材质素色地板为主；不同材质不同图形如家具卖场其床组卖区设计原木地板，但通道区以地毯设计。**“不同平面地板”**有同材质不同平面与不同材质不同平面两种设计，同材质不同平面如大家电卖场其使用同材质的地板，但是家电商品是陈列在高于通道的平台上；不同材质不同平面如资讯馆的商品摆设在金属平台上，其通道却铺设石材地砖。

表 4-6 地板面格局规划

同平面地板		不同平面地板	
同材质 不同图形	不同材质 不同图形	同材质 不同平面	不同材质 不同平面
如小家电展售区：卖点区地板是方格子塑胶地砖，但通道是同材质的素色地板。	如家具卖场：床组卖区设计原木地板，但通道区以地毯设计。	如大家电卖场：使用同材质的地板，但是家电商品陈列在高于通道的平台上。	如资讯馆：商品摆设在金属平台上，其通道铺设石材地砖。

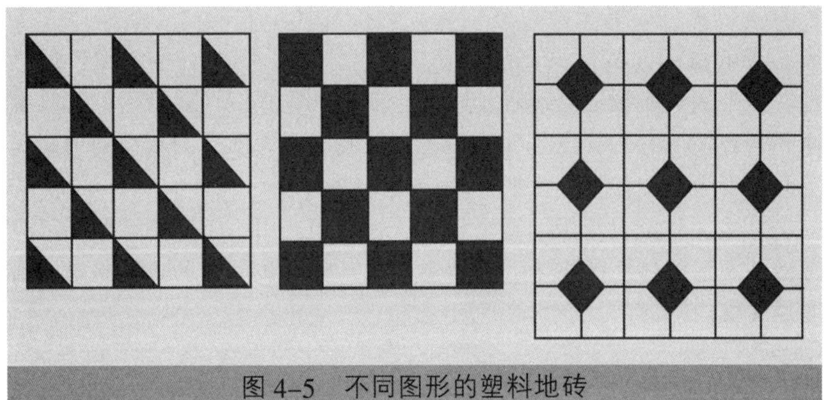

图 4-5 不同图形的塑料地砖

地板面材质大致可分为塑料地板、陶瓷砖、原木地板、石材地砖、环保树脂。**“塑料地板”**容易施工及换修，色系图形变化较多，但是易脏不耐磨，比较不适合生鲜食品及需要使用购物推车的卖场。**“陶瓷砖”**干净明亮，耐水性佳，容易清洁，但是选用时须特别注意瓷砖表面光滑度以避免造成人员滑倒及反光问题。“原木地板”有温馨舒适的感觉，适合于家具、服饰、婴儿用品或精品店等卖场，但比较不具耐水及耐腐蚀性，其拼装沟槽易积尘垢不利清洁维护。**“石材地砖”**如磨石人造大理石比较坚硬耐久，但是易滑又易让人产生冷漠不活泼的感觉。**“环保树脂地板”**（常见于制造工厂）具有耐压、经踩、耐污、易清理的优点，此种地板表现出工厂平实廉价的风格，所以很适合大型的量贩卖场，但其呆板不明亮的感觉却也是中小型卖场无法接受的原因。

以上各种卖场地板材质除了考虑耐久不易变形、耐污容易清理、耐磨耐压、耐水耐腐蚀和光滑度等特性之外，还要慎重选择适合卖场型态的地板颜色。至于色彩方面，小型卖场适合浅色以强化宽广的感觉如象牙白色，中型卖场适合选用较明亮活泼的色系如鹅黄色，大型量贩卖场可选用平实沉稳的色系如灰色系。

进行地板面工程之前，必须预留整个卖场所需的管线沟，管线沟有固定式与活动式两种。水管与电器管线大都直接固定在地板下，而像超级市场和量贩店的冷冻冷藏铜管必须要设计活动式管沟，以利日后维修之用（如图 4-6 所示）。关于后场的管沟大部分是当排水用，若是在生鲜处理场或厨房作业区的排水沟就要设计活动漏式沟盖，以利作业区清洗排水之用（如图 4-7 所示）。

进行地板面工程之前，必须预留整个卖场所需的管线沟，管线沟有固定式与活动式两种。

图 4-6 冷冻冷藏区地板之管线沟设计

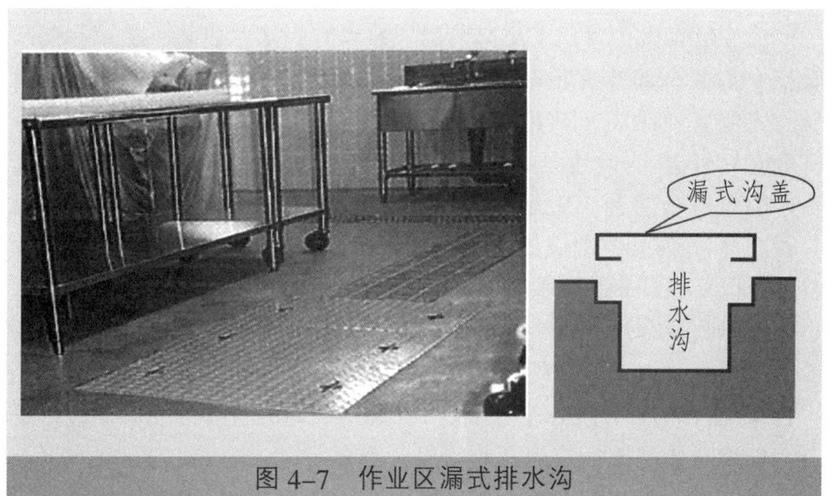

图 4-7 作业区漏式排水沟

第四节 收银柜台设计与规划

一、收银台的设计形式

卖场收银台的设计随着行业别的差异，而有多种不同的形状，大致有长方形、L形、四边形、冂字型、圆形、弧形等几种（如图4-8所示）。

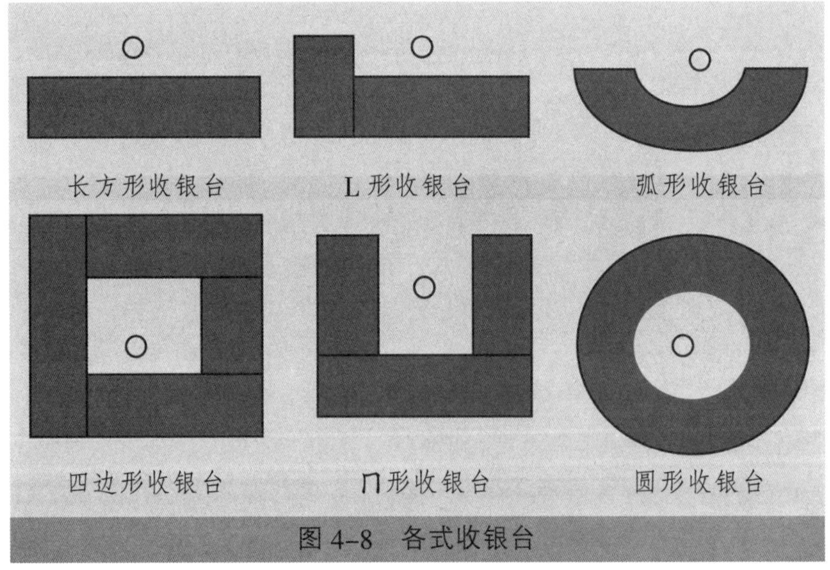

图4-8 各式收银台

长方形收银台常用于小型商店，兼具有收银、包装、退换、询问服务、掌控全场等多项功能；L形收银台大都使用于中大型零售卖场，因销售商品项及数量较多，通常配备POS系统（销售时点计算机系统），仅作为收银结账机能，不作其他功用；四边形、冂字形及圆形的收银台适合于中小型较开放空间且商品体积较大的卖场，如三C电子卖场、中型服饰卖场、家电用品卖场、家具卖场等，此种收银台以规划在卖场中央位置居多，以扩大整场的服务范围。

收银台的设计

规格尺寸是非常重要的设计重点，太窄的台面不易置放待结账之商品，而太宽的台面容易凌乱且浪费空间，与顾客的传递距离过长，容易降低服务品质。

弧形收银台设计以精品店、专卖店、美发店等具有个性化的卖场为主，除了收银功能之外，尚有以创意外形提升商店形象之效果。

"收银台的设计" 除了外形之外，规格尺寸也是非常重要的设计重点。长度是依照卖场空间及收银服务需要而定，通常以1800~2400mm最适合；宽度以500~700 mm为最适合，太窄的台面不易置放待结账之商品，而太宽的台面容易凌乱且浪费空间，与顾客的传递距离过长，容易降低服务质量；高度设计一般零售业以 750~800 mm 最适合，然而有些服务业卖场(如餐饮业)以 1200 mm 高的柜台为适用。

另外，有些比较讲究个性化的卖场，如餐饮业、精品店等，其收银台都是依现场需要订制而成。其他如一般零售业所使用的收银台，市面上已经开发出多种机型，变化组合容易、机能性非常实用。如图 4-9 所示之 L 形收银台，是以两座长形柜及一座转角柜组合形成。另外还可组合成冂字形，并在收银台前陈列小商品（如图 4-10 所示）。图 4-11 所示为 POS 专用收款机，具备很好的收银作业时效性，很适合大型量贩卖场。

图 4-9 L 形组合收银台

图 4-10 冂字形组合收银台

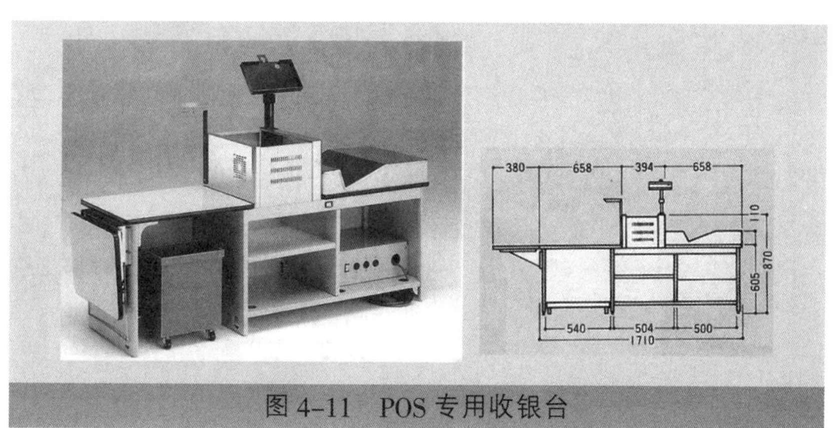

图 4-11 POS 专用收银台

二、收银台的规划位置

收银台规划的摆放位置可归纳为卖场前方、卖场后方、卖场中间及卖场左右侧等四种。规划在卖场前方的收银台如超级市场、便利商店、书店、文具行等；设置在卖场后方的收银台就像面包店、快餐店、运动用品店、精品店及药妆店；如设于卖场中间的收银台者有电子专卖店及服饰卖场；规划在卖场左右两侧的收银台如珠宝金饰店、烟酒专卖店、眼镜行及钟表行等。

(一)收银台规划在卖场前方

设置在“卖场前方的收银台”有两种设计方案，一为卖场前方的中央位置，如中大型零售卖场都设置多个收银台且靠近出口处（如图4-12 所示）。多个收银台的排列设计，根据现场空间情况采用单线排列或双线排列（如图 4-13 之并排与交错排列），依序从靠近出口处编号为 1、2、3、4……，当营业低峰时段应从 1 号台开始按顺序启用，尖峰时段则应全部开启。通常多数的大型卖场还会在收银台后面设置包装台，以方便顾客结账后自行整理商品（如图 4-14 所示）。

多个收银台的排列设计，根据现场空间情况采用单线排列或双线排列，依序从靠近出口处编号为 1、2、3、4……，当营业低峰时段应从1号台开始按顺序启用，尖峰时段则应全部开启。

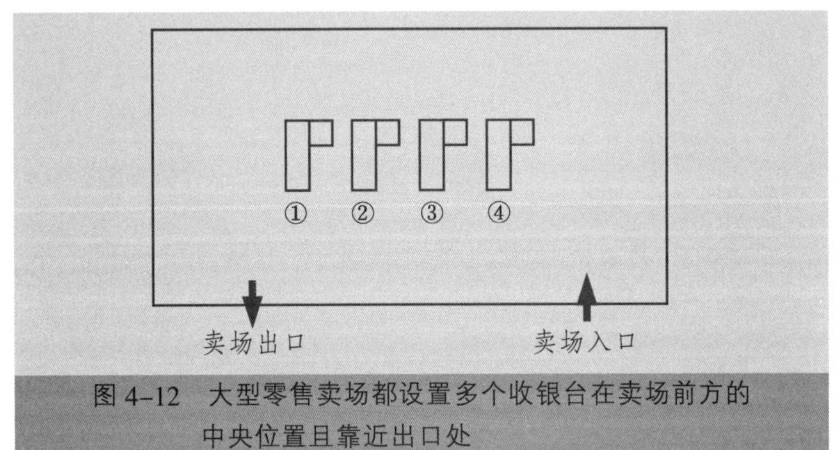

图 4-12　大型零售卖场都设置多个收银台在卖场前方的中央位置且靠近出口处

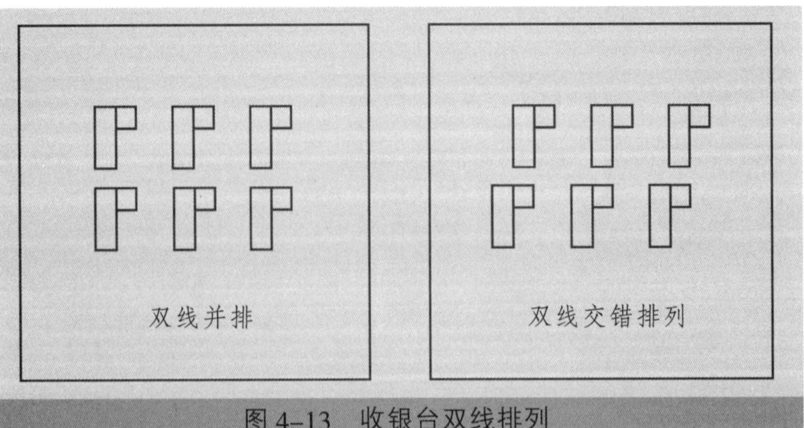

图 4-13　收银台双线排列

小型卖场会直接将收银台与服务台一起设置在卖场前方的出入口处（如图4–15所示），以招呼服务顾客及有效地掌控整个卖场的营运作业。此种收银台大都以L形或长形柜台作为设计诉求，收银台下方设有抽屉、挂钩、置物柜及垃圾桶，并在收银台后面设置储藏矮柜，有些视需求连接调理设备和重点商品展售柜，表4–7为一般便利商店收银柜台区的设计尺寸。甚至有些商店还会在收银台上方设置吊柜，以放置备存商品或器具。例如，超商以吊柜存放烟酒，餐饮店用以放置脚杯及其他餐饮器具等。

图4–14 收银台后面设置包装台，以方便顾客结账后自行整理商品

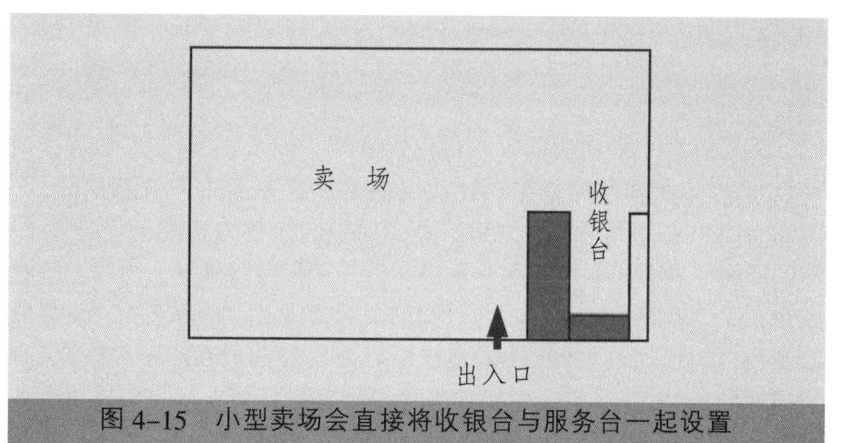

图4–15 小型卖场会直接将收银台与服务台一起设置在卖场前方的出入口处

表4–7 超商收银柜台区的设计尺寸

柜台名称	规格尺寸（长×宽×高 mm）
收银柜台	1800~2400（L型900~1200）×500~700×750~800
烟酒橱及洗手台架	1800~2400×300×2400
自助冷饮柜台	1800~2800×700×750~800
自助热食柜台	1800×1200×750~800

收银台规划在卖场后方的设计，除了可以掌控整个卖场营运动态之外，对于顾客试穿后的各项服务都可就近及时提供，以提高顾客购买意愿。

(二)收银台规划在卖场后方

将收银台规划在卖场后方的设计，通常都是小型商店，而且是收银与包装结合一起的服务形态。如图 4-16 之服饰卖场，其将收银台设在后方之试衣间与小仓库中间。此规划除了可以掌控整个卖场营运动态之外，对于顾客试穿后的各项服务（如更换型号、款式或修改尺寸）都可就近及时提供，以提高顾客购买意愿。还有补货和包装理货作业都集中在此区，可节省人力及不会与顾客动线混杂。

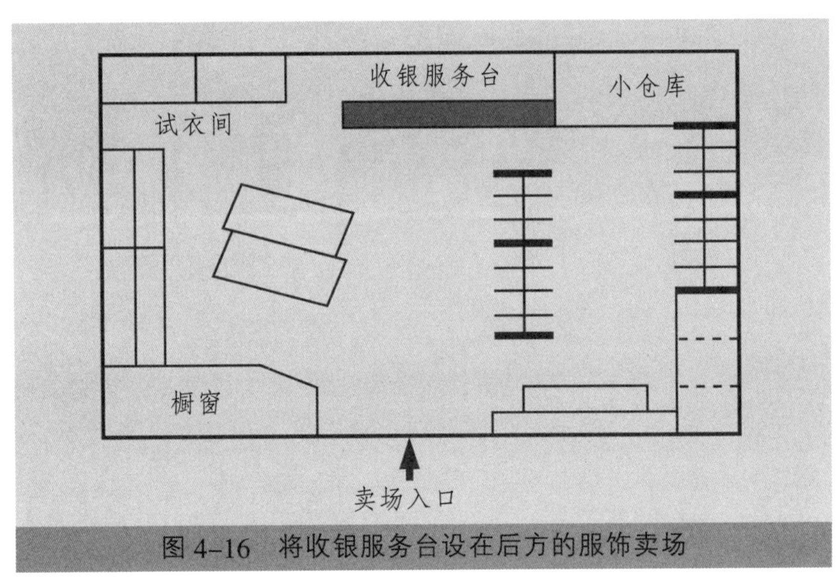

图 4-16　将收银服务台设在后方的服饰卖场

另外一种小型商店的收银台位置规划，如图 4-17 之面包店，此种设计是将收银台规划在顾客动线的末端，顾客由右边选购完后，将面包交由服务员分装（为保持每个面包的完整性）。在分装等待结账的同时，顾客可经由收银台前的蛋糕柜选购精致食品。所以，这种收银台是结合冷藏食品展示与收银的双功能设计，故称之为“**蛋糕柜收银台**”。此种设计为将卧式蛋糕柜之高度降低到 90 cm（方便与顾客传递结账），展示空间由三层降为两层，并将最上层台面改装成花岗石，使之成收银台面，既实用又美观（如图 4-18 所示）。

蛋糕柜收银台

将卧式蛋糕柜之高度降低到90 cm，展示空间由三层降为两层，并将最上层台面改装成花岗石，使之成收银台面，既实用又美观。

(三)收银台规划在卖场中间

商品体积较大且常需提供顾客咨询、使用及维修说明等服务的中小型卖场，如三 C 电子卖场、中型服饰卖场、家电用品卖场、药妆品广场、健康器材卖场、家具卖场等。这些卖场的空间设计都属于比较开放型，并将收银台结合服务区功能，规划在卖场中央位置，以扩大整场的服务范围，其收银台形式大都设计为四边形、П字型及圆形等（如图 4-19 所示）。另外，大型卖场及百货公司的专柜或特贩区，也都个别将收银服务台设置在卖场的中央位置，以单一型

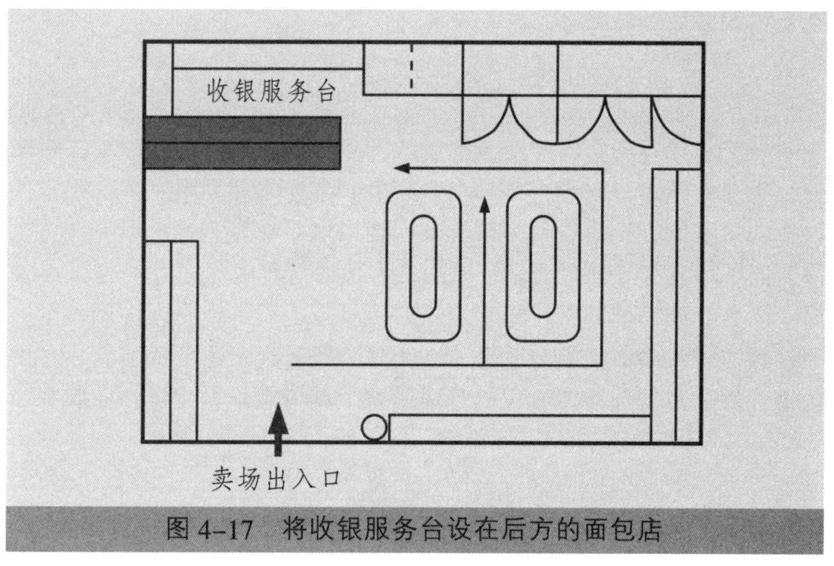

图 4–17 将收银服务台设在后方的面包店

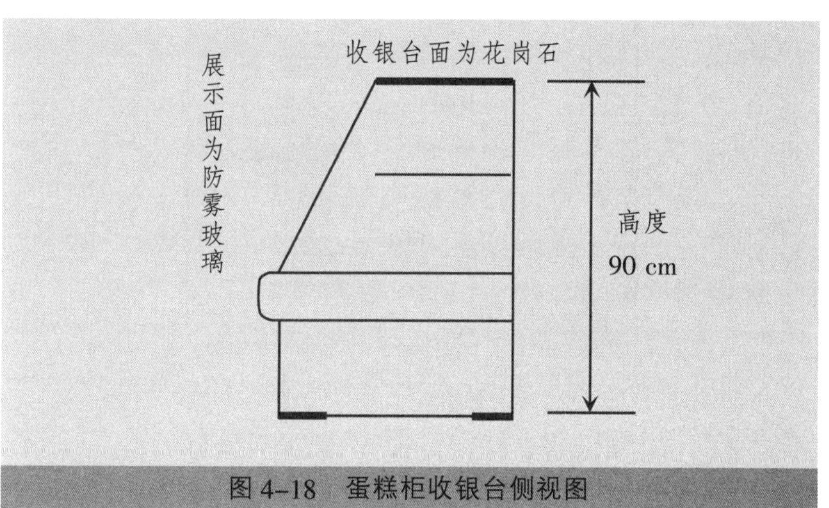

图 4–18 蛋糕柜收银台侧视图

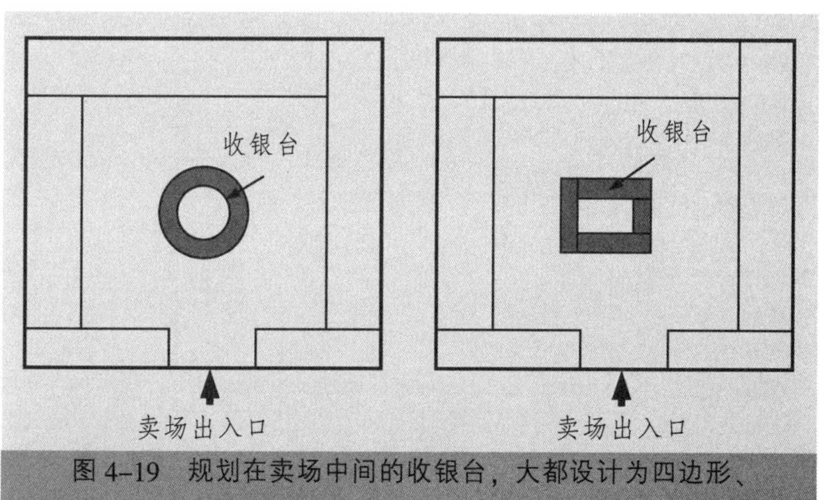

图 4–19 规划在卖场中间的收银台，大都设计为四边形、⊓字型及圆形

态方式服务该区的顾客。

(四)收银台规划在卖场左右侧

将收银台规划在卖场左右两侧的商店，其柜台的功能除了收银之外，主要是展示商品及解说服务。

将收银台规划在卖场左右两侧的商店，其柜台的功能除了收银之外，主要是展示商品及解说服务。如图 4–20 珠宝金饰店将收银服务设在入口右侧，柜台设计为玻璃平行柜以展示珠宝金饰，服务人员在内侧向顾客作详细说明服务。图 4–21 眼镜行将收银服务设在入口左侧，柜台设计为玻璃平行柜以展示眼镜框架，服务人员在内侧先了解顾客的需求，如需重新佩戴者，则由另一服务人员引领顾客到验光试戴室；假如不需验光者或仅检修眼镜者，则可在柜台直接作业服务。

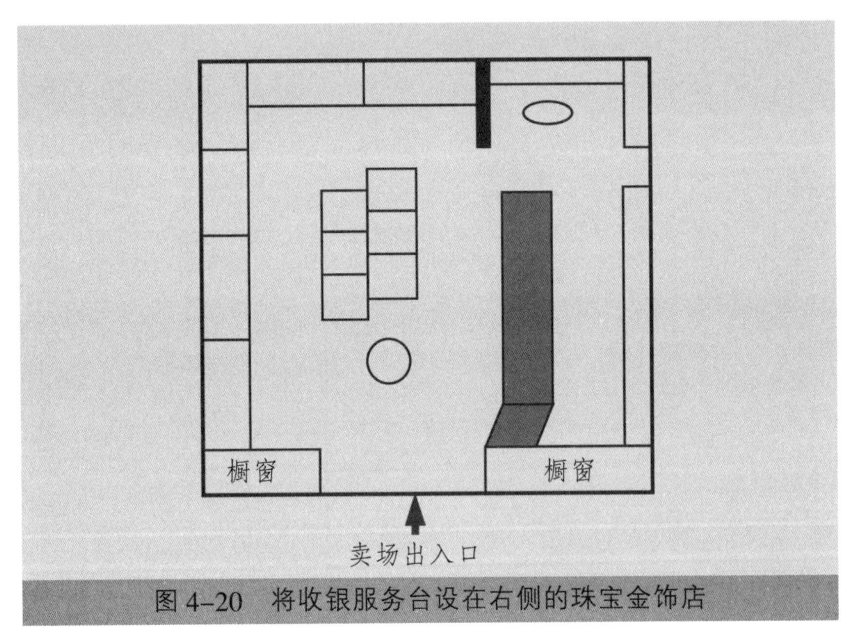

图 4–20　将收银服务台设在右侧的珠宝金饰店

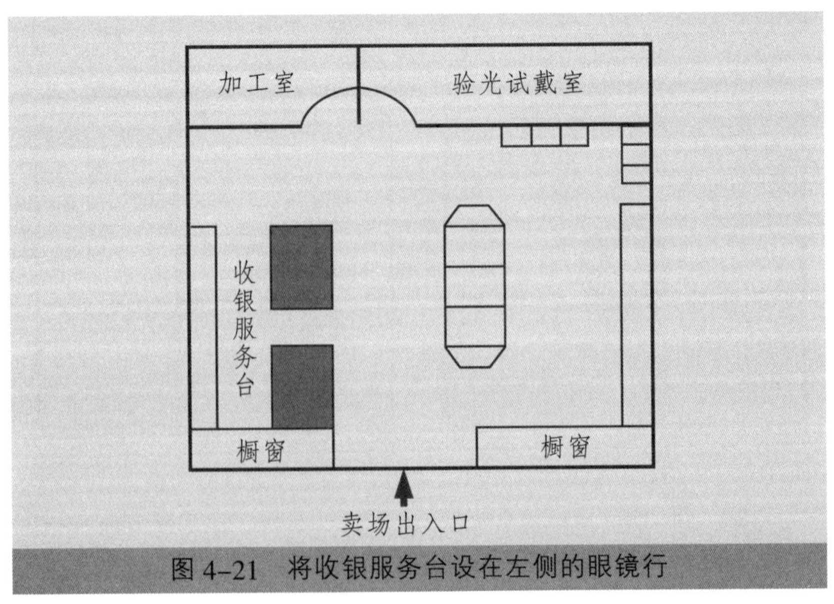

图 4–21　将收银服务台设在左侧的眼镜行

学习评量及分组讨论

1. 卖场内部装潢规划应该考虑哪些事项？

2. 卖场常用的“装修施工材料”可分成哪几大类？

3. 卖场的墙壁除了可以隔开卖场区之外，尚有哪些机能？

4. 请举例说明墙面的“固定陈列”方式。

5. 请举例说明墙面的“活动陈列”方式。

6. 规划卖场天花板时，应该考虑哪些重要因素？

7. 请明列各型卖场天花板的适当高度。

8. 卖场的天花板可归类成哪三种，其各有何优缺点？

9. 卖场进行地板面工程之前，必须预留哪两种管线沟，其各有何功用？

10. 卖场常用的收银台，可分成哪几种不同的设计形式？

11. “多个收银台”的排列设计，请以图示说明理想的启用方式为何。

12. 以小组为单位，绘图举例并讨论说明地板面格局的各种规划形式。

13. 以小组为单位，绘制适当的收银台形式，并将其规划在你们所选定卖场的理想位置。

14. 以5人为一小组，绘图举例并讨论收银台规划在卖场的前方、后方、中间及左右侧的方案。

第五章 | 卖场动线规划

◎ 各节重点

第一节　卖场动线种类

第二节　顾客动线规划型态

第三节　动线通道计划

学习评量及分组讨论

◎ 学习目标

1. 了解各型卖场规划动线时应注意事项。
2. 清楚分辨出卖场动线的种类及其功能性。
3. 了解各种卖场之顾客动线的规划型态，并能运用之。
4. 能够区分顾客动线的各种通道，并牢记适当的宽幅尺寸加以运用。
5. 了解通道宽幅与展示橱柜的相互关系。

第一节　卖场动线种类

卖场里的动线包括“顾客动线”、“服务动线”及“后勤动线”等三种，图 5-1 以中型超级市场为例来解释三种动线的差异性。当顾客从入口沿着卖场四周展示柜的主要通道，及分散到卖场中间的陈列区，然后结账完一直到出口，这整个流程动线即为“顾客动线”。在卖场左侧所规划的平台贩卖区，服务人员隔着商品陈列平台与顾客提供面对面服务，在其所服务的区域之走动流程就是“服务动线”。当后勤补货人员从加工作业区或仓库运补商品至前场时，其避开直接利用顾客动线，而是由右侧立式展示柜（开放式生鲜食品展示柜）后面的专用通道进行运补作业，如此可避免干扰顾客选购，又可缩短运补流程，此流程路线即为“后勤动线”。

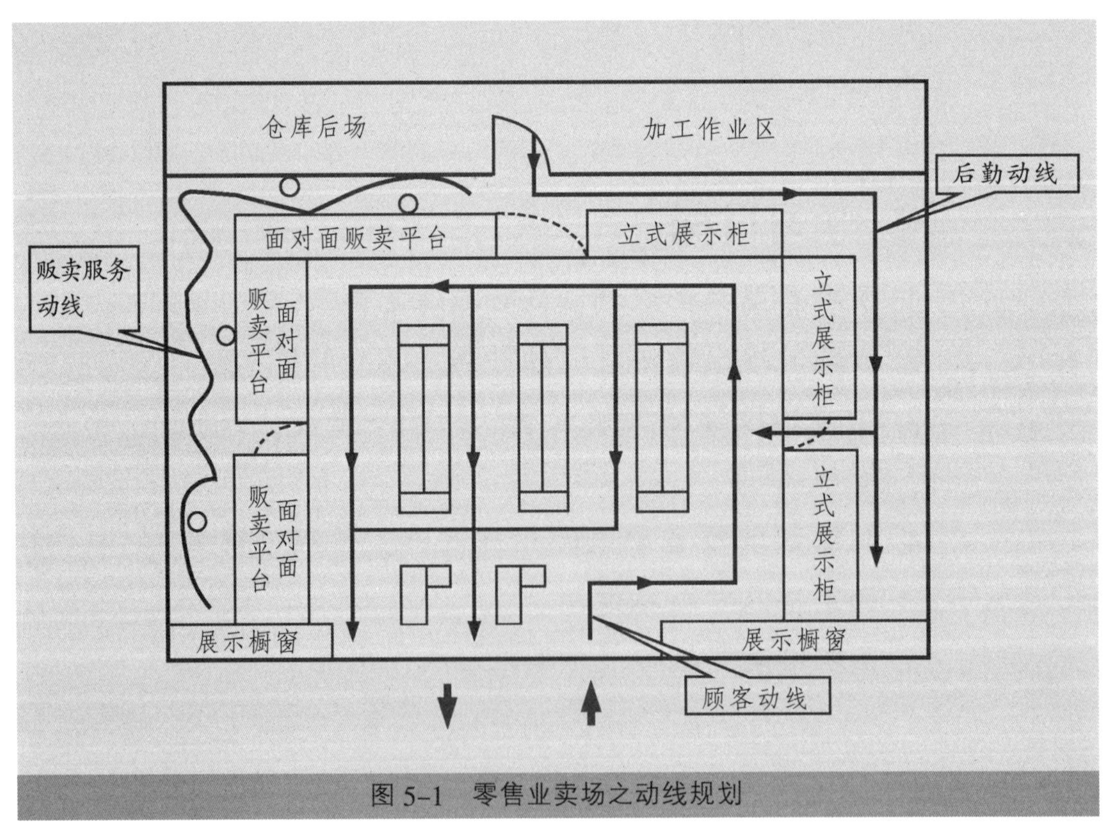

图 5-1　零售业卖场之动线规划

一、顾客动线

"顾客动线" 是顾客从入口进来到结账出口所走的路线。对销货零售业而言，顾客动线是环绕整个卖场及连贯每一个卖点区，使顾客很自然顺畅随着所规划的路线参观选购。整个路线主要包括卖场入口→主要动线→次要动线→收银区→卖场出口。主要动线为卖场四周的主力商品区，如立式展示柜和面对面贩卖平台的卖点区；次要动线则为卖场中间的次要商品区，如双面陈列架的卖点区。然而，对餐饮服务业而言（咖啡店、餐厅），顾客动线常被并入服务动线一起规划（如图5-2所示）。

顾客动线
是顾客从入口进来到结账出口所走的路线。

二、服务动线

"服务动线" 是卖场服务人员在提供贩卖服务时所走的路线或所站的位置，尤其中大型卖场为了避免干扰顾客自由选购的空间，以及带动现场的贩卖气氛，常规划面对面贩卖区，服务人员隔着贩卖平台与顾客产生互动性的交易行为，其所活动的空间和走动的路线就

服务动线
是卖场服务人员在提供贩卖服务时所走的路线或所站的位置。

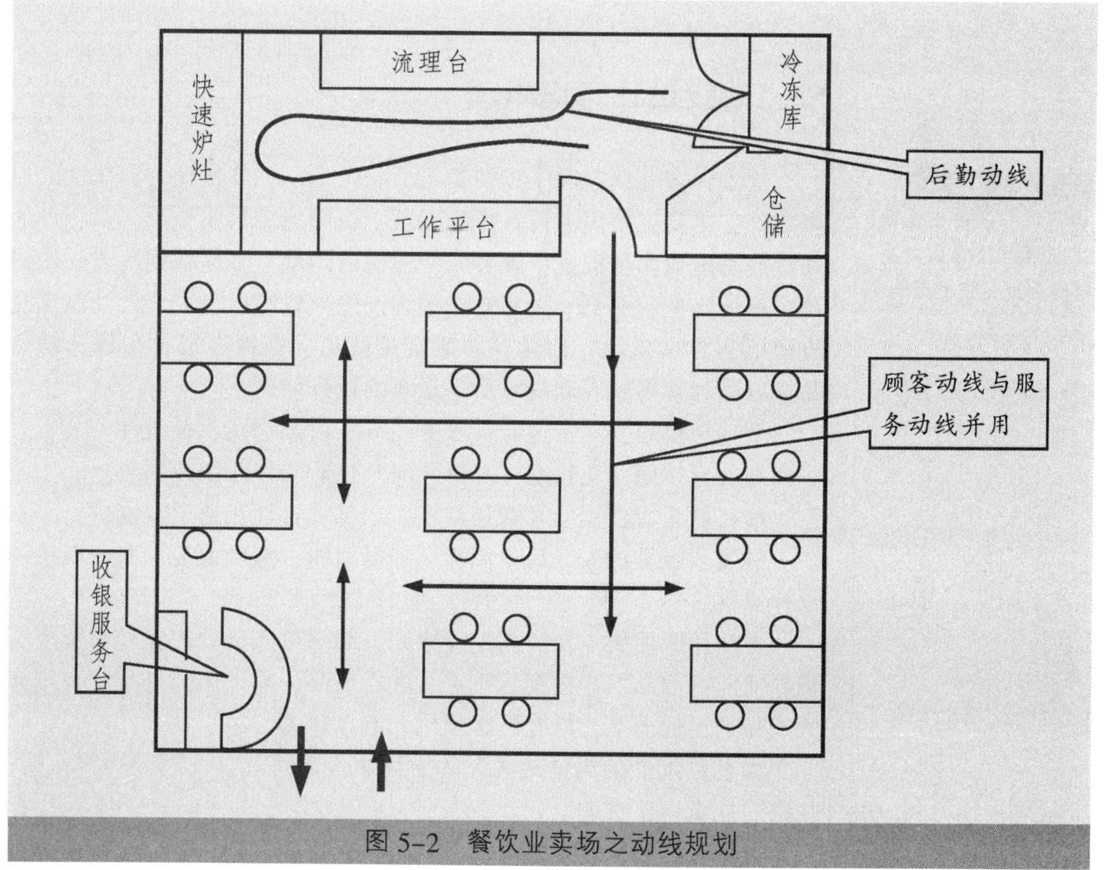

图5-2 餐饮业卖场之动线规划

是服务动线。小型卖场常因受到卖场格局或经营型态的限制，会将服务动线并入顾客动线里，服务人员提供服务时应以不妨碍顾客走动为原则。另外一种以餐饮服务为诉求的服务动线，则与销货型的服务动线是不一样的规划观点，以餐饮服务业对顾客而言是静的动线，对服务人员来讲却是极动的动线。因此，对餐饮服务业而言，动线规划应以对顾客的服务流程为设计重点。

三、后勤动线

后勤动线
是员工补货及提供相关业务时所移动的路线。

“后勤动线”是员工补货及提供相关业务时所移动的路线，中大型卖场为避免干扰顾客及造成卖场脏乱，会利用共通的走道或直接在立式陈列柜后方另辟路线，作为运补货品、垃圾及员工进出之用。小型卖场因为空间受限，无法另外规划后勤动线，而以顾客动线作为补货之用时，应避开营业高峰以不妨碍顾客消费为原则。

第二节　顾客动线规划型态

一、动线设计考虑事项

顾客动线设计重点
是方便顾客自由走动、让顾客清楚看见商品、使顾客很自在地选购商品。

规划顾客动线时除了按照卖场型态考虑前一节所谈的整体性大原则之外，更要谨慎思考设计性的问题，否则等定案实施后，不合理的动线容易造成卖场混乱，顾客无所遵循的走动，不易找到所需要的商品，不仅降低营业额，更易造成顾客抱怨导致顾客流失。设计重点是方便顾客自由走动、让顾客清楚看见商品、使顾客很自在地选购商品。以下为规划顾客动线时所应思考的设计问题：

- 单独规划，尽量避开与服务动线、后勤动线重叠设计。
- 勿直接面对化妆室，及明显隔开往后场作业区的路线。
- 将顾客所使用的“购物篮车”之尺寸含计在通道宽度内。
- 遵照容易进入、简单流程、顺畅路线、宽敞通道、明亮视线等设计原则。
- 活用贩促要点及商品配置原则，如靠近入口处配置轻小价廉有诱导功能的商品，店内配置重点关联性商品，靠近出口处配置量重体大或易退温的商品，减轻顾客累倦和心理压力。
- 有系统性的延伸动线，并沿线布置贩卖气氛，诱导顾客往前、往内、往重点区选购。
- 顾客停步区留足够空间，如特贩区、面对面贩卖区、结账区等。

二、顾客动线形态

顾客动线根据卖场规模大小可归类成小型卖场及中大型卖场两大形态。另外，本节也将针对餐饮店的动线形态加以介绍以供读者参考。

(一)小型卖场顾客动线形态

“小型卖场顾客动线”依动线的形状又可区分成面对面贩卖型动线、靠壁型动线、ㄇ字型动线、圆形动线、直格型动线、横格型动线等六种形态（如图5–3所示）。

1.面对面贩卖型动线

“面对面贩卖型动线”是顾客在店面隔着贩卖平台（高度以120~150 cm为宜）与服务人员完成交易行为，卖场所展示的只是门面装潢和平台的商品，顾客无法进入店内自由选购，是属于一种最简单的动线设计（如图5–3 (a) 所示）。使用这种动线的卖场都是极小面积的商店（约1~2坪）或者快速服务专卖店（店内为技术、后勤空间），如冰淇淋店、骑楼咖啡店、果汁吧、泡沫红茶店、洗衣店、快速冲印行、金饰珠宝店、快餐店、书报摊等，这些商店都以简单品项或服务作诉求，买卖双方在短时间就可以完成交易。此种店内的规划只有服务作业空间，售货员采取主动提供商品或服务，而顾客仅根据平台及店面的商品展示和项目价格表作参考点选，属于比较静态的动线方式。

面对面贩卖型动线
是顾客在店面隔着贩卖平台与服务人员完成交易行为，顾客无法进入店内自由选购。

2.靠壁型动线

“靠壁型动线”是顾客沿着卖场周围的路线进行选购，所有商品顺着动线靠壁陈列，动线的末端靠近出口处设置收银服务区（如图5–3 (b) 所示）。通常纵深型的小卖场最适合这种动线，当店面宽小于4 m、中央空间不足以陈列商品时，将陈列架依阶梯式宽度设计加高至180 cm靠壁设置，可发挥最大的陈列作用及坪效，顾客在没有中央货架阻隔压力下可一目了然选购商品。例如精品专卖、运动休闲用品等商店，可将量重体大的商品置放沿线陈列架的下方，而将轻小商品摆放于陈列架的上方。

靠壁型动线
是顾客沿着卖场周围的路线进行选购，所有商品顺着动线靠壁陈列，动线的末端靠近出口处设置收银服务区。

3. ㄇ字型动线

“ㄇ字型动线”是顾客绕着中央货架且沿着卖场周围的路线进行消费，商品除了顺着动线靠壁陈列，也摆设在卖场中央位置，使顾客的动线形成一ㄇ字型（如图5–3 (c) 所示）。此种动线通常使用于店面宽6 m左右的小型卖场，如西点面包店将面包、蛋糕、乳品等

ㄇ字型动线
是顾客绕着中央货架且沿着卖场周围的路线进行消费，商品除了顺着动线靠壁陈列，也摆设在卖场中央位置，使顾客的动线形成一ㄇ字型。

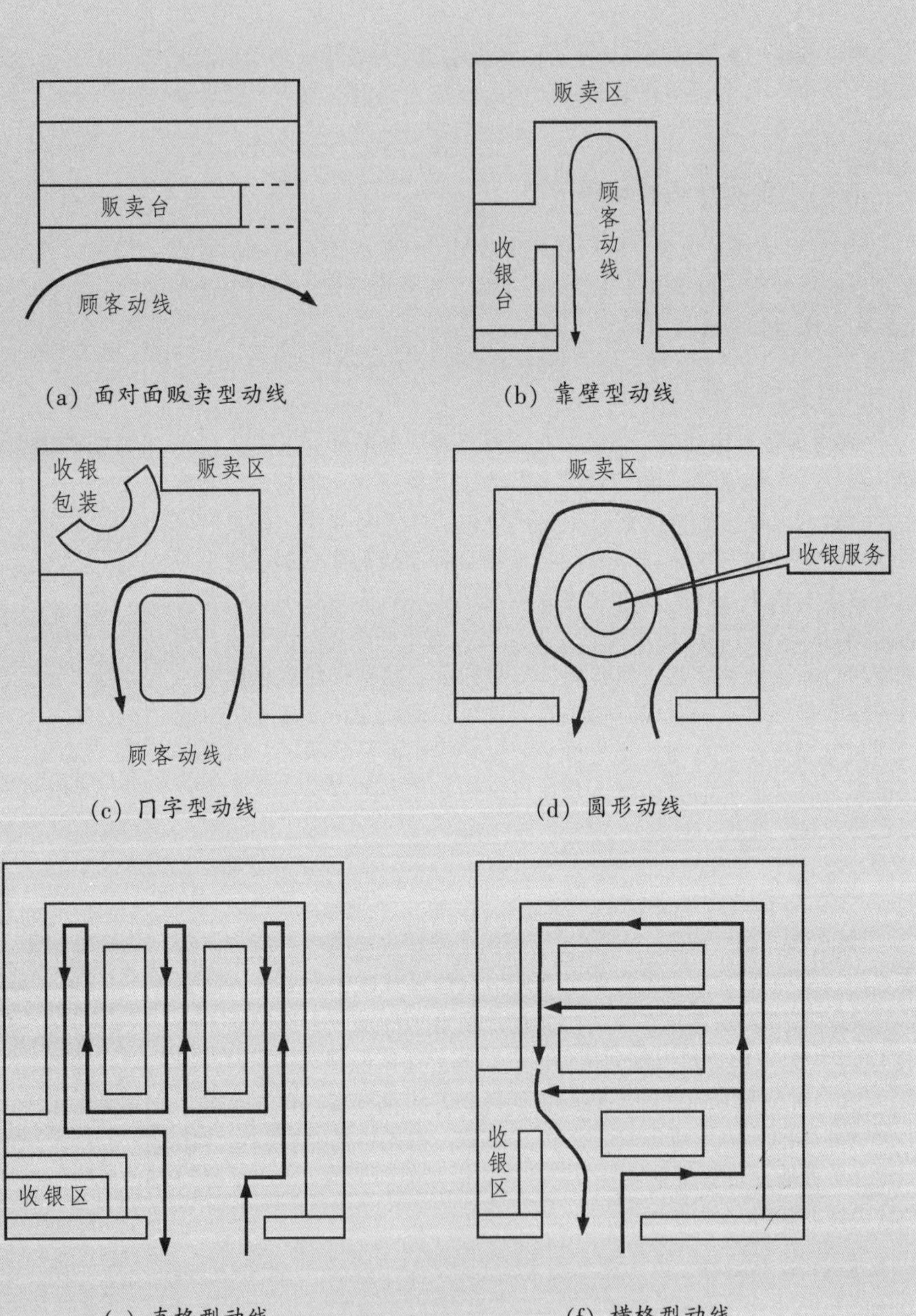

图 5-3　各种小型卖场之顾客动线形态

商品陈列于卖场四周，卖场中间设置高约 100~150 cm 的双层平台，展售特色或促销商品，卖场内的一角设置收银包装区，可有效掌握及服务整个卖场。

4.圆形动线

“**圆形动线**”是顾客绕着中央圆形服务台且沿着卖场周围的路线购物，商品顺着动线靠壁陈列，卖场中央设置圆形服务台，使顾客消费途径形成圆形的动线（如图 5-3（d）所示）。此种动线通常强调连贯性的商品陈列和全方位的服务，如服饰店将商品一致性地平放陈列及挂饰在卖场周围，卖场中央的圆形服务台除了可以展示商品外，主要功能是收银、解说、包装等服务，其平台高度以 80~120 cm 为宜。另外，此动线设计也很适合面对顾客服务频率较高的行业，如手机通讯和电子商品等卖场。

圆形动线
是顾客绕着中央圆形服务台且沿着卖场周围的路线购物，商品顺着动线靠壁陈列，卖场中央设置圆形服务台，使顾客消费途径形成圆形的动线。

5.直格型动线

“**直格型动线**”是顾客沿着卖场周围的主通道和绕着中间的商品区，直线来回环游整个卖场（如图 5-3 (e) 所示）。当店面宽 8 m 以上，此种动线布置是将商品陈列和通道安排成垂直平行，货架区的规格和动线通道宽幅都力求一致性的搭配。直格型动线规划是最有效利用空间的一种，店员有计划地事先陈列商品，配合商品标示及指引广告牌，顾客很容易地在直线货架选取所要的商品，很适合自助性较高的卖场，如便利商店、文具图书等卖场。另外，因货架直线排列搭配一致性的照明规划，使由外而内的整体视觉效果表现特佳，提高卖场的明亮度及商品的展现力。

直格型动线
是顾客沿着卖场周围的主通道和绕着中间的商品区，直线来回环游整个卖场。

6.横格型动线

“**横格型动线**”是顾客沿着卖场周围的主通道和绕着中间的商品区，横线来回环游整个卖场（如图 5-3（f）所示）。当卖场宽度不足以摆设直线货架时，且顾客流量不是很大的行业，可规划横格型动线配置。横格型动线的缺点：前排货架会挡住后排货架，从而降低商品展示力，顾客不适应横向的走动习性，比较无法连贯性地环游整个卖场。但是，假如卖场是属于半自助式的，顾客选购时尚须店员从旁解说服务的形态，其商品并不需要很强的向外展现力，只需明亮清楚的店内展示，顾客的购买习性也只是局部选购而已，人潮流量也不大，无须预留大的回转空间（请比对图 5-3（e）和图 5-3（f）所示），此种卖场就很适合规划横格型动线。例如，药妆用品店的横格配置展现出明亮、干净，其整齐、清楚易见的陈列效果又不会像便利商店那么透明化，保有健康隐私的气氛，空间的平均分配也使商品陈列更丰富化。

横格型动线
是顾客沿着卖场周围的主通道和绕着中间的商品区，横线来回环游整个卖场。

(二)中大型卖场顾客动线型态

中大型卖场顾客动线型态包括格式迂回动线、开放型动线、枝状型动线、商店街型动线等四种（如图 5-4 所示）。规划中大型卖场配置时应依据卖场型态和经营方式，加以定位采用何种动线形态较为适合，规划人员也可参考各种型态的优缺点综合设计使用或局部修正。不管是弹性的调整或制式的规划，任何动线布置都是为了让顾客更方便选购商品及提高经营效益，事前的分析比较是有其必要性的，表 5-1 提供以上四种动线型态的特性分析以供参考。

1.格式迂回动线

格式迂回动线
是顾客进入卖场沿着主要动线环绕整个主力商品区，接着来回环游卖场中间的次要商品区，一直到收银结账区，整个动线形成有规律的迂回路线。

“**格式迂回动线**”是顾客进入卖场沿着主要动线环绕整个主力商品区，接着来回环游卖场中间的次要商品区，一直到收银结账区，整个动线形成有规律的迂回路线（如图 5-4（a）所示）。此种动线适合于零售业卖场，因为其展示区域的形状规格，及通道的长宽都经过审慎的规划计算，整齐一致性的卖点区，不仅达到最高的面积利用率，商品陈列面也扩大，消费者在短时间可以很轻易地找到所需要的商品。顾客在经过规划的动线及商品陈列的卖场，完全可以采取自助式的选购方式，店内不需太多服务人员，可将人力集中在商品管理和卖场安全管理方面。然而，长期的自助选购方式会使卖场气氛变得生硬，必须透过定期的促销活动拉近与顾客的距离，活络卖场气氛，带动买气。

2.开放型动线

开放型动线
商品及陈列设备呈现不规律形式摆设，采取不隔间完全开放的视觉形态，消费者可以自由自在的任意方向走动参观，使顾客有休闲逛街的轻松心情。

“**开放型动线**”的商品及陈列设备呈现不规律形式摆设，采取不隔间完全开放的视觉形态，消费者可以自由自在地依任意方向走动参观，使顾客有休闲逛街的轻松心情（如图 5-4（b）所示）。此动线适合于专卖店或者百货公司，容易塑造专业高级的卖场形象，商品的陈列更能表现创意及贩促气氛。但是，开放式的动线设计虽然使顾客没有空间压力，却也常因没有特定路线而使顾客无法接触更多商品，必须借由销货员的主动服务才能提高顾客对商品的认识度。另外，因为强调创意的陈列设计与摆置，使设计装潢成本增加及浪费较大的卖场空间。而且，动线过度的开放会使顾客不易找到所需要的商品，也不易掌控卖场活动导致商品失窃率提高。

3.枝状型动线

枝状型动线
是顾客沿着主要路线，自由进出两侧的展售摊位或专柜，顾客形成树枝状的走动形式，两侧的专柜或摊位各自隔间，但是门面不封闭，采取开放式，使顾客能随性随机参观选购。

“**枝状型动线**”是顾客沿着主要路线，自由进出两侧的展售摊位或专柜，顾客形成树枝状的走动形式，两侧的专柜或摊位各自隔间，但是门面不封闭，采取开放式，使顾客能随性随机参观选购（如图 5-4（c）所示）。此种形态的摊位商品诉求以样少单纯为原则，及强

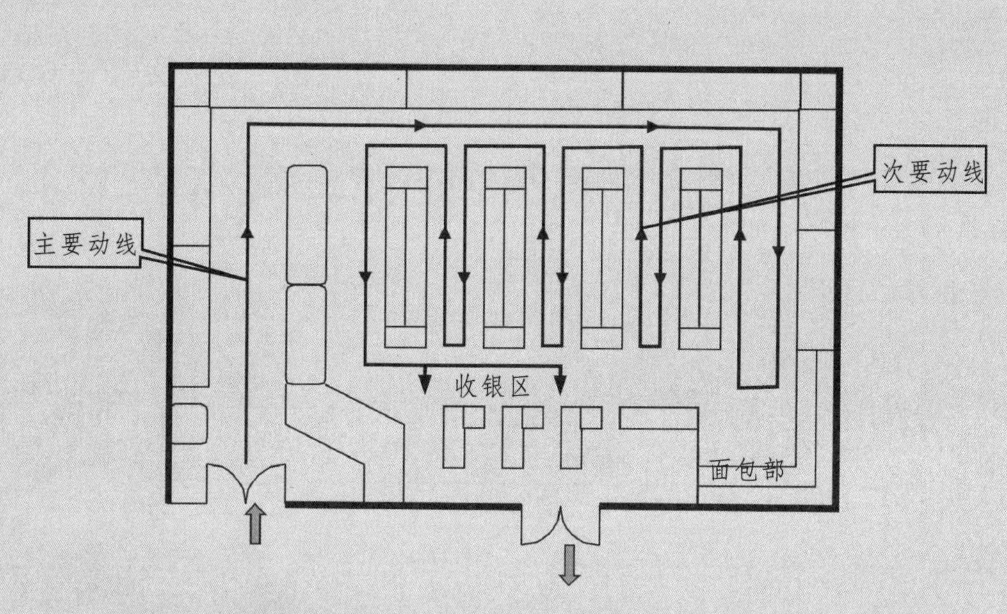

(a) 格式迂回动线

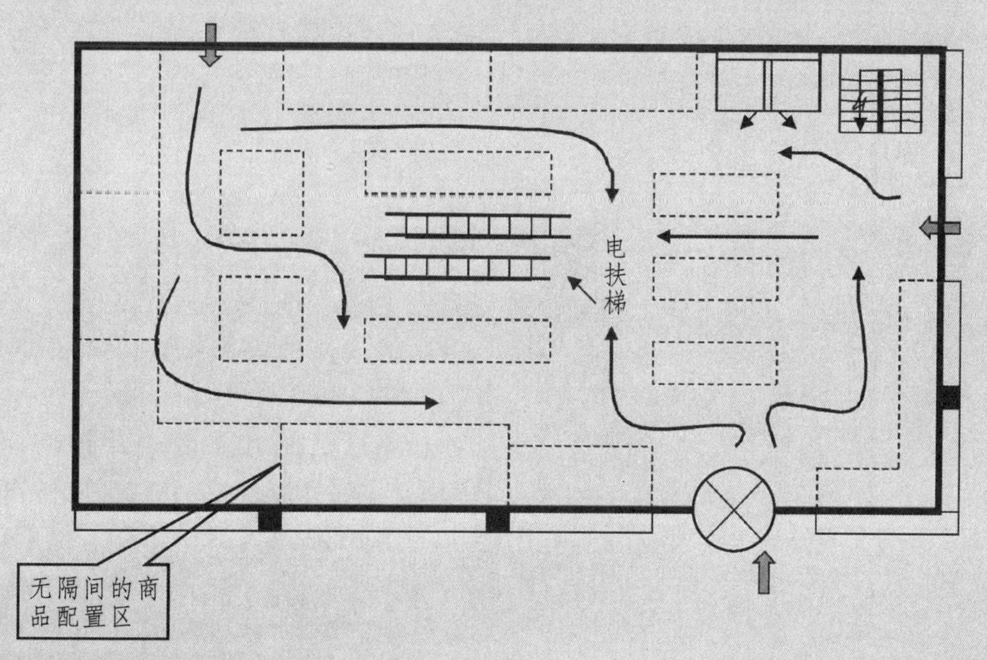

(b) 开放型动线

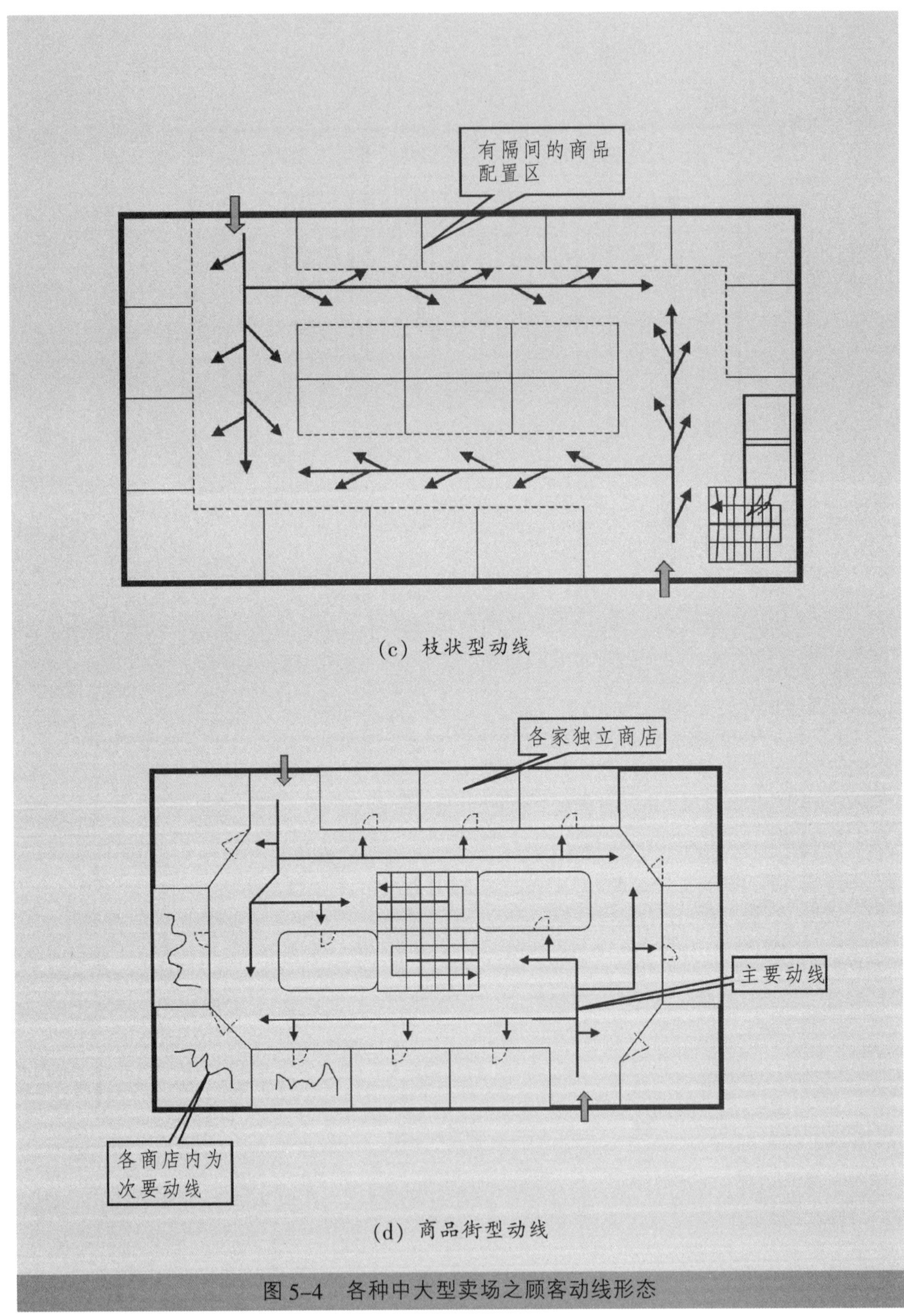

图 5-4 各种中大型卖场之顾客动线形态

资料来源：参考 Anderson,Carol H. (1993) , *Retailing-Concepts,Strategy and Information.* Minneapolis/Saint Paul, MN:West Publishing Company.

表 5-1 中大型卖场动线形态的比较

特性/动线形态	格式迂回线	开放型动线	枝状型动线	商店街型动线
顾客活动情形	顾客依照店家所规划的路线行进	顾客可轻松、任意方向地自由走动	顾客沿着主要路线，自由进出两侧的展售摊位或专柜	顾客由公用通道选择自己喜欢的商店参观选购
动线形状	直线型	曲线型	树枝状	混合型
陈列设备	标准规格组合	特别订制	隔间订制及规格陈列架并用	隔间订制及规格陈列架并用
陈列方式	可整齐一致地摆置多样多量的商品，缺少创意的陈列技巧	发挥有创意的陈列技巧，展示效果较佳	面向通道展售、表现各摊位的主题特色	按照业别自行装潢订制或搭配规格设备，较具视觉吸引力
店员需求	比较少	比较多	比较多	比较多
失窃率	容易以电子监视器监视卖场活动，降低失窃率	比较不易掌控卖场活动，容易造成失窃漏洞	摊位属于开放式，不易执行监管，导致容易失窃	每家商店各自掌控，有效降低失窃率
空间利用	平面及立体空间都有效利用	浪费空间	主通道与各摊位之间会浪费较大的回转空间	各自为政的副动线，浪费较多空间
适用卖场	超级市场、便利商店、文具书店、家庭五金用品等	百货公司、服饰店、家具卖场、鞋子卖场	各式专柜或摊位，如化妆品、服饰、图书、礼品、美食小吃	大型购物中心的商店街、专卖店、精品店
优缺点	消费自助性很高，有利于商品周转，顾客行进时有约束感、定点选购时间较短	顾客有逛街的感觉，但也无所适从，找不到所要的商品	可发挥各专柜的主题特色，但是主通道容易阻塞混乱	各商店的卖场魅力能够吸引顾客，但是经营成本较高

资料来源：参考自周泰华、杜富燕，1997，《零售管理》。

调近距离的面对面贩卖服务。例如，美食街的摊位都有其重点小吃或餐饮诉求，以满足消费者的比较和选择。但是其缺点是独立隔间展售使开办费用增加，而且开放式门面致使商品监管不易，店面容易混乱、阻塞通道。

4.商店街型动线

商店街型动线
是以卖场公用的通道作为主要路线，通道周围设置各种不同性质的商店，商店内再依照商品性质及陈列方式设计顾客选购动线。

“**商店街型动线**”是以卖场公用的通道作为主要路线，通道周围设置各种不同性质的商店，商店内再依照商品性质及陈列方式设计顾客选购动线，大型购物中心很适合规划这种动线，塑造满足不同顾客群的需求，聚集大量的消费人潮、创造商机（如图 5-4（d）所示）。同一卖场内的每一家小商店几乎都是有主题性的专门店，其商品特色、店面设计、促销活动都足以提高对消费者的吸引力，顾客可以由主通道清楚看见每家商店的外观，选择所喜欢的商店进出。然而，为诉求各自专门店的营运主题特色，其装潢、设备与管理成本比开放式形态高出许多。

(三)餐饮店动线形态

餐饮店在动线规划上与一般零售卖场完全不同，除了实用性的考虑之外，常运用曲线之美感来营造温馨柔和的气氛，因此规划上比较有变化性，其配置方式有直式动线、横式动线、点状式动线、中场混合式动线、连座式动线等五种（如图 5-5 所示）。

1.直式动线

直式动线
优点为配置单纯、容易又节省空间，顾客入座简单快速，服务员也因动线单纯而提高服务效率。缺点为因配置单调而缺少创意的气氛。

“**直式动线**”是餐桌紧靠两边墙壁与通道成垂直线，而顾客以直线入座与通道成平行线，由于顾客的视线与动线一样是平行方向，不会受到通路走动的影响，能轻松自在地用餐，因此直式动线是最普遍被餐饮业者所采用的规划方式（如图 5-5(a)所示）。其优点为配置单纯、容易又节省空间，顾客入座简单快速，服务员也因动线单纯而提高服务效率。但是，另一方面却因配置单调而缺少创意的气氛。

2.横式动线

横式动线
优点和直式动线大致一样，相邻两桌可以并在一起更省空间，也可以设计矮隔板再相并，不仅节省空间又突出各桌的隐私性。缺点也是配置过于单调，缺少气氛，还有背对通道的顾客会产生被碰撞的心理压力。

“**横式动线**”是餐桌的排列方向与通道成平行线，而顾客以横线入座，其座位与通道成垂直，靠墙座位的顾客视线是正视通道，而对桌的顾客却是背对通道（如图 5-5(b)所示）。其优点和直式动线大致一样，相邻两桌可以并在一起更省空间，也可以设计矮隔板再相并，不仅节省空间又突出各桌的隐私性。其缺点也是配置过于单调，缺少气氛，还有背对通道的顾客会产生被碰撞的心理压力。

3.点状式动线

“**点状式动线**”是将餐桌椅以点状的方式排列在整个卖场（如图

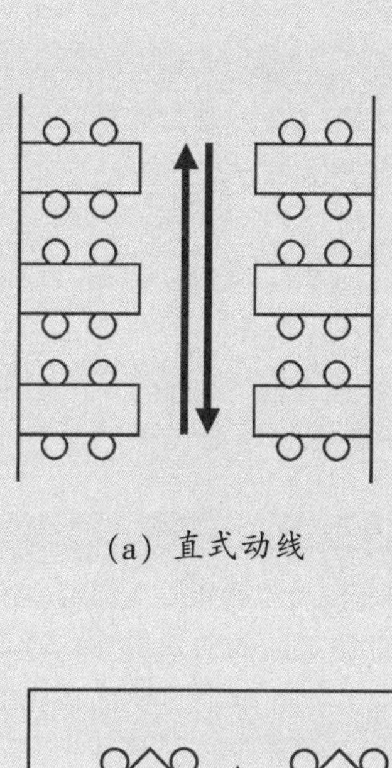

(a) 直式动线

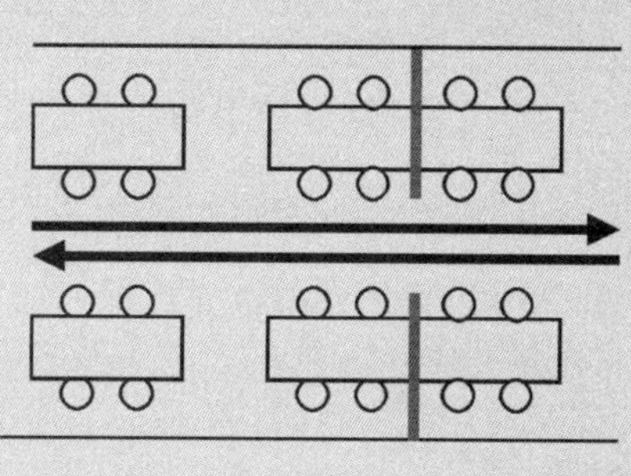

(b) 横式动线

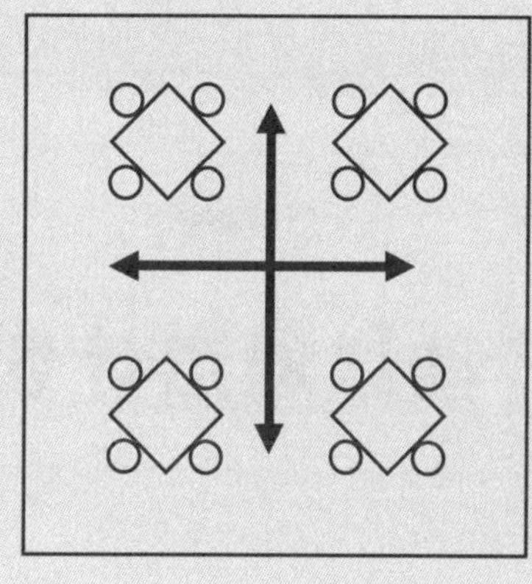

(c) 点状式动线

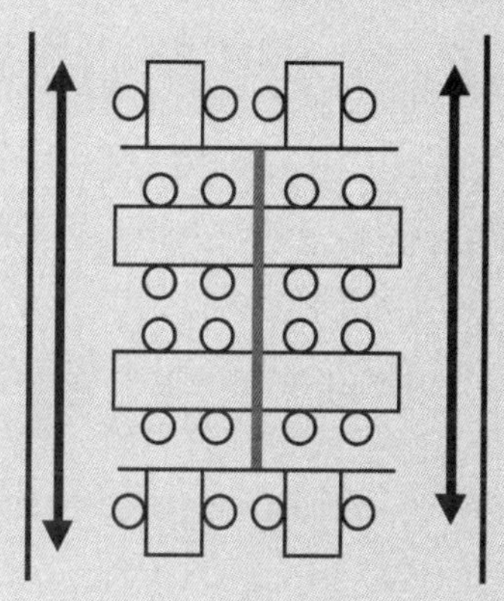

(d) 中场混合式动线

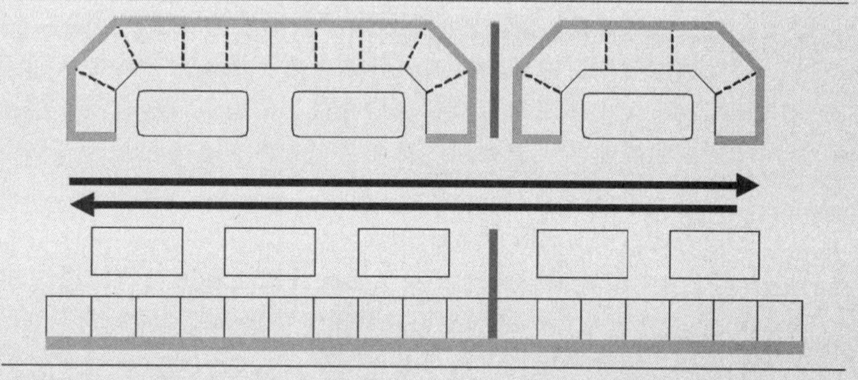

(e) 连座式动线

图 5-5 餐饮店各种动线形态

点状式动线
优点为空间利用的机动性较高，适合于大型办桌式餐厅。缺点是动线通道浪费较多的空间又显得零乱。

5-5(c)所示)，原则上可先作规则性定点配置，再利用剩余的空间作不规则配置，空间利用可随客席需要作合并或分开，客桌数可随意调整运用，换言之即为空间利用的机动性较高，适合于大型办桌式(流水席) 餐厅。空间较小的餐饮店比较不适合点状式动线，原因是动线通道浪费较多的空间又显得零乱。

4.中场混合式动线

中场混合式动线
餐桌以直式或横式整齐排列，区块之间以隔板分开，不同的横竖动线表现出活泼的变化性，凸显优美的组合形式，塑造丰富感的卖场气氛。

“**中场混合式动线**”主要是将餐桌椅集中配置在卖场中间 (如图5-5(d)所示)，餐桌以直式或横式整齐排列，区块之间以隔板分开，不同的横竖动线表现出活泼的变化性，凸显优美的组合形式，塑造丰富感的卖场气氛。

5.连座式动线

连座式动线
将餐桌椅连座设计在一起，不仅节省很多的次通道空间，来客团体又可聚在一起享用餐点。

“**连座式动线**”比较适合于自助式的西式快餐店，或是年轻族群的时尚餐饮店如冷饮简餐店，其将餐桌椅连座设计在一起，不仅节省很多的次通道空间，来客团体又可聚在一起享用餐点 (如图 5-5(e)所示)。

第三节　动线通道计划

一、通道种类

卖场通道有主要通道 (简称主通道)、次要通道 (简称副通道)、收银区通道、服务台通道及特贩区通道等五种 (如图 5-6 所示)。主通道与副通道是动线通道计划最重要的项目，收银区通道则视卖场规模大小作调整，服务台与特贩区的通道常随着行业型态的不同需求而改变，甚至有很多卖场的服务台通道与收银区规划在一起，特贩区通道也没有固定宽幅。所以，本章节将仅就主通道、副通道与收银区通道等三部分作叙述。

主通道
是指进入卖场的多数顾客所走的路径，一般都是进入卖场时直接引导通往主力商场或主力商品区。

“**主通道**”是指进入卖场的多数顾客所走的路径 (如图 5-7 所示)，一般都是进入卖场时直接引导通往主力商场或主力商品区。例如，超级市场的主通道是规划在卖场四周的冷冻冷藏生鲜蔬果食品区；“**副通道**”乃为进入卖场的少数或已分散的顾客所走的路线，顾客走完主要路线后接着被引导至较次要的商场或商品区 (如图 5-8 所示)。例如，超级市场的副通道是规划在卖场中间的干货区；“**收银区通道**”则是当顾客经由主通道与副通道后，购足所需的商品和

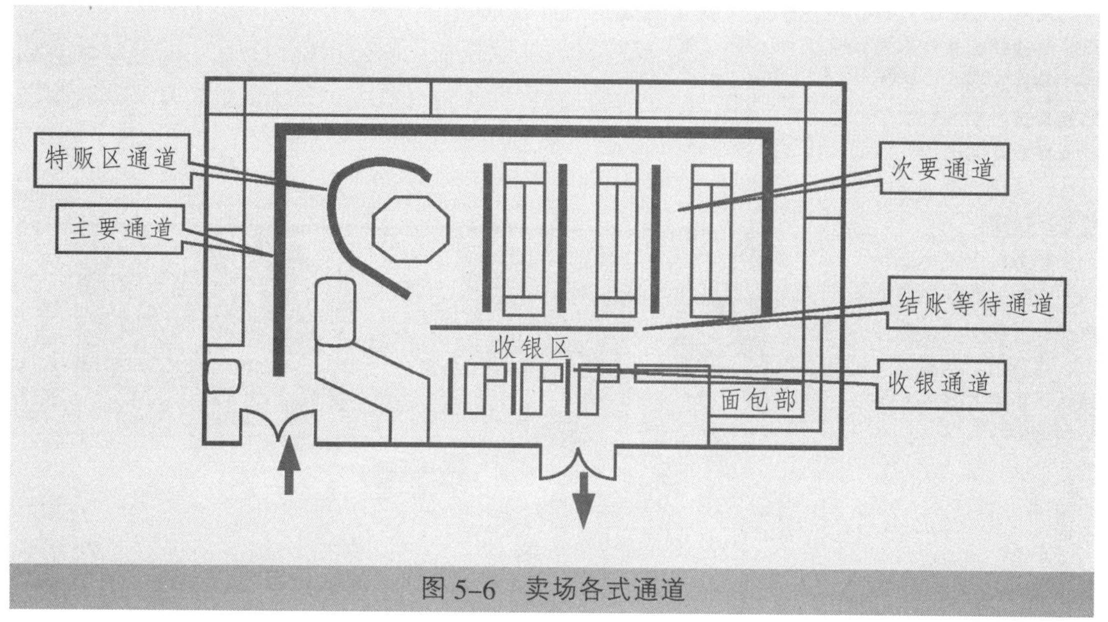

图 5-6　卖场各式通道

图 5-7　卖场主通道

图 5-8　卖场副通道

副通道
乃为进入卖场的少数或已分散的顾客所走的路线，顾客走完主要路线后接着被引导至较次要的商场或商品区。

收银区通道
是当顾客经由主通道与副通道后，购足所需的商品和获取所要的服务后，很自然地被引导至靠近出口的收银区，等待结账完成所有的消费行为。又包含“结账等待通道”和“收银通道”。

获取所要的服务后，很自然地被引导至靠近出口的收银区，等待结账完成所有的消费行为，此区的通道包含“结账等待通道”和“收银通道”两种（如图 5-9 所示）。例如，超级市场的收银台与货架区之间的空间为“结账等待通道”，收银台与收银台之间的距离为“收银通道”。

图 5-9　卖场收银区通道

二、通道宽幅

规划卖场内整体配置时，应先将出入口及收银柜台的正确位置设定好，接着规划主通道与副通道的行经路径，然后决定生财设备、陈列器具和展示橱柜的配置安排。假如将卖场比作小区规划，就如同先设定小区的出入口位置，接着辟建主要道路和次要道路，然后才盖住宅及公共设施，主要道路可能辟建人与车流量较大的小区四周，而次要道路则开辟在住宅建筑物之间。反之，倘若先把住宅等建筑物盖好再开辟道路的话（如同老旧的小区），整个小区的道路势必弯曲宽窄不一，甚至出入口不明显，造成居民的极度不方便。

小区道路及大马路的宽度有 4 m、6 m、8 m、10 m、20 m、30 m、40 m 等规定尺寸。卖场通道的宽幅虽然没有标准的规定尺寸，却有一定的适用宽幅。通常其宽度必须足以让顾客擦肩而过，不致碰撞，以每人平均 40 cm 的肩膀宽度为基准，同时应将购物篮和购物车的宽度尺寸也涵盖并入计算（如图 5-10 所示）。另外，配合卖场规模大小、人潮多寡、橱柜宽深高低、贩卖型态等不同因素和需求作调整。

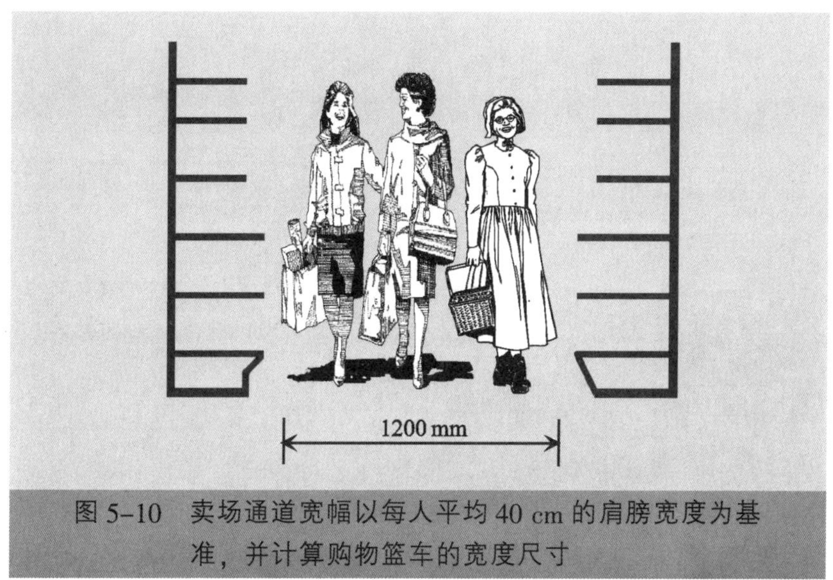

图 5-10 卖场通道宽幅以每人平均 40 cm 的肩膀宽度为基准，并计算购物篮车的宽度尺寸

(一)主副通道与收银区通道之宽幅

1.主通道宽幅

在卖场主通道走动的顾客较多，其宽度通常比副通道大 30 cm 以上，根据卖场规模的大小，主通道可归纳成三种常用尺寸。

在卖场主通道走动的顾客较多，其宽度通常比副通道大30 cm以上。

面积约 15~50 坪左右的小型卖场如便利商店和面包店，主通道以 900~1200 mm 为最适宜。有些卖场受到店面宽度及橱柜之影响，而无法设定在最小 900 mm 的主通道时，可考虑将卖场配置规划成半自助式，以加大主通道尺寸（如图 5-11 所示）。假如顾客流量属于比较零星的卖场又有以上受限因素，其主通道最小尺寸也应控制在 800 mm，否则比 800 mm 还窄的通道顾客容易碰撞，造成购物时的不方便。

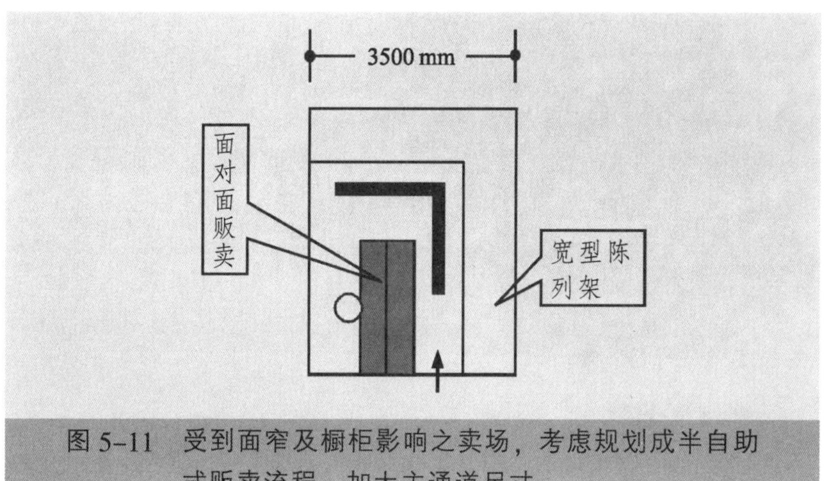

图 5-11 受到面窄及橱柜影响之卖场，考虑规划成半自助式贩卖流程，加大主通道尺寸

面积约 50~100 坪左右的中型卖场如小区超市，主通道以 1200~1800 mm 较适当，假如卖场受到橱柜货架之影响，可将缩减的尺寸平均规划在较末端的主通道，并将末端靠壁陈列架设计为 45 cm 深的货架（如图 5-12 所示）。

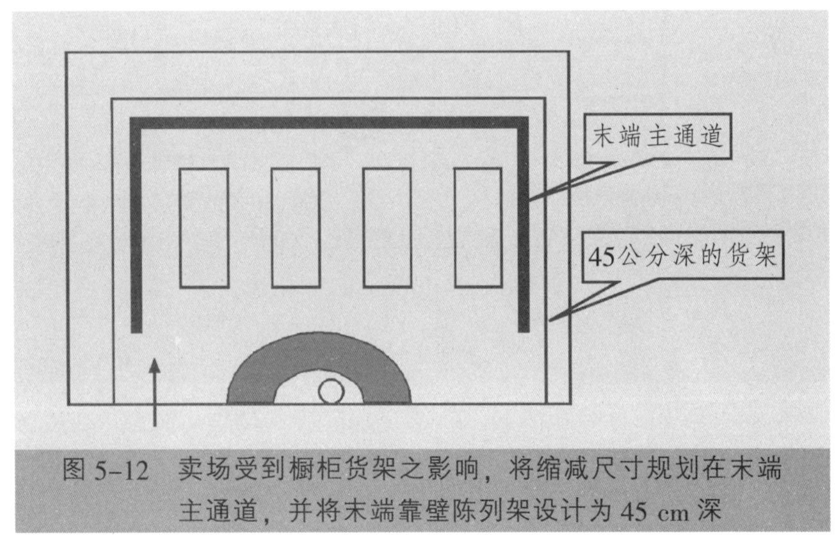

图 5-12　卖场受到橱柜货架之影响，将缩减尺寸规划在末端主通道，并将末端靠壁陈列架设计为 45 cm 深

面积约 200 坪以上的大型卖场如生活百货量贩店，主通道宽 1800~2700 mm 才能符合顾客流量的需要，然而大卖场常因较多的柱子及不规格商品配置区的影响，导致主通道宽度分配不平均，可依照商品的流通性及顾客停留选购的时间长短分配宽窄尺寸，但是务必设计在 1800 mm 以上，才足供顾客走动之需。另外，大型卖场常在主通道设有面对面贩卖区，其通道需特别加宽 60 cm，供营业员面对面服务顾客（如图 5-13 所示）。

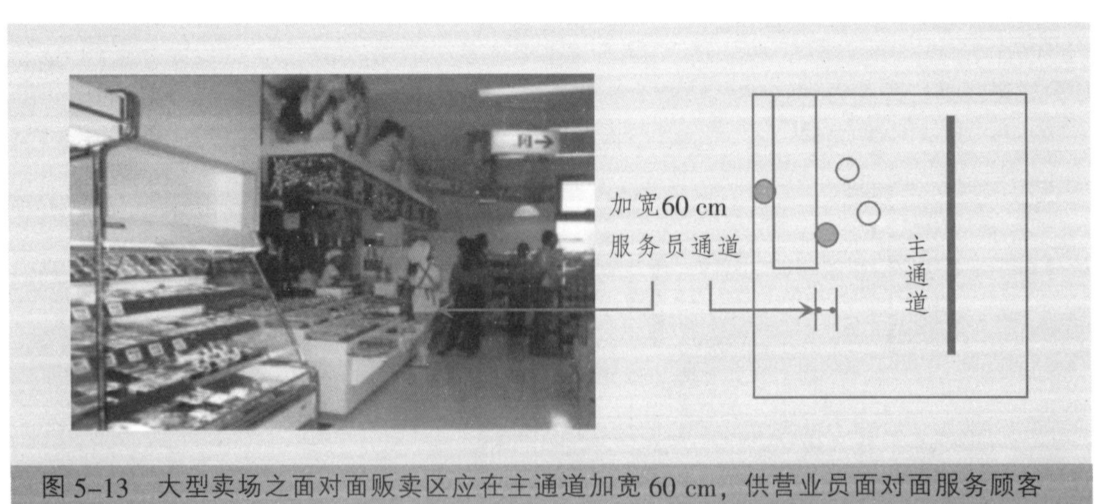

图 5-13　大型卖场之面对面贩卖区应在主通道加宽 60 cm，供营业员面对面服务顾客

照片提供：安胜商店设备股份有限公司。

2.副通道宽幅

在卖场副通道走动的是属于已分散的顾客，其宽度设计比主通道小，原则上最小的宽度不能小于80 cm，以免因通道太窄而发生顾客互相擦撞或碰撞商品之现象。卖场面积及商品陈列多寡都是关系副通道宽窄的因素，若以卖场面积作区分，可归类成以下三种常用的副通道尺寸。

在卖场副通道走动的是属于已分散的顾客，其宽度设计比主通道小，原则上最小的宽度不能小于80 cm，以免因通道太窄而发生顾客互相擦撞或碰撞商品之现象。

15~50坪左右的小型卖场，其副通道宽度设计在800~900 mm为宜，也可依实际需要加宽至1000 mm或1100 mm；另外有一种出入口设在店面中央位置的小型卖场（如专门店和精品店），为了吸引顾客入店的直接视线，乃将主通道改在卖场中央，而将副通道缩小规划在卖场两边，但是最窄也不可小于750 mm，以免形成卖场死角，导致商品流通不良（如图5-14所示）。50~100坪左右的中型卖场之副通道宽度以900~1200 mm较为适当，最小不要低于850 mm，有些中型零售卖场（尤其是超级市场）的人较多，副通道应配合主通道扩大而考虑加宽至1300 mm或1500 mm。

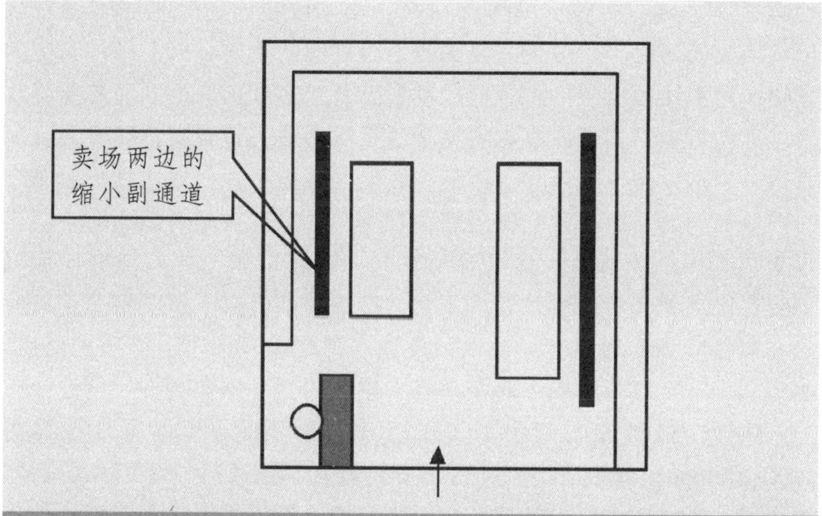

图5-14 小型卖场两边的缩小副通道不可小于750 mm，以免造成死角

200坪以上的大型卖场，如综合购物商场、大型超级市场等之副通道规划在1500~1800 mm才适合大量的顾客所需，尤其大型量贩店为了方便顾客使用大型购物车，甚至将副通道设计在2000 mm以上，以提高量贩的经济规模（如图5-15所示）。

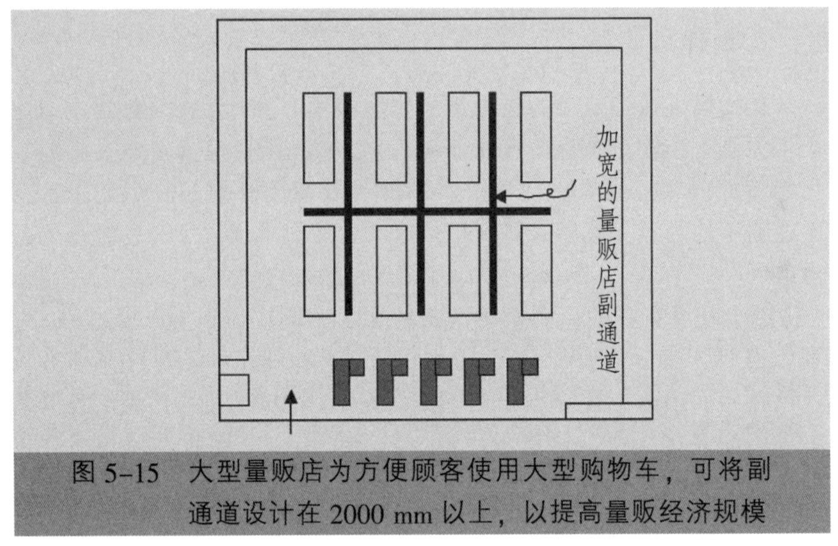

图 5-15　大型量贩店为方便顾客使用大型购物车，可将副通道设计在 2000 mm 以上，以提高量贩经济规模

3.收银区通道宽幅

结账等待通道
就是收银台前方的空间，其宽度需大于其他的购物通道，使顾客有足够的回转空间等待结账。

收银通道
是顾客面对收银员所处的通路，也可说是复数收银台之间的距离。

收银区通道包含“结账等待通道”和“收银通道”两种。“**结账等待通道**”就是收银台前方的空间，其宽度需大于其他的购物通道，使顾客有足够的回转空间等待结账；而“**收银通道**”是顾客面对收银员所处的通路，也可说是复数收银台之间的距离。以上两种通道的宽幅按照卖场规模、行业类别、贩卖形态及顾客多寡的不同而有差异。

有些行业的卖场并不太着重于收银区通道，如餐厅、咖啡店、家具店、厨房设备专卖店等，因其结账的顾客量不多，且比较不会集中在同一时间点，所以其收银通道往往不会太刻意规划。然而有一些零售卖场却因结账顾客量多又容易在同一时间结账，若是没有详加规划收银区通道，容易导致管理不当，造成混乱。以下所述也正是针对这些零售卖场的通道宽度加以归类成三种型态来探讨，如便利商店、面包店、五金百货卖场、超级市场、量贩店等各型卖场。

约 15~50 坪左右的小型卖场，其结账等待通道的宽度设计为 1200~1800 mm 较为适当，此区不宜再设置其他商品货架以免妨碍收银作业，若收银台是设计成单一长型柜台，则可考虑将刺激购买性商品陈列在柜台正面的内凹货架，才不会占据通道，影响结账（如图 5-16 所示）。

50~100 坪左右的中型卖场，其结账等待通道的宽度规划在 1800~2400 mm 之间是理想的空间尺寸，若是在收银台前设置有商品端架，其所需空间应另计，不可占据等待通道及收银通道（如图5-17所示）。

200 坪以上的大型卖场，其结账等待通道的宽度规划在 2400~3000 mm 之间或以上为宜，大型卖场因空间足够和整体布局的需要，收银区前方常加大加宽另规划特贩卖点区以刺激买气。另外，各型卖场若是设计两个以上并排的收银台，其中间收银距离以 60 cm 为最适当宽度，太宽的收银通道不易管理收银作业，太窄又不方便顾客提物行走（如图 5-18 所示）。

图 5-16 小型卖场设置单一长型柜台时，应将刺激购买性商品陈列在柜台正面的内凹货架，才不会占据通道，影响结账

图 5-17 中型卖场之收银台前方若设有商品端架，其所需空间应另计，不可占据等待通道及收银通道

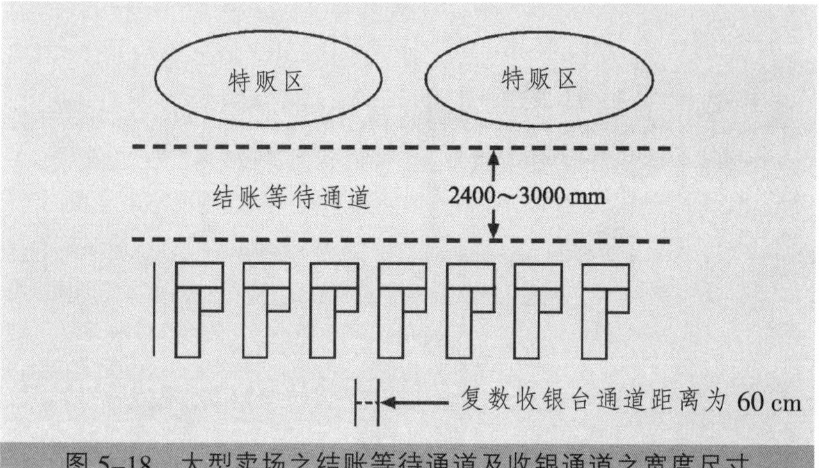

图 5-18 大型卖场之结账等待通道及收银通道之宽度尺寸

针对以上所探讨的主通道、副通道及收银区通道之宽度，实际上有其相互关系，表 5-2 列出此三种通道的宽度尺寸对照，可看出主通道应该比副通道宽，而结账等待通道则应比主通道还宽。

表 5-2 卖场主副通道及结账等待通道之宽度

卖场规模	主通道宽度（mm）	副通道宽度（mm）	结账等待通道宽度（mm）
小型卖场（约 15~50 坪左右）	900~1200	800~900	1200~1800
中型场场（约 50~100 坪左右）	1200~1800	900~1200	1800~2400
大型卖场（约 200 坪以上）	1800~2700	1500~1800	2400~3000

4.餐饮店的通道宽幅

餐饮店因为消费型态、贩卖方式、店员服务方式、顾客走动情形、顾客停留时间都与一般的零售卖场不同，所以整个动线规划有很大的差别，其通道宽幅设计也都不一样。

餐饮店的主通道除了顾客进出之外，最重要的是供给店员服务之用，如带位、上菜、收拾餐具等服务，所以也可称之为服务通道。另外，要特别注意的是顾客入座的宽幅距离，虽然是属于次要通道却是非常重要，因为顾客真正的消费区都在这里，停滞时间也比一般卖场久，所以宽幅尺寸设计比一般动线通道来得讲究。

餐饮店的通道宽幅大致分为一般座位通道、和室座位通道、店员服务通道等三种。如图 5-19 所示加以说明：**“一般座位通道宽幅”**的靠墙宽幅考虑比个人座椅宽的原因是背后靠墙没有转圜空间，所以设计为 600 mm 是最理想的，而靠服务员宽幅设计为 400~500 mm

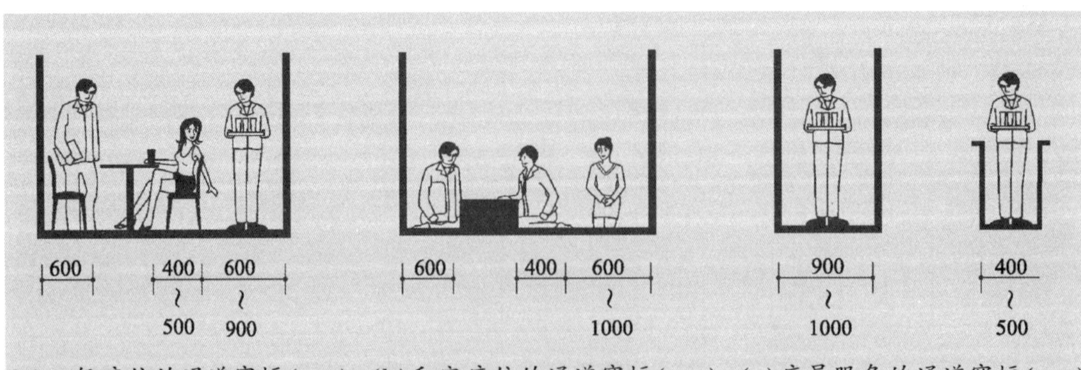

(a)一般座位的通道宽幅(mm) (b)和室座位的通道宽幅(mm) (c)店员服务的通道宽幅(mm)

图 5-19 餐饮店的各型通道宽幅

的个人座椅宽度，主要是此位置紧邻服务通道尚可并用其当成活动空间；**"和室座位通道宽幅"**的靠墙宽幅一样设计为 600 mm，而靠服务员宽幅设计为 400 mm 的个人坐垫宽，此位置同样是紧邻同平面的服务通道，可并用其当成活动空间；**"店员服务通道宽幅"**可分成四种，一般座位的服务通道宽幅为 600~900 mm、和室座位的服务通道宽幅为 600~1000 mm、单向全身的服务通道宽幅为 900~1000 mm、单向半身的服务通道宽幅为 400~500 mm。

（二）通道宽幅与橱柜之关系

根据日本店铺设计家协会（1985）研究指出各型卖场的通道宽度与展示橱柜的高度有绝对的相关关系，当在有限的空间要贩卖多种商品而需要使用高型货架时，其通道设计应考虑货架高度的压迫感而加宽尺寸，使消费者有更宽阔的选购空间，否则不仅员工补货不方便，顾客更是动弹不得（如图 5-20 所示）。

图 5-20 太窄的通道不仅员工补货不方便，顾客更是动弹不得

原则上，通道的宽度不要小于展示橱柜的高度，假设当货架高度为 1500 mm 时，通道宽度应设计为 1500 mm 以上（如图 5-21（a）所示）；但是当货架高度设计为 1800 mm 时，通道宽度也应加宽到 1800 mm 以上（如图 5-21（b）所示）。然而受限于卖场面积及经营型态问题，很多商店无法规划与货架同高的通道宽度，下一段将以图解说明各种卖场的通道与橱柜之关系。

针对各种中小型卖场及量贩店比较合理化的通道与橱柜关系，以下配合详细的前视图一一作图解说明。

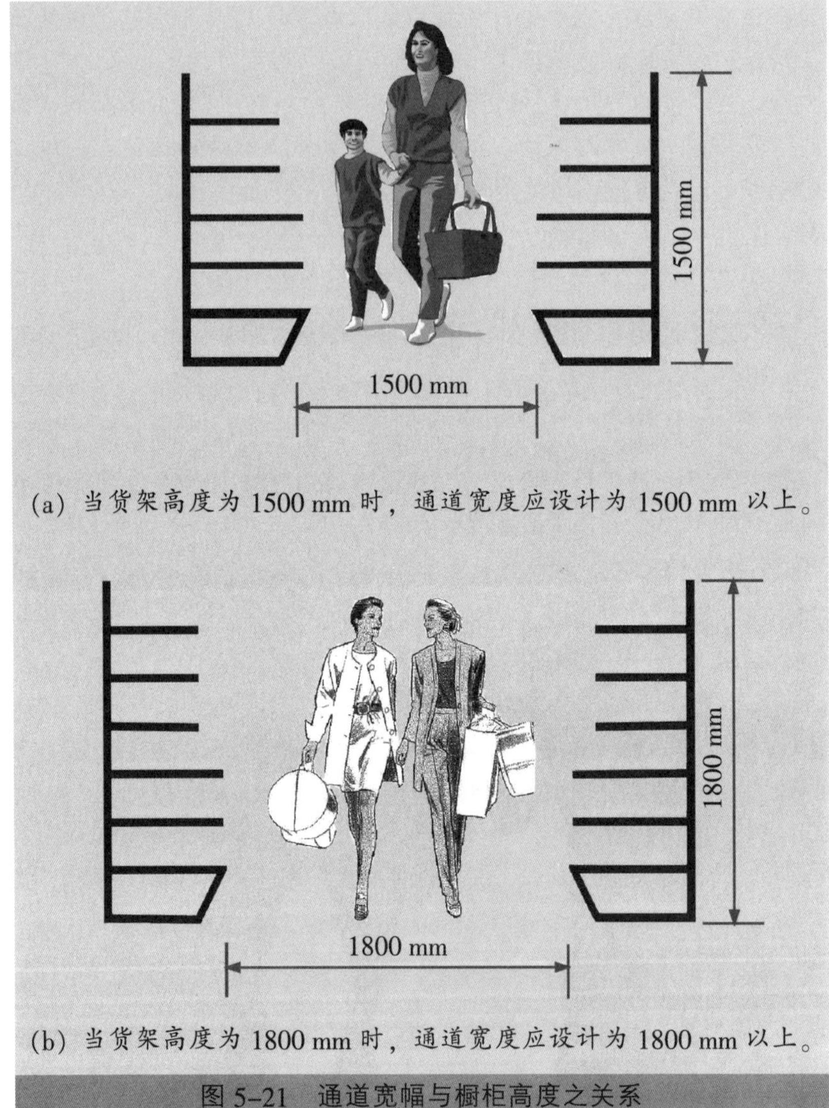

图 5–21 通道宽幅与橱柜高度之关系

图 5–22（a）所示"**小型服饰卖场**"的店面宽为 3500 mm，两侧主通道规划为 900 mm，中间的衣饰平台柜深度为 800 mm，高度设计为 1350 mm 是最理想的；若是设计太高与两边的靠壁高橱柜相对照，则整个卖场会造成很大的压迫感。右边靠墙玻璃橱柜深度 450 mm×高度 950 mm 为宜，玻璃柜上方设计成活动式的商品架，其总高度约为 1800 mm，活动架上方至天花板之间规划成正面吊挂服饰展示区；左边设计成深度 450 mm 的木制上下陈列展示柜，上柜高度 1800 mm 以上，可当成库存区，下柜高度为 1200 mm。

图 5–22（b）所示"**小型便利商店**"的店面宽为 5400 mm，卖场中间摆设深度 900 mm×高度 1350 mm 或 1500 mm 的双面货架两排，两边墙面规划深度 450 mm×高度 1950 mm 的单面货架，整个卖场规划成三条宽度为 900 mm 的直线主要通道。以上所规划的商品展示设

备都可以采用活动式货架组合而成，施工快速、美观耐用，陈列空间可依商品规格弹性调整。

图 5-22（c）所示“**小型药妆用品卖场**”的店面宽为 4400 mm，是国内最普遍的店面宽度，两侧主通道规划为 900 mm，中间规划深度 800 mm×高度 1350 mm 的梯形玻璃柜，右边规划面对面贩卖区，贩卖玻璃平台为深度 500 mm×高度 950 mm，服务员通道为 500 mm，服务员后面靠右墙设计深度 350 mm×高度 2100 mm 的玻璃门展示橱柜，左墙设计为 350 mm×高度 1800 mm 的开放型单面货架，其上方设计成储存柜。

图 5-22（d）所示为“**中大型零售卖场**”使用的集中复数收银台，主要收银通道以 600 mm 为最适当，太宽容易导致收银管理缺失，太窄又会使顾客碰撞到机台设备，目前几乎所有零售卖场都以此为标准尺寸。收银置物台以高度 750 mm×深度 500 mm 为最理想，切勿过高以免造成顾客上下物品及收银员过账操作时的不方便。另外，收款机平台以高度 650 mm×深度 600 mm 为最适合收银员的服务操作。以上的收银设备大都采用规格成型的专用柜台组合而成。

图 5-22（e）所示“**中型生鲜超级市场**”之主通道是在右边的生鲜蔬果区，其宽幅设计在 1200~1800 mm 较为适当，靠墙的冷藏展示柜以高度 1920 mm 的亚洲规格比较适合，有些卖场采用的是欧美规格，其最上层置物架太高并不适合国内的消费者；主通道中间的冷冻冷藏平台柜，总高度以不超过 1350 mm（含上层置物架）为原则。左边副通道宽幅设计在 900~1200 mm 最适合，中间可选用深度 900 mm×高度 1800 mm 的双面货架，靠墙选用深度 450 mm×高度 2100 mm 的单面货架，单面与双面货架的层板可随商品陈列需要弹性上下调整。

图 5-22（f）所示“**中型百货卖场**”之主通道是在面对面贩卖的专柜区，其宽幅为 1800 mm，玻璃专柜平台以深度 600 mm×高度 950 mm 为理想规格，靠墙开放式展示柜规格以深度 450 mm×高度 1800 mm 较适当，专柜区服务员通道的宽度可设计在 600~950 mm 之间。另外，设置在卖场中间的陈列架以深度 900 mm×高度 1350 mm 的木制双面平台为设计重点。

图 5-22（g）所示“**大型量贩店**”之通道都特别加宽规划以利顾客使用大型购物车，主通道设计在冷冻冷藏生鲜食品区为 1800~2700 mm，副通道设计在干货食品用品区为 1500~1800 mm。因为其经营型态强调量大便宜，所有展示设备都采用较大尺寸的欧美规格以陈列多样多量的商品，立式冷藏柜为深度 1500 mm×高度 2200 mm 的大规格，卧式冷冻柜为深度 1540~1840 mm×高度 800 mm 的平行柜，双面陈列柜为深度 1200 mm×高度 2200 mm 的仓储架，靠墙的单面陈列柜为深度 1200 mm×高度 2200 mm 的仓储架，这些设备除了展示贩卖功能之外，较高的上层都当成现场储存用，以利及时补货之用。

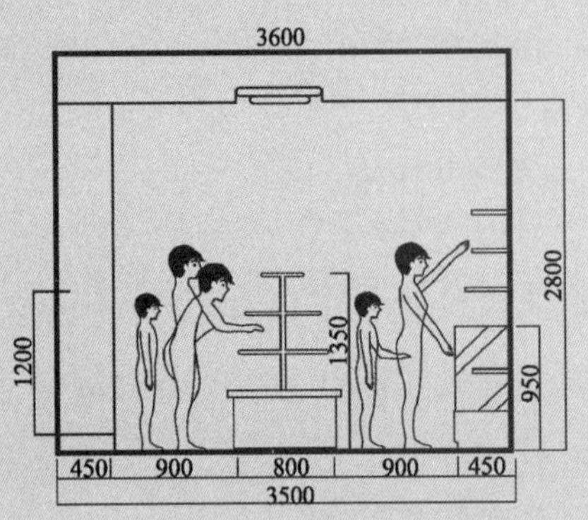

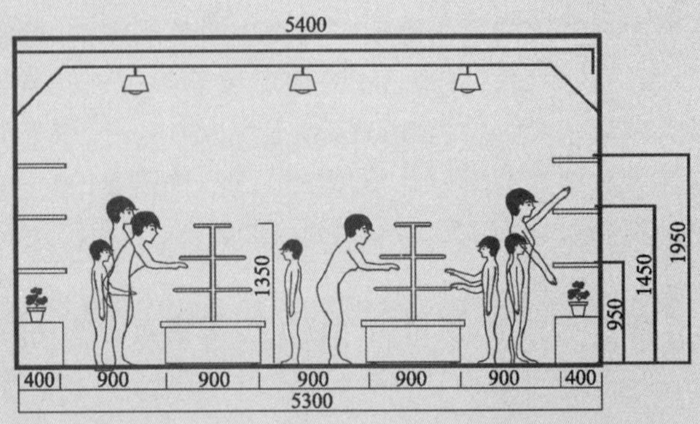

(a)小型服饰卖场之通道与橱柜的宽幅

(b)小型便利商店之通道与橱柜的宽幅

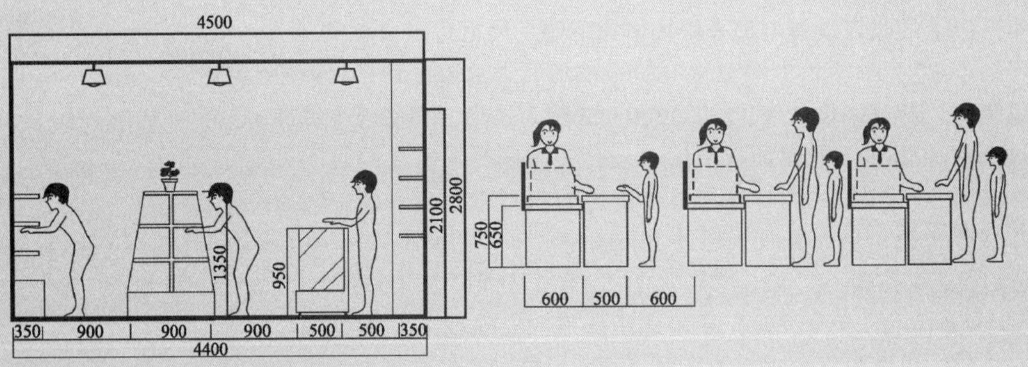

(c)小型药妆用品卖场之通道与橱柜的宽幅

(d)中大型商场之集中复数收银台

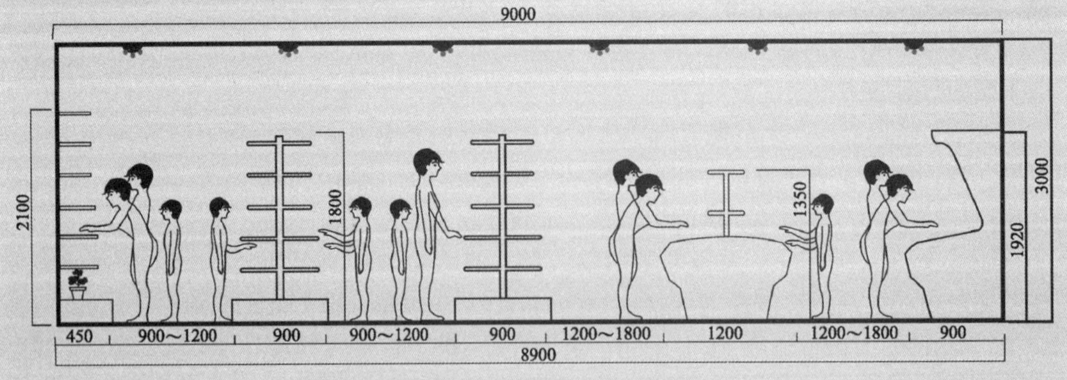

(e)中型生鲜超级市场之通道与橱柜的宽幅

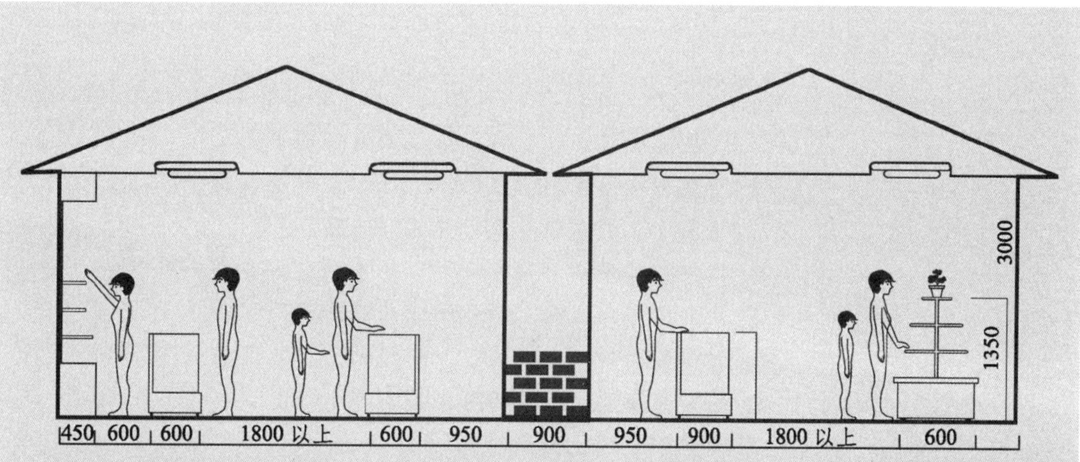

(f)中型百货卖场之通道与橱柜的宽幅

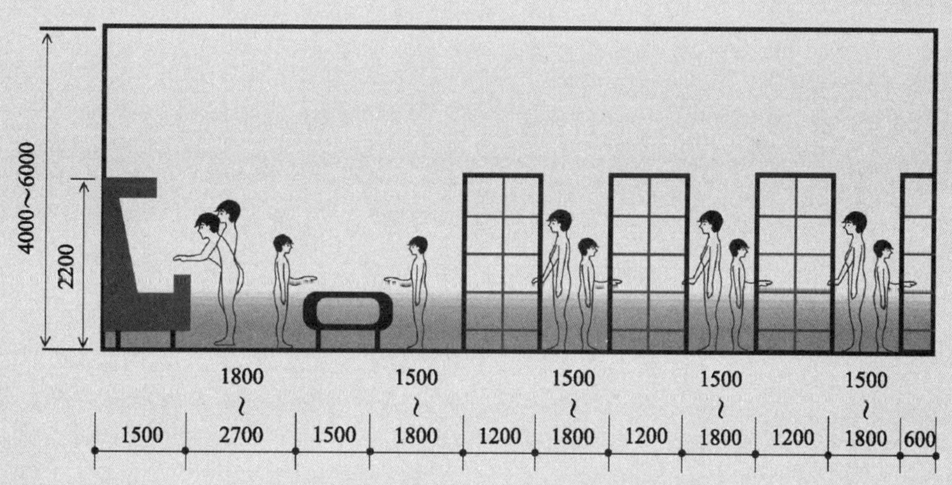

(g)大型量贩店之通道与商品橱柜的关系

图 5-22 各型卖场之通道宽幅与商品橱柜的关系（单位:mm）

学习评量及分组讨论

1. 小型卖场规划动线时，应该注意哪些事项?
2. 中大型卖场规划动线时，应该注意哪些事项?
3. 请简述卖场里的动线可分为哪三种。
4. 请按顺序列出“顾客动线”的整个路线主要包括哪些。
5. 规划顾客动线时，所应思考的设计问题有哪些?
6. “小型卖场顾客动线”依动线的形状可区分成哪六种型态?
7. 请举例说明“面对面贩卖型动线”。
8. 请举例说明“圆形动线”。
9. 请举例说明“横格型动线”。
10. “中大型卖场顾客动线”可区分成哪四种型态?
11. 请举例说明“格式迂回动线”。
12. 请举例说明“开放型动线”。
13. “餐饮店动线”依其配置方式可分成哪五种型态?
14. 卖场的通道有哪五种?
15. 请举例说明“主通道”。
16. 请举例说明“副通道”。
17. 何谓“收银区通道”，其包括哪两种?
18. 请依照卖场规模大小，列出三种常用的主通道尺寸。
19. 请依照卖场规模大小，列出三种常用的副通道尺寸。
20. 请简述通道宽幅与橱柜的相互关系。
21. 以小组为单位，仿真绘制小型便利商店的顾客动线，并说明之。
22. 以小组为单位，仿真绘制中型现代化家具卖场的顾客动线，并说明之。
23. 以小组为单位，举例讨论中大型卖场各种动线型态的特性比较。
24. 以小组为单位，讨论并举例绘制大型量贩店的收银通道和结账等待通道，并说明之。
25. 以小组为单位，练习将教室规划为任一卖场，并将卖场配置、动线及通道，按照比例：1/100、单位：mm 绘制成平面图。

第六章 | 后场行政作业区规划

◎ 各节重点

第一节　行政管理区

第二节　仓储与加工作业区

第三节　各式卖场之后场规划

学习评量及分组讨论

◎ 学习目标

1. 了解后场的整体区域设施及功能。
2. 熟悉行政管理区的设施机能及规划重点。
3. 了解仓储与加工作业区的设施机能、作业流程及配置规划重点。
4. 能够了解并区分各种中小型卖场的后场规划之重点及差异性。

后场
就是位于卖场后方的区域设施，其主要功能在于支援前场营运时所必须进行的作业流程。

“后场”就是位于卖场后方的区域设施，其主要功能在于支持前场营运时所必须进行的作业流程。后场通常包含行政管理、仓储与加工作业等两大区域。行政管理区有办公室、员工休息室、化妆室、机电室等；而仓储与加工作业区主要有仓库及货品加工作业区等。

第一节　行政管理区

一、办公室

办公室
主要是整个卖场营运的管理据点，其管理功能涵盖人事行政、财务出纳、进出货品、电脑系统、卖场监控、经营策略、贩促企划等。

“办公室”主要是整个卖场营运的管理据点，其管理功能涵盖人事行政、财务出纳、进出货品、计算机系统、卖场监控、经营策略、贩促企划等。在复合功能的办公室里其设备及设施大致有办公桌椅、计算机系统设备、事务机器、保险柜、监视系统控制设备、数据柜、美工器材、文具器材、会客室、厂商洽谈室、茶水间等。

办公室区域大小及功能规划随着不同的卖场规模、行业别及经营型态而有所差异。例如，大型量贩卖场应具备很齐全的各种管理功能之办公设施，其办公区域也占较大的比例。然而，很多小型卖场或连锁分店，基于卖场空间受限和作业流程的简化，都仅设置简单的办公桌椅以供文书作业，甚至直接将办公室的基本管理功能附设在收银服务区里。

二、员工休息区

员工休息区
主要是提供给卖场员工用餐联谊、放松心情及其他生活功能的地方。

“员工休息区”主要是提供给卖场员工用餐联谊、放松心情及其他生活功能的地方。此区域的设施与设备有休息室、交谈联谊室、化妆室、更衣室、餐厅、宿舍等。由于这些设施对员工的健康及生活教育有直接关系，也影响员工在卖场的工作士气及服务质量，所以，设备的质量和饮食生活等环境的讲究，对员工的身心都有很大的影响。尤其对较大的卖场来讲，随着员工人数的增加更必须设置更齐全的功能设施。例如，个别设置餐厅和宿舍，方便照料远途通勤者，以降低缺勤率和强化员工教育训练。对员工人数较少的小卖场而言，基本的生活功能设施（如化妆室和休息室）也不可免。

三、机电室

机电室
即是设备的机器房和电器控制室的总称。

所谓**“机电室”**即是设备的机器房和电器控制室的总称。卖场里有很多的机电设备及生财器具，其主要机组和电器控制系统都是设置在后场区域。通常小卖场的机电设备较少，规划时都会将机组和电器控制设计在同一机电室。然而，对大卖场而言，因为机电设备和电路系统繁杂，为方便检修及安全起见而必须将机电室分开规划成机器房和电器控制室。不论哪一种型态的机电室都必须配置适当的消防器材，且由专人管理进出，更不可与其他设施或商品混杂在一起。然而，很多小卖场常为了利用空间，而将机电室当成小仓库使用，形成卖场安全管理上的重大缺失。

第二节 仓储与加工作业区

一、仓库

“**仓库**”是卖场储存商品的地方，其作业功能有进货、验收、上架储存、拆装、打包、卖场补货、盘点、退货等要项。

仓库
是卖场库存商品的地方，其作业功能有进货、验收、上架储存、拆装、打包、卖场补货、盘点、退货等要项。

仓库大小规模的规划应依照商品周转率、销售计划、安全库存计划及卖场整体空间而定。然而，必须注意的是商品种类与内容也是影响规划结构的因素。例如，商品的大小、形状、重量、类别、保存温度、储存架、储存设备等都是在规划时就应考虑的要项。

常见的仓库区是分成干货区及湿货区（冷冻冷藏食品）。干货区可依照商品的大小、形状、重量及类别，而使用适当的多层货物架、平台或塑料栈板。而湿货区则必须设置冷冻冷藏库以保存食品质量及鲜度。

二、加工作业区

所谓“**加工作业区**”是指卖场商品在贩卖前，必须经由加工、包装、洗涤、调理、烹饪或烘焙等处理作业过程的区域，其通常都被规划在后场。而后场需要设置加工作业区的大都是食品卖场。例如，快餐店、咖啡店、简餐店、餐厅、西点面包店、生鲜超市及其他的食品专卖店等。

加工作业区
是指卖场商品在贩售前，必须经由加工、包装、洗涤、调理、烹饪或烘焙等处理作业过程的区域，其通常都被规划在后场。

加工作业区的大小和配置方式，因卖场的规模及商品种类、品项多寡而定。例如，快餐店的加工作业区仅需要简易的厨房调理空间；而生鲜超市则需要洗涤、处理、刀切、解冻、包装、标价、烹调、油炸，且需要将蔬果、精肉、鲜鱼等分开处理，所以其加工作业区需要规划较大且完整的空间。

第三节 各式卖场之后场规划

后场之功能随着行业别及经营型态的不同，其规划上也大有差异。本节将以图例说明面包店、便利商店、生鲜超市、餐厅、快餐店、三C电子专卖店、药妆店等几种卖场的后场规划。

一、面包店之后场规划

面包店之后场规划
其重点规划以烘焙作业为主。

“面包店之后场规划” 如图6–1所示，其重点规划以烘焙作业为主。后场入口之左侧为面粉置放区、原物料食材及烘焙器材（含包装材）之存放区。右侧规划为搅拌食品机器、烘焙设备（烤炉及发酵箱）。中间位置规划作业平台，以供面包、西点、蛋糕等食品之制作加工之用。在后侧位置规划为冷冻冷藏区，以储存冷冻面团及冷藏食材。

此规划要项主要考虑烘焙制作流程之顺畅，首先原物料及食器材入库上架，方便中央操作区之取得。加工作业完成后可送至后方冷冻冷藏储存、径自利用右侧之设备机器进行烘焙作业。等烘焙至成品时，即可取出再回到平台进行包装作业，最后送至前场展售。

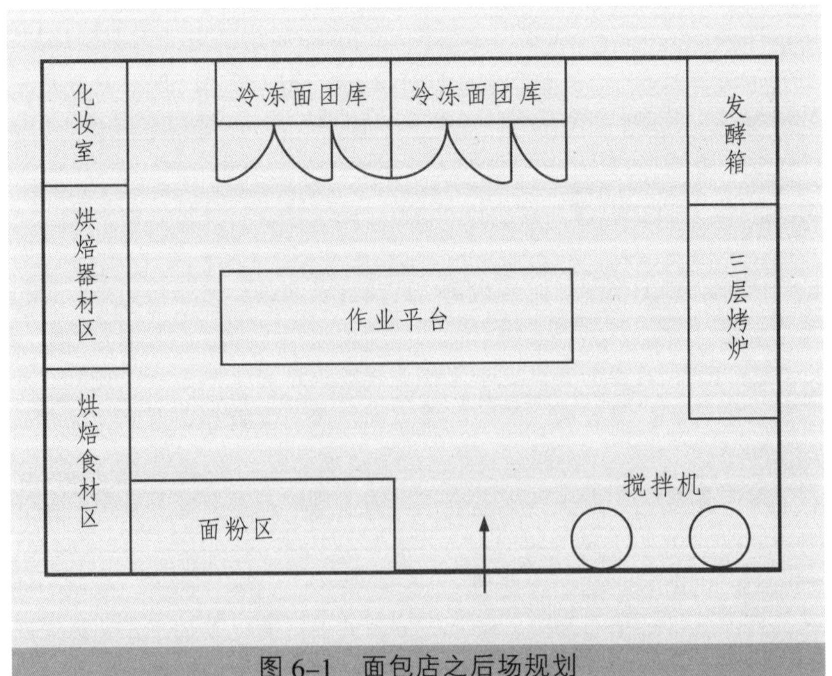

图6–1 面包店之后场规划

二、便利商店之后场规划

“便利商店之后场规划” 如图6-2所示，此规划以连锁超商之简易后场为主。前后场之间以走入式冷藏展示柜（由后场进入冷藏柜补货）及冷冻展示柜区隔开，展示柜后方仅留一后勤通道，而靠墙处设置商品储存架、冷冻储存小冰柜及行政办公桌椅，通道末端设有员工化妆室。

此规划主要考虑小卖场的空间受限，后场仅规划基本的行政设施及储存架。储存架仅储存少量的畅销商品，其余多数商品都经由物流系统配送至前场。

便利商店之后场规划 此规划以连锁超商之简易后场为主。

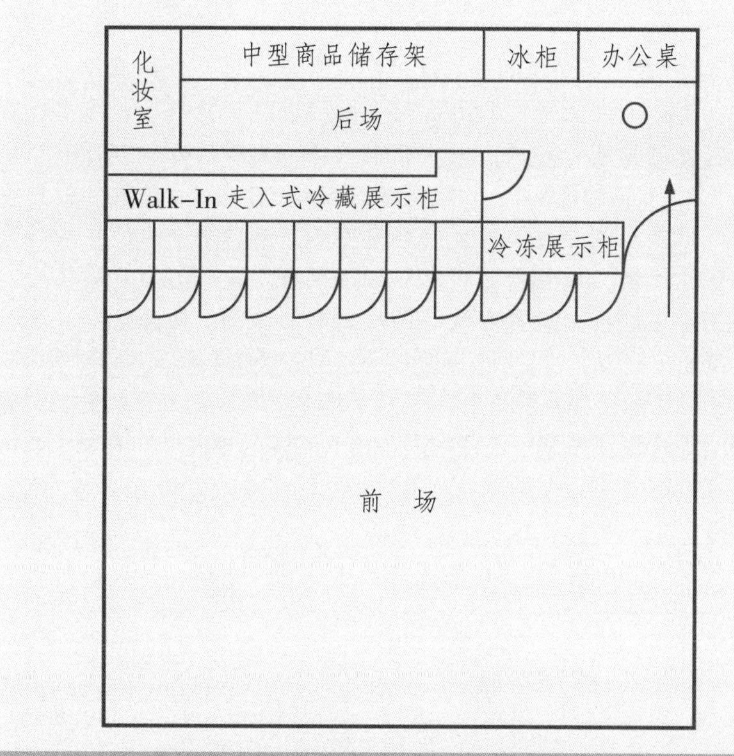

图6-2 便利商店之后场规划

三、生鲜超市之后场规划

“生鲜超市之后场规划” 必须考虑到行政管理、干湿货仓储、加工作业、机电设施等多项功能，其规划的困难度及重要性可说是居目前零售业之最。如图6-3所示，后场之左侧规划为干货仓库、行政办公室、员工休息区（含化妆室），左后方为设备机器房及电器控制室；后场之右侧规划为冷冻冷藏（湿货）库存区、蔬果加工处理

生鲜超市之后场规划 必须考虑到行政管理、干湿货仓储、加工作业、机电设施等多项功能，其规划的困难度及重要性可说是居目前零售业之最。

区、精肉加工处理区、鲜鱼加工处理区。另外，此区之墙面则设置解冻、洗涤调理、刀切、烹饪、油炸等作业设施。

此规划尚需考虑货品进出的空间与动线，如图示之货品由后门进货，进货区留有足够的验退空间，而干货仓库靠近前场以方便补货。右侧湿货区之货品从进货时，需先入冷冻冷藏库保鲜储存，然后分成蔬果类、精肉类、鲜鱼类等三区分别处理加工，切勿混淆处理以免成品产生异味。

超市后场的洗涤及烹饪区靠墙设计，易于排给水和油烟排放。同时采用防滑地板，并且设计漏式水沟（参考图 4–7），以利每天清洗排放污水。

四、餐厅之后场规划

餐厅之后场规划
此规划以烹饪调理作业为主要项目，俗称为大厨房。

“餐厅之后场规划”如图 6–4 所示，此规划以烹饪调理作业为主要项目，俗称为大厨房。各类食材由后门进货区验收后，直接保存于后场左侧之冷冻冷藏区。大量装箱或保存期限较久的鲜货品，应存放于大型冷冻冷藏库里；小量且每日常用之鲜货品及其他食材则储存于开门式冷冻冷藏柜，方便取拿使用。后场之中央位置规划不锈钢调理作业台，作业台应设计双层上架方便置放器皿。后场之右侧规划为主烹饪区，设置有洗涤调理台、油炸锅、快速炉灶、高汤锅炉等设施。

餐厅后场的用水及油烟都比一般后场多，其洗涤及烹饪区如同超市后场，将这些设施靠墙设计易于排给水和油烟排放。同时采用防滑地板，更需要设计漏式水沟（参考图 4–7），以利每天清洗排放污水。

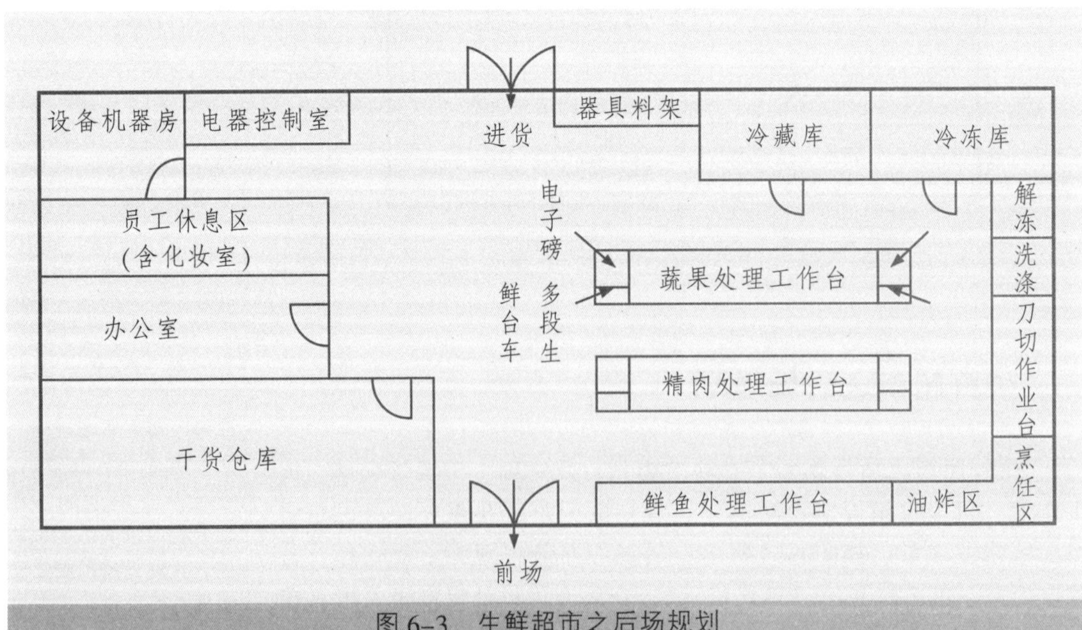

图 6–3 生鲜超市之后场规划

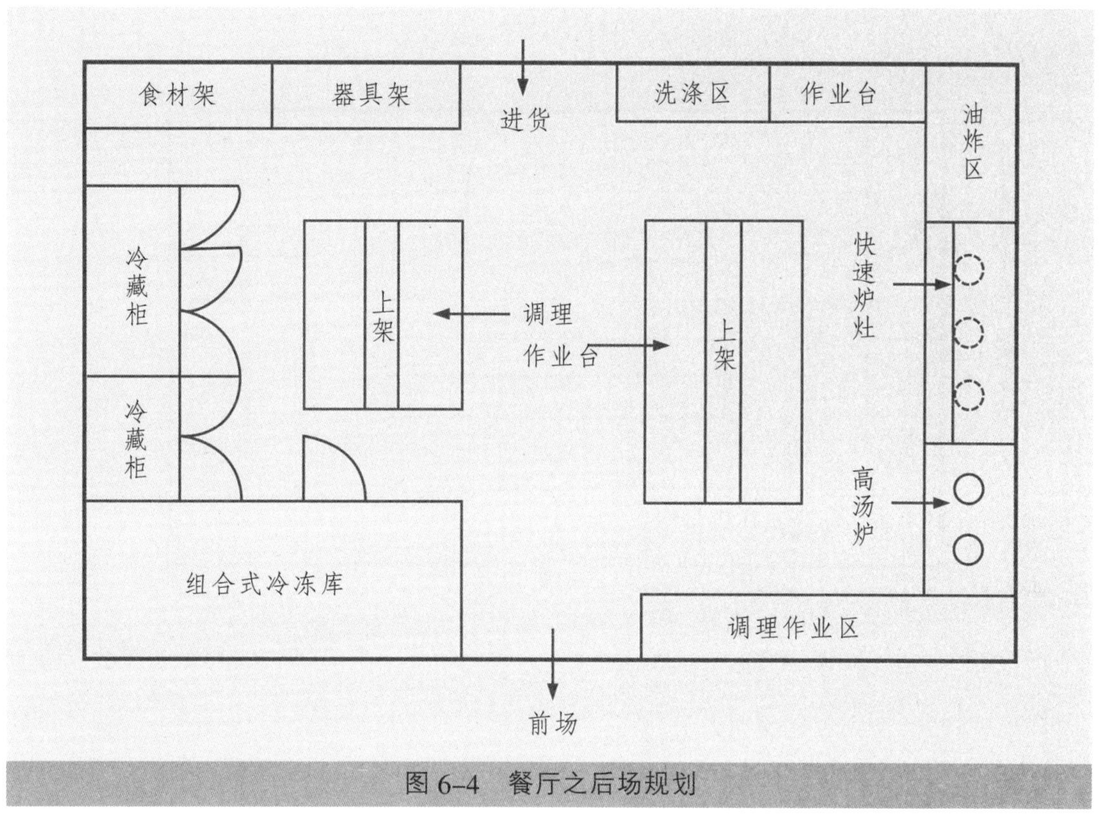

图6-4 餐厅之后场规划

五、快餐店之后场规划

"快餐店之后场规划" 在此以小型快餐店为案例，如图6-5所示，中央位置规划为原食材之处理作业区；后场右侧为热食调理区，包括快速锅炉、油炸机及热食调理作业台；后场左侧为冷食调理区，包括制冰机和冷食调理作业台；左后方则规划摆放器材和食材的置物架；食材架右边设置一台六门式冷冻冷藏柜。小型快餐店的后场功能类似餐厅后场，只是设施规模较小，且功能也较简易。

六、三C电子专卖店之后场规划

三C电子专卖店之后场规划如图6-6所示，此规划考虑到行政管理、仓库、维修、拆装等功能均衡配置。后场右侧规划为行政办公室及仓库，此仓库以存放体积较大的商品为主。而体积较小的货品(如线材及零配件等)，则规划存放在左侧的中型物料架上。

三C卖场的维修服务比一般卖场重要，所以在后场的后方（即是仓库左方)，设置一维修部是此后场规划的必须考虑。

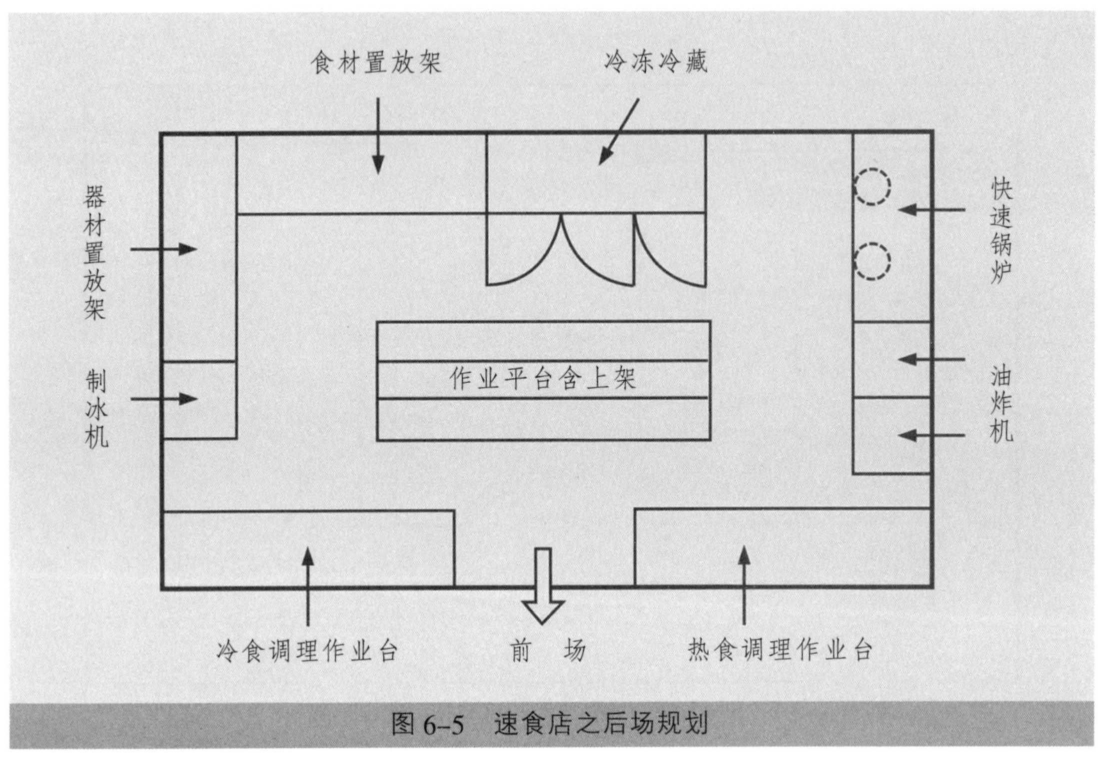

图 6-5　速食店之后场规划

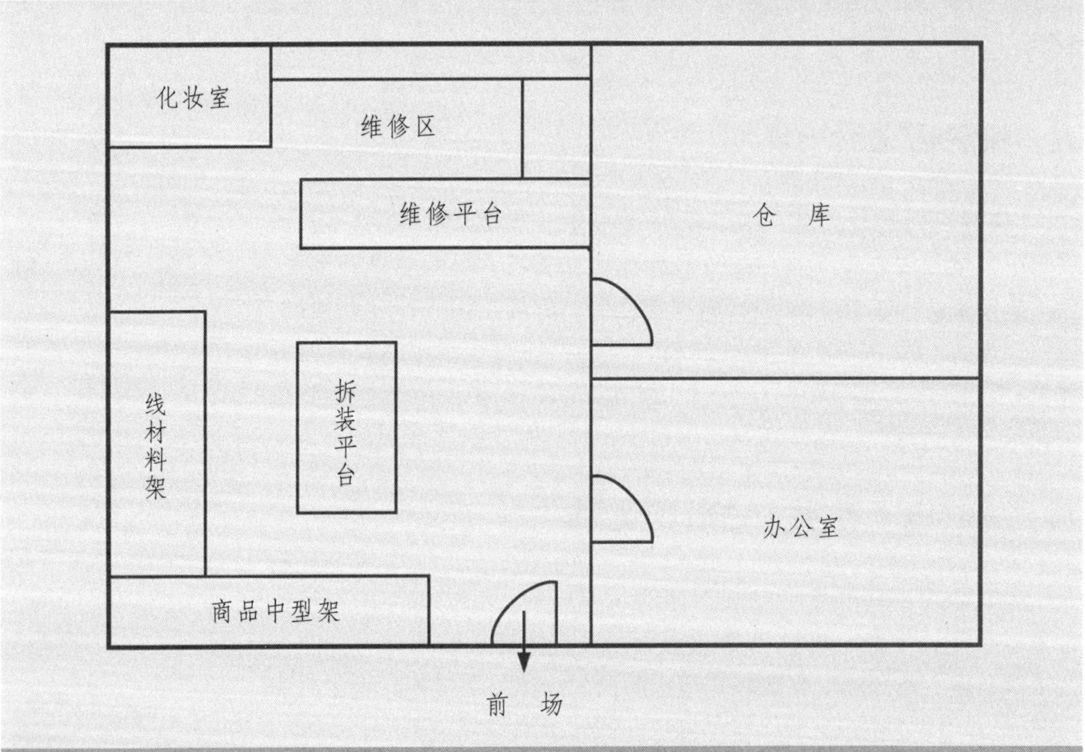

化妆室
维修区
维修平台
仓　库
线材料架
拆装平台
办公室
商品中型架
前　场

图 6-6　三 C 电子专卖店之后场规划

七、药妆店之后场规划

药妆店之后场规划如图6–7所示，此规划分成三大部分。后场右前方（面向前场）设置药品调剂室，调剂室后方才规划办公室及化妆室。后场左侧之L形墙边分设药品及化妆品存放架，而左侧中央设置一平台以利货品拆装之用。

“药妆店后场的储存架”规划以多层设计为宜。因药妆品体积较小，多层货架易于商品分类管理，也可避免药妆品受压损。

药妆店后场的储存架规划以多层设计为宜。因药妆品体积较小，多层货架易于商品分类管理，也可避免药妆品受压损。

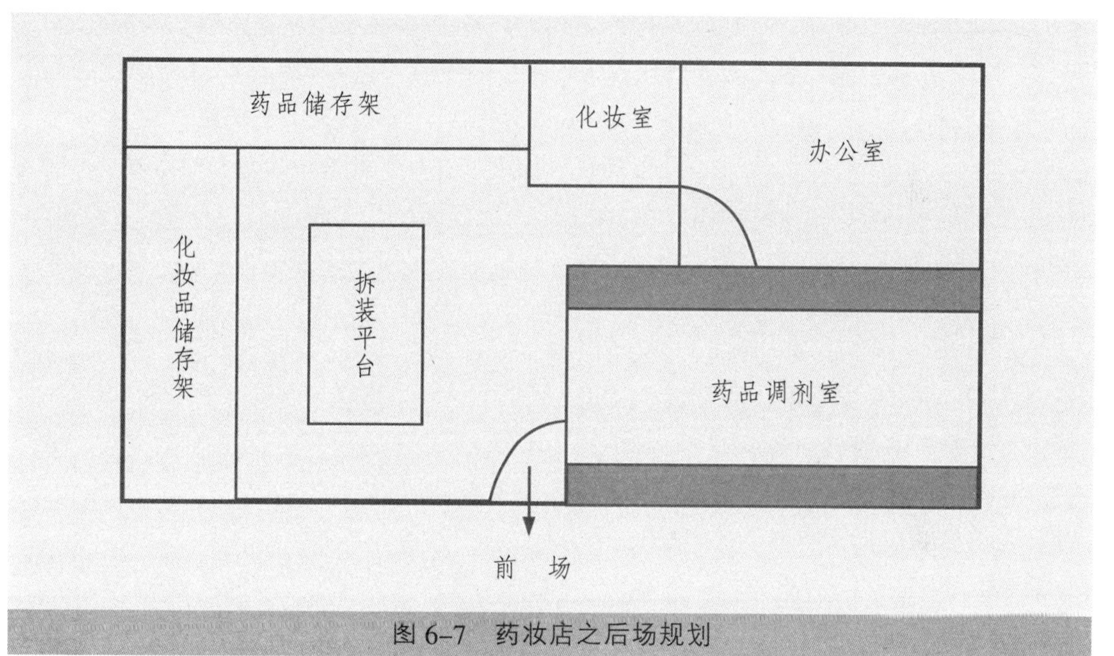

图6–7 药妆店之后场规划

学习评量及分组讨论

1. 何谓“后场”，其主要功能及包含区域为何？

2. 请举例说明“办公室”的规划重点。

3. 请举例说明“员工休息区”的规划重点。

4. 针对大卖场而言，规划“机电室”时应该注意哪些重点？

5. 仓库的作业功能有哪些？

6. 请举例说明“加工作业区”的规划大小和配置方式。

7. 以小组为单位，讨论规划一“服饰精品店”的后场，绘图并说明之。

8. 以小组为单位，讨论规划一“五金百货行”的后场，绘图并说明之。

9. 以小组为单位，讨论规划一“麻辣火锅店”的后场，绘图并说明之。

第3篇 卖场贩促气氛规划

第 7 章　卖场色彩计划
第 8 章　卖场照明计划
第 9 章　商品陈列规划
第 10 章　POP 广告运用计划

第七章 | 卖场色彩计划

◎ 各节重点

第一节　色彩基础理论

第二节　色彩的心理感觉

第三节　配色的类型与原则

第四节　卖场色彩计划执行重点

学习评量及分组讨论

◎ 学习目标

1. 可以定义色彩的属性。
2. 充分理解色彩的心理感觉，并能加以运用。
3. 了解多种配色类型，并能掌握适当的配色原则。
4. 运用用色原理及色彩美感原理发展卖场整体的色彩计划。
5. 配合企业识别系统强调应用在卖场的内外装色彩计划。

虽然每个人天天都会接触到很多的色彩，也对色彩产生视觉感官上的喜好、排斥与联想。然而，大部分人对色彩理论性的原理，仍是没有系统性的认识，导致在运用时会有模棱两可的问题，甚至难以规划出完整的色彩计划，而随性地作变更。基于卖场的色彩负有影响顾客第一印象的重要功能，本章将分成“色彩基础理论”、“色彩的心理感觉”、“配色的类型与原则”及“卖场色彩计划执行重点”等四部分来探讨，希望有助于大家循序渐进地学习到合理化、系统化的基础原理，进而将色彩有条理、有组织地应用到实际需求的卖场，使卖场发挥最大的营销绩效。

第一节 色彩基础理论

学习色彩最大的好处，是能够理解色彩的构成、色彩的相互调和、加强辨色能力及色彩运用的技巧。

色彩理论对一般人来说会觉得有点费解和乏味，然而，只要静下心来先寻求对色彩的感觉和知觉，很快就能从中获取乐趣而进入理性思考与分析的领域。学习色彩最大的好处，是能够理解色彩的构成、色彩的相互调和、加强辨色能力及色彩运用的技巧。在此将要叙述的色彩基础理论包括色彩的种类及色彩的属性。

一、色彩的种类

世界上可以辨别的色彩有数百万种，但是这么多的色彩却无法一一纳入人们的记忆，所以色彩学家将其简化分成两大种类。第一种类为“无彩色”，其中包括白色、黑色、灰色等没有色彩的颜色；第二种类为“有彩色”，其中包括黄色、红色、绿色等纯色色彩及其他一般色彩（太田昭雄、河原英介，1988）。

二、色彩的属性

色彩学的色彩有三种属性（亦称色彩三要素）。“色相”属性是分别色彩必要的名称；“明度”属性就是色彩明暗的性质；“彩度”属性是色彩的纯度，也就是色彩的饱和状态。以上三种属性分别说明如下。

色相
所指的是色彩的色泽名称，仅是区分不一样的色彩，与色彩的明暗强度没有关系。

（一）色相（Hue）

“**色相**”所指的是色彩的色泽名称，仅是区分不一样的色彩，与色彩的明暗强度没有关系。其可分为有彩色与无彩色两大领域，无彩色有如白、灰、黑等色；有彩色如红、橙、黄、黄绿、绿、蓝绿、蓝、紫蓝、紫、红紫等形成一个完整的色相循环。图 7–1 为曼塞尔 (Munsell) 色相环，环中的英文代号分别为 R=红、YR=黄红（橙）、Y=黄、GY=黄绿、G=绿、BG=蓝绿、B=蓝、PB=紫蓝、P=紫、RP=红紫。每个色相细分成 10 等分，其中间位置代表各色相的本色，也就是纯色并没有混杂左右邻色。以红色为例，5R 就是真正的纯红色，左边的色系会逐渐偏向红紫色，右边的色系会逐渐偏向黄红色（橙色）。也就是说，在红色系里，4R 以下的色系会带有紫色成分，而 6R 以上的色系会带有黄色成分。

（二）明度（Value）

"**明度**" 即为色彩的明暗度，也就是色光的强弱。色光量比较强时，色彩就比较亮；色光量比较弱时，色彩就比较暗。例如，绿色所反射出来的光量较强时，其色彩就是比较亮的翠绿色；若是绿色所反射出来的光量较弱时，其色彩就是比较暗的墨绿色。

明度
即为色彩的明暗度，也就是色光的强弱。

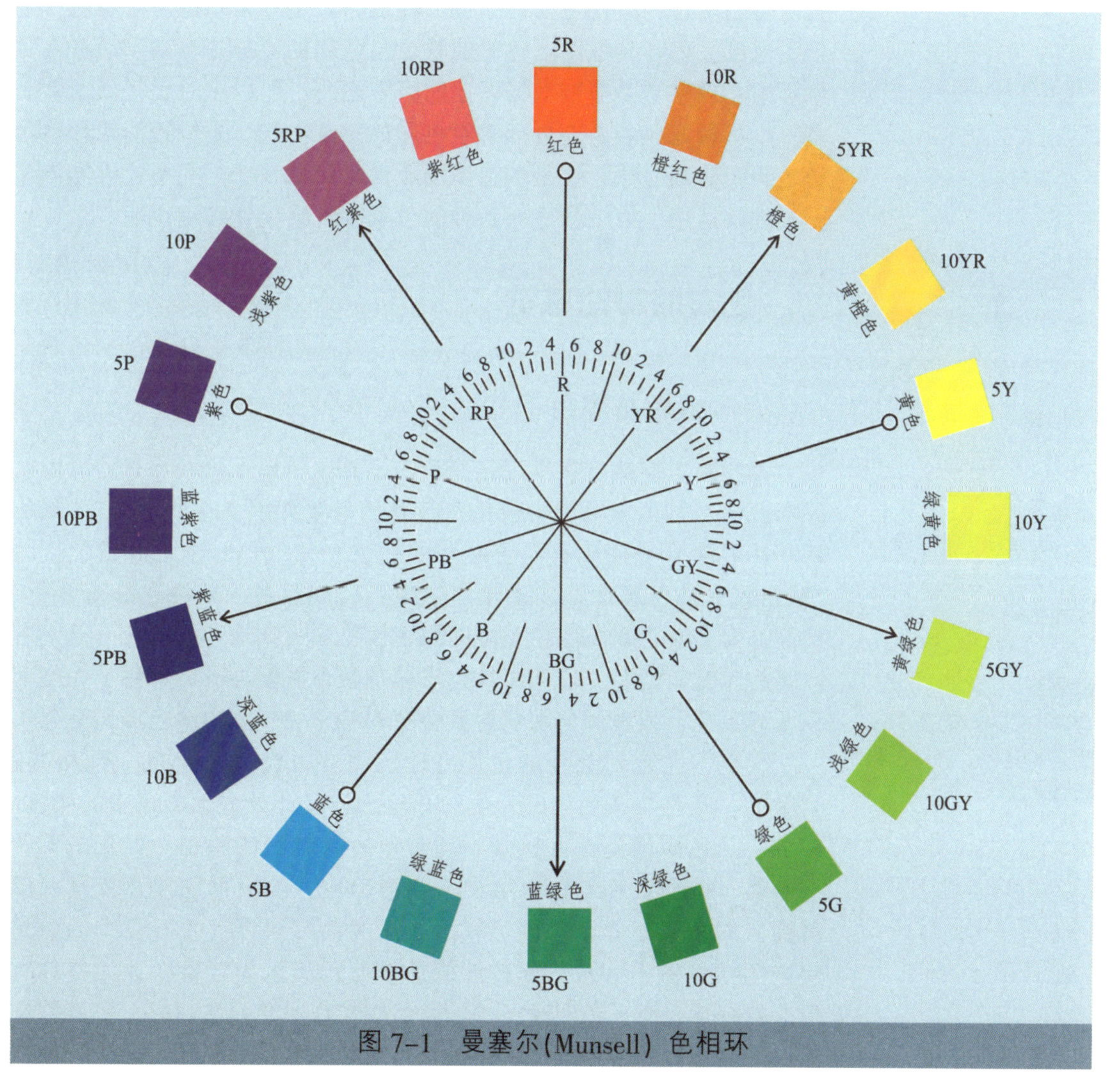

图 7–1 曼塞尔（Munsell）色相环

彩度
即是色彩的纯度或浓度，也就是色彩的饱和状态。

(三)彩度(Chroma)

“**彩度**”即是色彩的纯度或浓度，也就是色彩的饱和状态。以红色来讲，其中黑色或白色含量越多，其彩度越低而成浑浊的暗红色；若是黑色或白色含量少，其彩度越高就变成比较鲜明的鲜红色；假如不含黑色或白色，便是饱和的纯红色。

第二节　色彩的心理感觉

人们对色彩的敏感度会有情绪性及机能性的感觉，这些对色彩的心理感觉包括有暖色与寒色、兴奋色与沉静色、膨胀色与收缩色、明亮色与阴暗色、鲜艳色与钝厚色、轻色与重色、柔和色与坚硬色、色彩明视度、色彩喜好度、色彩的联想与色彩的象征等。基于消费者对色彩的心理感觉是影响卖场营运的因素之一，所以，对卖场规划者而言，学习调配色彩及充分理解对色彩的感觉方式，是拉近消费者与卖场之间距离的方法，更是塑造卖场贩促气氛的技巧。为了让大家能够充分理解运用，以下依序对各种的色彩心理感觉作详细说明。

一、色彩的对比感觉

(一)暖色与寒色

暖色系
色彩容易使人有温馨暖和的感觉，如红色、橙色和黄色。

寒色系
色彩让人感觉寒冷凉爽，如蓝色、蓝绿色和蓝紫色。

色彩给人们的直接反应是冷暖的感觉，所以在色相环里若以温度感作区分，其色彩可分为暖色系与寒色系（如图 7–2 所示）。“**暖色系**”的色彩容易使人有温馨暖和的感觉，如红色、橙色和黄色；而“**寒色系**”的色彩却让人感觉寒冷凉爽，如蓝色、蓝绿色和蓝紫色。然而，介于暖色系与寒色系之间的中性色彩（如绿色和紫色）就没有冷暖的感觉。但是，假如中性色彩偏重暖色时就会有暖和感，如红紫色及绿黄色；或者倾向寒色时就会有寒冷感觉，如蓝绿色及蓝紫色。

暖色与寒色对其他的色彩心理感觉有很直接的影响，如表 7–1 列示出“暖色与寒色”所产生的心理感觉。此外，无彩色中的黑色、白色、灰色同样是让人感受不到有寒冷或温暖的感觉，但若是要严格归类，则明度高的白色会使人觉得凉爽，明度低的黑色较具有温暖感，而灰色是属于中性色彩。在卖场的布置设计，春夏季的商品应采用寒色系作诉求，如游泳用具以蓝色海水为背景，让消费者有清凉的感觉；相反的，秋冬季的商品则应以暖色系来衬托，如春节礼品以红色作衬托，更能显示出温馨喜庆的气氛。

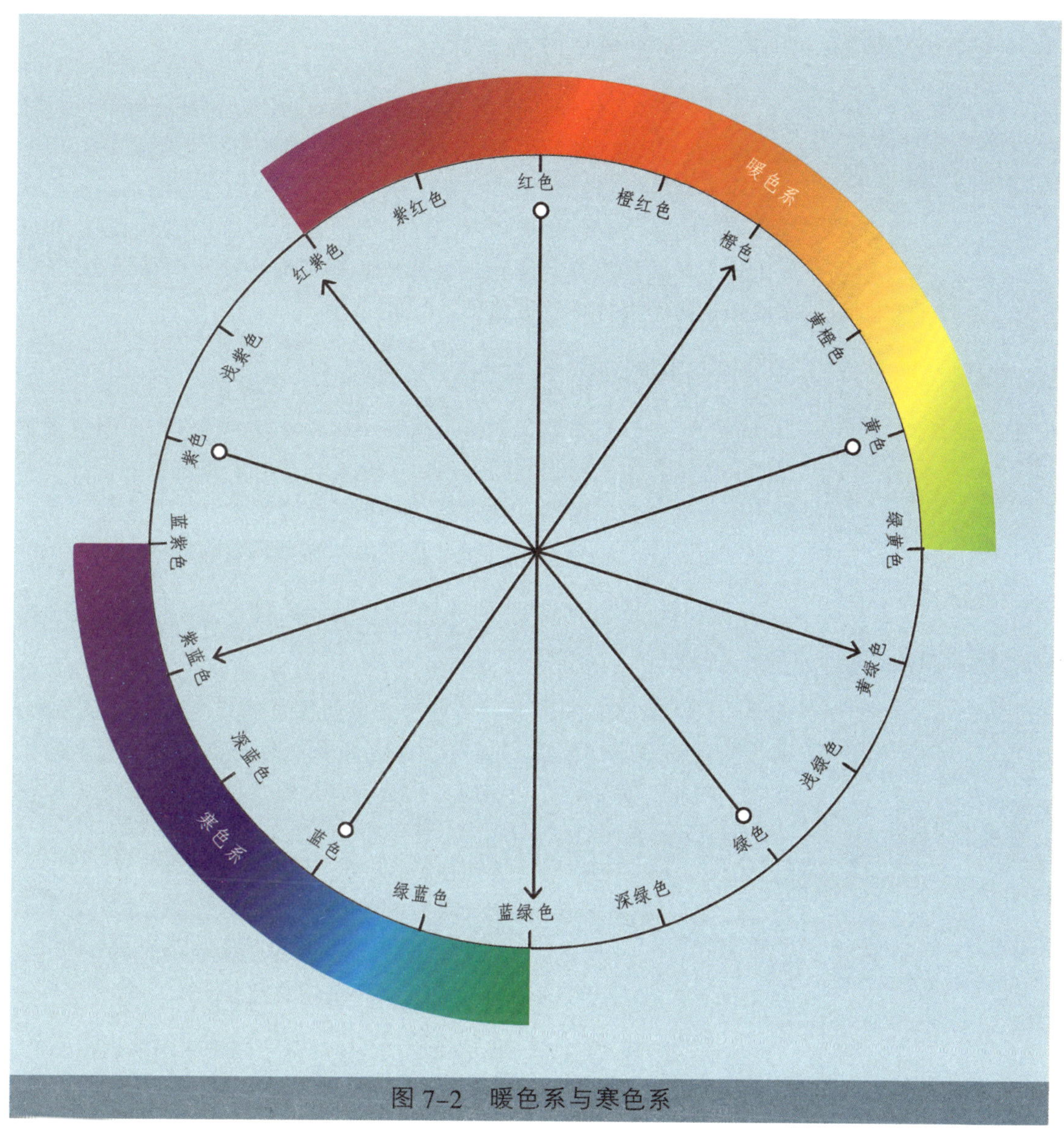

图 7-2 暖色系与寒色系

表 7-1 “暖色与寒色”的心理感觉

暖色	色彩名称	红色、橙色、黄色、紫红色、红紫色、橙红色、黄橙色、绿黄色
	心理感觉	兴奋、饱满膨胀、活泼前进、爽朗明亮、鲜艳美丽
寒色	色彩名称	蓝色、紫蓝色、蓝紫色、绿蓝色、蓝绿色
	心理感觉	沉静、凹陷收缩、空旷后退、阴冷暗淡、钝厚稳重

会让人产生兴奋的颜色大都是暖色系的颜色，包括有鲜红色、红色、橙色、黄色、红紫色和红绿色等，其中以鲜红色为最强烈。

让人觉得沉静的颜色都是寒色系的颜色，包括有蓝色、蓝紫色和蓝绿色，尤其以蓝色为最强烈的沉静色。

(二)兴奋色与沉静色

会让人产生兴奋的颜色大都是暖色系的颜色，包括有鲜红色、红色、橙色、黄色、红紫色和红绿色等，其中以鲜红色为最强烈；相反的，让人觉得沉静的颜色都是寒色系的颜色，包括有蓝色、蓝紫色和蓝绿色，尤其以蓝色为最强烈的沉静色；另外，中性色彩的紫色和绿色比较不具强烈兴奋与沉静的性质，其适中的特性让人有柔和之感，即使长时间凝视也不觉得疲倦。

暖色系会带给人们饱满膨胀、活泼前进的感觉，而寒色系则有凹陷收缩、空旷后退之感。

(三)膨胀色与收缩色

通常暖色系会带给人们饱满膨胀、活泼前进的感觉，而寒色系则有凹陷收缩、空旷后退之感。所以，小卖场若搭配寒色系的设计，可使卖场空间感觉宽敞些；大卖场可尽量搭配暖色系，才不致使卖场觉得太过空洞，让顾客有丰富感、活泼化，进而刺激购买欲。

使用高明度及高彩度的暖色系色彩作为设计诉求，会有爽朗明亮的感觉；若是采用低明度及低彩度的寒色系色彩，则会使人觉得阴冷黯淡。

(四)明亮色与阴暗色

在一家卖场里，使用高明度及高彩度的暖色系色彩作为设计诉求，会有爽朗明亮的感觉；若是采用低明度及低彩度的寒色系色彩，则会使人觉得阴冷暗淡。另外，浊色调及灰色调也会使人有灰暗的感觉。因此，卖场设计之初应慎选符合该行业及顾客需求的色彩。

较鲜艳美丽的颜色都是高彩度的色彩，而低彩度的色彩就显得钝厚稳重。

(五)鲜艳色与钝厚色

一般较鲜艳美丽的颜色都是高彩度的色彩，而低彩度的色彩就显得钝厚稳重。一般来讲，年轻人会比较喜欢鲜艳色，有活泼的感觉；而年纪较大的人比较喜欢钝厚色，有稳重的感觉。

明度高的色彩给人较轻薄的感觉，明度低的色彩给人较厚重的感觉。

(六)轻色与重色

色彩明度的高低会给人以色彩有轻重的感觉。明度高的色彩给人较轻薄的感觉，如白色、粉红色、淡黄色、浅蓝色等，其中以白色为最轻的色彩；明度低的色彩给人较厚重的感觉，如黑色、咖啡色、土黄色、深蓝色等，其中以黑色为最重的色彩。卖场里墙壁和橱柜的立面装潢，常以重色设计下腰面，以轻色设计上身面，如此可使立面有稳固之感；反之则有头重脚轻、摇摇欲坠的感觉。

明度较高、彩度较低的色彩使人感觉较为柔和，比较暗淡的"纯色"如黑色、蓝色、紫色都会使人觉得很坚硬。

(七)柔和色与坚硬色

色彩的柔和与坚硬，主要是由明度和彩度所产生。明度较高、彩度较低的色彩使人感觉较为柔和，比较暗淡的"纯色"如黑色、蓝色、紫色都会使人觉得很坚硬。若是以感性作诉求的卖场如餐厅、美容院，可以采用调和色系如粉红色，就会使卖场产生协调柔和的气氛。

二、色彩明视度

"色彩明视度" 就是色彩的可视程度。在同样的光线、距离与大小图形条件之下，人们对某些单色或配色感觉很明显可看得见，如"黑配黄色"，然而对某些颜色却感到模糊不清，如"黄配白色"或"灰配绿色"。色彩明视度对卖场来讲较适用于重点特贩区（如海报广告牌的颜色）、提示或警告区（如消防逃生及停车设施警示）及远距离视觉区（如外装及招牌）。

色彩明视度
就是色彩的可视程度。

表 7-2 "明度与彩度"所产生的心理感觉

	低彩度	中彩度	高彩度
高明度			轻快 明亮 爽朗
中明度	←柔顺 温和		强烈、 刺激→
低明度	暗淡、 坚硬		

资料来源：太田昭雄、河原英介，1998，《色彩与配色》。

三、色彩喜好度

每个人对色彩的喜好程度，不可能完全相同。然而，根据年龄层、男女性别、职业别、教育程度，甚至生理与心态状况，可以归纳出某些群体对色彩喜好的共通性。依照色彩学与心理学专家对不同年代的群体所做的调查，发现每个时期的人对色彩的喜好有某些程度的共通性（如图 7-3 所示）。英国心理学家 Winch 在伦敦针对 2000 名 7~15 岁的学童所做的测试结果，发现男童对色彩喜好的顺序为绿→红→蓝→黄→白→黑；而女童喜好的顺序为绿→红→白→蓝→黄→黑。另外调查显示，幼童所喜爱的红色，等到他们稍长却转而偏爱绿色，同时女孩比男孩较喜爱白色。日本心理学家橘觉胜在日

1	绿	绿	蓝	蓝	浅蓝	紫
2	红	红	紫	紫	蓝	红
3	蓝	白	红	绿	浅蓝	浅蓝
4	黄	蓝	绿	红	紫	蓝
5	白	黄	橙	黄	紫红	浅蓝
6	黑	黑	黄	橙	红	绿

图 7-3 不同年龄层对色彩的喜好程度

资料来源：参考自林文昌，1994，《色彩计划》。

本对成年及老年人所做的测试结果，发现成年期对色彩喜好的顺序为蓝→紫→红→绿→橙→黄；而老年期喜好的顺序为蓝→紫→绿→红→黄→橙。另一位日本心理学家青木诚四郎以 17 种色彩对成年男性及成年女性做测试，其结果显示蓝色系颇受成年人的喜爱，再者为红、黄色系，而橙色系反而比较不受喜爱。图 7-3 针对此部分的测试仅列出前 6 顺位色彩供参考比对。

四、色彩的联想

色彩的联想
经由颜色记忆的思考发展称之为色彩的联想。

每个人在生活中所看见的各种颜色，其所代表的意义常会累积在个人的记忆里，这些记忆的累积使人再看到某种颜色时会思考到相关的事物，甚至想到更多的方向与范围，这样经由颜色记忆的思考发展称之为“色彩的联想”。例如，在一家生鲜卖场里，红色让我们想到生鲜鱼肉，绿色让我们想到蔬菜水果，蓝色让我们想到冷冻食品等等。虽然，每个人对同颜色所产生的联想并不一定一样，然而经由具体事物常表现在现实生活的颜色，却也让人们有类似的色彩联想。图 7-4 大致归类出男性及女性对各种色彩的联想。

五、色彩的象征

人们纯粹经由想像而对各种颜色订出所代表的意义，这些色彩想像虽没有具体的事物，却具有群体性的看法，所以色彩学家把这些对色彩的抽象性思考称之为色彩的象征（如图 7-4 所示）。

色相	标准色	男性对各种颜色的联想	女性对各种颜色的联想	色彩的象征意义
红		热情、唇、夕阳、夏日、恋情、国旗、命运、血	口红、恋爱、喜悦、衣服、热情、礼物、火、危险、生鲜鱼肉	喜悦、热情、爱情、诚心、热心、童心、温暖、火、危险
橙		橘子、柿子、胡萝卜、党派、砖瓦	晚霞、秋意、幼稚园、玩具、柿子、果园	积极、朝气、活泼、跃动、喜乐、温情、华丽、焦躁、庸俗
黄		蛋黄、香蕉、奶油、光、明朗、金发、城市	黄金、月亮、菊花、春天的阳光	忠诚、光明、希望、愉快、轻薄、平和
绿		和平、夏天、登山、乡村、田园、绿叶、蔬果	草原、新鲜、安全、公园、春天	环保、和平、亲爱、平实、青春、新鲜、安全
蓝		海洋、湖水、天空、冬天、寒冷、清爽、理智	寒冷、海洋、湖水、天空、冷静	冷静、沉着、深远、寒冷、诚实、虔诚
紫		葡萄、牵牛花、教会	紫色的花、衣服、茄子、紫菜汤	神秘、高贵、优雅、不安、权威、轻率
白		正义、白纸、云、白衬衫、护士、医生、虚无的感觉	雪、白兔、纯洁、干净、白云、婚纱礼服	洁净、纯真、明快、神圣、信仰、柔弱、空虚
灰		污染的天空、病人、忧郁、噩梦、烟、砂石	阴天、影子、老旧房子、老鼠、水泥	寂寞、沉默、失望、平庸、病老
黑		黑暗、肮脏、严肃、绝望	悲伤、失恋、夜晚、不吉利、恐怖	坚固、稳重、肃穆、黑暗、绝望、罪恶

图 7-4 色彩的联想与象征

资料来源：参考自西川好夫，1972，新·色彩的心理。

第三节 配色的类型与原则

两种或两种以上的色彩相互配在一起，称之为“配色”。配色的好坏关系到实物的生命力与价值性，例如，好的配色技巧用在卖场的内外装，能够使卖场显得活泼生动、新颖华丽；反之，则使卖场显得低俗粗糙、缺乏个性。假如运用在商品上，容易吸引消费者眼光并提升商品卖相。所以，调和的配色是用色的最后目的，更是所有色彩工作者的最终目标。以下针对配色的多种类型和配色时应该掌握的原则加以叙述。

配色

两种或两种以上的色彩相互配在一起，称之为配色。配色的好坏关系到实物的生命力与价值性。

一、配色的类型

配色的类型可归纳成单色相的配色、同色系的配色、类似色的配色、对比色（补色）的配色、多色相的配色、渐层式的配色、有彩色与无彩色的配色、共同情感的配色、大自然的配色、联想与象征的配色等十种。图 7–5 以图示明列四种常用的配色类型。

1.单色相的配色

单色相的配色
就是只在单一的色彩本身作明度和彩度的调和变化。

“单色相的配色”就是只在单一的色彩本身作明度和彩度的调和变化，例如，莱尔富便利商店的标准色就是以单一红色作调和搭配。单色相的搭配变化比较简洁有序，但是使用过多则会流于单调乏味。

2.同色系的配色

同色系的配色
色相环中36度内同色的所有单色相相互的调和作用，称之为同色系的配色。

通常色相环中 36 度内同色的所有单色相相互的调和作用，称之为**“同色系的配色”**。但是假如同色系的色彩过多或过少，则其色相环角度会因此加大或缩小。例如，紫蓝、深蓝、蓝、绿蓝同属于蓝色系，其色相环角度为 54 度［按：曼塞尔（Munsell）色相环］。同色系配色比单色相配色来得活泼有变化，并且可利用明暗度及彩度加以发挥渐层效果，让色调更明显、高雅。

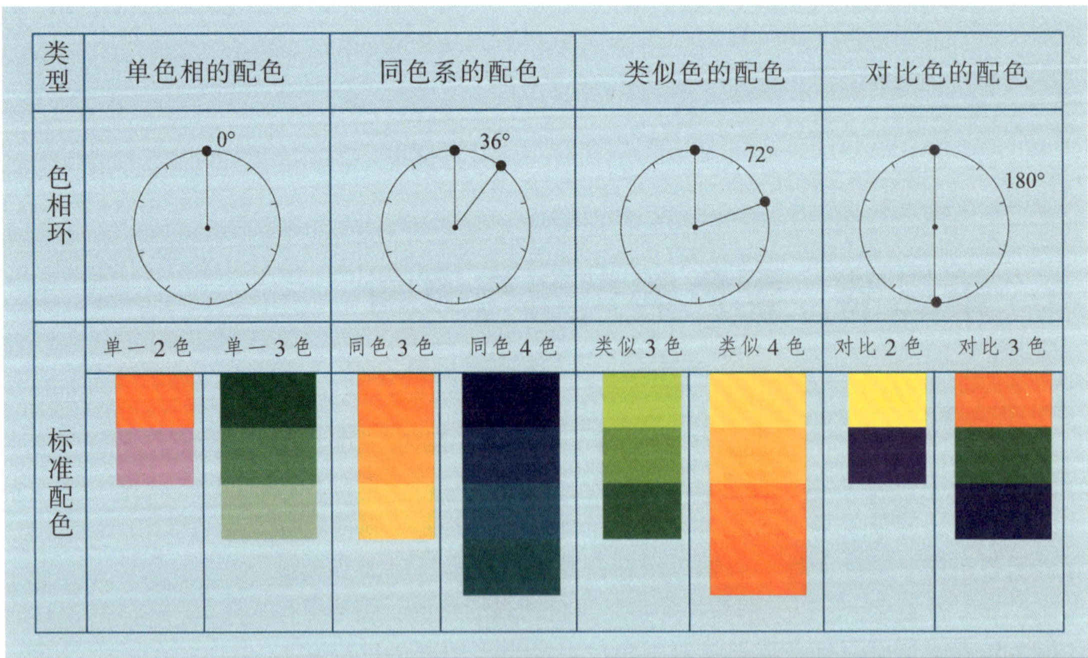

图 7–5　四种图示配色的类型

3.类似色的配色

色相环中72度之间所有的单色相相互的调和作用，称之为“**类似色的配色**”，如红紫、紫红、红、橙红、橙色等，或黄、绿黄、黄绿、浅绿、绿色等。类似色系的色彩本身协调性较高，所以主副色并不是很明显。另外，由于色彩饱和度也较高，很自然地产生活泼有劲的感觉，但若是使用不当则流于轻浮俗气，所以应考虑面积的比例与背景主题之间的重点搭配。

类似色的配色
色相环中72度之间所有的单色相相互的调和作用，称之为类似色的配色。

4.对比色（补色）的配色

色相环中180度的相对色相相互的调和作用，称之为“**对比色的配色**”，如红色配绿色、紫色配黄绿色、蓝色配橙色等。这种配色的对比最为强烈，然而不管两色或三色的对比配色，其在明度及彩度调和上应有“高低”与“强弱”之分，或者在面积的使用上有大小之别，让此配色很明显地呈现出宾主关系。例如，7-11便利商店就是使用对比色搭配，使其色调呈现出明朗、活跃的感觉。

对比色的配色
色相环中180度的相对色相相互的调和作用，称之为对比色的配色。

5.多色相的配色

“**多色相的配色**”就是三种以上不同的色相相互产生调和作用。此种配色都以第一或第二色相当主色，第三色相以外当成副色，通常副色都是经由主色的类似色或对比色演变而来。另外，也有依实际需求采用多色平均搭配，如四色平均调和、五色平均调和等。

多色相的配色
就是三种以上不同的色相相互产生调和作用。

6.渐层式的配色

“**渐层式的配色**”就是多种颜色以阶段性的变化相互调和，其目的在于加强色彩之间的和谐。所以当两种或多种色彩之间无法取得协调时，可加上循序渐进的变化色，让整个色带显得简洁有序、平顺和谐。渐层式的配色通常可运用色相、明度、彩度及综合来作渐层变化。例如，以色相作渐层时，只要按照色相环的顺序在主色之间加上间色，使整个色调形成有相关性、连接性的色带，如红、橙红、橙、黄橙、黄、绿黄、黄绿、浅绿、绿、深绿等色，即形成一个完整的渐层式配色。

渐层式的配色
就是多种颜色以阶段性的变化相互调和，其目的在于加强色彩之间的和谐。

7.彩色与无彩色的配色

此种配色的技巧，通常是有彩色的颜色（如红、黄、绿……）比较鲜明而被当成主色，无彩色的颜色（如白、灰、黑……）比较中性而被当成辅助色。这里所要强调的是运用无彩色的中性特点衬托出有彩色的主色，例如，以灰色当大面积的背景色来衬托紫色的优雅，或者以白色来隔开明视度较低和不协调的两色。

共同情感的配色
在某特定族群或年龄层所共同喜欢的配色，称之为共同情感的配色。

联想与象征的配色
运用对相关事物实体或抽象所记忆思考的色彩作相互搭配，称之为联想与象征的配色。

8.共同情感的配色

在某特定族群或年龄层所共同喜欢的配色，称之为“**共同情感的配色**”。例如，国情文化的配色、宗教性的配色、传统性的配色及流行趋势的配色。

9.大自然的配色

以大自然的实体原色作为相互搭配，或者加以延伸其他类似色，如天空、海水、花草、树木、晚霞及月亮等色彩。

10.联想与象征的配色

运用对相关事物实体或抽象所记忆思考的色彩作相互搭配，称之为“**联想与象征的配色**”。

二、配色的原则

配色的原则有如下几种：

1.了解色彩的基础理论（如色彩属性、心理感觉、色彩的联想与象征），运用色票记号（如曼塞尔号码）说明色彩。

2.了解使用者或需求者的偏好。

3.先决定基本色彩（主色），再规划细部的色彩（副色及辅助色）。

4.先决定色彩的明度和彩度（如明亮、鲜艳、灰暗或肃穆），再决定色相。

5.运用分离效果强化色彩的明视度，如在红绿之间加上白色，或在橘黄之间加上绿色，如此，可分离两个主色及提高辨视度。

6.以无色彩或明度较淡的色彩当背景色，比较容易衬托出有色彩及彩度高的主色。

7.配色的数目不要太多，以2~3色最适宜。例如，一家卖场的企业标准色为3色，应以1色来决定整体的气氛，其余2色作为辅助色，因为卖场的设备器材与商品很多，若识别标准色太多，容易造成混淆，失去主体性。

8.彩度高的颜色运用在室内宜小面积使用，可增加调和感；若是运用在室外可大面积使用，以提高明视显眼程度（如卖场的外观及招牌）。

9.运用调和色及渐层色（如淡桃红、鹦鹉绿、孔雀蓝），塑造平静缓和和创意的气氛。

10.尽量不使用“不惯看”的颜色作搭配（如暗褐色、土黄色或亮紫色），因为这些不常看的颜色会令人觉得不自然而失去亲切的感觉。

11.将大自然及实物的色彩应用在配色上（如蓝天、绿草、木纹等自然色），给人眼熟的印象，显得格外自然亲切。

12.以流行色或惯看色为参考加以变化，再局部设计出有创意的配色，让色相或色调显得更有风格魅力。

第四节 卖场色彩计划执行重点

执行卖场色彩计划时要有原理和原则作依据，而且要能够活用用色技巧，更应依照实际需求，随时间与空间的转换作有系统的适度调整改变，才能发挥计划的最大效果。以下列举当执行卖场色彩计划时应该注意的重点事项，其中包含“依据用色原理与色彩美感原理”、“以企业识别系统为主轴”、“卖场外装的色彩”、“卖场内装的色彩”等四大项。

一、依据用色原理与色彩美感原理

执行色彩计划时虽可灵活运用用色技巧，然而必须以基础理论为依据，才会有具体和明确的方针。这些理论基础可归纳为色相、明度、彩度、对比及配色等五项来加以论述（如表7–3所示），此称之为用色原理；另外，为能发挥出更美好的色感以吸引消费者及刺激购买欲，更应着重于色彩美感的运用原理，如表7–4所示。

执行色彩计划时虽可灵活运用用色技巧，然而必须以基础理论为依据，才会有具体和明确的方针。

表7–3 用色原理

原理类别	细分类
色相原理	色相数目：单色、双色与多色相等。 色彩纯度：原色、纯色与间色等。
明度原理	色彩质分类：有彩色明度、无彩色明度。 明暗度分类：高明度、中明度与低明度。
彩度原理	高彩度、中彩度、低彩度、无彩度。
对比原理	色相对比、明度差对比、彩度高低对比、面积大小对比、寒暖色对比。
配色原理	单色配色、同色配色、类似色的配色、对比色配色、多色配色、渐层配色、有彩色与无彩色的配色、共同情感配色、大自然的配色、联想与象征的配色。

表 7–4　色彩美感原理

原理类别	
统一性	有计划地重复使用标准色，使卖场内外有一致的协调美感，并可表现出主色的识别意义。
平衡性	在色彩的心理感觉（如寒与暖、兴奋与沉静、轻与重）上力求均衡，使色彩的质量发挥适度的对称效果。
比例性	调整明度及彩度的分量差距、调整色彩面积搭配的大小。
单纯性	用色过多有时会造成画蛇添足的缺失，色彩简洁明朗反而可表现卖场的个性化及强调出主题的气氛。
韵律性	运用中间色的搭配，将色彩的色阶渐层变化有规则性地使用，可使色彩连贯产生节奏感，令人感觉平顺舒适。

二、以企业识别系统为主轴

一家卖场的企业识别系统包括企业标志、标准字体、标准色彩、企业造型、象征图案与版面编排模式等。这个系统有一贯性的本质在传达企业的特性给消费者。尤其在视觉的传达上，每一个系统识别都必须经由企业色彩的诉求直接传达给消费者，所以执行色彩计划时，应该以此系统为主轴展开整体性的搭配，如卖场的外观色彩与商标辨识、招牌色系与版面编排、门面色样装饰、卖场内的装潢配色、器具设备配色、商品促销包装与广告宣传的色彩运用。运用时应掌握以下三个原则：

●色彩辨认性

对于卖场色彩的运用，应能明显强调出具有企业的独特辨认性。

对于卖场色彩的运用，应能明显强调出具有企业的独特辨认性。要增加这色彩的辨认性，首先应做市场调查与分析，然后决定并强调主要色彩，同时搭配辅助色彩借以区别其他业者，使主色发挥最大的辨认效果。

●色彩记忆性

所运用的色彩除了要引起消费者的注意之外，更应对视觉者产生刺激作用，建立明确的印象。

所运用的色彩除了要引起消费者的注意之外，更应对视觉者产生刺激作用，建立明确的印象。色彩使用上要让视觉者产生深刻印象，除了用色的独特性与个性化之外，应使用面积对比、补色对比、明度对比及彩度对比等技巧来强化消费者的记忆。同时，使用时应讲求简洁有力，色相数目不要太多，宜强调重点主色，方便消费者记忆。

●色彩统一性

卖场色彩运用的范围非常广泛，从建筑物的外观到卖场内的装潢、设备器材与商品包装、管理用品与广宣文物、促销媒体及气氛布置等。这么多的运用范围，事先都需要统筹规划，部门之间才不会显得格格不入、杂乱无章。另外，为求符合潮流趋势，在统一性的规划中可作适度变化，同时在不同卖点区或部门的变化中也应力求统一，不失主题诉求。

为求符合潮流趋势，在统一性的规划中可作适度变化，同时在不同卖点区或部门的变化中也应力求统一，不失主题诉求。

三、卖场外装的色彩

一家卖场之所以能够吸引过往行人的注意，主要是它的外观造型和色彩。因此，卖场外装色彩有宣传、诱导及吸引消费者亲近的功能，其设计范围包括卖场正面、广告招牌及卖场外墙，而且，设计的重点必须考虑以下事项：

- 符合商品项与行业别。
- 针对顾客市场的偏好色彩。
- 凸显卖场的个性。
- 必须有醒目效果，但是切勿过度表现而导致唐突古怪。
- 维持与商圈街景的协调性。

四、卖场内装的色彩

卖场内的色彩是表现店内气氛的主要因素，虽然它的基本概念和外装的情形相同，但是它所要考虑的层面比外装还来得细腻重要，否则容易造成日后改装的麻烦。卖场内的色彩计划主要包括天花板、地板、墙壁面和设备器具等，表7–5、表7–6、表7–7列举多种卖场有关地板、天花板、墙壁面和设备器具的色彩搭配供参考。所举例的这些色彩都是主色，当读者执行色彩计划时可延伸其他调和色及辅助色系，以发挥配色的最大效果。

表7–5　卖场内装的色彩搭配——百货日用品类

卖场种类	便利商店	超级市场	五金百货行	玩具礼品店	文具书局	药局	医疗器材行	服饰卖场	大型量贩卖场
天花板	白色	白色	象牙白	象牙白	象牙白	白色	白色	鹅黄色	灰色
地板	灰白色	鹅黄色	孔雀蓝	浅绿色	鹅黄色	珍珠灰	绿蓝色	灰白色	鹅黄色
墙壁面	象牙白	象牙白	象牙白	浅黄色	灰白色	象牙白	白色	象牙白	灰白色
设备器具	银白色	银白色	灰蓝色	兰花红	褐色	淡青色	银白色	灰白色	深蓝色

表 7-6　卖场内装的色彩搭配——餐饮类

卖场种类	网路咖啡店	简餐咖啡店	西点面包店	生机饮食专门店	水果专卖店	泡沫红茶店	早点汉堡快餐店	中式餐馆	日本料理店
天花板	灰白色	灰色	象牙白	浅黄色	象牙白	灰白色	橙黄色	金黄色	浅褐色
地板	紫蓝色	褐色	红砖色	蓝绿色	浅灰色	红砖色	橙色	红砖色	浅紫色
墙壁面	浅灰色	象牙白	黄灰色	浅绿色	浅灰色	浅灰色	黄色	象牙白	象牙白
设备器具	银白色	木纹色	木纹色系	银白色	银白色	深咖啡	银白色	咖啡色	木纹色

表 7-7　卖场内装的色彩搭配——休闲饰品类

卖场种类	快速冲印店	自助洗衣店	唱片乐器行	钟表眼镜行	三C电子专卖店	儿童用品服饰	珠宝店	女士用品店	美容美发店
天花板	白色	象牙白	灰白色	象牙白	灰白色	粉红色	象牙白	浅黄色	象牙白
地板	灰白色	灰白色	灰黑色	浅灰色	鹅黄色	绿色	枣红色	紫色	浅黄色
墙壁面	象牙白	粉红色	象牙白	纯白色	象牙白	黄色	象牙白	浅黄色	粉紫色
设备器具	绿色	灰白色	银白色	咖啡色	银白色	褐色	褐色	银白色	灰白色系

学习评量及分组讨论

1. 请各举三种颜色来说明色彩的种类。
2. 请简述色彩的三要素。
3. 请以曼赛尔（Munsell）色相环来举例说明色相的含义。
4. 色彩的对比感觉包括哪几项？
5. “暖色与寒色”对人会产生什么心理感觉？
6. 请举例说明“轻色与重色”的运用。
7. 色彩明视度适用于哪些卖场的范围？
8. 请举例说明配色的价值性。
9. 配色的类型有哪几种？
10. 请举例说明何谓“单色相的配色”。
11. 请简述色彩美感的五种原理。
12. 以企业识别系统发展卖场色彩计划时应掌握哪三个原则？
13. 卖场外装的色彩设计应考虑哪些事项？
14. 以2人一组，讨论并绘图表示出暖色系与寒色系。
15. 以小组为单位，讨论列出每位组员对色彩的喜好度。
16. 将男女同学分成不同的小组，讨论对各种颜色的联想及色彩所象征的意义。
17. 以小组为单位，依据曼赛尔（Munsell）色相环来讨论“同色系的配色”、“类似色的配色”、“对比色的配色”。
18. 以小组为单位，讨论配色的原则并模拟运用在卖场规划上。

第八章 | 卖场照明计划

◎ 各节重点

第一节　卖场照明目的

第二节　卖场照明的方式

第三节　卖场照明计划

学习评量及分组讨论

◎ 学习目标

1. 能够了解并描述卖场照明计划的主要目的。
2. 了解各种常用的卖场照明方式。
3. 依据照明设计流程发展简略的卖场照明计划。

第一节 卖场照明目的

日常生活中大家都有过停电造成黑暗的经验，同样的道理，在昏暗的卖场里，消费者是不可能光临的。然而，假如只强调单一的明亮度还是不足以吸引顾客，而是需要经过各种相关理论与实务的需求规划，才能算是完整的照明计划。

很多不同行业的卖场所需要的照明种类及明亮度都不一样，甚至在同一卖场的照明也因商品诉求的差异而有不同的设计。比如说，电子商品卖场强调的是明亮的冷光，而简餐咖啡店需要的是柔和幽雅的气氛灯光；在同一超级市场里就要设计多种不同的照明，以凸显区域效果及商品特色，如生鲜蔬果区需要用植物灯光及鱼肉专用灯，促销区则另外加强重点照明，干货区采用较平均的亮度等。

卖场的照明设计
是在协调空间环境，以吸引顾客，刺激消费。

总之，**"卖场的照明设计"**是在协调空间环境，以吸引顾客，刺激消费。其功能表现从店面的招牌和橱窗到卖场里面的各式各样照明，都是为了提升卖场形象和商品魅力，以及塑造商店的贩卖气氛与强化卖点的诉求力，以引起消费者的注意，刺激顾客购买欲，达到商品展售的目的。根据石晓蔚研究(1998)将卖场照明目的归类为建立卖场形象(Store Image)、吸引顾客注意(Customer Attraction)、营造贩卖气氛(Merchandising Atmosphere)、商品评鉴(Commodity Appraisal)、便利销售(Convenient for Selling) 等五种，兹分述如下。

一、建立卖场形象 (Store Image)

照明设计在卖场规划中扮演着整合的角色，其配合整个经营策略建立卖场形象和商品的价值定位。

照明设计在卖场规划中扮演着整合的角色，其配合整个经营策略建立卖场形象和商品的价值定位。通常低度照明的环境气氛比较柔和高雅，加上配合高对比的重点照明能够凸显商品的定位与塑造商品的附加价值，如金饰珠宝店以低度柔光诉求高贵的气氛，并以重点灯光强调出商品的价值。相对的，中高度照明所表现的环境比较倾向于大众平实的气氛，其商品定位与价值属于流行导向或者是一般性商品，如量贩店的高度平均照明所表现的是量大便宜的形象诉求。

二、吸引顾客注意 (Customer Attraction)

卖场应用灯光的亮度对比、光影变化及色彩表现，很能够吸引顾客的注意。

卖场应用灯光的亮度对比、光影变化及色彩表现，很容易吸引顾客的注意，从店头的广告招牌及展示橱窗的视觉信息，经由照明的效果来吸引消费者的目光，激发他们入店参观选购的兴趣；再到卖场内适当亮度的环境照明，然后以高于三倍环境照明的明亮度投射于商品陈列区，形成顾客视觉的焦点，强调出商品的特色和质感。

三、营造贩卖气氛（Merchandising Atmosphere）

假如卖场的照明只有单调的光线是激不起顾客的购买欲的，而必须配合行业特色、商品组合、装潢陈列等需要，设计出适合消费者的心理与行为的气氛照明，才能带动顾客的消费情绪和购买欲望。例如，在三C计算机卖场，高照度的冷光束可以塑造科技进步的气氛，常是牵动消费族群买气的环境因素。

卖场的照明必须配合行业特色、商品组合、装潢陈列等需要，设计出适合消费者的心理与行为的气氛照明，才能带动顾客的消费情绪和购买欲望。

四、商品评鉴（Commodity Appraisal）

有些卖场除了气氛照明之外，还需配置显色照明供顾客检视商品的本色、样式规格、质感及说明。例如，金饰珠宝和服饰卖场，顾客常需借由适当照明来还原商品的颜色、检视商品的本质，此时商品照明的演色质量重于吸引注意的设计。

卖场除了气氛照明之外，还需装置颜色照明供顾客检视商品的本色、样式规格、质感及说明。

五、便利销售（Convenient for Selling）

卖场的照明应以方便各卖点区销售为设计原则，不一样的商品区与卖点区都有不同的照明设计。例如，量贩店的收银区应有适当照明，方便收银员结账、登录及包装作业；又如面对面生鲜贩卖区，靠顾客边的生鲜陈列柜以鱼肉专用灯光照明，而售货员贩卖位置则应有较高度的照明以方便服务作业。

卖场的照明应以方便各卖点区销售为设计原则，不一样的商品区与卖点区都有不同的照明设计。

第二节 卖场照明的方式

照明的方式从投光的角度及方向，可区分为下投式、上投式、前投式、后投式等四种方式。

一、下投式照明（Down Lighting）

“下投式照明”是光线由上向下投射，此是最普遍被采用的一种照明方式，尤其在商业空间的卖场更是最主要的基础照明。其依照卖场机能需求，可分成整体照明、局部照明、工作照明等三种类型。

下投式照明
是光线由上向下投射，此是最普遍被采用的一种照明方式，尤其是商业空间的卖场更是最主要的基础照明。

(一)整体照明

整体照明
是将灯具有秩序地排列在整个天花板上，使光线平均分布于环境空间，通常适用于大空间且不讲究局部照明的卖场。

“整体照明”是将灯具有秩序地排列在整个天花板上，使光线平均分布于环境空间，所以又称“环境照明”，通常适用于大空间且不讲究局部照明的卖场。整体照明之灯具配置方式大致分为直线排列、横线排列、回形排列、矩形排列、星状排列、十字形排列及棋盘式排列等七种（如图 8-1 所示），其光源以日光灯及嵌灯灯系为主，借由荧光束以提升卖场的明亮度。为了使布光均匀，灯具与灯具的间距以 1 m 为宜，且应设置在动线通道上方，切勿置于商品架上方造成昏暗阴影；另外，灯具与墙壁的距离以 0.5 m 为宜，可增加墙面反射率，若是墙面设有商品器材，则灯具应避开在器材上方而设于通道上方。

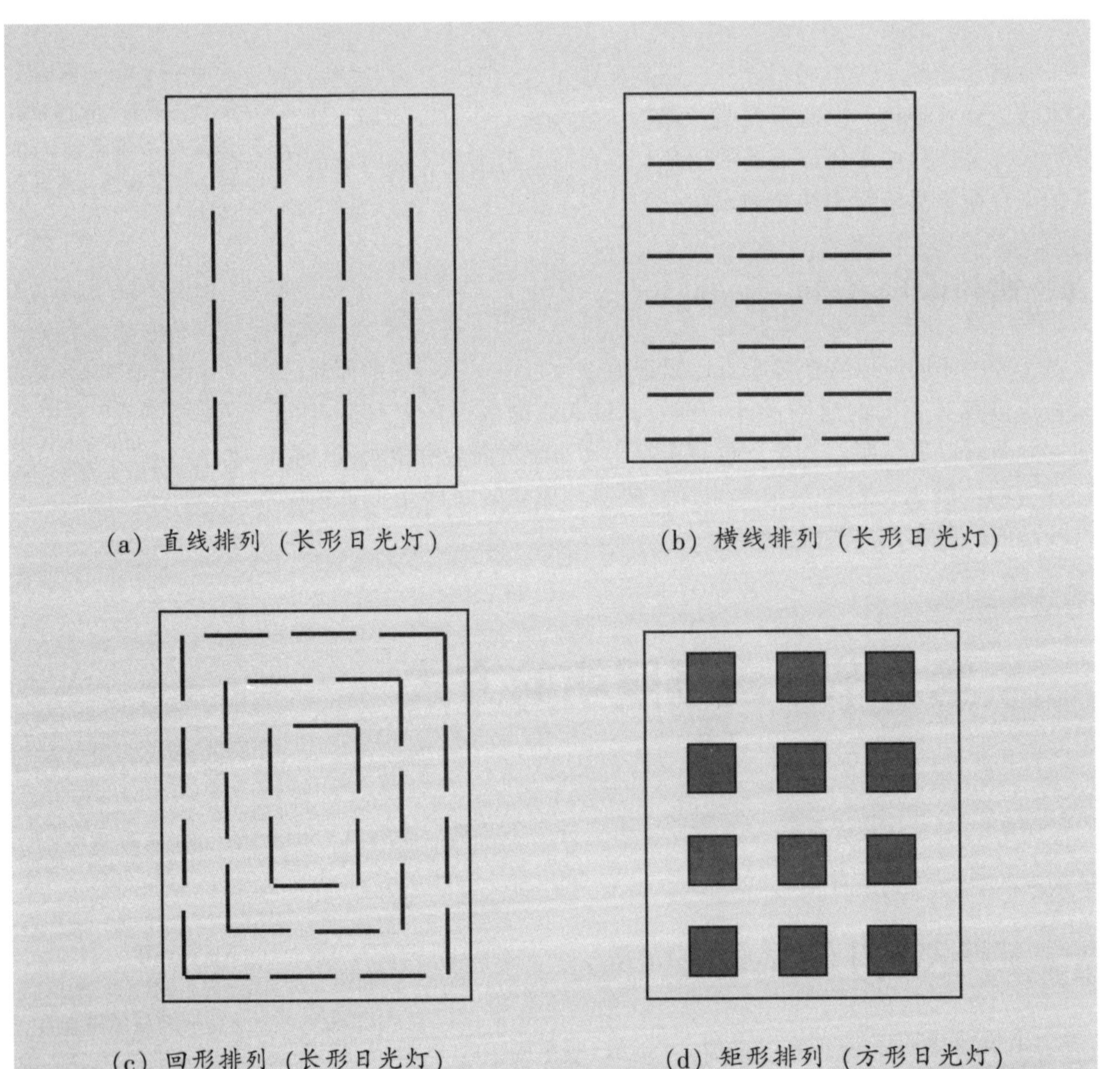

(a) 直线排列（长形日光灯）　(b) 横线排列（长形日光灯）

(c) 回形排列（长形日光灯）　(d) 矩形排列（方形日光灯）

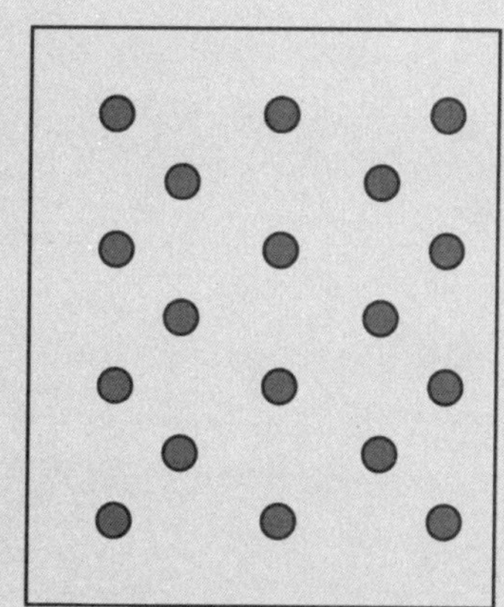

(e) 星状排列（嵌灯）

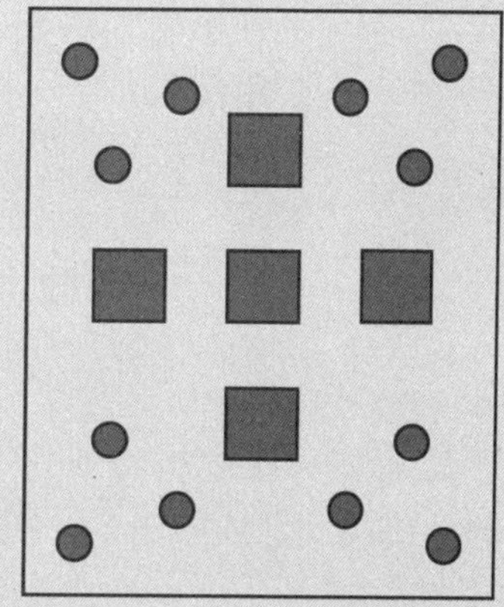

(f) 十字排列（方形日光灯与嵌灯并用）

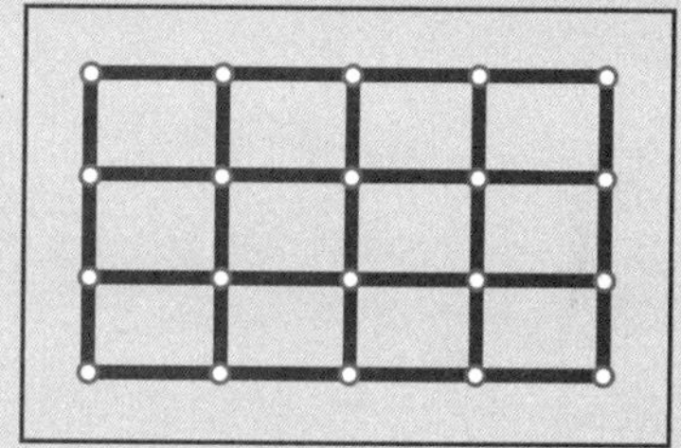

(g) 棋盘式排列（日光灯与白炽灯并用）

图 8-1 整体照明之灯具配置方式

(二)局部照明

"局部照明"是针对区域机能性的需要所设置的照明，可减少非工作区或卖点区的照明浪费，如家具卖场的照明是直接设置在家具展示区，通道的照明是汇集各展示区的光线（如图 8-2 所示）。局部照明之光源以白炽灯灯系（如石英卤素灯）为主，借由温暖柔和的光色提升卖场的气氛，如果与整体照明一起使用，必须降低周围的环境照度，提高强调系数在 5∶1（如局部照度 3000 lux∶环境照度 600 lux）以上，才能发挥局部照明的功能。

局部照明
是针对区域机能性的需要所设置的照明，可减少非工作区或卖点区的照明浪费。

(三)工作照明

"工作照明"是提供个别作业面的照明，在卖场里如收银台、服务台、个别面对面贩卖区及作业加工区，此光源以日光灯为主，随个别需求可单独控制点灭，为了在工作的范围增加亮度以方便服务者或工作者作业，灯具可视需要安装在近距离，并搭配环境照明的协调性

工作照明
是提供个别作业面的照明，在卖场里如收银台、服务台、个别面对面贩卖区及作业加工区。

以维持工作区与周围空间的舒适亮度对比。然而，为避免因近距离反光而影响工作者的视觉能力，应加装或选用有挡光板的灯具，以降低反射情况。

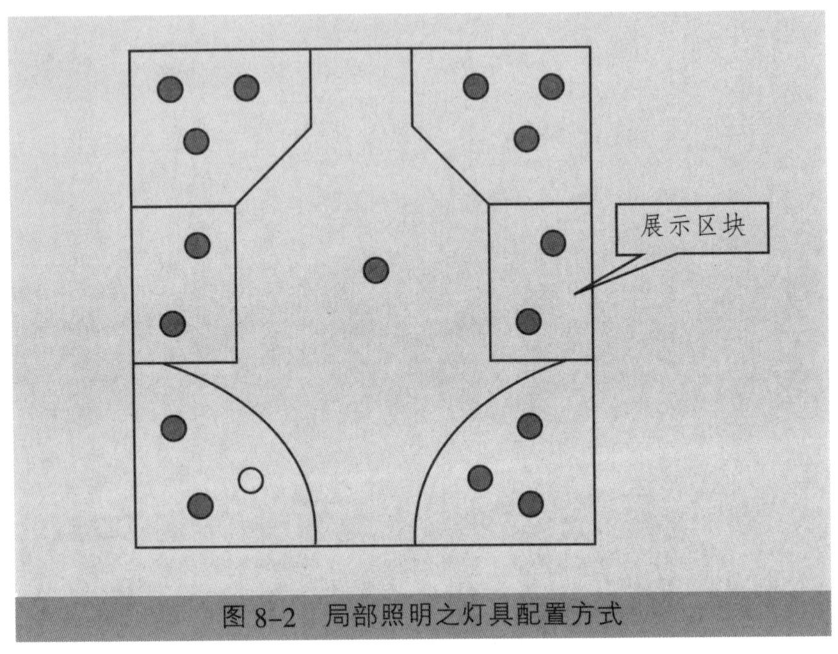

图 8-2　局部照明之灯具配置方式

二、上投式照明（Up Lighting）

上投式照明
是一种光线由下往上投射，然后经由上方壁板、天花板或其他遮盖物反射的照明方式。

“**上投式照明**”是一种光线由下往上投射，然后经由上方壁板、天花板或其他遮盖物反射的照明方式。此方式是属于间接照明，可增加立面高度感，同时避免直接光线的眩光刺眼，塑造出柔和温馨的环境气氛，使用的灯具以石英卤素灯管及荧光灯为主。上投式照明因有间接照明的特性，很适合使用在柔和环境的商业空间，如餐厅、咖啡店、珠宝店等。但是使用时需要注意以下几点事项：

- 反射面应选用柔和材质避免光滑过亮，导致强光反射而刺眼。
- 采用浅色的反射面，提高反射效果。
- 投光角度必须调整正确，切勿直射视觉者而产生反效果。
- 经常清理灯具，以免积尘过多产生模糊光线。
- 反射高度不可太低，以免光线过度集中导致阴暗及生硬的不良效果。以天花板为例，其高度约 2.8 m 左右为宜。

三、前投式照明（Front Lighting）

“**前投式照明**”是从被照物的前方投光的一种照明方式，其依据灯光分布的情况又可分成墙面照明、强调照明、光束照明和阴影照明。墙面照明（Wall Lighting）的投光方式是由上而下均匀地照在整个墙面上，表现出整体的照明度。强调照明（Accent Lighting）则是加强被照物的照明度，根据石晓蔚（1998）研究指出，要达到视觉强调的目的，被照物的照明度至少比背景照明度高出五倍以上（参考表8-1），而利用其明暗的对比效果，吸引视觉者对被照物的注意。光束照明（Beam Lighting）是配合各种配件变化出不同的光线颜色、形状和图案，利用这些多样的光线提高戏剧性的视觉效果。使用光束照明需要注意的是，强调系数应为15:1以上，才可凸显光束的特性变化（参考表8-1）。阴影照明（Shadow Lighting）主要用于塑造立体的层次效果，利用投光在被照物或背景所反射的阴影，产生三维空间的特殊变化。以上每一种的照明方式所衍生的视觉效果各不相同，将其应用在卖场的各部门也发挥出不同的功用（如表8-2所示）。

前投式照明
是从被照物的前方投光的一种照明方式，其依据类光分布的情况又可分成墙面照明、强调照明、光束照明和阴影照明。

表8-1 强调系数与视觉效果

强调系数（物体/背景）	视觉效果	环境照度（lux）
2:1	不引起注意	500 / 1000
5:1	引起低度注意	500
15:1	引起中度注意	250
30:1	引起高度注意	100 / 250
50:1	戏剧性效果	<100

资料来源：节录自石晓蔚，1998，《室内照明设计应用》，p.43。

表8-2 前投式照明应用在卖场的视觉效果

照明方式	视觉效果	卖场应用范围
墙面照明	使空间感觉比较宽敞 使墙面上的物体或商品有视觉整合效果，不会特别突出 使墙面的凹凸粗糙变得更平整	正面招牌 卖场内四周墙壁面 展示台的背墙
强调照明	有指引的效果 凝聚视觉者的注意力 提示加深视觉者的印象	停车场 卖场内转角区 特贩促销区 收银台及客服台
光束照明	提高被照物的戏剧性表演效果 塑造主题活泼性 增加节庆的热闹气氛	展示橱窗 展售表演台 重点商品区
阴影照明	立体艺术效果 反射植栽盆景自然美化的布置效果 塑造温馨及艺术的气氛	天花板 背景墙柱

资料来源：Israel, L. J.（1994）；Munn, D.（1986）.

四、后投式照明（Hind Lighting）

后投式照明
是一种光源由被照物后方投射出来的照明方式，其依据灯具装设位置又可细分成剪影照明、背后照明、结构性照明等三种方式。

“后投式照明”是一种光源由被照物后方投射出来的照明方式，其依据灯具装设位置又可细分成剪影照明、背后照明、结构性照明等三种方式。剪影照明（Silhouette Lighting）的灯光是直接照在背景表面，而物体本身是暗的，借由背景光线凸显物体的形状。例如，泡沫红茶店的壁橱利用剪影照明加深视觉者对物体轮廓的印象，显示出茶具的幽雅格调。背后照明（Back Lighting）的灯光是装在半透明材质空间里（如压克力、塑料板、玻璃），经由这些材质产生透光以表现材质上的图文形状，如卖场的店头招牌及广告灯箱。为求光线均匀分布效果，背后照明的光源都使用照明面较大的日光灯，且灯管分布距离都设置在 30 cm 以内，避免因距离过大而产生阴影。结构性照明（Structural Lighting）是借由美观的结构性对象遮掩灯具，使光源集中于被照区，达到投光区与被照区的整体效果。所使用的对象如金属片、装潢木板、塑料格栅及其他遮光板，卖场里的专柜区常使用此结构性照明，达到美观实用的布光目的。

第三节　卖场照明计划

当今的商业环境，各种卖场的竞争非常激烈，竞争的条件从商圈地段的评估，到经营型态的定位及卖场整体规划的设计，都是不可或缺的关键因素。当中，卖场规划除了商品配置、动线规划及内外装潢之外，照明设计可说是扮演营造贩促气氛的重要角色，更是表现整体卖场形象的灵魂要素。

现代卖场的照明设计除了照亮功能之外，更肩负吸引人潮和提升买气的重要任务，已然成为竞争优势的条件之一。

早期卖场的照明只是照亮的功能角色，现代卖场的照明设计除了照亮功能之外，更肩负吸引人潮和提升买气的重要任务，已然成为竞争优势的条件之一。本章节针对卖场照明整体计划分成四部分加以探讨，首先拟定照明设计流程并考虑照明计划时应该注意的事项，接着规划卖场实际需求的照明种类，然后依序规划店头照明及店内照明等各细部的设计。

一、照明设计流程

卖场照明规划应按有计划性的顺序流程实施，才能提高设计的准确性，符合商圈市场的需求，吸引顾客光临。

首先，明确定位卖场的经营型态及商圈环境的诉求，然后构想卖场的照明环境，其包括每一卖点区的亮度与光色的分布状态；接着，构想照明的方法，如一般环境的基本照明、强调照明和专用照明等；再规划照明的条件（包含光源性能标准、照明度标准及分布、演色及光色的稳定性、各种照明的搭配）和选择照明器材（包括灯具设备和装饰配件、调光控制器具等）；然后决定照明配置方式和计算检讨照明度的分布，最后预算整个照明计划的成本。从构想照明方法、规划照明条件及选择照明器材到决定照明配置方式都需要交叉检讨分析整个计划的正确性和必需性，然后以实物实测来计算照明度分布的精准性，方可预算出适用的设备和合理的成本。以上完整的设计流程如图 8-3 所示。

二、照明计划考虑事项

卖场照明计划过程中，应考虑整体效果与效率的因素，不只是取向于流行趋势或依赖施工者的经验，要符合卖场定位的照明标准、色温及色相的类型、能源效率高及无光害的光源灯具和安全适用的施工质量，兹说明如下。

1. 详细规划整个卖场的照明需求，采取整体照明与局部照明协调并用原则。

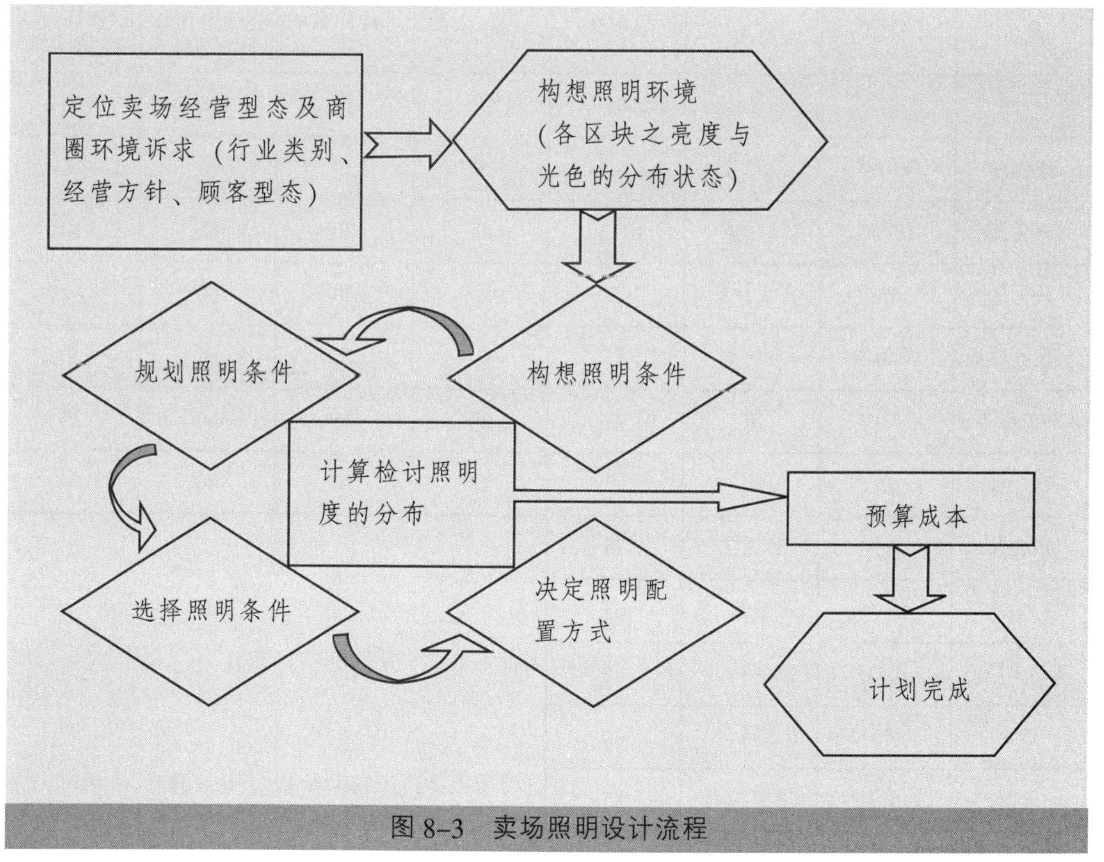

图 8-3 卖场照明设计流程

2. 照明是一家卖场耗电量最大的设施，选择适当用途的光源与灯具，并配合有效的照明管理是节约能源的重要措施。为了得到最适切的照度，光源体与照明器具有各式各样的组合，务必依照实际需求作选择，尤其某些卖场全面使用卤素灯，不仅效果不彰，高热的灯源增加冷气空调的负担，造成能源浪费。

3. 卖场墙壁及天花板尽量选用反射率较高的浅色材质，可提高室内照明效率和节约照明用电，内装材质及材料表面处理色的反射率标准如表 8–3 所示。

4. 舒适的遮光角度与亮度，不仅可避免顾客眩光刺眼，又可完全表现出商品的魅力。

5. 适度利用建筑物的自然采光不仅可减少照明用电，又可降低因灯具散热的空调负载。

6. 针对商品特性选用适当的光源，避免因光线辐射产生照明光害。例如，白炽灯的红外线不利于生鲜蔬果等食品，应选用植物灯光源。

7. 考虑灯管更换及灯具维修问题，并排定相关人员定期检修擦

表 8–3　内装材质及材料表面处理色的反射率标准

内装材质的反射率标准				内装材料表面处理色的反射率标准			
材质	反射率（%）	材质	反射率（%）	颜色	平均反射率（%）	亮面处理反射率（%）	暗面处理反射率（%）
白壁	65	白色漆	65	黄	50	20	30
浅色壁	50~60	淡色漆	35~55	褐	25	50	8
浓色壁	10~30	浓色漆	10~30	红	20	35	10
砖面壁	15	黑色涂料	5	绿	30	60	12
灰色石棉板	30	金属漆	55	青	20	50	5
灰色壁布	40	银	92	灰	35	60	20
水泥壁	25	铜	75	白	70	80	–
白瓷砖	60	合金类	75				
白系木	40~55	镀烙	65				
染色木质面	30~35	铝	65				
选席	40	不锈钢	60				
亚麻	15~30	玻璃镜面	85				

资料来源：日本店铺设计家协会监修，1985，《商业建筑企划设计资料集成：设计资料篇》。

拭，以提高反射率，维持卖场的适当照度。

8. 配合灯具配件发挥更大的应用弹性，除了可达到装饰功用，主要是在控制眩光和塑造光束的效果。

9. 将不同点灭时间及用途的照明设施，分开设计不同的回路（线路控制）可发挥省电功用。

10. 选择设计良好、质量稳定的安定器，才能完全发挥光源的特性及确保光源之使用寿命，降低电气安全威胁。虽然电子式安定器费用比传统铁心式安定器费用高，但是电子式安定器因为具有省电、重量轻、防灾及延长灯管使用寿命等其他优点，在国内已渐渐被许多新规划的卖场所接受。

三、卖场照明需求

针对卖场的行业型态、卖场风格、商品定位及市场诉求，将卖场所有需要的照明归类成“基本照明”、“强调照明”和“专用照明”等三种。基本照明为卖场整体之基本照度的基础，目的是在构成人员流动与卖场环境的相互关系；强调照明主要是凸显商品周围的亮度，提高商品的展示效果或对特定主题物表现装饰效果；专用照明系针对某些商品的特殊性能加以维持其质量和演色性。

（一）基本照明

“基本照明”用于卖场公共性的区块，如停车场、休息区、收银区、通道等一般性的照明。此种照明可选择发光效率很高的线性光源，如TL5荧光灯是新一代的直管型荧光灯，其16 mm的细管径设计，很适合设计在卖场某些狭隘的灯槽、商品架层板等区域之基本照明。另外，PLT荧光灯是属于泛照性光源，其是管型荧光灯的缩小版，具有高瓦数、高亮度但体积精致小巧的特性，很适合在卖场设计为各式嵌灯之基本照明。以上两种荧光灯都有绝佳之演色性，同时也具备多种光色，适合内装色调的搭配以营造卖场的气氛。通常基本照明都会使用单一白光或冷白光的照明系统，主要以平均照度和明亮为设计原则。其环境照度依据卖场定位区分成三种：

基本照明
用于卖场公共性的区块，如停车场、休息区、收银区、通道等一般性的照明。

1.表达简洁、效率和便宜的低阶卖场以500~1000 lux的照度范围为适合。

2.传达平实、中价位的中等卖场以250~500 lux的照度范围较为理想。

3.区隔商品及顾客诉求的高级卖场以低至100~250 lux的照度范围，才能营造较精致、高价位的气氛。

（二）强调照明

强调照明
主要在凸显专业服务的形象，故加强展示区灯光与周围环境照明的明暗对比，以提高商品展示的戏剧性效果。

“强调照明”主要在凸显专业服务的形象，故加强展示区灯光与周围环境照明的明暗对比，以提高商品展示的戏剧性效果。此种照明可选择 CDM 陶瓷复金属灯，其利用更耐高温的陶瓷材料来代替原本的石英玻璃做成光源的放电管，改善原本复金属灯使用一段时间后，因充填于放电管中的复合金属外泄而造成颜色偏移的现象。此外，CDM 陶瓷复金属灯有更好的演色性及光色稳定性、发光效率更高及更长的使用寿命，加上其发光体很小，近似点光源，灯具的配光设计更精确，非常适合设计为投光灯，作为卖场强调对比的重点照明之使用。强调照明的效果是以强调系数（强调照明：环境照明）高低为基准，以卖场高中低三种等别归类，常用的强调系数如下：

1.强调系数越高越能区隔目标市场、提高商品的价值感，如高级精品店的强调系数为 30∶1（3000 lux∶100 lux）。

2.而环境照度中等的展示区，其强调系数为 10∶1(3000 lux∶300 lux) 比较能够吸引顾客的注意，如婚纱摄影卖场和西式餐厅等。

3.强调系数越低的卖场表示其环境照明度越高，不容易表现出强调照明的效果，尤其像量贩店的高环境照度，若需要加强局部的重点展示区，务必将强调系数保持在 5∶1（3000 lux∶600 lux）以上，才能发挥局部照明的功能。

(三)专用照明

照明搭配得宜会提升商品的卖相，但是设计不协调也会使商品的颜色走样，甚至使商品质量产生变化。所以有些商品应该依照其适应特性设计“**专用照明**”，才能表现商品的个性化及保持原质量。例如，在面包店里如使用一般环境照明的白色灯光，面包所呈现的白皙颜色容易让人失去口欲（如图 8-4（a）上层所示）。图 8-4（a）下层使用烘焙业专用的橘黄色灯光（俗称面包灯，如图 8-4（b）所示），其光色使面包呈现精致好吃的视觉效果，此专用面包灯的优点是柔和、稳定、不闪烁，其高功率、低电流的电子式安定器及隔热铝合金灯罩设计，不会因过热而破坏面包质量，更可节省 30%~35%的用电量。

(四)卖场展示照明的要求

卖场展示照明设计的要求有适当的照明度、适当的照明方式、选用适当的光色及避免造成眩光等四个条件。

1.适当的照明度

依照不同的展示内容，设计适当的照明度。

2.适当的照明方式

依据展售商品的特性、陈列方式、展售类别，运用适当的照明方式提升展示效果。

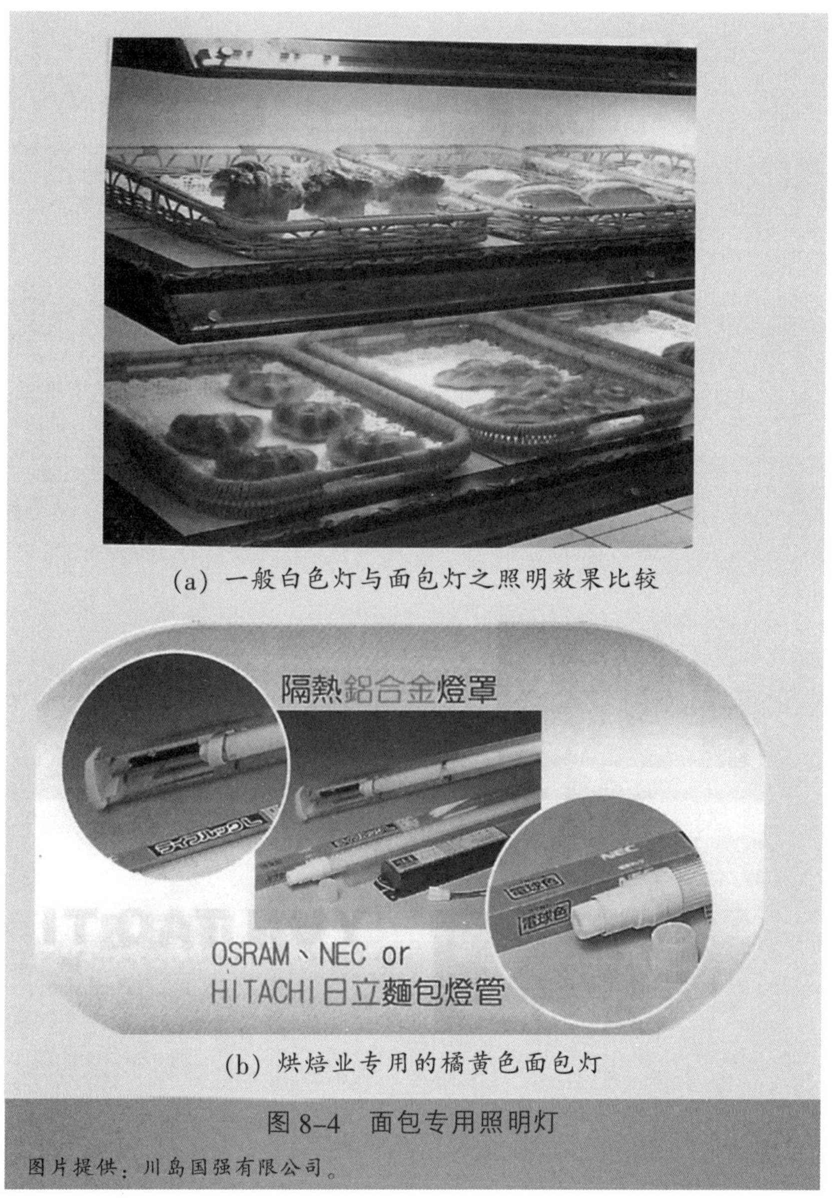

(a) 一般白色灯与面包灯之照明效果比较

(b) 烘焙业专用的橘黄色面包灯

图 8-4 面包专用照明灯

图片提供：川岛国强有限公司。

3.选用适当的光色

根据商品特性及质量需求，选用适当的光色，提高商品的价值。

4.避免造成眩光

在卖场里必须避免照明的直接眩光和反射眩光，直接对消费者的眼睛产生刺激。如图 8-5（a）所示，光源的角度若设计不当，直接对玻璃的反射眩光会刺激到顾客的眼睛，影响展售效果。而图 8-5（b）所示，将照明配置在橱柜内，光源就不会经由玻璃的反射而产生眩光，刺激到眼睛。

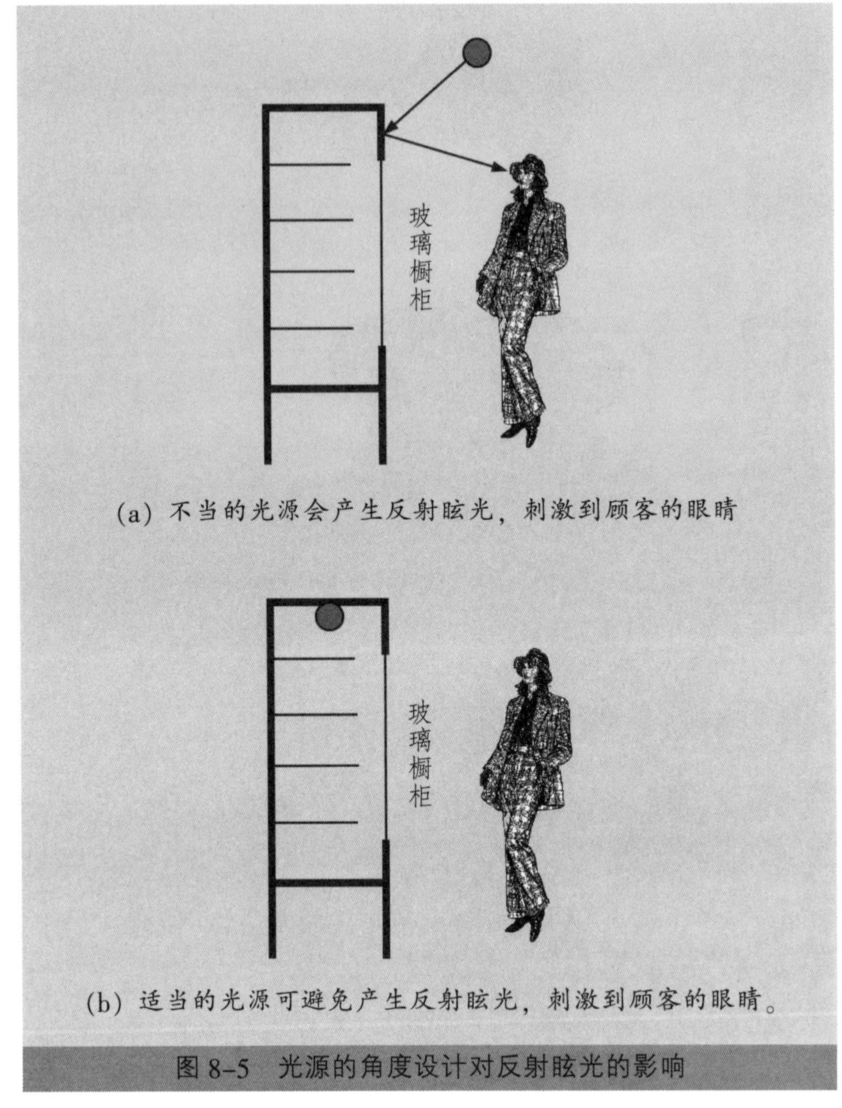

图 8-5 光源的角度设计对反射眩光的影响

四、店头照明计划

依照店头的机能设施可将其照明区域分成外观照明、招牌照明、橱窗照明、骑楼照明等四大部分来加以设计。

(一)外观照明

卖场外观是接近消费群的最前线，其照明的主要功能是吸引消费群的注意，引领他们进入卖场，另一方面也是将明确的企业识别建立在消费者的印象里，以显示卖场的经营特色和风格。外观照明除了在夜间使用之外，平常视线不良的区域都应保持其可视度，考虑的范围包括卖场建筑物正面、入口处及停车场，主要是指引行人和开车的消费者清楚辨识及进出卖场，其照明设计大都以简单明亮为原则。总之，外观照明设计应考虑照度充足和分布均匀，光色宜人，避免眩光刺眼，诱导行车及节约能源等条件。

(二)招牌照明

招牌照明的形式大致有霓虹灯、灯箱及正面投光等三种。

“霓虹灯”随着不同的字样及灯色，表现出活泼、年轻、跳跃的气氛，很适合娱乐场；其利用夜间与周围环境的强烈对比，使立体字的背衬霓虹营造出高贵带有点隐私、宁静又不失柔和的感觉，常是餐饮业的设计主流。

“灯箱”是卖场使用最普遍的招牌照明，其利用透光性压克力或软性面材制作成箱型招牌，照明从灯箱内直射面板产生亮度效果。灯箱内之灯管以白色光日光灯较为理想，其规格以 40W 与 30W 最通用。为求招牌明亮度平均和美观，灯箱内的灯管排列是主要重点，排列平均，其招牌的光线分布就很均匀明亮，反之则会使招牌产生阴影现象。排列时灯管不宜交叉，最适当的设计为直式排列或横式排列，其标准行距为 30 cm（如图 8-6 及图 8-7 所示），直式排列时，两灯管之间的灯头（铝头）需要重叠 5 cm 左右。有些灯箱使用镂空字塑钢板或金属钢板当面材，灯光在透光与非透光之间形成有层次的照明效果，提升卖场的格调与精致形象。

“正面投光”都用于较大篇幅的外观广告牌上，广告牌本身以帆布、木质及其他面材制作而成，灯光以外伸悬挂从正面投射，或由广告牌的下方投射，此种照明都选择高照度的灯光较适合。

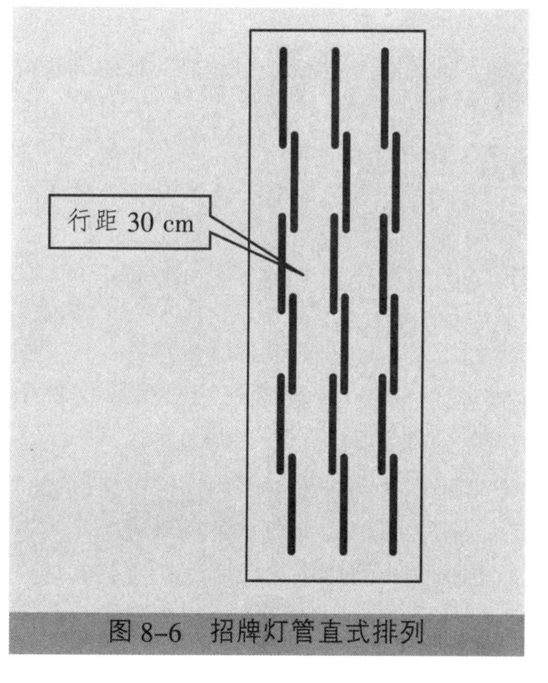

图 8-6 招牌灯管直式排列

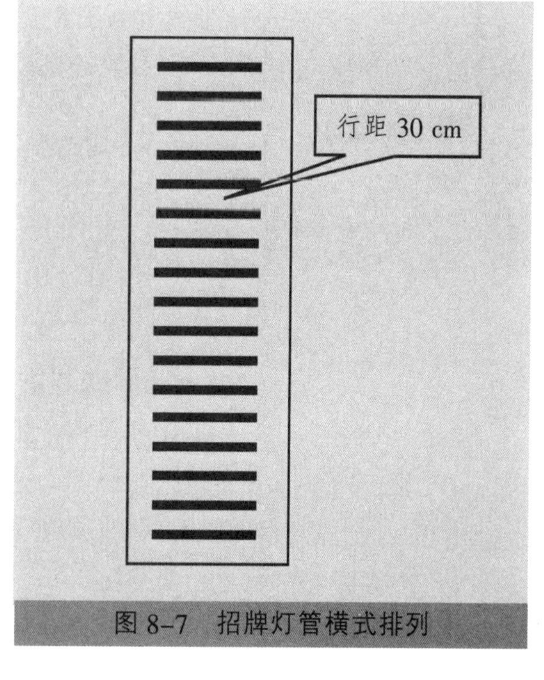

图 8-7 招牌灯管横式排列

(三)橱窗照明

橱窗是顾客接触店面时最先感受到明亮的地方，除了讲究整体性照度外，更常利用其他辅助照明装点出橱窗的魅力，将顾客的视线吸引到所展示的商品上。橱窗以背景结构来区分成开放式（Open-back Windows）和封闭式（Closed-back Windows）两种，前者没有设计背景墙，直接透视卖场内的景物，形成开放的展示空间，其照明位置设置在橱窗的上方及两侧（如图 8-8 所示）；后者设计有背景墙，形成一个独立展示空间，其照明位置设置在橱窗的上下方、两侧及背景墙的上下方（如图 8-9 所示）。

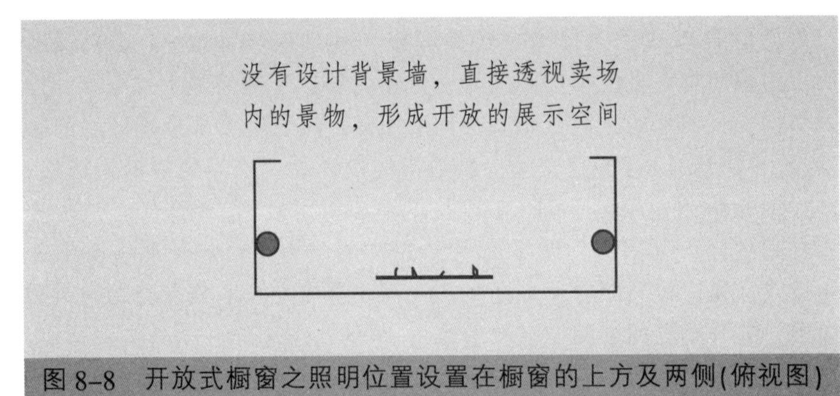

图 8-8　开放式橱窗之照明位置设置在橱窗的上方及两侧(俯视图)

展示橱窗的照明以散射性和指向性光源相互搭配使用的效果最好，以下用封闭式橱窗为例作说明。“散射性光源”大都利用橱窗的顶板上方及背景的上下位置，设计为橱窗的基本照明，如图 8-9 所示，此光源以采用荧光灯和白炽灯居多，装置角度不可向外或加装适当的遮光板以避免光线直射观看者。“指向性光源”都利用橱窗的前上下方或左右两侧，设计为橱窗的强调照明或局部照明，如图 8-9 所示。橱窗的前上方以单独投射灯或轨道灯营造视觉的焦点，前下方利用嵌入底板灯槽的脚灯照明来消除基本照明投射展示品所产生的阴影；至于橱窗的左右侧可安装立式荧光灯或轨道灯，以塑造生动的立体感或利用两边不同的演色性强化戏剧性的视觉效果。另外，设置活动立式的照明灯以辅助固定灯照不到的位置。

(四)骑楼照明

大部分卖场的骑楼照明以明亮为原则，除了方便顾客走动，也能驱散店内与街道之间距所产生的昏暗。骑楼照明之灯管排列以横式设计为宜，即与街道平行而固定在骑楼天花板。无论单店面、多店面或三角窗店面的骑楼，灯管横式排列可加大照度面积及节省灯管排列数量，也可降低顾客进入店面的眩光刺激。

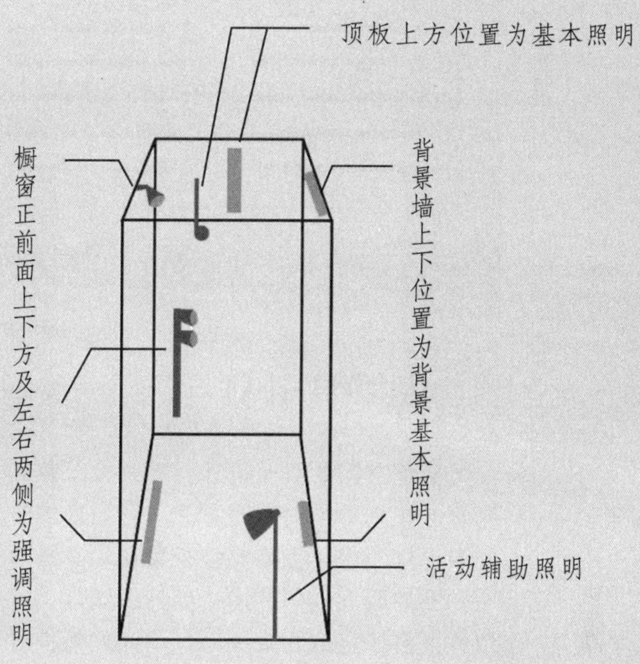

(a) 封闭式橱窗之照明设计（立体侧边透视图）

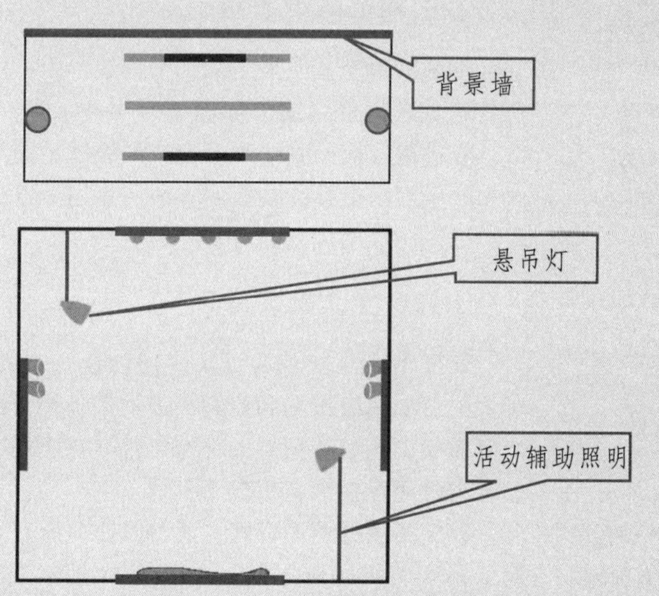

(b) 封闭式橱窗设计有背景墙，形成一个独立展示空间，其照明位置设置在橱窗的上方、前下方、两侧及背景墙的上下方（俯视图及前视图）

图 8-9 封闭式橱窗照明设计

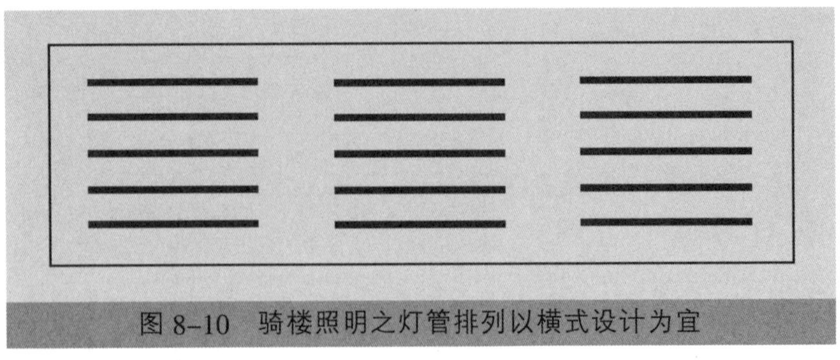

图 8-10 骑楼照明之灯管排列以横式设计为宜

五、店内照明计划

卖场空间的照明设计，需符合顾客诉求对象，针对其心理差异和喜好，规划不同的照明方式，譬如青年学生喜欢活泼刺激及有平衡感的聚光灯，中年人需要轻松柔和的嵌灯，蓝领阶层喜好耀眼的基本照明，女性朋友爱好艺术造型的白炽灯，每一种不同的需求照度与摆设位置都有一定的相互关系。除此之外，再根据顾客的消费行为，着重在商品陈列、动线通道、壁面及服务特区等区隔照明，并协调相互之间的照明效果，才能营造卖场整体的贩促气氛，有效提升商品的展示效果，刺激诱发顾客的消费欲望。

(一)商品陈列照明

卖场里的商品不外乎陈列于货架、橱柜、层板或平台，这些陈列器具涵盖各种展示面，如高架多层展示面、低柜平型面、单边展示面、双边展示面、直线展示面或斜线展示面等等。各种不同的陈列方式和展示面，直接影响照明方法的运用。以下将陈列方式归类几种形式加以说明照明规划的方式。

1.双面直立多层商品架之照明设计

双面型商品架都为纵高多层的设计，其展示面有平线和斜线两种，前者如超级市场和便利商店的干货架，后者如书局和影音店的双边斜面架。此型陈列架大都密集排列在卖场中央区域，照明应设计双管荧光灯固定在天花板向下投射。

以上所谈的照明方式，其灯具排列有直式与横式两种。**“直式排列”**是安装在通道上方（如图 8-11 所示），其双灯管向下左右两侧散光（如图 8-13 所示），此排列方式不可固定在商品架的正上方，否则会因上层高架的遮光形成中下层的商品照度不足。**“横式排列”**为灯具与陈列架垂直，联结安装在天花板上并横跨通道与商品架（如图 8-12 所示），采用的灯管固定面应为平型，使光线直接下投（如图 8-14 所示），不会偏射产生眩光而刺激顾客的眼睛。

直式灯具排列
是安装在通道上方，其双灯管向下左右两侧散光。

横式灯具排列
为灯具与陈列架垂直，联结安装在天花板上并横跨通道与商品架。

图 8-11 双面直立多层商品架之照明——直式排列

图 8-12 双面直立多层商品架之照明——横式

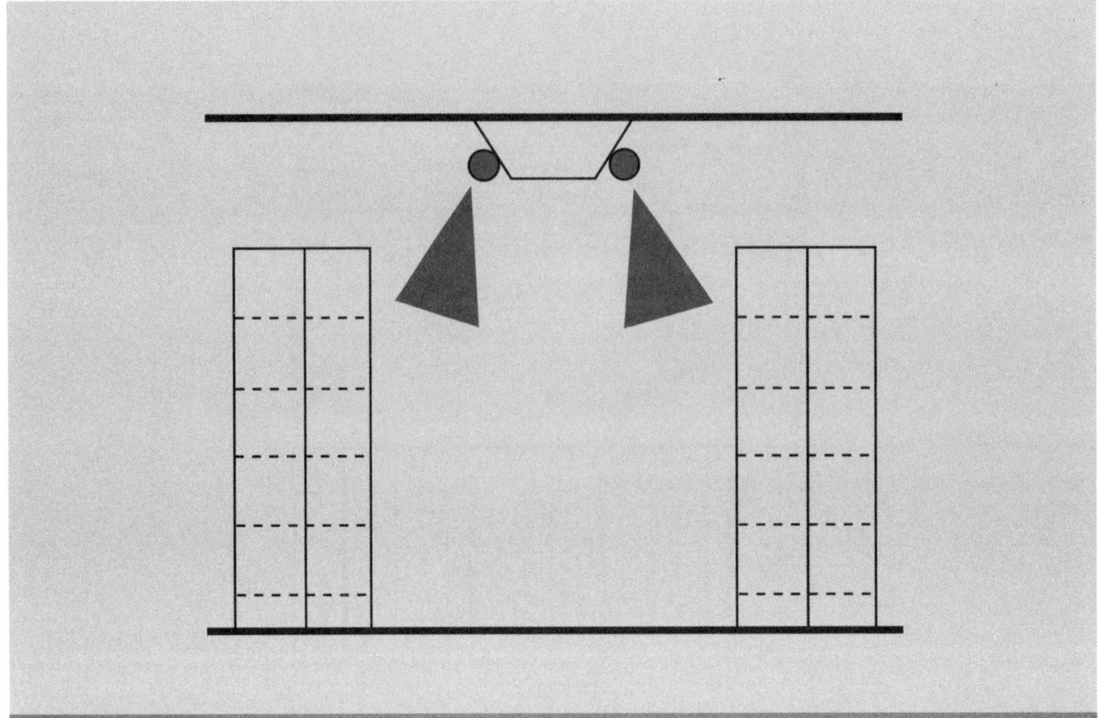

图 8-13　双面直立多层商品架之照明——直式排列，其双灯管向下左右两侧散光

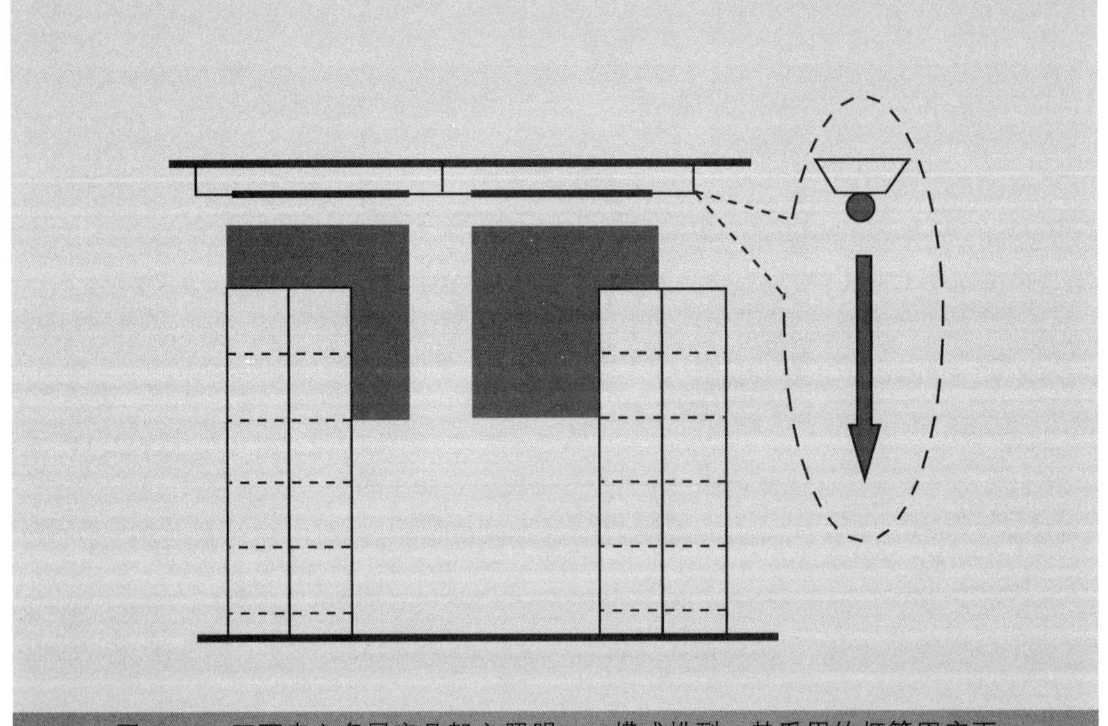

图 8-14　双面直立多层商品架之照明——横式排列，其采用的灯管固定面应为平型，使光线直接下投，不会偏射致使顾客产生眩光

2.单面直立多层墙柜之照明设计

单面直立多层墙柜是指沿靠卖场四周墙面而设计的单面商品展售架，此墙柜通常由木制装潢、铁制组合架、玻璃展示橱等设计而成，其展示面大都是面向通道。为显示商品的特色，这些橱柜的照明设计大致可分成外伸前照式、装置在橱柜与通道中间之上方、装置在橱柜内等三种方式。

外伸前照式的设计如图 8-15 所示，灯具固定在橱柜天花板的外侧，同时灯管的外侧加装遮光板，使光线集中由上向下照射在内侧的商品上。第二种为装置在橱柜与通道中间之上方的设计，如图 8-16 所示，灯具以横式排列固定在天花板上，所采用的灯管固定面应为平型，使光线直接下投（参考图 8-14 所示），不会偏射产生眩光而刺激顾客眼睛。另外一种为装置在橱柜内的设计，如图 8-17 所示，灯具都加装在橱柜外侧内角，除了可缓和卖场照明对玻璃的反射之外，尚可强调橱柜内商品的展示效果。此种照明适宜采用荧光灯或光纤照明，避免柜内高温损及商品或因玻璃传热烫伤顾客。

图 8-15 单面直立多层墙柜之照明——外伸前照式

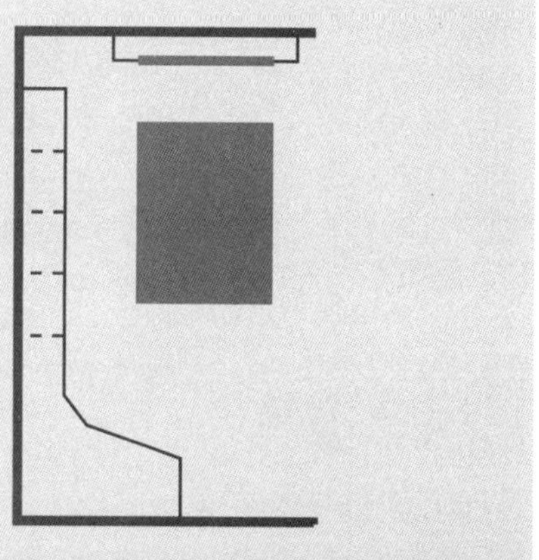

图 8-16 单面直立多层墙柜之照明——装置在橱柜与通道中间之上方

3.平型橱柜之照明设计

卖场常见的平型橱柜有密闭型玻璃橱柜、四边展售平台及双边展售平台等。虽然三种都是属于水平展示面，但是下投照明照射在密闭型玻璃橱柜时，会因玻璃镜射产生反光，所以橱柜内需加装柜内照明灯以缓和反射的影响（参照图 8-17 所示），柜内照明适宜采用荧光灯或光纤照明，避免柜内高温损及商品或因玻璃传热烫伤顾客。四边展售平台通常为木制设计陈列台，照明设计直接采用下投式照明是很理想的方式，不会有反光现象，又可直接衬托商质感。图 8-18 所示为双边展售平台，其照明设计在高度 150 cm 的上架底板，此高度为一般成人的眼睛水平以下，可避开下投式照明对人所产生的阴影。

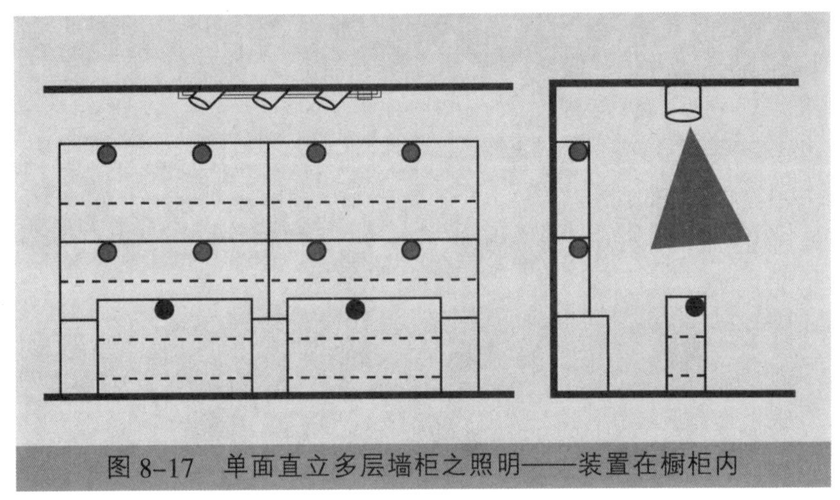

图 8-17　单面直立多层墙柜之照明——装置在橱柜内

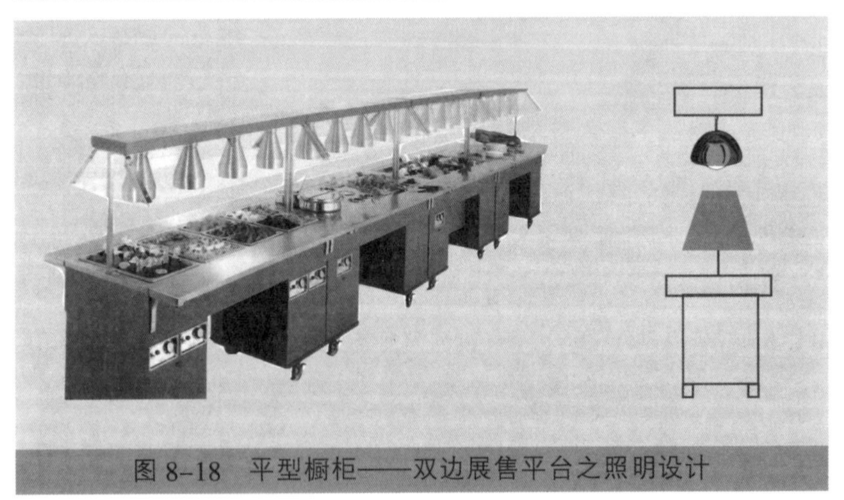

图 8-18　平型橱柜——双边展售平台之照明设计

(二)动线通道照明

动线通道依照主要动线、次要动线、等候动线及收银动线等都有不同的照明设计方式。主要动线的通道照明如图 8-19 的①所示，因其通道宽幅较宽且是主力商品的陈列区，其灯具排列以横式固定在通道天花板由上向下直接照射，强调明亮为原则，采用的灯管固定面应为平型，使光线直接下投（参考图 8-14 所示），不会偏射产生眩光而刺激顾客眼睛。另外，左侧的商品橱柜外沿，可视需要加装强调照明（如虚线所示），增加商品展示效果。

次要动线的通道照明如图 8-19 的②所示，因其通道较窄且多条平行排列于卖场中间，通常都陈列较次要且多项的商品，其照明设计以直式排列固定在通道上方天花板，以双灯管向下左右两侧散光(参考图 8-13 所示)，光线可均匀分布在两边商品架上。

等候动线及收银动线的通道照明如图 8-19 的③和④所示，其设计以横式排列的基本照明为主，通常都使用单一白光或冷白光的照明系统，主要以平面直接照射来达到收银区的明亮度为原则。

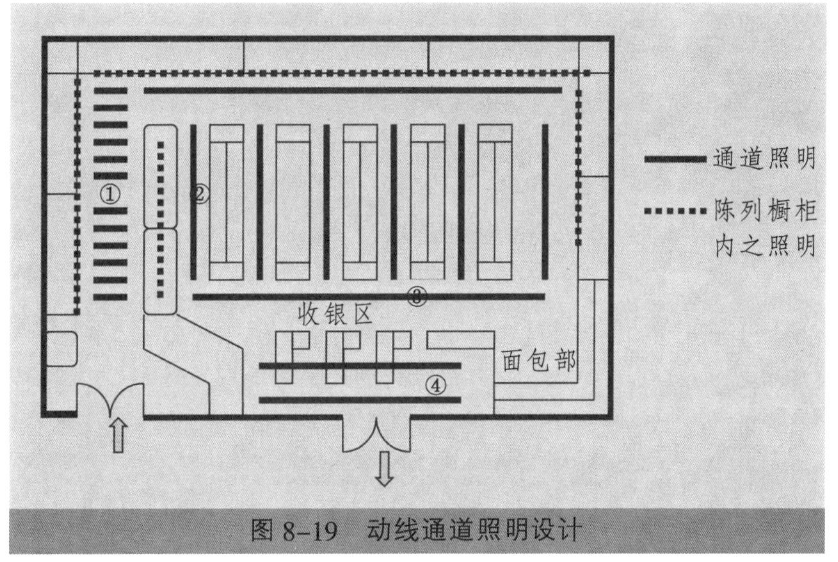

图 8-19 动线通道照明设计

(三)壁面及柱子的照明设计

墙壁面的照明通常是为了强调某种商品的特色风格或主题诉求，而设计出比较有创意的气氛效果。如图 8-20 所示是为了凸显欧式面包的风格，特别在墙壁面装饰精致的欧式图案，然后配合管形嵌灯聚焦照明，更能营造北欧的特殊气氛。当然随着不同的商品别，壁面照明设计表现出的气氛都各有特色，其所选择的灯具大都是嵌灯与聚光灯居多，再依据商品的演出特性强调不同演色性的光源。

卖场柱子的照明设计以聚光灯向上投及向下投方式最适合，主要以调节卖场的气氛为主，同时也降低柱子在卖场的障碍感。图 8-21 所示就是为了增加卖场的艺术气氛，先在柱子的上半段装潢具亲和力与艺术感的饰品（高度以不妨碍顾客走动为原则），然后配合饰品板的下投式聚光灯营造柔和的温馨气氛，以平衡卖场基本照明的生涩感，也缓和柱子在卖场突兀的不适感。

图 8-20 墙壁面的照明

图 8-21 柱子的照明设计

学习评量及分组讨论

1. 卖场照明的主要目的可归类为哪五种？

2. 请举例说明照明对营造贩卖气氛的影响。

3. 照明的方式从投光的角度及方向，可区分为哪几种？

4. 何谓“整体照明”，其灯具配置方式可分成哪几种？

5. 采用“上投式照明”时需要注意哪几点事项？

6. “基本照明”的环境照度依据卖场定位可区分成哪三种？

7. 以小组为单位，讨论卖场照明计划所应该考虑的事项，并绘制其设计流程。

8. 以小组为单位，讨论“强调照明”如何运用于小组所选定的卖场。

第九章 | 商品陈列规划

◎ 各节重点

第一节　商品陈列的概念

第二节　商品陈列的类型

第三节　商品陈列的配置分类

第四节　商品陈列的方式

第五节　商品陈列应掌握之原则

学习评量及分组讨论

◎ 学习目标

1. 了解商品陈列的概念。
2. 了解商品陈列的类型。
3. 学习商品陈列时如何配置分类。
4. 知道并能运用商品陈列的各种方式。
5. 能够掌握商品陈列的原则与要领。
6. 了解绘制卖场平面规划图的步骤。

第一节　商品陈列的概念

商品排列的好坏不仅会影响卖场的视觉效果，更会直接影响消费者的购买意愿。适当的商品陈列可以吸引顾客注意、诱导其购买，而展示陈列的方式是依照贩促计划，挑选代表性商品配合有视觉创意的陈列技巧，达到促进贩卖的目的。

展示演出阶段

主要目的为使商品更生动及戏剧化以及吸引消费者注意。

正面陈列阶段

主要功能在告知商品的特色与价值，让消费者能正面观赏，产生欲望。

横向陈列阶段

主要功能是让消费者可以选择比较，获取其信赖。

商品排列设计的概念步骤如图 9-1 所示，1→4 为“**展示演出阶段**”，主要目的为使商品更生动及戏剧化以吸引消费者注意；2→5 着重于“**正面陈列阶段**”，主要功能是告知商品的特色与价值，让消费者能正面观赏，产生购买欲望；4→7 则强调在“**横向陈列阶段**”，主要功能是让消费者可以选择比较，获取其信赖（如图 9-2 所示）。陈列设计时只要善加运用此“A-I-T-D-C-T-A”的顾客心理阶段，都能发挥出很好的陈列功效。

A——注意（Attention）

分析消费者的行为并针对顾客诉求，构想出最能够引起消费者特别注意的陈列位置和演出设计。

I——兴趣（Interest）

抓住消费者的第一视线后，以色彩和装饰搭配商品组合陈列，告知消费者商品的特征与购买的好处，提高消费者进一步对商品的兴趣。

T——联想（Thinking）

当消费者对商品有兴趣后，会产生多方面的联想，如需求性、实用性、消费预算……

D——欲望（Desire）

陈列在顾客面前的商品，应能够塑造良好的商品形象与附加价值，以强化消费者联想的肯定性，才能让消费者产生对商品的拥有欲望。

C——比较（Compare）

消费者对商品拥有欲望后，就会采取品牌、质量、价格、样式等多方面的比较。

T——信赖（Trust）

当比较后有了满意的结果，自然对该卖场的陈列商品产生信赖与记忆。

A——行动（Action）

消费者对商品产生信赖的下一个步骤，很快就会决定采取购买的行动。

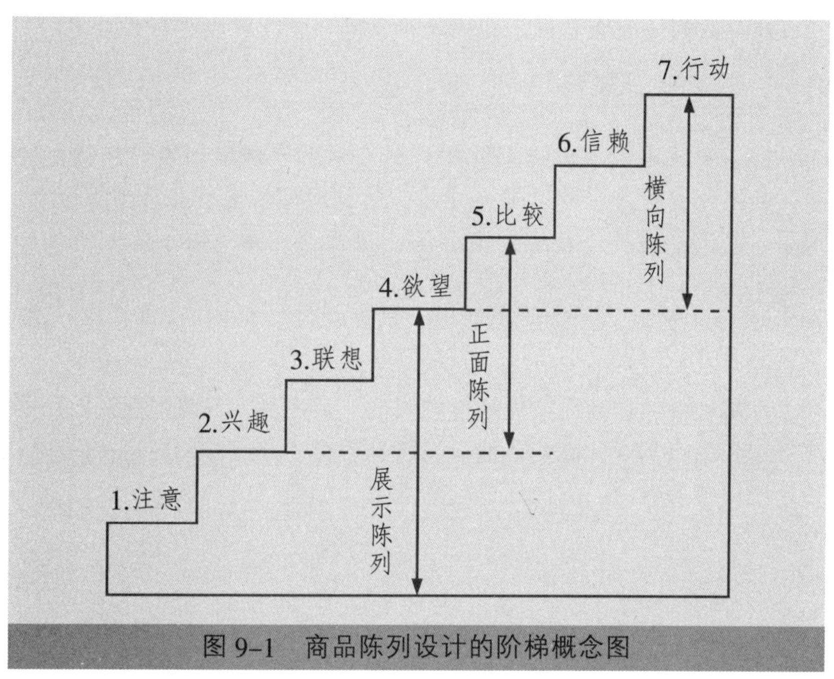

图 9-1 商品陈列设计的阶梯概念图

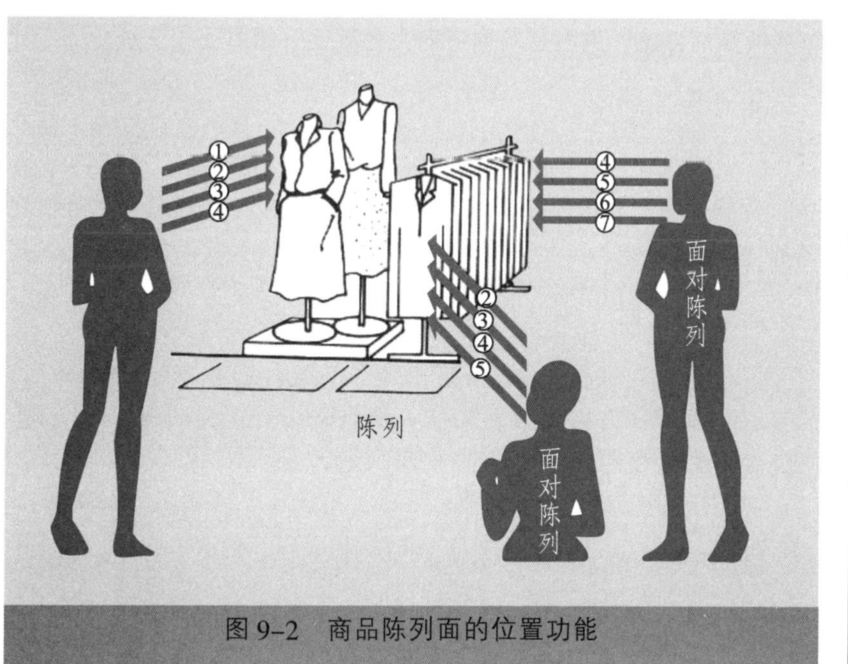

图 9-2 商品陈列面的位置功能

资料来源：张辉明，1998，《展示设计实务》，p.84。

第二节 商品陈列的类型

商品陈列依照商品特性和诉求对象可分成以下五种基本型态：

重点展示陈列
将主要诉求商品以特别陈列方式展示，表现出创意、新颖、生动、戏剧化，使特定商品引人注目，达到贩促效果。

一般陈列
日常性的共通商品或流通性较强的一般商品，都陈列在开放性的规格货架上贩卖。

1.重点展示陈列

将主要诉求商品以特别陈列方式展示，表现出创意、新颖、生动、戏剧化，使特定商品引人注目，达到贩促效果。通常高级服饰、精品、新产品或换季代表性商品等，最常使用重点展示陈列（如图9-3所示）。

2.一般陈列

日常性的共通商品或流通性较强的一般商品，都陈列在开放性的规格货架上贩卖。此陈列虽然没有特殊创意，却应长期固定在同一位置且摆设整齐有序，方便顾客轻易取拿，如超市的一般干货区（如图9-4所示）。

3.强调陈列

于某商品群之中挑选较具卖相的单一商品，在重点陈列与一般陈列之外的活动空间或角落进行定期定量的强调性展示陈列，以凸显单项商品的特色，进而带动周边商品的贩促（如图9-5所示）。

4.量感陈列

节庆换季或特贩促销时，以多量的商品陈列在一起，可表现出商品的量贩气氛和价廉形象，如水果店和超市的堆积陈列及割箱陈列（如图9-6所示）。

5.复合陈列

量感陈列与重点陈列或强调陈列技巧合并使用，称为复合陈列。此方式可发挥多方面的贩促功能，但是若设计不良或诉求不分明，则会导致反效果。

图 9-3 高级服饰店的重点展示陈列

图 9-4 超市日用品的一般陈列

图 9-5 休闲服饰的强调陈列

图 9-6 饮料特贩的量感陈列

图片提供：抚桑产业株式会社；安胜商店设备有限公司。

第三节 商品陈列的配置分类

运用商品的配置分类来陈列，是将商品特色介绍给消费者之最经济简便的方法。经过分类配置后的商品，不仅可降低卖场的商品管理费用，更能加深消费者的商品印象，促进选购。商品陈列的配置有以下十二种分类：

1.商品种类别

依照卖场所有的商品种类区分陈列，如超级市场的生鲜食品、家庭日常食品、清洁用品、五金百货、冷冻冷藏食品等，再从以上大分类区分成中小分类来陈列，此种类别也是最基础的陈列区分方式。

2.原料别分类

在同一商品种的中分类里，有多种不同的制造原料时，就可依此原料来区分陈列，如饮料类可分成果汁饮料、运动饮料、碳酸饮料、茶品饮料及矿泉水等。

3.用途分类

按照商品的不同功能用途来区分陈列，如家庭五金类可分成塑料用品、厨房用具、修缮工具、管线材料等，从这里再分成细部功能陈列，如厨房用具又分成切、洗、煮、烤等。

4.尺寸规格分类

依照商品的尺码规格来陈列，使消费者能一目了然，挑选适合自己的尺寸，如服饰的S、M、L等尺寸。

5.价格分类

依照商品本身的定价高低来陈列，以较大型商品或量贩品最能发挥效果，如洋酒、礼盒、运动休闲鞋或其他的特价品。

6.品牌分类

依照品牌和厂牌来陈列，大都强调同性质不同厂商的产品，如鲜乳、洗发精、沐浴乳等。

7.对象别分类

依照不同的使用者将商品分开陈列，如鞋子可分类成幼儿、学龄儿童、青少年、成年人等使用对象。

8.节庆别分类

依照固定节日、特别纪念日和换季时来作陈列，不仅可营造卖场的气氛，又可达到特贩促销的效果。

9.男女老幼性别分类

依照性别样式分开陈列，可明显区隔诉求市场，表现诉求区块各自的风格。

10.款式分类

将同款式的商品集中陈列在一起，方便消费者作比较，挑选自己所需要的款式。

11.质量分类

按照商品质量的高低来陈列，如钟表行的高贵手表集中陈列靠近服务柜台，次要商品则摆设在一般橱柜里。

12.色彩别分类

将商品本身的色彩加以搭配组合，也可以陈列出具有视觉创意、刺激购买的效果。例如，将颜色较明亮的商品陈列在前面，暗色商品陈列在后面；或者明亮商品摆置上层，暗色商品摆置下层，有稳重之感觉；也可由暖色系依序排列到寒色系，方便消费者选购。

第四节　商品陈列的方式

依照各行各业不同商品的需求演出，各种陈列的方式也都表现出具有特色的格调，以下针对卖场里常见的 14 种陈列方式加以详述。虽然每一种陈列都有其各自的功能效益，但共同的目的却都是在极尽表现商品、吸引消费者的青睐与惠顾。

正面陈列
以服饰挂架为例，将商品正面展示，把衣服的特征明显表现给消费者清楚知道，称之为"正面陈列"。

横挂陈列
将正面展示的同款式商品，以数量、颜色、尺寸等变化横挂在正面样品后面的衣架上供消费者挑选，称之为"横挂陈列"。

壁面陈列
利用墙壁面配合商品的特色、外型规格、保存条件及固定方式作陈列，可发挥立体展示的效果。此称之为"壁面陈列"。

柱子陈列
利用卖场里的柱子作商品陈列，可消弭柱子在卖场的阻碍性，也可营造特殊的贩卖气氛。

端架陈列
将商品陈列在整排货架的前后端正面，是为端架陈列。

1.正面与横挂陈列

以服饰挂架为例，将商品正面展示，把衣服的特征明显表现给消费者清楚知道，称之为“**正面陈列**”；将正面展示的同款式商品，以数量、颜色、尺寸等变化横挂在正面样品后面的衣架上供消费者挑选，称之为“**横挂陈列**”（如图 9–7 所示）。

2.壁面陈列

利用墙壁面配合商品的特色、外型规格、保存条件及固定方式作陈列，可发挥立体展示的效果，此称之为“**壁面陈列**”。依照商品的特征需求，壁面陈列设计方式大致可分成吊挂、开放柜及货架、活动层板架、玻璃橱柜、冷冻冷藏展示柜等几种方式陈列，每一种都有其不同风格的展示效果（如图 9–8 所示）。

3.柱子陈列

“**柱子陈列**”是利用卖场里的柱子作商品陈列，可消弭柱子在卖场的阻碍性，也可营造特殊的贩卖气氛。例如，以柱子设计为不同的主题陈列，也可设计柱面当挂钩陈列（如图 9–9 所示）。

4.端架陈列

将商品陈列在整排货架的前后端正面，是为“**端架陈列**”（又称档头架陈列）。端架陈列通常是在强调该整排货品的主题或该商品线的新产品，以具有高周转率、高毛利之重点商品为主。陈列演出时，以新颖、量感、特价等贩促技巧吸引消费者购买（如图 9–10 所示）。

5.一般陈列

卖场里流通性较高、较普遍的商品都陈列在共通性的规格商品架上，称之为一般陈列，陈列时以整齐有序、易于取拿为原则（如图 9–11 所示）。

6.平台陈列

具有小量多样、高级精美、文化艺术等特性的商品，都会搭配有创意的平台，结合空间理念来陈列展示，营造特殊气氛，表现商品的特征和质感（如图 9–12 所示）。

7.橱柜陈列

将商品摆置在玻璃橱或其他功能、材质等橱柜里，配合照明及饰品用具展示给消费者，称之为“**橱柜陈列**”。通常专卖店里属于价值性和保全性较高的商品，或者需要保湿、保温等特殊条件的商品，其使用橱柜陈列的几率较高（如图 9–13 所示）。橱柜陈列虽然可营造个性贩促气氛和保全商品质量感，但是需要配合服务员的解说，否则会降低消费者的购买意愿。

橱柜陈列
将商品摆置在玻璃橱或其他功能、材质等橱柜里，配合照明及饰品用具展示给消费者，称之为橱柜陈列。

8.挂钩陈列

挂钩陈列适合于细长轻薄等缺乏立体感的商品，如袜子、牙刷、小五金、文具等，也适合容易被挤压受损的商品，如胶卷、球拍等（如图 9–14 所示）。另外，圆形和不规则形状的商品应配合专用挂钩陈列，可提高展售效果和节省陈列空间（如图 9–15 所示）。

9.挂篮陈列

卖场里有一些外型膨松、重量轻、且需要陈列多种品牌的商品，如包装面条与碗面，可使用单层或双层挂篮将不同品牌区分放置在篮子里，方便顾客挑选（如图 9–16 所示）。

10.堆量陈列

大型商店及批发卖场为了创造业绩，常将某些商品加以量化、堆积陈列，以营造量贩价廉的购买气氛（如图 9–17 所示）。一般堆量陈列应该注意安全性，避免商品翻倒掉落造成反效果。

堆量陈列
大型商店及批发卖场为了创造业绩，常将某些商品加以量化、堆积陈列，以营造量贩价廉的购买气氛。

11.突出陈列

在明显宽敞的主通道上刻意突出摆放有代表性的少量商品，以阻挡效果引起消费者特别注意此区的商品，称之为“**突出陈列**”（如图 9–18 所示）。

突出陈列
在明显宽敞的主通道上刻意突出摆放有代表性的少量商品，以阻挡效果引起消费者特别注意此柜的商品，称之为突出陈列。

12.书报陈列

通常书报杂志都陈列在固定规格的书报架上，分为上下两层，上层摆放畅销的报纸杂志，下层则放置流通性较低的书籍。此种书报陈列架大都摆设在卖场出入口附近，故又称之为“店头陈列”（如图 9–19 所示）。

13.收银台陈列

收银柜台除了结账服务之外，还另外设计有陈列功能。其陈列技巧随着不同业种而有差异，然其陈列方式通常以桌上、柜台后的壁橱及柜台正前方的展示为主，其目的在于刺激正等待结账的顾客之冲动性购买欲（如图 9-20 所示）。因此区所陈列的都是小商品或保全性高的商品，所以收银员可就近方便管理及服务顾客。

14.特殊陈列

当某些商品的外形及陈列性能无法适用于一般陈列橱柜时，或者此商品具有特殊的展售机能和目的，其必须配合专用之陈列设备，才能达到展售的效果。如图 9-21 所示之葡萄酒陈列架，除了特殊设计的酒瓶固定托架之外，整座陈列架的安全结构及创意外观都表现十足的商品风味。

图 9-7　以正面样品为主诉求,横挂商品供挑选的陈列方式

图 9-8　壁面陈列方式

图 9-9 柱子陈列方式

资料来源：中日贩卖株式会社，1998，“*Chunichi*：*Foods & Variety System*”.

图 9-10 端架陈列

图 9-11 一般陈列

图 9-12　平台陈列

资料来源：三采文化出版事业有限公司提供。

图 9-13　橱柜陈列

资料来源：三采文化出版事业有限公司提供。

图 9-14　各式挂钩陈列

图 9-16 挂篮陈列

图 9-17 堆量陈列

图 9-18 突出陈列

图 9-19 书报陈列

图 9-20 收银台陈列

图 9-21 特殊陈列

第五节 商品陈列应掌握之原则

在卖场里执行商品陈列时应该掌握空间的运用、视觉的表现、商品的自我表现、陈列的关系位置、展示与演出的差异、陈列器具的运用等原则，以及有效使用隔物板、一致性的商品标价，陈列具有差异化、高利润及有特色的商品等多项陈列要领。

一、空间的运用

配合卖场经营的理念和定位，善加运用卖场中的墙壁面、柱面、陈列器具、展示台，使每一个空间在整体协调性下，都能发挥最有效的利用价值，表现出商品陈列的生命力。如图 9-22 所示为小型服饰卖场，首先利用宽敞的壁面陈列共通性商品，并且在墙上沿裱装相关图片，衬托商品的美感；在墙柱上设计小型橱柜，摆置服饰配件等精致商品；门面角落位置将重点商品强调在展示台上演出；卖场中间以服饰吊架及双层木制台等器具，陈列流通性较大的商品。

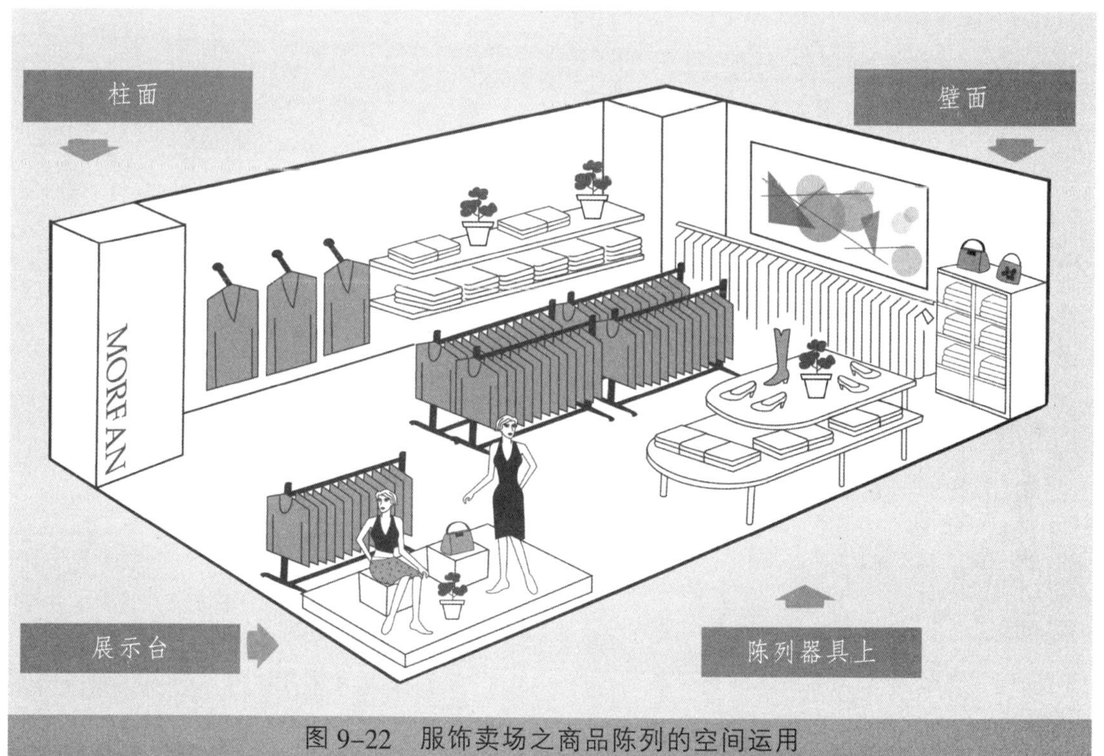

图 9-22 服饰卖场之商品陈列的空间运用

商品陈列需要依靠照明与色彩的视觉搭配，才能完全发挥商品展示效果。

二、视觉的表现

商品陈列需要依靠照明与色彩的视觉搭配，才能完全发挥商品展示效果。商品借由照明的直接或间接投射，产生明暗的立体变化，凸显商品的存在感。另外，运用色彩给人的不同感觉，配合光的物理作用来决定色彩的特征，以控制商品的颜色变化，产生各种不同的展示陈列效果，这便是照明与色彩的视觉表现关系。

三、商品的自我表现

商品本身是不具有生命力的，必须借由陈列的关系位置、演出的程度、器具与饰品的运用，才能自我表现，告知消费者商品的存在与价值。

四、陈列的关系位置

将高毛利和周转率较高的商品陈列于重点位置，而相关性商品应陈列在相互邻近区域，且畅销商品应平均配置在所有通道上，使每一条动线都有吸引顾客的商品。另外，立体陈列位置如图 9–23 所示：

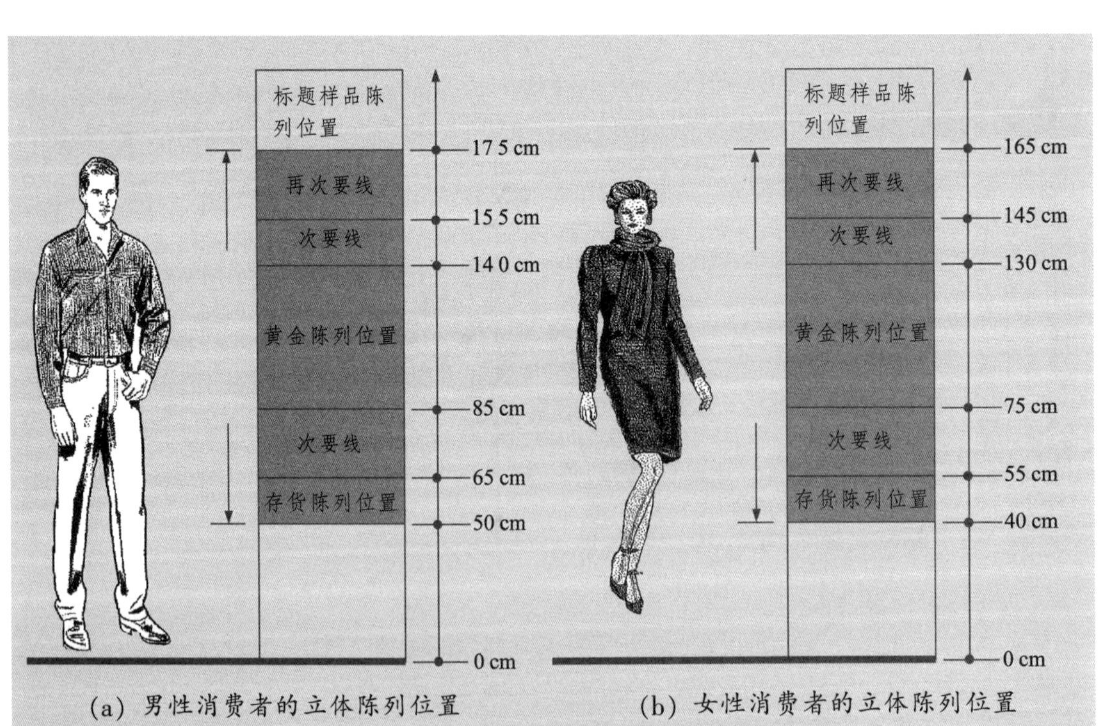

图 9–23　商品立体陈列位置图

黄金陈列高度

男性为85~140 cm，女性为75~130 cm。

●黄金陈列高度

男性为 85~140 cm，女性为 75~130 cm。

●次要陈列高度

男性为 65~85 cm 及 140~155 cm，女性为 55~75 cm 及 130~145 cm。

●再次要陈列高度

男性为 50~65 cm 及 155~175 cm，女性为 40~55 cm 及 145~165 cm。

●存货陈列高度

男性为 50 cm 以下，女性为 40 cm 以下。

●标题样品陈列位置

男性为 175 cm 以上，女性为 165 cm 以上。

陈列的关系位置除了注意高度机能之外，陈列的深度及角度也是关系展售效果的重要技巧。如图 9-24 所示系针对家庭主妇消费的生鲜食品适当陈列深度及角度，最上层之陈列深度为 35 cm、角度为 25°；第二层深度为 40 cm、角度为 18°；第三层深度为 45 cm、角度为 15°；第四层深度为 50 cm、角度为 10°。

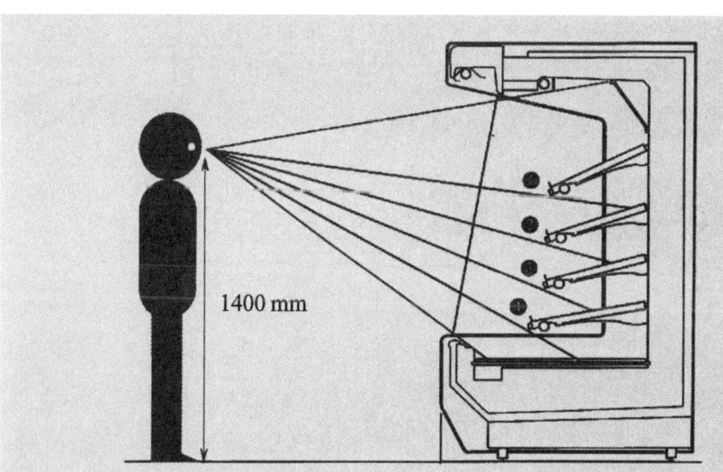

商品陈列深度	商品陈列角度
35 cm	25°
40 cm	18°
45 cm	15°
50 cm	10°

图 9-24 生鲜食品陈列深度及角度

五、展示与演出的差异

商品表现的方法有展示与演出两种，前者为将商品原有的价值与型态，不需任何的装饰搭配直接表现给消费者知道；后者为运用装饰、配色及照明等技巧，特别是将商品的利用价值有计划性地告知消费者，强化贩促效果。

六、陈列器具的运用

为了丰富消费者的视觉效果，运用陈列配件和器具，可强调商品的实用特色与生活化特征。陈列器具的涵盖范围包括材料配件、装饰用品、应用道具、吊架、橱柜及专用设备等，根据商品的特色及商店的性质加以妥善运用，必能表现出有效益的演出功能。

七、其他陈列要领

有效使用隔物板

可使商品整齐陈列，不仅方便顾客选购，又可防止现场缺货问题。

“有效使用隔物板”可使商品整齐陈列，不仅方便顾客选购，又可防止现场缺货问题。商品陈列定位后，应一致性立即在右上角贴上原价和特价并防止脱落。另外，在立体货物架的黄金段应陈列具有差异化、高利润及有特色的商品；上段以陈列希望顾客注意的商品为主；下段以陈列周转率高、体积较大、较重的商品为主。大部分商品的陈列顺序都采由小而大、由左而右、由浅而深、由上而下等原则。

学习评量及分组讨论

1. 商品陈列概念可分成哪几个阶梯概念？

2. 商品陈列有哪几种基本型态？

3. 请举例说明“量感陈列”。

4. 商品陈列的配置有哪几种分类？

5. 卖场常见的商品陈列方式有哪几种？

6. 何谓“端架陈列”，其陈列重点为何？

7. 以小组为单位，讨论课本以外的五种具有创意的陈列方式。

8. 以小组为单位，讨论说明“文具图书广场”商品陈列时，所应掌握的重要原则。

第十章 | POP广告运用计划

◎ 各节重点

第一节　卖场企业识别系统

第二节　标示指引计划

第三节　贩卖促进的 POP 广告

学习评量及分组讨论

◎ 学习目标

1. 能够定义企业识别系统，并应用在卖场规划上。
2. 清楚区分卖场应该标示的项目类别。
3. 了解 POP 广告在卖场所扮演的角色。
4. 定义 POP 广告在卖场的主要目的与诉求。
5. 认识各种卖场 POP 广告的贩促用品。
6. 学会卖场实用的手绘式 POP 小型海报。

卖场贩促气氛
必须由外而内掌握：整体色调与洁净的美感、配置与陈列的富裕感、温馨创意的亲切感、明亮舒适的宽阔感等四个主要原则。

"卖场贩促气氛" 除了必须由外而内掌握：整体色调与洁净的美感、配置与陈列的富裕感、温馨创意的亲切感、明亮舒适的宽阔感等四个主要原则之外，再运用有系统性的卖场广告计划，更能完全牵动消费者的购买意愿。这些动静态的贩促气氛技巧包含有卖场企业识别系统、标示指引、贩卖促进的 POP 广告等计划，以及适当的音乐、适温的冷气空调、试吃活动、得宜的服务等有效的卖场气氛要领，更是顾客再次光临的关键。

第一节　卖场企业识别系统

企业识别系统
是企业为了明确表达其经营的属性，而将比较抽象的企业价值观和经营理念，规划设计成具体可见的传达符号，然后透过多种不同的媒体管道塑造理想的企业形象，进而提升企业竞争能力。

"企业识别系统" 的英文全名为 Corporate Identification System，简称 CIS。此系统是企业为了明确表达其经营的属性，而将比较抽象的企业价值观和经营理念，规划设计成具体可见的传达符号，然后透过多种不同的媒体管道塑造理想的企业形象，进而提升企业竞争能力。换句话说，它是综合了企业的属性、价值观，经由视觉符号的应用，以推广企业的目标和传递品牌承诺。

早在 20 世纪 80 年代台湾各型制造产业纷纷导入企业识别系统的规划设计，作为经营战略的主要利器，更是提升国际市场形象的必备条件，如统一企业公司、宏碁计算机、捷安特等知名企业。20 世纪 90 年代随着经济产业结构的改变，零售与服务产业发展走向连锁化、专业化，各型各式的卖场如雨后春笋般的矗立在我们生活的每一个角落。紧接着市场自由化、国际化更随着千禧年的来临，使跨国企业的生产技术、经营管理、营销实力、商品情报等信息，大量出现在台湾市场，让本土企业倍感竞争压力。然而仔细观察这些跨国企业及新起的本土企业，为让顾客有耳目一新的感觉及创造一致的形象，在他们的营销体系都有一套完整的企业识别系统，这系统充分地运用到实体通路，以应付目前的市场竞争和追求企业未来的发展。

本节针对企业识别系统运用在实体通路的卖场，分别介绍"企业识别系统的构成要素"与"企业识别在卖场的应用范围"两大部分。第一部分着重于视觉识别的基本要素，包括企业标志、标准字体、标准色、企业造型设计、装饰图案等。第二部分则强调企业识别应用在卖场的外场、内场及行政管理等方面。

一、企业识别系统的构成要素

企业识别系统的基本构成要素包括理念识别（Mind Identity，简称 MI）、行为识别（Behaviour Identity，简称 BI）与视觉识别（Visual

Identity，简称VI）等三种（如表10-1所示）。

“理念识别”是企业识别系统的基本精神，就像是企业的心，如企业使命、企业愿景、经营理念、精神标语、经营策略及方针等。

“行为识别”好比企业的手，将经营的理念方针借由管理、制度、教育及活动表现出来，如商品研发、营运管理制度、服务作业流程、员工教育训练、公益活动、广告宣传、市场调查及促销活动等动态的具体行为。

“视觉识别”有如企业的脸，是一套系统化、标准化的视觉传播符号及文案。企业无形的经营理念就经由这些规划设计过的文案符号，直接明显地传播给社会大众。另外，当进行动态的行为识别时，也应运用视觉识别的文案符号，使整个动态和静态的企业活动更有组织化，达到吸引、识别、记忆、认同的目的。

根据心理学家的研究报告，视觉器官接收外界刺激所获得的讯息比率约占所有知觉器官的83%以上，可见视觉识别的设计是多么重要。有鉴于此重要性，视觉识别更应完整地展现于零售及经销实体通路的卖场。

理念识别
是企业识别系统的基本精神，就像是企业的心，如企业使命、企业愿景、经营理念、精神标语、经营策略及方针等。

行为识别
好比企业的手，将经营的理念方针借由管理、制度、教育及活动表现出来。

视觉识别
有如企业的脸，是一套有系统化、标准化的视觉传播符号及文案。企业无形的经营理念就经由这些规划设计过的文案符号，直接明显地传播给社会大众。

表10-1 企业识别系统三要素

构成要素	说 明
理念识别 (Mind Identity)	它是企业识别的原动力，借由共同理念的建立，来塑造特有的企业文化，如企业使命、企业愿景、经营理念、精神标语。
行为识别 (Behaviour Identity)	将企业的经营理念用于企业内部与外部的活动，激发员工共识，展现企业魅力，如商品研发、营运管理制度、服务作业流程、员工教育训练、公益活动、广告宣传、市场调查及促销活动。
视觉识别 (Visual Identity)	视觉识别是将企业无形的经营理念借由文案符号具体直接地传播给社会大众，如企业标志、标准字体、标准色、企业造型设计、象征图案。

二、企业识别在卖场的应用范围

企业识别的运用要有整体性与系统性，必须透过完善的规划与设计，依卖场的经营理念及方向来建立各项系统。企业识别在卖场应用的范围甚广，通常卖场在识别系统的设定上，从外场到内场及行政管理都可应用在动态和静态的物体上。

外场的应用范围涵盖卖场外观造型、建筑物外观色系、广告招牌、指引标示、宣传旗帜、橱窗门面、外场特贩区等。

企业识别在外场的应用
涵盖卖场外观造型、建筑物外观色系、广告招牌、指引标示、宣传旗帜、橱窗门面、外场特贩区等。

企业识别在内场的应用
有内部装潢、生财设备及器具、展示橱柜、商品标示、包装器皿、购物袋、购物车篮、赠品系统、POP促销用品等。

企业识别在行政管理方面的应用
可将识别系统运用在员工制服、证件系统（如员工识别证、出入证、停车证等）、文书事务用品、管理设备及器具、促销宣传及媒体广告、卖场车辆系统等。

内场的应用范围有内部装潢、生财设备及器具、展示橱柜、商品标示、包装器皿、购物袋、购物车篮、赠品系统、POP促销用品等。

行政管理方面可将识别系统运用在员工制服、证件系统（如员工识别证、出入证、停车证等）、文书事务用品、管理设备及器具、促销宣传及媒体广告、卖场车辆系统等。

以上卖场所有可运用的范围，皆应依据卖场既定的企业标志、企业标准字体、企业标准色、企业造型设计、企业装饰图案等视觉识别系统来设计应用，才能发挥卖场整体的协调性，达到企业经营的识别效果。

第二节　标示指引计划

举凡卖场内外有很多不同的空间格局机能、流通信息和商品种类诉求，必须透过标示才能发挥指引、告知、明示与宣传等功能，直接传达给消费者，使消费者能明确知道卖场布局及商品分类位置。卖场标示计划依其功能性大致分成引导告知标示、消防安全标示、商品标示、服务管理标示等四类。

标示制作的应用材质范围很广泛，标示板面有塑料板、压克力板、保丽龙板、金属板、木板、塑料帆布、LED电子显示屏及霓虹灯管等。图文标志的表现材质最常使用的有广告贴纸（卡点西得）、平版印刷、喷漆制作等。标示牌架通常的固定方式以立地式、悬挂式及直接固定在墙壁上或喷贴地板上最为常见。

一、引导告知标示

引导告知标示
目的在指引行驶方向，使顾客有顺序的安全进出卖场，也告知停车位状况和卖场各个楼层的进出位置。

“引导告知标示”大都使用在卖场外，主要设置在停车场，包括有停车场标志、车辆导行方向、空位及满位标示、楼层标示、出租车等候区标示等。这些标示的目的在于指引行驶方向，使顾客有顺序地安全进出卖场，告知停车位状况和卖场各个楼层的进出位置（如图10-1所示）。同时也标明一些安全提醒标语及关怀用语，如“施工中、请勿靠近”、“小心行车高度”、“请小心驾驶、谢谢惠顾！”等。假如卖场有工程进行中，除以警示语提醒外，还需设置工事警示灯和安全栏架（如图10-1所示）。

另外，设置在卖场门口的标示除了招牌和橱窗广告之外，还包括各楼层的营业项目介绍、开店和打烊的告示牌（如图10-2所示），还有卖场活动相关讯息告知，如商品发表会或举办促销活动。

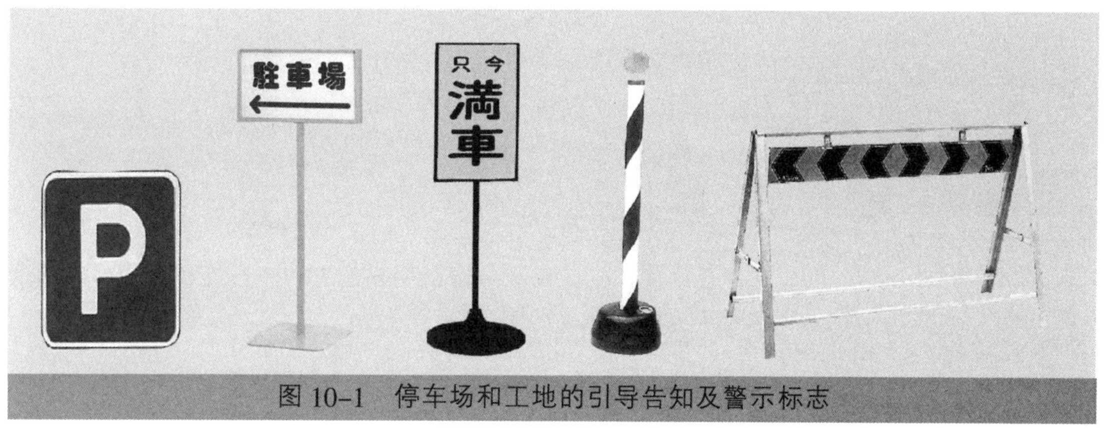

图 10-1 停车场和工地的引导告知及警示标志

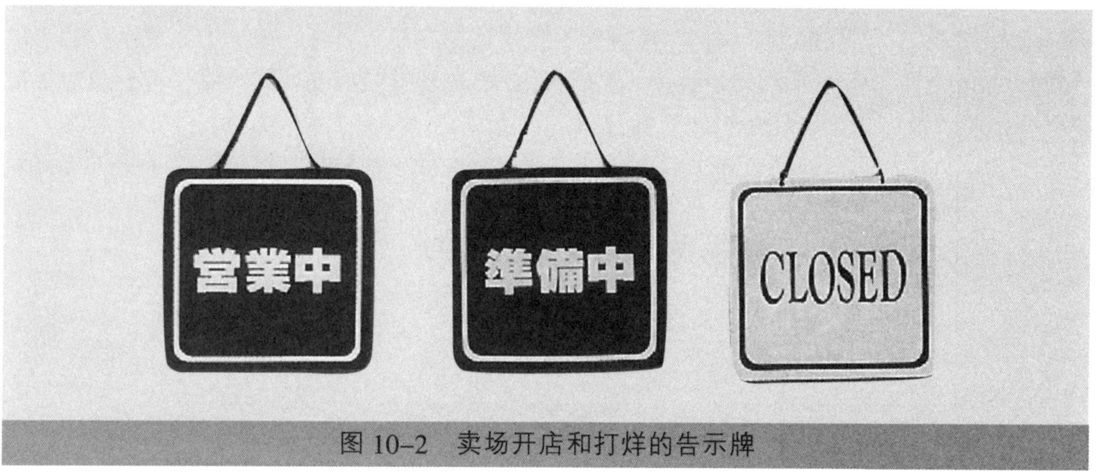

图 10-2 卖场开店和打烊的告示牌

二、消防安全标示

卖场使用时，应依照建筑相关法规设置消防安全等标示，这些标示设备包括避难系统图、消防及避难设备位置标示、出口标示灯及逃生口引导指标等。

消防安全标示设备
包括避难系统图、消防及避难设备位置标示、出口标示灯及逃生口引导指标等。

1.避难系统图

将各楼层的安全逃生路线绘制成平面图，张贴在卖场明显位置及逃生门处，此图的避难路线务必要正确、清楚、易懂，才能发挥避难效果，确保安全。

2.消防及避难设备位置标示

在每一种消防及避难设备上方或左右侧，以明显易懂的图文标示名称，同时以简单正确的图文示范说明该项设备的使用及操作流程(如图 10-3 所示)。此消防设备的标示如消防栓、灭火器、急救袋、救护箱、逃生安全梯等之标示和使用说明。

3.出口标示灯

各楼层通往户外及安全梯或另一防火区的安全门上方应设置逃生门标示灯（如图 10–4 所示）。

4.逃生口引导指标

在通往逃生门的走廊或通道的明显位置、转弯处和楼梯口应标示固定的避难方向指标（如图 10–5 所示）。

5.其他安全标示

当卖场里进行工程施工或局部改装时，除了需设置固定的安全标示之外，仍须配置相关管理员佩戴职责臂章，维护工地安全。若卖场有意外发生时，应立即派出避难辅导员应变处理灾难，辅导员应佩戴容易辨识的臂章（以红色为宜），以协助所有卖场人员安全避难。另外，营业中的卖场若有通道湿滑或正在清理，可放置警示立锥提醒顾客小心，避免发生意外（如图 10–6 所示）。

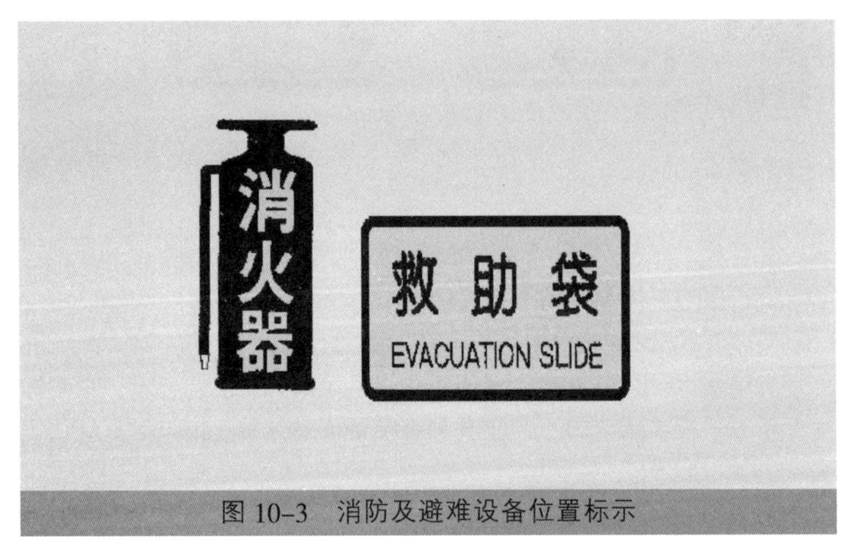

图 10–3　消防及避难设备位置标示

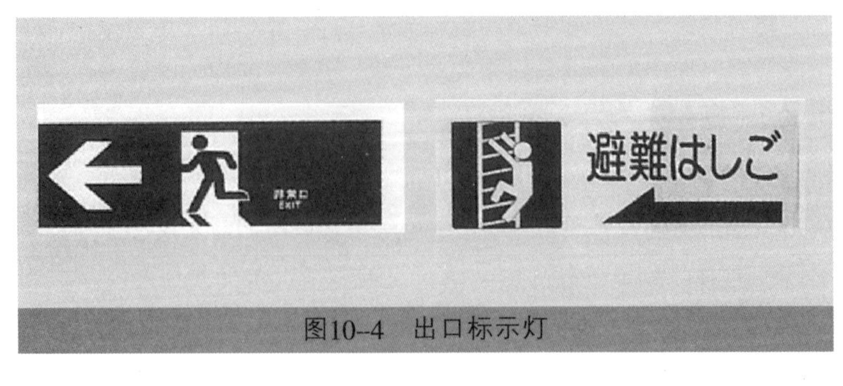

图10–4　出口标示灯

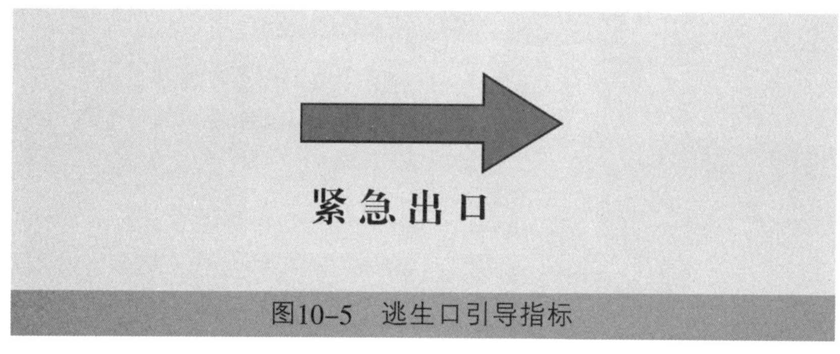

图10-5 逃生口引导指标

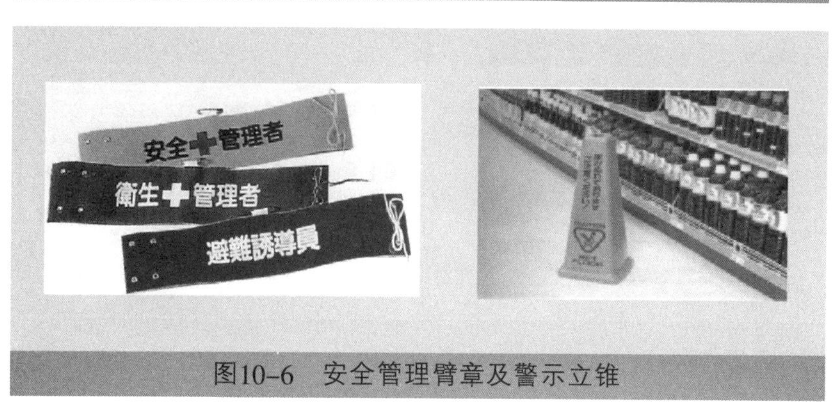

图10-6 安全管理臂章及警示立锥

三、商品标示

常用的商品标示大致可分成壁面标示、陈列柜标示、悬挂标示、POP 架标示等四类。

1.壁面标示

"壁面标示" 大都用于分别商品的大分类，如区分生鲜区、干货区、冷冻食品区等。此标示的篇幅较大，都直接绘制或以广告材质固定在墙壁上（如图 10-7 及图 10-8 所示）。

壁面标示
人都用丁分别商品的大分类，如区分生鲜区、干货区、冷冻食品区等。

图 10-7 直接绘制在墙壁上的商品标示

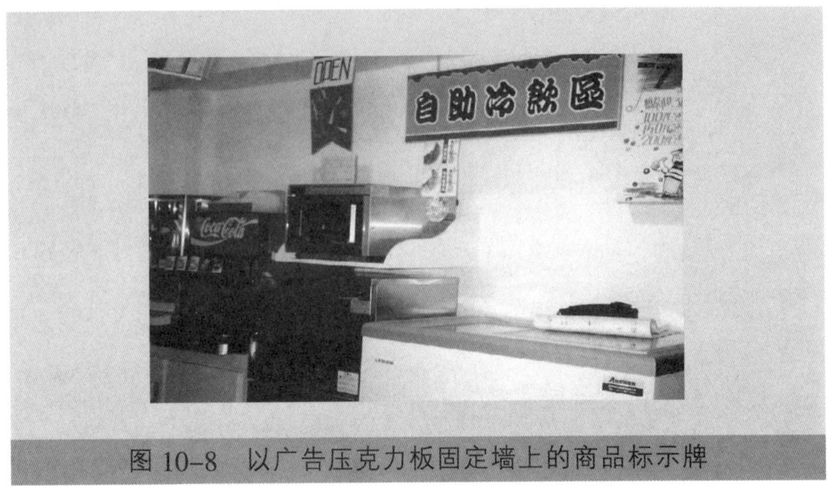

图 10-8　以广告压克力板固定墙上的商品标示牌

2.陈列柜标示

图 10-9 是直接将商品名称标示在冷冻冷藏展示柜上方，消费者可以很轻易地选择所要的商品。另一种是将商品名称与价格标示在陈列架的前饰板上，顾客很清楚地知道每一栏排列的细分商品明细(如图 10-10 所示)。

3.悬挂标示

卖场的天花板最好利用来区别商品的中分类，将商品标示牌悬挂在各卖点区的上方天花板（如图 10-11 所示)。

卖场的天花板最好利用来区别商品的中分类，将商品标示牌悬挂在各卖点区的上方天花板。

4.POP 架标示

配合各式的 POP 架将标示牌摆置在商品周围，此种标示大都用于凸显单项商品的特色（如图 10-12 所示)。

图 10-9　固定在冷冻冷藏柜上方的商品标示牌

图 10-10 嵌入陈列架饰板的商品标示牌

图 10-11 悬挂在卖场天花板的商品中分类标示牌

图 10-12 配合 POP 架标示单项商品的特色

四、服务管理标示

卖场的服务管理标示使用范围非常广泛，举凡公共设施标示、卖场服务标示、行政管理标示等。这些标示的版面较小，大都以特征符号表示，让消费者近距离一眼就可识别。

1.公共设施标示

卖场内外的公共设施标示牌，如化妆室标志牌、公共电话牌、残障人士服务标志，或者禁止携带动物进入卖场标志、禁止卡车进入、禁止吸烟区等警示标志（如图 10–13 所示）。

2.卖场服务标示

在卖点区里标示咖啡饮茶区、用餐区、电梯位置、吸烟区、顾客服务区、收银结账区等标示（如图 10–14 所示）。

3.行政管理标示

此种标示在于提醒员工内部自我管理，如请随手关灯、节约用水用电、请保持走道畅通、进货区、验货处、厂商洽谈室等标示牌，这些管理标示都使用在办公室、加工作业区、仓库储存区、机电室等（如图 10–15 所示）。

图 10–13 公共设施标示

图 10–14 卖场服务标示

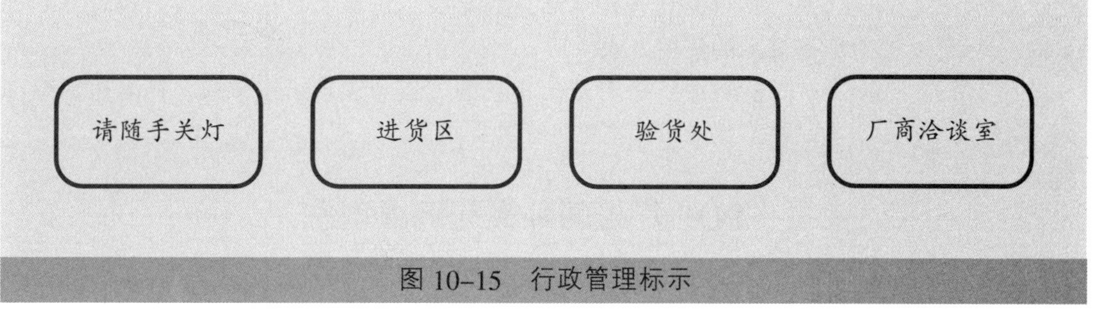

图 10-15 行政管理标示

第三节 贩卖促进的POP广告

当今繁荣进步的工商社会，使商品的流通已从传统的制造→零售→消费者之单向买卖模式，演变成卖场与顾客的双向互动消费行为，而在这交易平台担当媒介角色的就是所谓店头广告的POP。

POP广告
就是在卖场所有能够促进贩卖的广告物体，其承载着无声销售员及营造贩卖气氛的功能。

POP是Point of Purchase Advertising的首字母缩写，所代表的意义为“购买据点的广告”。广义来讲，就是在卖场所有能够促进贩卖的广告物体，都可以称之为POP广告。现在的消费者不喜欢店员的跟催纠缠或讨价还价，而喜欢借由POP广告来得知商品的相关信息，享受自由购物的乐趣。所以，卖场里的POP承载着无声销售员及营造贩卖气氛的功能。

一、POP广告的目的与功能

卖场的POP是最直接、最能促进贩卖的最终广告，其主要目的是将完整的商品信息传达给消费者，帮助消费者在购物时进行比较选择。除此之外，它还附有多种不同的功能，兹列举如下：

1. POP广告就好像无声的销售员，可以弥补卖场人员的不足。

2. POP广告可以搭配厂商的整体性推广活动及卖场本身的促销活动，提高商品形象和增加营业额。

3. POP广告随时为消费者作商品信息的传达，获取顾客的信赖，争取市场竞争力。

4. POP广告可搭配中长期的商品计划和广告计划，以达成卖场的营运目标。

5. POP广告可以使消费者了解卖场特有风格和经营理念。

6. POP广告促使消费者对商品的注目与理解性，提高购买欲。

7. POP 广告传达商品的品牌、价格、材质、特点与内容，并详述商品的使用方法。

8. POP 广告营造出卖场的气氛、表现出季节感，同时也增强商品的演出效果和物美价廉的诉求。

二、POP 广告的种类与诉求型态

(一)POP广告的种类

POP 广告随着视觉距离的远近和被诉求对象的差异，在内容企划、设计手法、制作材质及方法上都有不同的广告属性。换言之，POP 广告的种类非常多，运用时应以诉求对象来设计适当的广告诉诸消费者。在繁多的种类当中，卖场里常见的 POP 广告有柜台式 POP、垂吊式 POP、橱窗 POP、动态 POP、布条旗帜 POP、立地式 POP、印刷 POP、手绘式 POP 等八种（如图 10-16 所示），兹分述如下。

柜台式POP
通常是摆置在收银台的小型广告牌或桌上型置物架，以广告牌或置物架的特殊造型配合文字图案的标示，吸引等待结账顾客的注意，激发顾客的临时冲动购买动机。

1.柜台式 POP

此种 POP 通常是摆置在收银台的小型广告牌或桌上型置物架，以广告牌或置物架的特殊造型配合文字图案的标示，吸引等待结账顾客的注意，激发顾客的临时冲动购买动机。例如，便利商店柜台上所摆置的电池、底片、口香糖等展售架。

垂吊式POP
大都固定在卖场的天花板垂直而下，其有营造主题气氛的功能。

2.垂吊式 POP

此种 POP 大都固定在卖场的天花板垂直而下，其有营造主题气氛的功能。例如，开幕期间或换季时，在天花板布置大量相同的 POP，使整个卖场呈现主题诉求。

橱窗POP
是在橱窗里面摆置立体广告物或商品，配合橱窗玻璃上的文字和图案来诉求卖场形象或商品宣传，以引起店头来往的消费者注意，进而入店参观选购。

3.橱窗 POP

此种 POP 是在橱窗里面摆置立体广告物或商品，配合橱窗玻璃上的文字和图案来诉求卖场形象或商品宣传，以引起店头来往的消费者注意，进而入店参观选购。

动态POP
是属于立体结构组合的广告物，运用机电等原理将广告物设计成局部可动式，以制造趣味性吸引顾客注意。

4.动态 POP

此种 POP 都是属于立体结构组合的广告物，运用机电等原理将广告物设计成局部可动式，以制造趣味性吸引顾客注意。例如，餐厅门口摆设的创意财神爷造型，设计成自动蹲下和站立，站立时双手打开写有“恭喜发财”的布条，向过往消费者道贺。又如火锅店常在店头放置假炉火 POP 道具，其布条制的炉火经由小风扇向上吹，达到生动新奇的主题广告效果。

5.布条旗帜 POP

此种 POP 有立式旗帜和悬挂式旗帜两种。“**立式旗帜**”大都布置在外场，以塑造店头的贩卖气氛或宣传卖场的主题活动。“**悬挂式旗帜**”若使用在卖场内都设计成小型精致样，以装饰点缀为主要功能；若是使用在卖场外则以大而醒目的标题为广告诉求，如开幕旗帜和大甩卖旗帜。

立式旗帜
大都布置在外场，以塑造店头的贩卖气氛或宣传卖场的主题活动。

悬挂式旗帜
若使用在卖场内都设计成小型精致样，以装饰点缀为主要功能；若是使用在卖场外则以大而醒目的标题为广告诉求。

6.立地式POP

此种 POP 如设置在店门口的立地店招广告牌及价格广告牌。另外，如大型商品广告牌，是按商品实际比例放大制作成立式广告牌，设置在特贩区商品旁边，借由物大化及立体感的广告效果，凸显新商品的展示宣传。

7.印刷 POP

此种为经由制版印刷而成的 POP 广告，通常用于卖场需要量较多且使用时间较长时，可节省成本和确保广告内容的制作质量。尤其当上游厂商或总公司在推展商品项目活动时，都会统一制作印刷 POP，提供给零售卖场或分店使用。

8.手绘式 POP

此种 POP 是每个卖场针对自家商店需要、符合卖场主张及商品个体诉求所设计出来的广告。“**手绘式 POP 广告**”具有机动性、经济性及亲切感的特性，适合量小变化多且有速效性的制作限制，不需花很多的时间和费用就可现场完成的一种广告。

手绘式POP广告
具有机动性、经济性及亲切感的特性，适合量小变化多且有速效性的制作限制，不需花很多的时间和费用就可现场完成的一种广告。

(二)POP广告的诉求型态

随着不同的 POP 种类，其广告诉求型态也有所差异，这些差异都有其不同的广告意义和价值，如下段详述。然而，无论哪一种诉求型态，都必须考虑如何使 POP 广告在短短几秒钟，能够让消费者注意吸收并且印象深刻，所掌握的原则应为简单易懂、清楚美观。

1.说明性广告

如促销活动时间表、价目表、商品性能或质量说明、统计图表等。说明性广告的内容比较繁复，需要以条列式的文字叙述清楚，文字、格式及图案力求详细明了，不宜花哨复杂，目的在于使消费者阅览时清楚分明，不会造成消费者猜疑或一知半解，需要服务员另加讲解。

说明性广告
目的在于使消费者阅览时清楚分明，不会造成消费者猜疑或一知半解，需要服务员另加讲解。

柜台式 POP

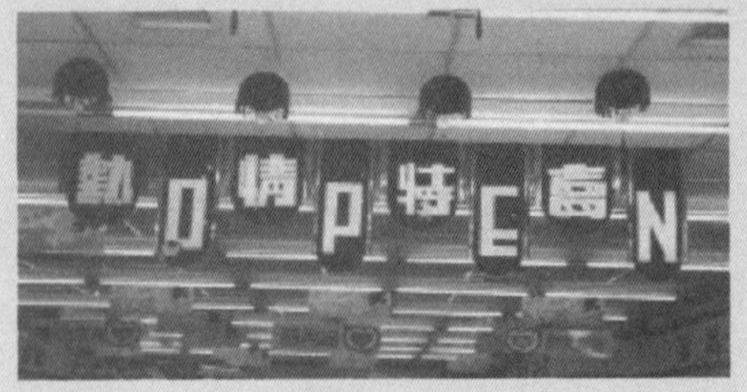

垂吊式 POP

橱窗 POP

动态 POP

布条旗帜 POP

立地式 POP

印刷 POP

手绘式 POP

图 10-16　卖场 **POP** 广告种类

2.促销性广告

如特价折扣、换季清仓拍卖、新产品展售及节庆促销等活动所使用的广告，目的在于刺激消费者的冲动性购买欲。这种广告的内容着重于价格与数量的超值性诉求，文案表现以商品名及价格数字为醒目的标题，再以相关生动的图案或插画作点缀装饰，增加广告的可看性，达到促销目的。

促销性广告
内容着重于价格与数量的超值性诉求，文案表现以商品名及价格数字为醒目的标题，再以相关生动的图案或插画作点缀装饰，增加广告的可看性，达到促销目的。

3.传达性广告

如卖场内的广告口号、精神标语及标示牌，目的在于提高消费者与服务人员的共识及传达指引人员的行走。此广告尽量以单色的明显字样或特殊符号标志，标示在卖场内行人易见之处。

传达性广告
尽量以单色的明显字样或特殊符号标志，标示在卖场内行人易见之处。

4.形象广告

以企业识别系统（如企业标志、标准字体、标准色）作基础，或响应公益活动作诉求所设计的广告，其内容没有促销活动等商业行为，主要目的在于强化企业的形象。

形象广告
主要目的在强化企业的形象。

5.感性诉求广告

配合特殊节庆或议题，以感性的内容向消费者表达关怀，同时以间接方式达到促销宣传效果。例如，在母亲节期间的广告，以亲情关怀作诉求内容，达到母亲节商品促销之目的。

6.气氛营造广告

如开幕期间以喜气隆重之内容及广告素材，将整个卖场点缀出新开张的欢乐气氛。又如秋天换季期间以中秋月圆或枫叶为广告题材，在卖场的重点区营造出秋天的气息，传达秋季产品的讯息给消费者。

三、卖场POP贩促用品

卖场的POP广告如果只是靠着单一的广告素材或平面促销海报，是无法丰富卖场的贩促气氛的，容易失去顾客对卖场的新鲜感和好奇心。所以，卖场企划人员必须懂得运用POP用品，搭配商品的陈列演出，才能牵动顾客的消费意向。这些用品从平面到立体、从小装饰品到大型广告用品，各式各样都有其不同的广告效果。以下按照体积大小和用途，分成装饰POP、海报及标示POP、广告牌POP、贩促道具、设备用品等五大类分别介绍。

卖场企划人员必须懂得运用POP用品，搭配商品的陈列演出，才能牵动顾客的消费意向。

1.装饰POP

常用于点缀商品，衬托出商品的美感和价值。如图10-17所示

装饰POP
常用于点缀商品，衬托出商品的美感和价值。

依照商品属性，选择适合的食品用人工草皮垫或竹垫铺陈在食品底部，并且以仕切板将食品分列隔开。另外一种装饰POP是在布置卖场格局的气氛，如图10-18所示的树叶水果POP可装饰在局部卖点区的上方，表现出绿意盎然的气息。还有在开幕期间可选用布旗，悬挂在卖场天花板营造出隆重开张之喜（如图10-19所示）。

图10-17 食品竹垫及仕切板

图10-18 水果装饰POP

图10-19 开幕悬挂式布旗

2.海报及标示POP

如图10-20除了有现成的周年庆、季节及开幕海报外，还有空白的特卖品海报，供业者自由发挥广告内容。另外，海报布置及标示用品也是不可或缺的利器，如海报固定夹、颜色装饰条、价格牌、各式POP架、立地标示牌架，如能善加利用这些用具，就能将海报和标示发挥出最大广告效果。反之，则会使海报贴错位置或错置方向产生反效果，所以卖场人员常称这些POP用具有小兵立大功之效用（如图10-21所示）。特别要说明的海报固定夹，其使用方法是先将海报夹固定在天花板，然后将海报从夹子的侧边插入（如图10-22所示），快速方便又保持海报的干净平整，可简单地替换海报，可改善传统张贴法的麻烦费时又污损天花板。

3.看板POP

此种POP大致分成文字广告牌和图案广告牌两种（如图10-23所示），文字广告牌都扮演着标明指示的功能，而图案广告牌则有美化卖场、营造气氛及衬托商品的效果。例如，将水果图案的广告牌装置在水果展售柜上，可制造较丰富的视觉效果，让消费者感觉所陈列的水果更加甜美好吃。

看板POP
大致分成文字看板和图案看板两种，文字看板都扮演着标明指示的功能，而图案看板则有美化卖场、营造气氛及衬托商品的效果。

图10-20 现成及空白海报

(a) 颜色装饰图条

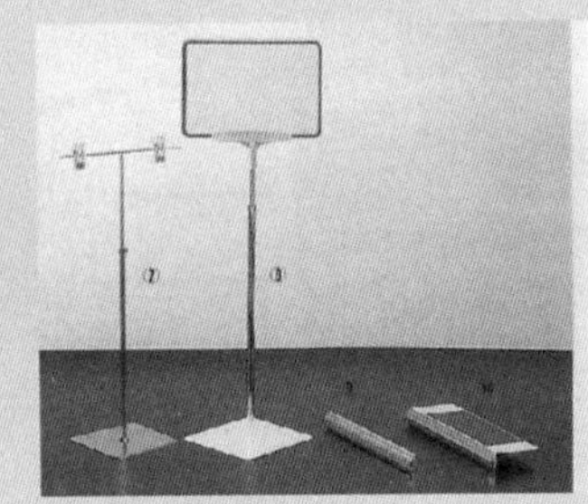

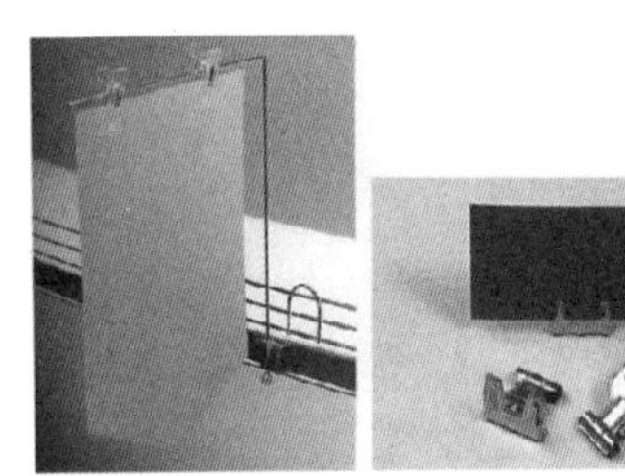

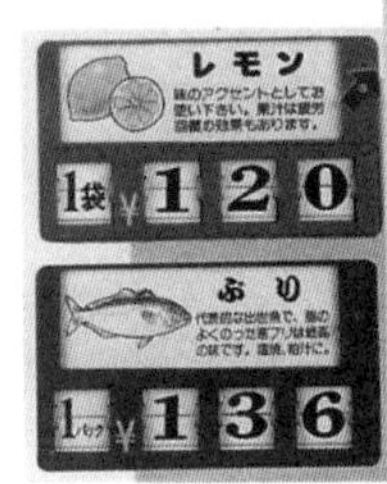

(b) 各式 POP 架及标价卡

图 10–21　POP 用具

图 10–22　海报固定夹

(a) 文字看板

(b) 图案看板

图 10-23 看板 POP

4.贩促道具

“贩促道具”种类及样式非常多，如能配合促销活动、商品属性、季节变化及卖场特性灵活运用，将会有很好的促进贩卖效果。例如，利用试吃盒达到与消费者的互动，并取得消费者对该商品质量的认同（如图 10-24 所示）；又如利用凸出端台将部分商品刻意形成通道障碍，引起消费者特别注意该商品（如图 10-25 所示）。另外，餐饮类卖场可使用假料理道具以吸引顾客入店消费。例如便当快餐店，可将主力商品订制成假料理，陈列于店头橱窗内，让消费者可一目了然便当的菜色，此种广告效果比平面的照片料理好很多（如图 10-26 所示）。

贩促道具

种类及样式非常多，如能配合促销活动、商品属性、季节变化及卖场特性灵活运用，将会有很好的促进贩卖效果。

5.容器设备用品

容器虽然只是装置商品，但是若能选用符合商品属性、精致美观又实用的容器，可提升商品形象与卖相。例如，精致美食的餐点可选用如图 10-27 所示的木制容器；又如腌渍食品可装置在图 10-28 中的树脂圆桶，陈列于卖场中表现出日本的风味。另外，特贩设备的设计和选用是不同于一般卖场设备，其需具有特殊的商品文化和有创意的外观造型，才能形成卖场焦点达到特贩效果。图 10–29 所示为木制加玻璃的特贩商品柜，木制屋型有传统的风格，玻璃层板架又能表现商品的现代感，独立的造型及活动轮设计可机动性地举办促销活动。

图 10–24 试吃盒

图 10–25 凸出端台

图 10–26 料理贩促道具

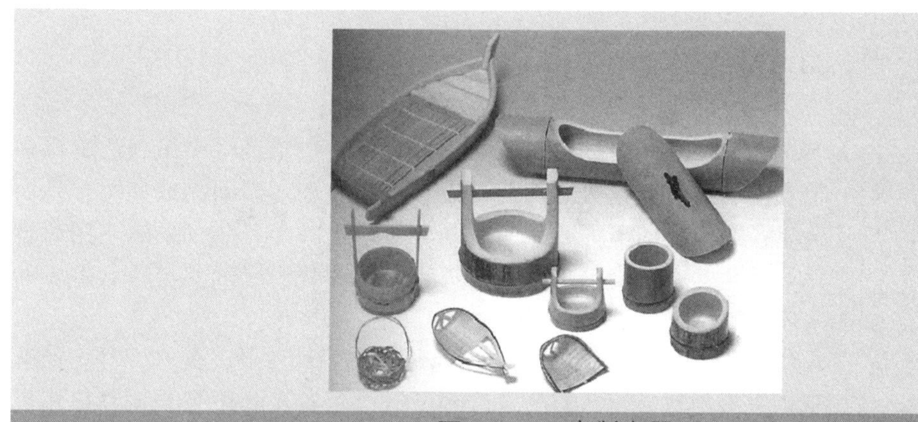

图 10-27 木制容器

图 10-28 树脂容器

图 10-29 特贩商品柜

四、实用的手绘式 POP 广告

手绘式POP广告 是所有POP广告中最经济实用和具有机动时效性的一种，其可利用简单工具和材料在短时间完成使用，是商店现场宣传促销不可或缺的利器。

“手绘式 POP 广告”是所有 POP 广告中最经济实用和具有机动时效性的一种，其可利用简单工具和材料在短时间完成使用，是商店现场宣传促销不可或缺的利器。手绘式 POP 广告的发展应用源自日本，尤其零售卖场更将此发挥得淋漓尽致，已成卖场经营重要的一环。

早在 1985 年期间，台湾的超级市场正处蓬勃发展时，许多经营业者纷纷赴日考察超市经营管理，其中手绘式 POP 广告制作应用更是营造卖场贩促气氛之必修课程。经由业者及专家们的用心推广，各地文教中心（如“救国团”和企管公司）及连锁卖场机构（如超市连锁企业和农会超市系统），都不遗余力地开班授课，让手绘式 POP 广告更具普遍性和实用性（如图 10–30 所示）。

图 10–30　各地文教机构及连锁卖场纷纷开班推广手绘式 POP 广告

（一）手绘式POP广告的特性

手绘POP可依自己的促销计划、诉求对象、企业文案及特殊空间，设计制作有吸引力的POP，标示于适当的位置，达到卖场所要的广告效果。

手绘式 POP 广告不需要精美的印刷和刻意的装饰，也不需花费很大的制作成本和数量。简单的商品诉求、信息提供及情报传达，都能表现出卖场格调及商品的诉求重点，其传达的实时性和生动的亲和性，使之成为卖场与消费者之间互动沟通的主要平台，它的主要特性如下。

1.符合卖场和商品的特性需要

如和上游厂商所提供的 POP 相比较，手绘 POP 较能够表达出卖场自己的广告主张。因为厂商的 POP 都是在统一的广告策略下，针对多数卖场而设计的，无法考虑单一卖场的特贩方式、气氛与空间问题，不能一一满足个体店的实际需求。手绘 POP 可依自己的促销计划、诉求对象、企划文案及特殊空间，设计制作有吸引力的 POP，标示于适当的位置，达到卖场所要的广告效果。

2.具备机动性和时效性

现在商业的竞争非常激烈，卖场的促销计划已从长期对抗，激烈到时刻都在变化的短兵相接，所以，单靠厂商提供的 POP 常有缓不济急的缺失，其从情报收集→企划设计→制版印刷→分装配送到卖场布置的流程，常错过销售时机点。而手绘 POP 则是随时一抓到销售契机点，就能现场快速简便地绘制，掌握市场先机，保证营销时效性。

手绘POP是随时一抓到销售契机点，就能现场快速简便的绘制，掌握市场先机，保证行销时效性。

3.制作简单、经济实用

手绘 POP 的主要绘制技巧以字法为主、插图为辅。此技巧不需要非常专业的美工广告训练，只要经过短期练习，依照诉求特点，都可运用麦克笔及其他现成素材，绘制出经济实用、有贩促效果的 POP。

4.生动活泼具有亲切感

卖场个体针对诉求对象的消费行为及购买心态、竞争环境、卖场空间等各种需要所设计的内容，配合手绘的文字与插图，所富有的亲切感是卖场与消费者信息与情感沟通的最佳桥梁。

(二)POP字法与插图技巧

1.POP 字法技巧

制作 POP 广告首重时效和机动性，应掌握并熟练字法技巧，才不至于耗时太多。手绘 POP 字体比较活泼有变化，不流于一般印刷字的刻板，虽然字型变化较大，其笔画安排却也应合乎视觉美感的原则。POP 字体种类非常多，然针对卖场海报内容，大致归类为以下几种字法加以详述。

制作POP广告首重时效和机动性，手绘字体应掌握并熟练字法技巧，才不至于耗时太多。

(1) 标题字画法

“标题字” 的字数不宜太多，字体的大小、造型变化、字距、行距应力求一致，以免影响可读性。假如标题在五个字以内，可加强字型上的变化，且着重于字组结构的整体感和平衡性，凸显标题的诉求。标题字通常都采用较粗宽的硬笔（麦克笔）和软笔（平笔）来描绘。使用麦克笔的规格如角 12、角 20 及角 30 等，而使用平笔则以笔宽 10 mm 以上为宜。

标题字
字数不宜太多，字体的大小、造型变化、字距、行距应力求一致，以免影响可读性。

① 麦克笔标题字技巧

●三只手指头握住圆笔杆，拇指在笔杆的左边、食指在笔杆的上方、中指撑在笔杆的下方。

●以铅笔先画正确的基础字骨，再以麦克笔描绘，可确保字体的完美性。

●因标题字描绘范围较大，故需站立并以手肘腾空运笔绘制。

●横线和直线的粗细一样（故又称粗型字体），笔画要均匀、墨色要饱和：以角12麦克笔为例，画横线时，笔的斜角在上，右边笔蕊棱线应与纸面密切吻合、保持60°，以平稳缓慢的速度向右画线；画直线时，只要换边改变持笔角度，使笔的斜角在左边，向下画线即可（如图10-31所示）。

●笔画相接时应重叠切齐，不要有缺角、超出或未相接（如图10-32所示）。

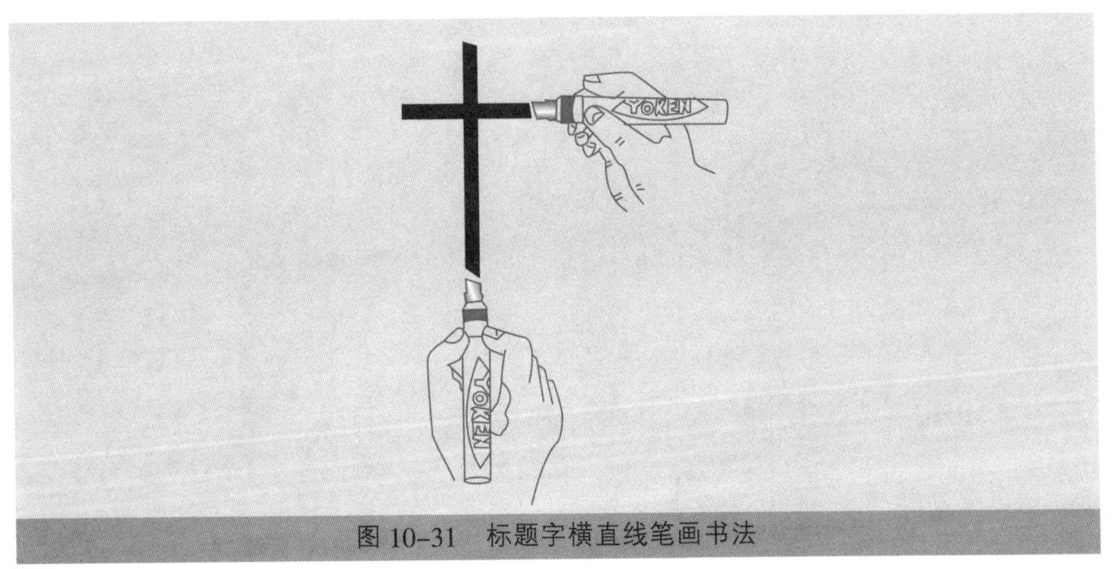

图10-31　标题字横直线笔画书法

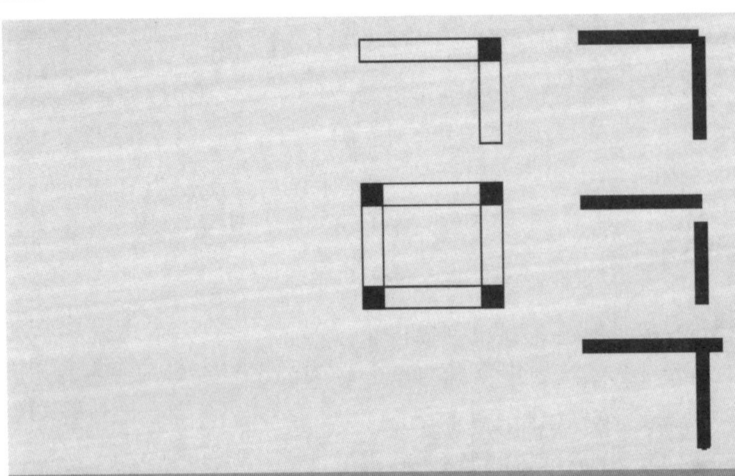

图10-32　标题字笔画正确相接法

●笔画小转弯时，以笔之内角为圆心、外角画弧转弯；笔画大转弯时，直接提笔腾空画弧转弯。

●画标题字时，手肘要跟着笔画一起移动，以加大书写范围。

●时常换边书写，避免笔的单一边墨水干涸。

●POP 字体本身是一种有变化的画字，为避免降低字意的理解性，尽可能不要写简体字。

●配合商品特性，画出字的个性，如代表化妆品的标题字，可选用较具女性化的纤细字体。

●完成标题字时，可在字体上或字旁画一些辅助线条，以增加立体感或重叠的效果。唯需注意，不可画蛇添足，过于复杂，徒增辨读困难度。

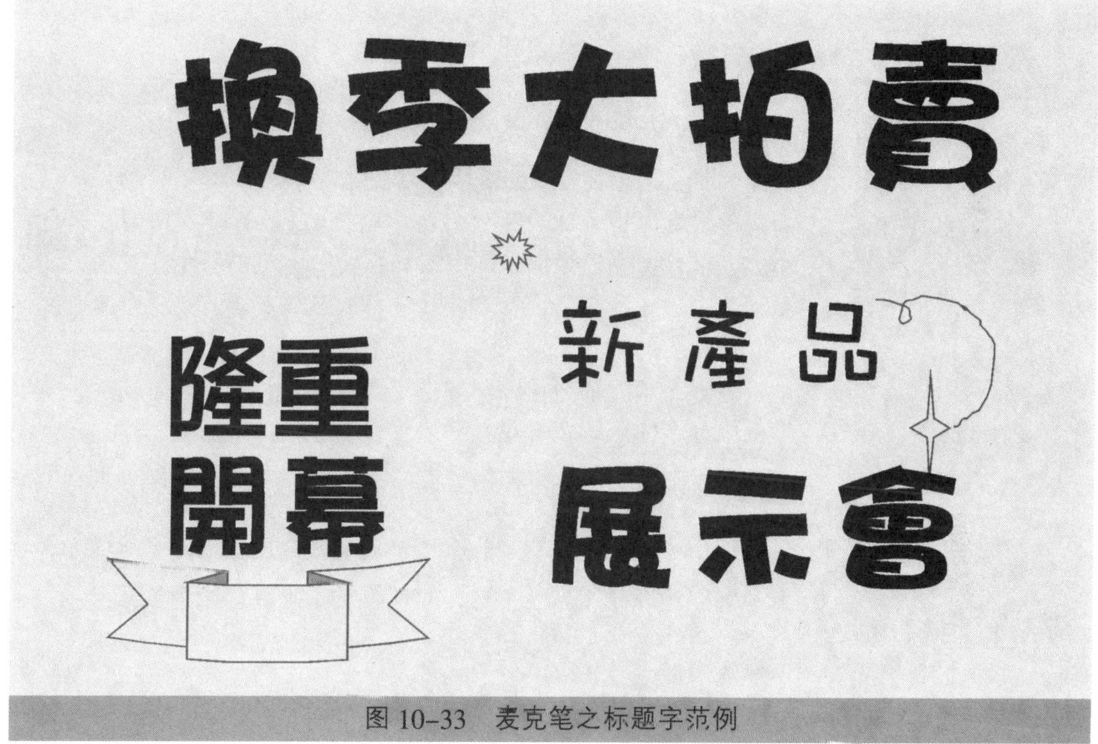

图 10-33 麦克笔之标题字范例

② 平笔标题字技巧

平笔因属于软性笔，绘制的困难度和技术度都比麦克笔高，然而所画出的字体变化也相对的比较有创意。以平笔画标题字的原则，除了有与麦克笔相同技巧之外，尚应注意如下要点：

●下笔之前要先体认是在“画字”，而不是在“写字”。

●描绘中以平顺适中的力道移动，不可随意加重或减轻力量。

●铅笔字骨是描绘的基础依据，但遇有笔画可能重叠或比例不良之处，应该随即作适当的笔画调整，力求画字的完整性。

●颜料的浓度与量，应一次调和备妥，避免中途补添，造成色泽、明暗不一。

●不同颜色料应分别使用不同的平笔，以免字体产生浑浊色。

●在字末笔画的尾端以90°左右的方向顺手勾笔，使字体产生轻松的变化（如图10–34所示）。

●可使用另一种软性圆头笔（通称为圆笔），描绘出比较活泼、更富创意变化的字体（如图10–35所示）。

(2) 说明文字体的画法

POP广告的说明文
是在陈述广告活动的细节，内容字数较多，所以字体的表现不仅是单独字的工整及特色，更须考虑到字组群化的整体构成画面之美感。

“POP广告的说明文”是在陈述广告活动的细节，内容字数较多，所以字体的表现不仅是单独字的工整及特色，更须考虑到字组群化的整体构成画面之美感。说明文的字体大都以角6以下的麦克笔描画为主，其所掌握的画法技巧和原则如下：

●三只手指头握住圆笔杆，拇指在笔杆的左边、食指在笔杆的上方、中指撑在笔杆的下方。

●以铅笔先画正确的基础字骨，再以麦克笔描绘，可确保字体的完美性。

●说明文的单独字描绘范围较小，故坐着即可运笔绘制。

●横线为细、直线为粗（又称中型字体），笔画要均匀，墨色要饱和；以角6麦克笔为例，画横线和直线时，笔的斜角在左边，同样使用笔的左边棱线与纸面密切吻合，保持60°，以平稳缓慢的速度向右和向下画线即可，无须换边（如图10–36所示）。

●笔画相接时依然重叠切齐，不要有缺角、超出或未相接。

●中型字体因笔宽较小，易于直接转弯。

●画中型字体时，手肘依然要跟着笔画一起移动，增加描绘的灵活度。

●说明文的中型字体本身是一种有变化的中小字体，为避免降低字意的理解性和易读性，不可写异体字和增加其他的辅助线条。

資訊流通館

图10–34　使用平笔描画标题字时，可在笔画尾端作勾笔变化，表现出轻松的感觉

暑期特惠活動

图10–35　使用软性圆笔描绘出活泼有创意的字体

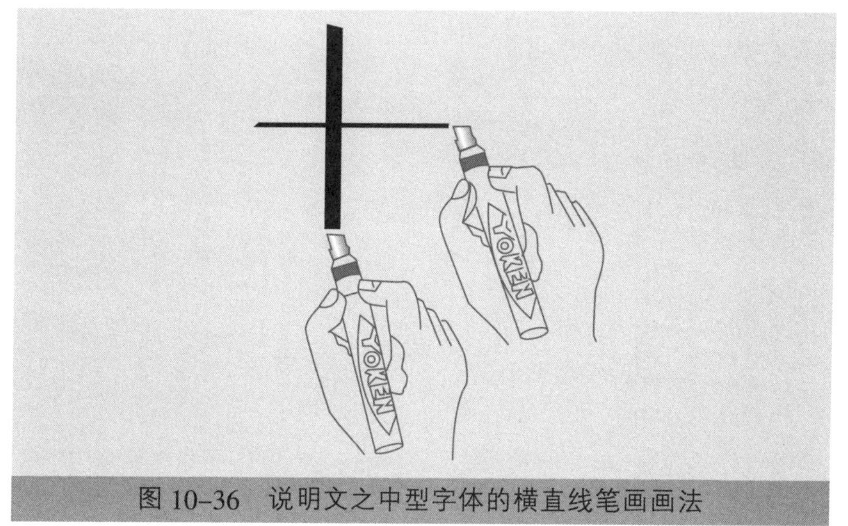

图 10-36 说明文之中型字体的横直线笔画画法

●字骨结构以“顶天立地、鼓鼓满满”为原则，字骨比例以“缩短字颈与字头”为原则（如图 10-37 所示）。

●为使消费者易读易懂，字群表现应掌握字距小于行距、行距小于段距之排列原则（如图 10-38 所示）。

●太冗长的说明文句子，消费者不喜欢读看，应适当修辞配置，或者以不同颜色来区分、或以颜色作重点表现。

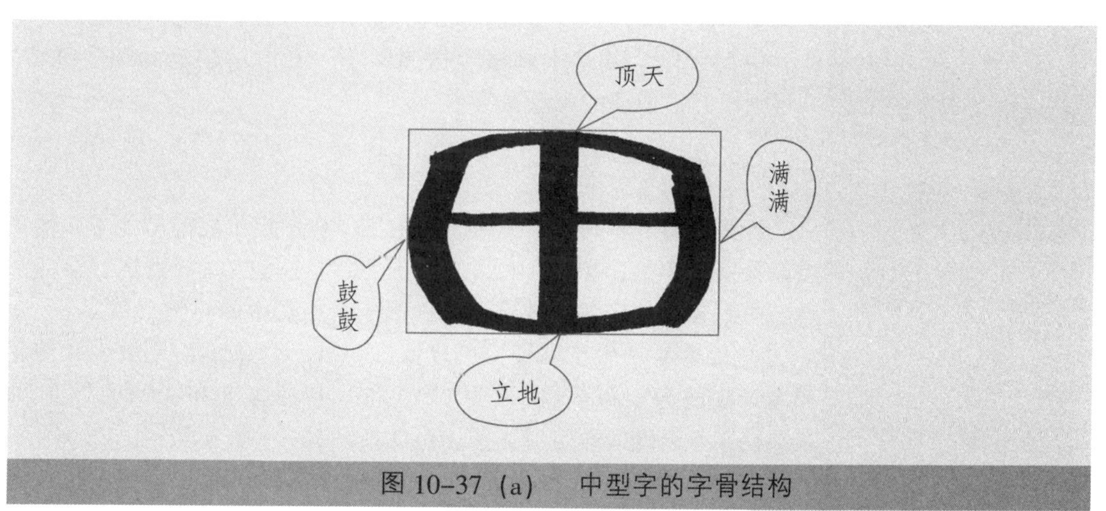

图 10-37（a） 中型字的字骨结构

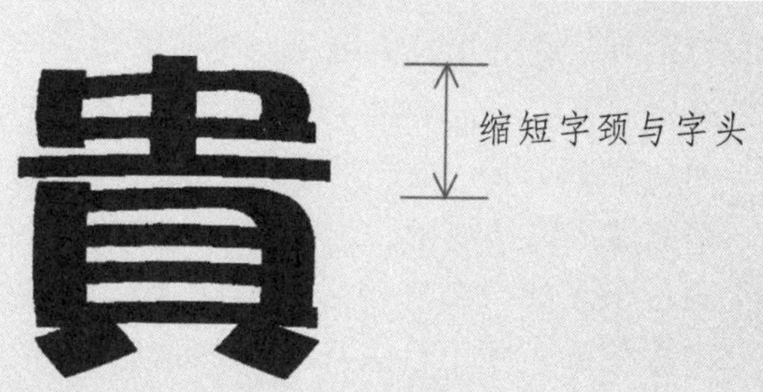

图 10-37（b） 中型字的字骨比例

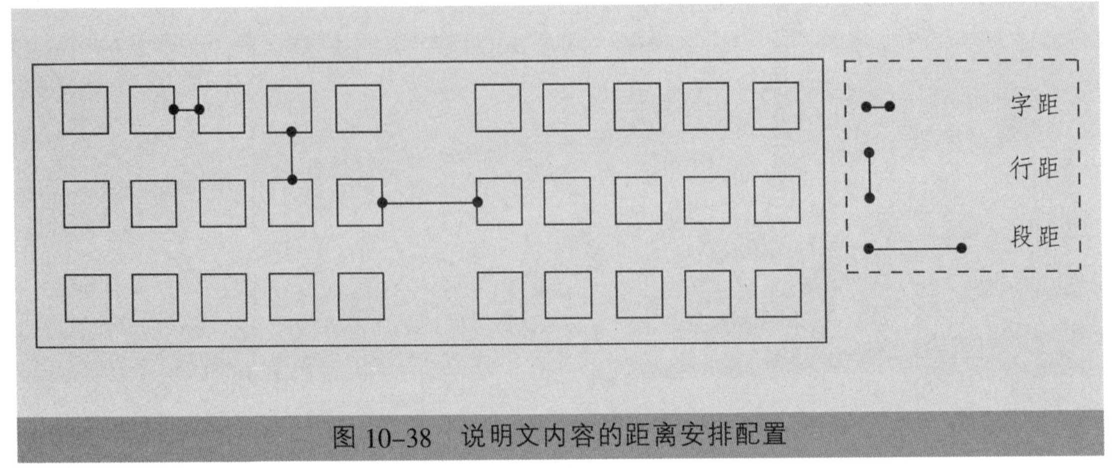

图 10-38 说明文内容的距离安排配置

POP广告里的数字通常用来标示商品的价格和说明文的顺序题号。

(3) 数字画法

POP 广告里的数字通常用来标示商品的价格和说明文的顺序题号。使用于价格标示的数字，应选用较宽平的麦克笔（如角 12、角 20、角 30），以标题字（粗型字体）的基本画法，按照图 10-39 所示的笔画顺序练习，即可画出明显有力的粗型数字。当数字使用在说明文的顺序题号或内文数据时，可选用角 6 以下的麦克笔，以说明文字体（中型字体）的基本画法，按照图 10-40 所示的笔画顺序练习，即可画出轻松便捷的中型数字。

价格对消费者来讲是很敏感的数字，标示定价之前应先了解消费者对价格数字的印象。

(4) 价格数字组合的印象及画法

价格对消费者来讲是很敏感的数字，标示定价之前应先了解消费者对价格数字的印象。如图 10-41 所示 1、2、3、4 等数字，会使消费者产生较贵的印象；数字 0 和 5 属于价格适中的感觉；数字 6、7、8、9 比较容易产生价格便宜的印象。另外，以单价的尾数，被使用频率最高的为 8 和 9，其次为 7、0、6，接着为 5 和 3，而 2、1、4 是被使用率最低的数字（如图 10-42 所示）。

价格数字组合

数字之间的局部相连是重要的技巧，然而数字1的下一位是4、5、7时，不可与1相连在一起，以免重叠部分造成数字混淆，不易辨识。

当数字用于表示商品价格时，除了优惠折扣的数字是个位数之外，大部分的价格数目都是十位数以上的数字组合。组合数字的表现特别要注意整体的结构性，使多个数字能结合为一个数字，让消费者在瞬间就能一目了然。因此，数字之间的局部相连是重要的技巧，然而数字 1 的下一位数是 4、5、7 时，不可与 1 相连在一起，以免重叠部分造成数字混淆，不易辨识（如图 10-43 所示）。如果价格数字表现过于复杂，会直接影响消费者的购买意愿，所以字组的上下线应力求切齐，才不会破坏数字的清晰度和可读性。数字中若需有大小变化时，则应考虑整组数字的辨读顺畅与排列均衡，始可达到更好的视觉效果。

图 10-39 用于标示商品价格的粗型数字之画法

资料来源：三采文化出版事业有限公司。

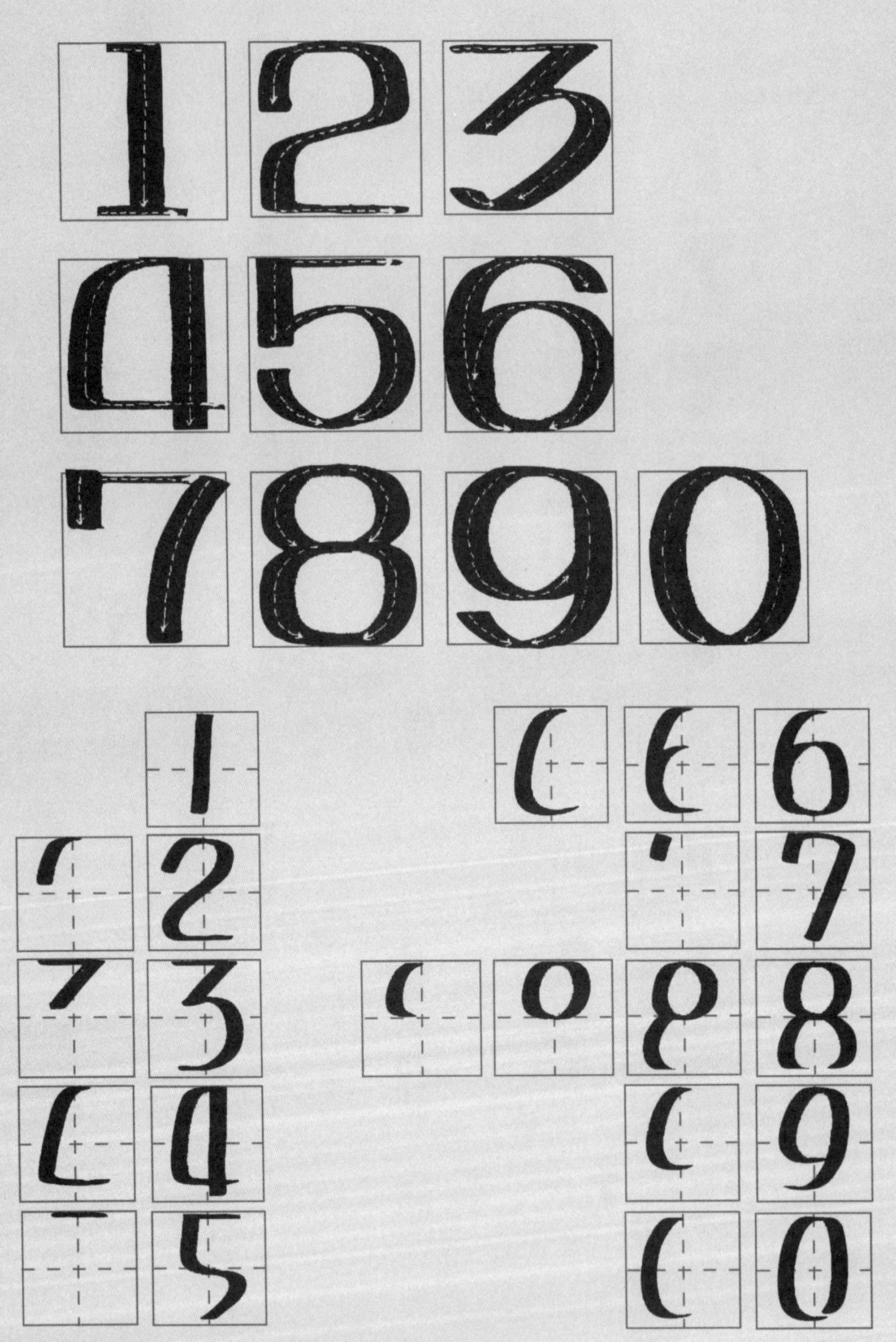

图 10-40　用于表示说明文的顺序题号和内文数据的中型数字之画法

资料来源：三采文化出版事业有限公司。

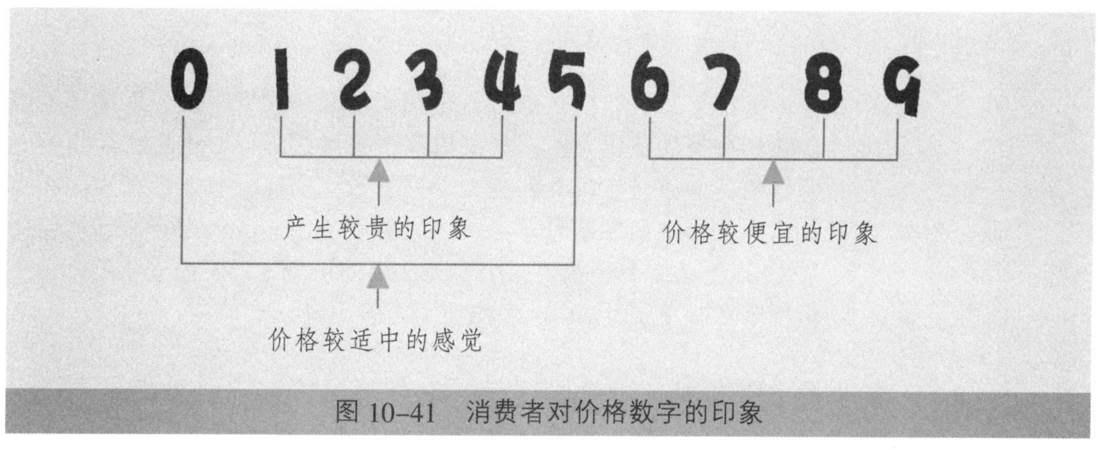

图 10–41 消费者对价格数字的印象

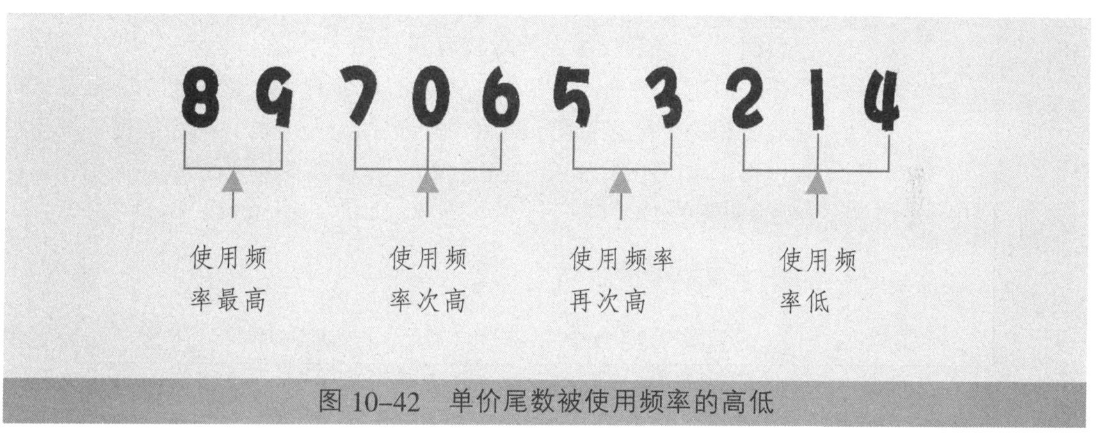

图 10–42 单价尾数被使用频率的高低

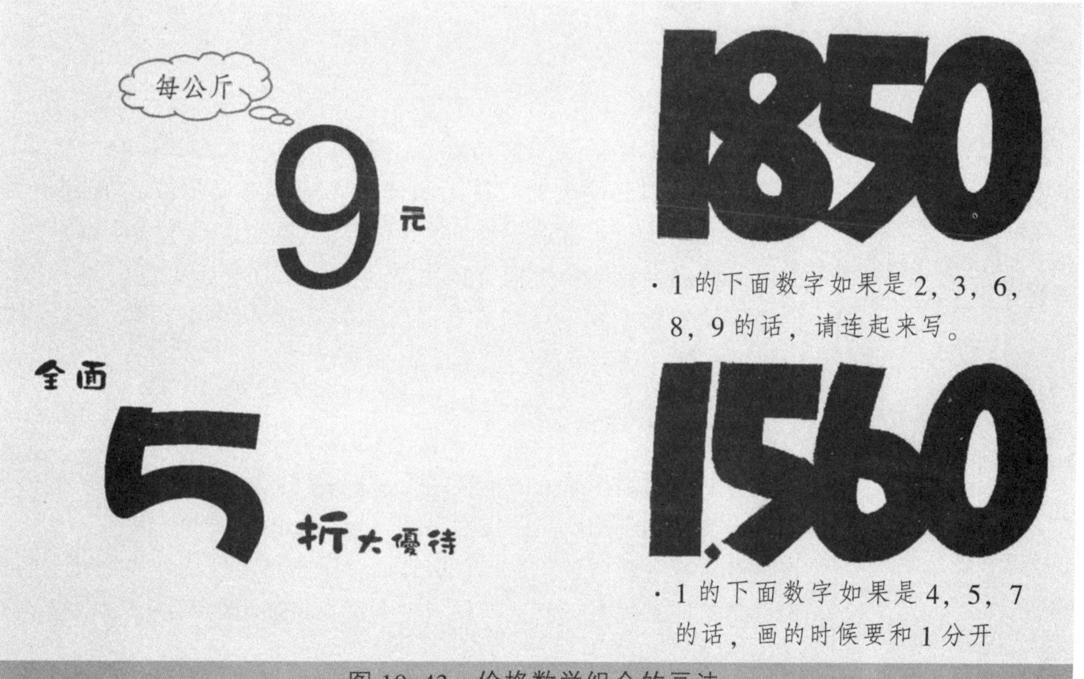

图 10–43 价格数学组合的画法

(5) 英文字母画法

虽然英文字母在 POP 广告里用到的几率较低，但如果描画不当会破坏海报的整体美感，只要依照下列画法练习，很快就能描绘一手好的英文字母。POP 的英文字母和数字一样，分成标题用的粗型字体和说明文顺序题号及内文字母的中型字体。粗型英文字体使用角 12 以上的麦克笔描画，中型英文字体以角 6 以下的麦克笔或角头彩色笔书写（如图 10-44 及图 10-45 所示）。

(6) 强调记号的运用

强调记号
在POP广告里的角色具有重点提示、点缀装饰、弥补画面构成不足和提高画面造型等效果。

“**强调记号**”在 POP 广告里的角色具有重点提示、点缀装饰、弥补画面构成不足和提高画面造型等效果。记号的标示以日常看惯的造型简单、线条利落之符号较容易产生亲切感。通常以星形、圆点、爆炸、闪电、箭头、方形、括号、心状、彩带、抛物线、三角形、折弯线、快速刷笔画线等最常使用，这些记号有的只单纯使用符号，很有新鲜感；有的则配合文字使用，具有强调惊叹之意（如图 10-46 所示）。

2.POP插图技巧

在完成手绘 POP 文字稿之后，增加些许插图可使整个画面更生动活泼，平添内容真实感，使消费者更容易了解广告内容，提高广告说服力。POP 插图画法，除了专业的美工技艺之外，对一般非专业美工人士来讲可采以下常用的技法，这些技巧绘制简单、素材容易取得、诉求效果很鲜明。

(1) 平涂法

平涂画法
将运笔方向的纹理减到最少，色彩均匀规律，非常适用于POP的插画。

手绘 POP 插图要求简洁有力、快速有效，太细致描绘的插图反而不适合。因此简单的“**平涂画法**”将运笔方向的纹理减到最少，色彩均匀规律，非常适用于 POP 的插画。首先以铅笔描绘图案的轮廓线，再以麦克笔由上而下或由左而右依顺序平涂着色，最后以黑色签字笔勾勒出线条。如果要提高图案的立体变化，可用由浅到深的色泽平涂，达到光线的明暗效果。

(2) 表贴法

表贴法的制作非常简单快速，素材取得容易又具有真实感的广告效果。通常都利用商品的实物目录、报章杂志的景物图片、质佳的进口色纸或彩色转印纸，加以裁剪合成、拼贴出有独创性或幽默感的画面。唯需注意的是，所选择的素材图案与拼贴出的画面，必须要符合主题诉求。

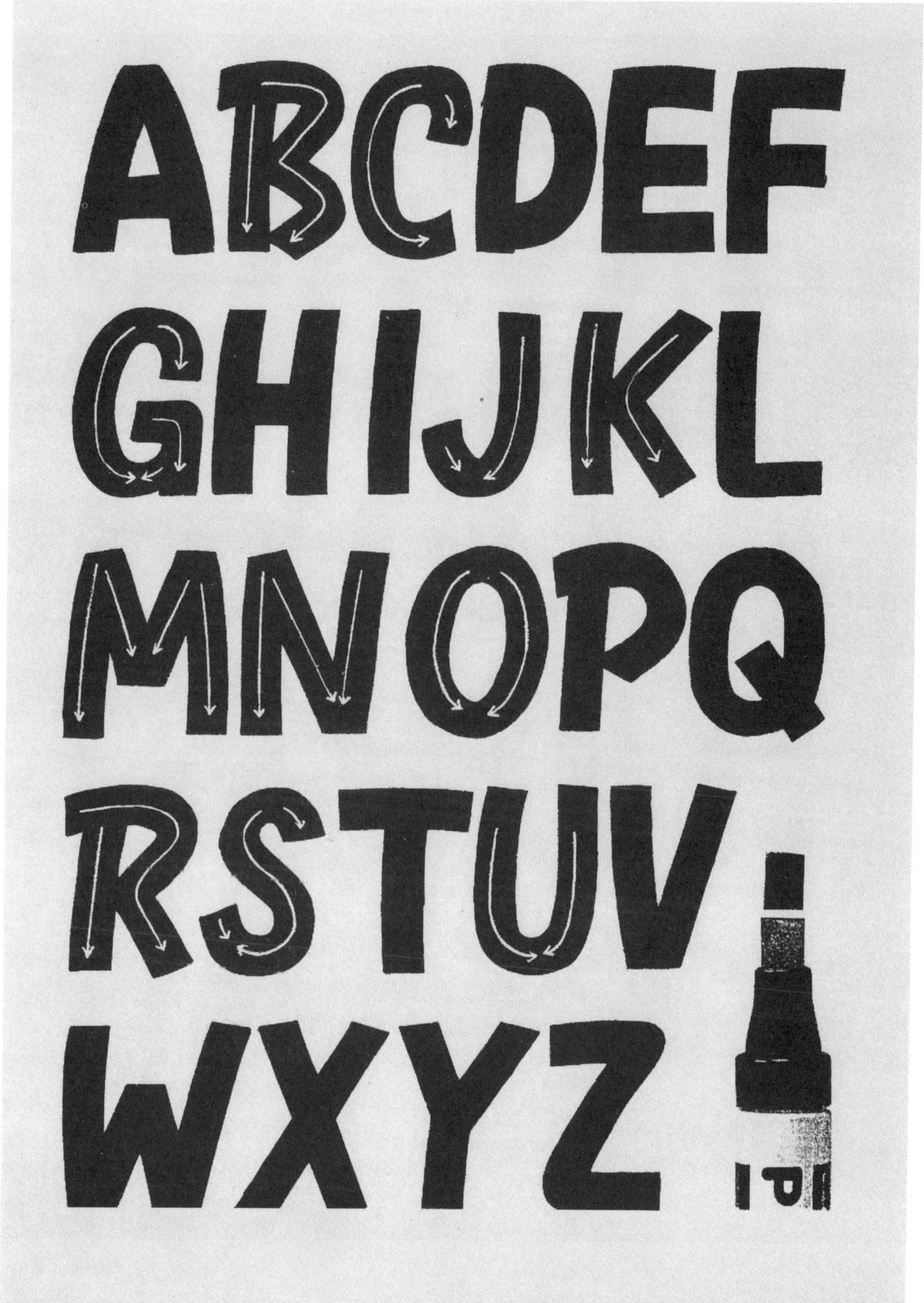

图 10–44 以角 12 麦克笔描画标题用之粗型英文字母

资料来源：三采文化出版事业有限公司。

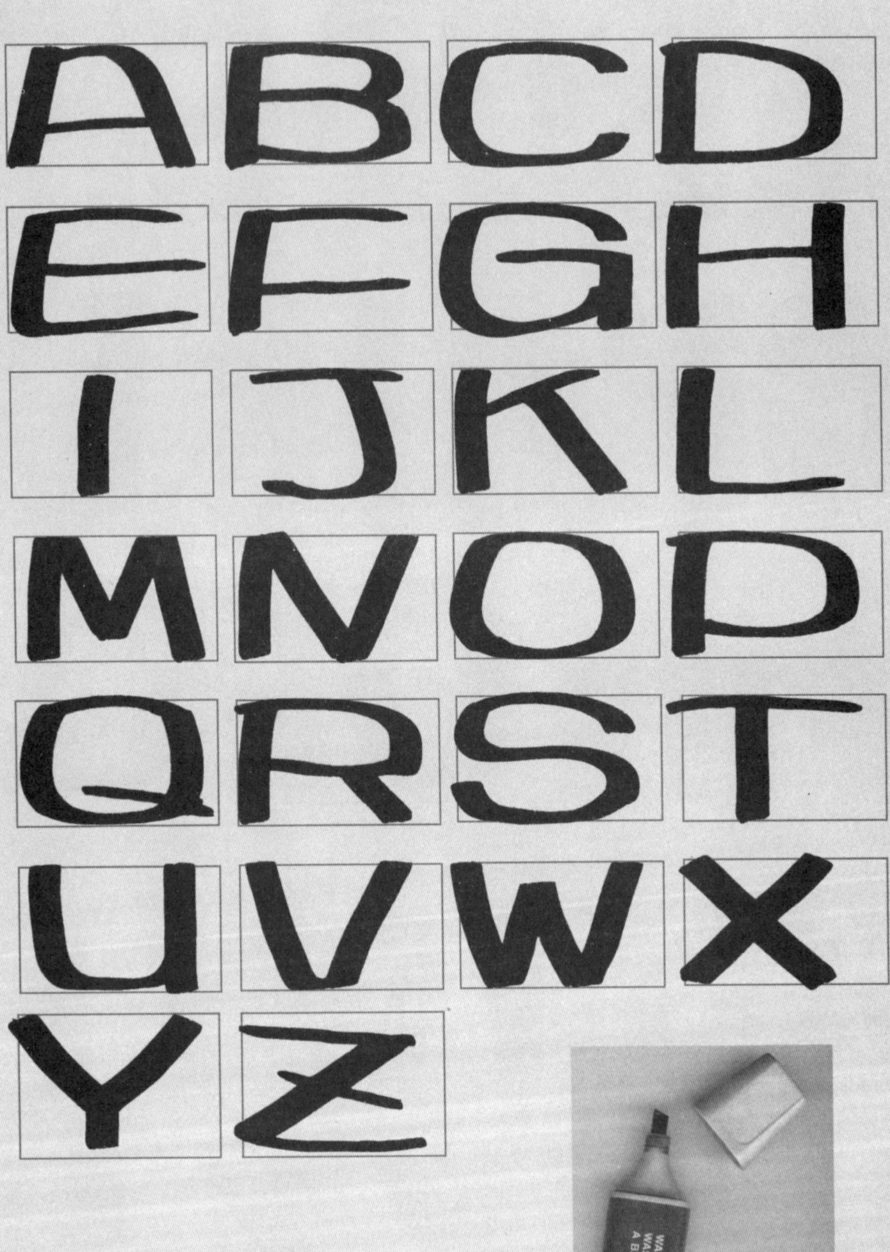

图 10–45　以角 6 麦克笔描绘说明文题号及内文字母的中型英文字母

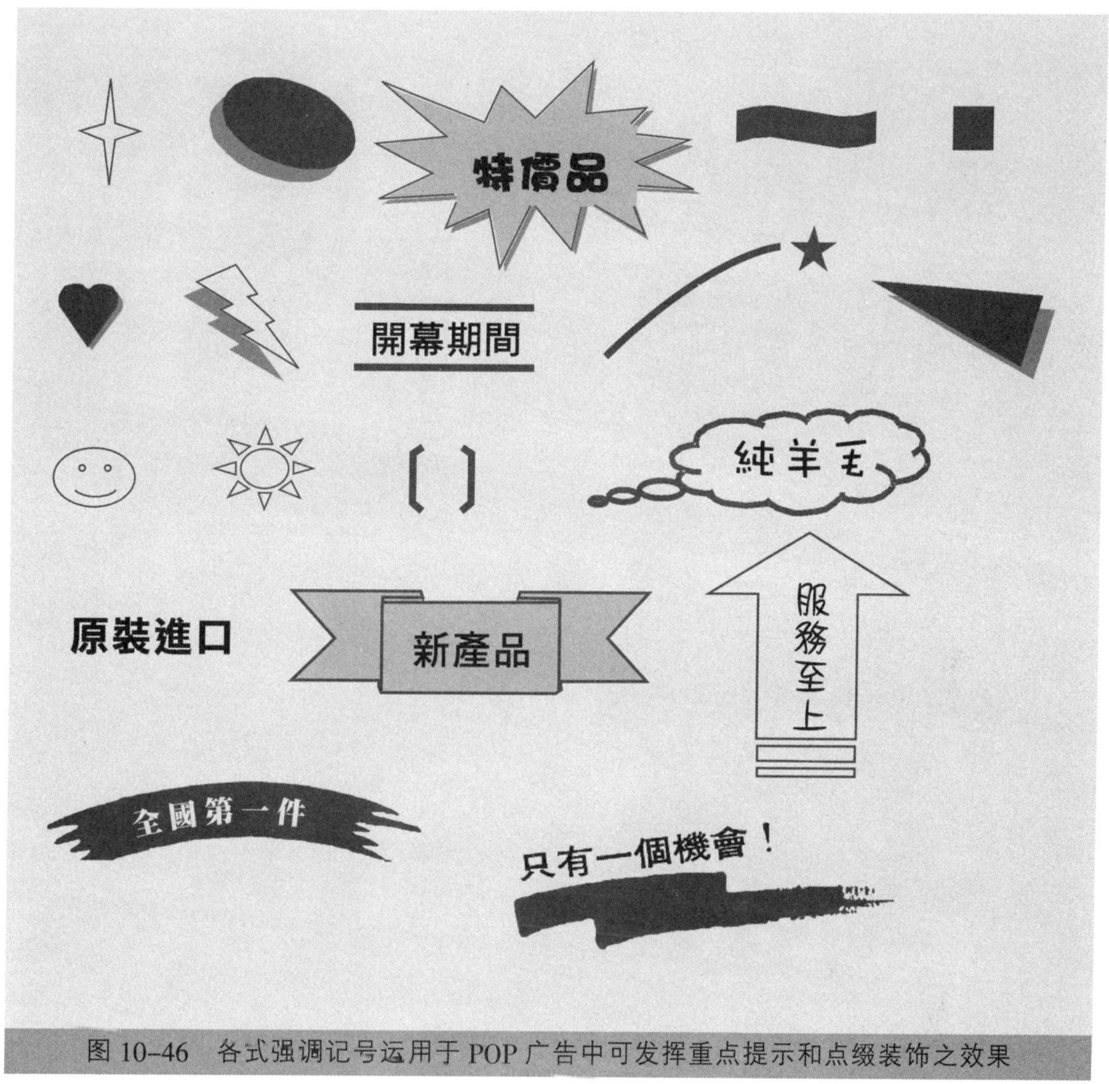

图 10–46 各式强调记号运用于 POP 广告中可发挥重点提示和点缀装饰之效果

(3) 纸张特殊用法

利用各种不同纸张的特殊加工处理，可创造出强烈视觉的独特插图效果。例如，撕裂后的纸张表现出纸纤维的特性和粗犷画面的感觉；以搓揉的手法将纸张贴在平面稿纸上，有浮雕的强烈视觉效果。

(4) 纸雕技法

利用多种不同性质的彩色纸，裁剪成不同的形状，然后依照剪下的各部分形态制作成各种折痕（如波浪型、V 字型、卷曲型等），最后按照原稿图形依序以黏胶固定在画纸上，表现出立体生动的亲和力。制作纸雕以选用云彩纸、粉彩纸、插画纸板等质感较美、纸质较硬的材质为佳。

麦克笔平涂法插图范例

撕纸及裱贴法插图范例

纸雕技法插图范例

图 10–47　各式 POP 插图技巧

资料来源：三采文化出版事业有限公司。

(三)卖场手绘式POP海报绘制步骤

1. 确定海报标题，以简要易懂为原则。标题最主要目的是要在瞬间引起消费者的注意，所以字数应精简到 8 字以内，且有震撼、有吸引力的词义。

2. 构思广告词句及说明文内容。广告词句在于弥补标题的不足，其词义可表现感性、耸动、夸张、诱导等魅力；说明文内容应有所依据，如参考商品说明书、目录、包装文稿、相关广告媒体、销售企划文案等。

3. 设计版面编排构成之草稿。

4. 选择稿纸规格及其他相关素材。

5. 决定各型字体与所需之笔具。
6. 决定字体配色及插图技法。
7. 以铅笔描绘各型字的字骨和插图轮廓线。
8. 依序绘画标题字（含促销价格数字）、广告用语、说明文等。
9. 绘制插图及装饰用点线。
10. 去铅笔线，完成海报。

范例说明一

■ 对开直式手绘 POP 海报绘制流程

1.确定主题为“家常便饭”，及构思比较感性的说明文内容，并订定商品价格为“350 元”。

2.设计版面构成草稿。

3.选择对开粉彩纸（淡土黄色）一张，现有菜单彩色精致图片一张。

4.依照版面草稿，先以铅笔在粉彩纸上淡画编排构成区及文字格子。

5.选用黑色之角 12 麦克笔描画标题字（粗型字体），以深咖啡色细字笔描写说明内容（基本字型），用深红色角 12 麦克笔描画价格数字。

6.最后将裁剪好的图片平贴稿纸，然后以黑色签字笔画线条（有区隔及装饰效果），擦拭所有铅笔线即完成 POP 海报。

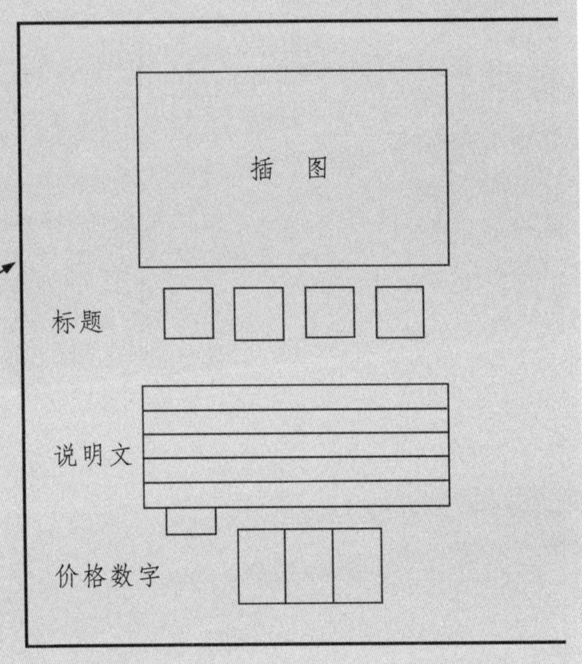

★完成作品→

质感高级的粉彩纸与土黄色色调，加上简单整齐的书面格局，皆表现出典雅素净、精致又带有家乡味的亲切感。

范例说明二

■ 对开横式手绘 POP 海报绘制流程

1.确定主题为“港式茶点”，及构思能凸显商品魅力的广告用语——“风味独特/美味可口/营养简便”，说明文内容为各种茶点品名，并订定商品价一律为“50元”。

2.设计版面构成草稿。

3.选择对开白色壁报纸一张。

4.依照版面草稿，先以铅笔在壁报纸上淡画编排构成区域及文字格子。

5.选用圆头图案笔蘸黑色广告颜料描画标题字（具有传统风格的创意字体）、广告用语（咖啡渐层色）及茶点名称（渐层绿色），皆以角 6 麦克笔描绘加粗深红色之价格数字。

6.接着以黄、橘、绿、紫等麦克笔平涂插画，然后以黑色签字笔勾勒出圆形线条，最后描绘传统风格的图腾符号（咖啡色及红色），擦拭所有铅笔线即完成 POP 海报。

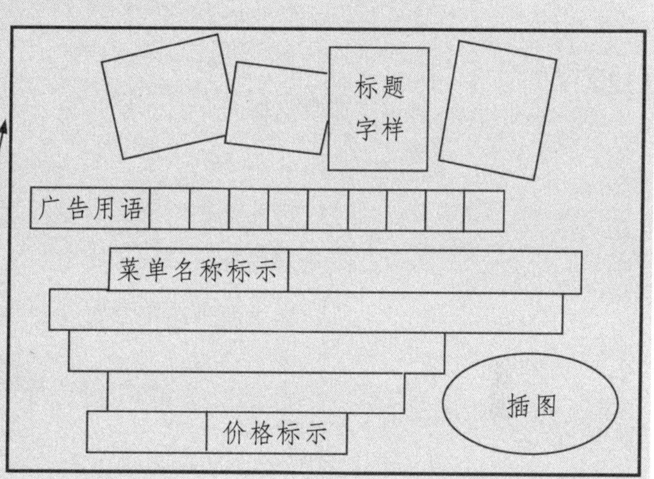

★完成作品→

黑色大方的创意字体，加上咖啡色的传统图腾和红色印章符号，很自然地表现出中国风味。另外，丰富的菜色标示配合一律 50 元的单价，营造出物美价廉之贩促魅力。

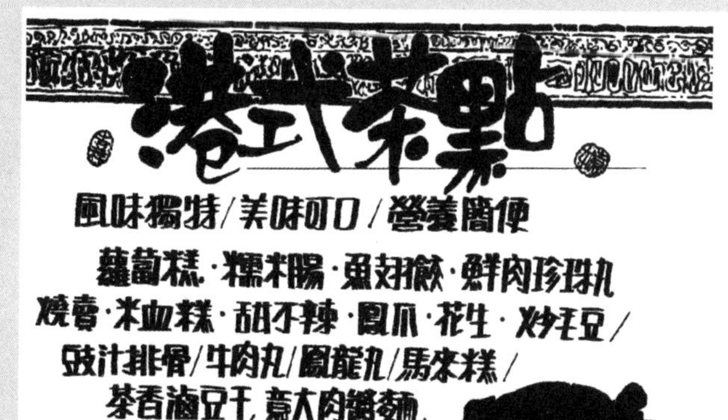

学习评量及分组讨论

1. 卖场贩促气氛必须由外而内掌握哪四个主要原则?
2. 卖场动静态的贩促气氛技巧包括哪些计划与要领?
3. 何谓“企业识别系统”?
4. 企业识别系统有哪三种基本构成因素?
5. 构成完整“视觉识别”的基本要素有哪些?
6. 卖场标示计划依其功能性大致可分成哪四大类?
7. 卖场的消防安全标示包括哪些项目?
8. 常用的商品标示大致可分成哪四类?
9. 卖场的 POP 广告之主要目的与功能为何?
10. 卖场里常见的 POP 广告有哪几种?
11. 请说明“促销性广告”与“说明性广告”的差异。
12. 请说明“传达性广告”与“形象广告”的差异。
13. 卖场 POP 贩促用品，按照体积大小和用途可分成哪五大类?
14. 手绘式 POP 广告有哪些特性?
15. 以小组为单位，讨论说明小组所选的卖场，模拟开幕时必须运用到的 POP 广告有哪些。
16. 以小组为单位，讨论小组所选卖场的开幕海报内容，并完成海报草稿的内容构成。
17. 2 人一组，讨论卖场手绘式 POP 海报绘制的步骤。
18. 2 人一组，讨论并绘制一张卖场全面 8 折的小型促销海报，海报的内容构成包括店名、促销主题、说明文（产品类别）、商品彩色插图（剪贴）等。

第4篇 卖场管理

第 11 章　卖场商品管理

第 12 章　卖场服务管理

第 13 章　卖场安全管理

第十一章 | 卖场商品管理

◎ 各节重点

第一节　商品分类管理

第二节　商品进货管理

第三节　商品销售管理

第四节　商品存货管理

学习评量及分组讨论

◎ 学习目标

1. 从国家及企业的观点来分析了解商品分类的真正意义。
2. 学会卖场常用的商品大中小分类原则。
3. 学习商品编码与条形码编码原则。
4. 学会有计划性的商品进货与验收管理。
5. 熟悉订标价与陈列上架的商品销售管理。
6. 能够运用卖场的存货管制。

第一节 商品分类管理

一、商品分类原则

(一)批发零售业常用的分类原则

批发零售业常用的商品分类主要以市场导向为原则，最常用的是以商品的性质及按照销售对象来区分，还有以公司销售政策和进货方式作为分类的基准（如表 11–1 所示）。

表 11–1 批发零售业常用的商品分类原则

按照商品的性质	按照销售的对象	按照公司的销售政策	按照公司的进货方式
商品机能别 商品用途别 商品尺寸别 商品颜色别 商品形态别 商品生命周期别 商品制造厂商别 商品品牌及商标别 商品品质别	顾客性别（如男性与女性） 顾客层级别（如蓝领级或白领级） 顾客年龄别 等级价格别 顾客的喜好别 顾客的用途别	卖场的主力商品 卖场的辅助商品 卖场的重点推广商品 卖场特贩商品 卖场季节性商品 卖场流行性商品 卖场清仓促销商品	进货短中长期计划别 委托寄卖进货别 合约买断进货别 进货厂商别 进货时期别 进货采购别

(二)卖场常用的分类原则

卖场常用的商品分类，通常以划分成大分类、中分类、小分类等三个层级为原则，或再加上细分类等四个层级。

卖场常用的商品分类，通常以划分成大分类、中分类、小分类等三个层级为原则，或再加上细分类等四个层级。首先将所有商品归为同一属性的大类，每一大类再分成若干中类，然后由每一中类再分成多项小类，每一小类又可详加细分成多个单样品项，此种方法称之为“大中小分类”。大中小分类法有直式和横式两种架构图（如图 11–1 及图 11–2 所示），其机能效用没有任何差异，完全取决于业主的使用习惯。

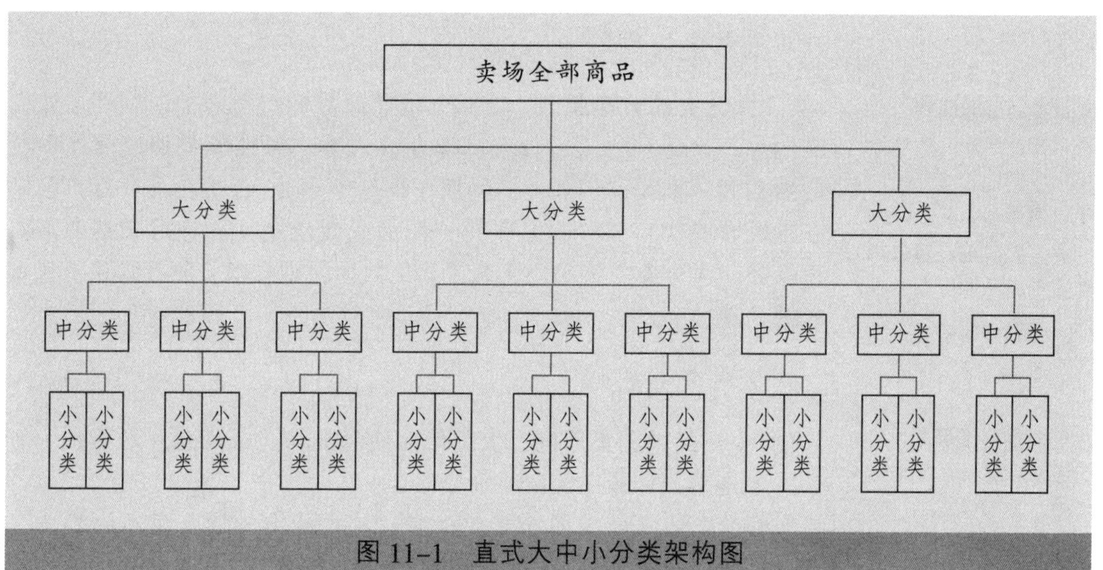

图 11-1 直式大中小分类架构图

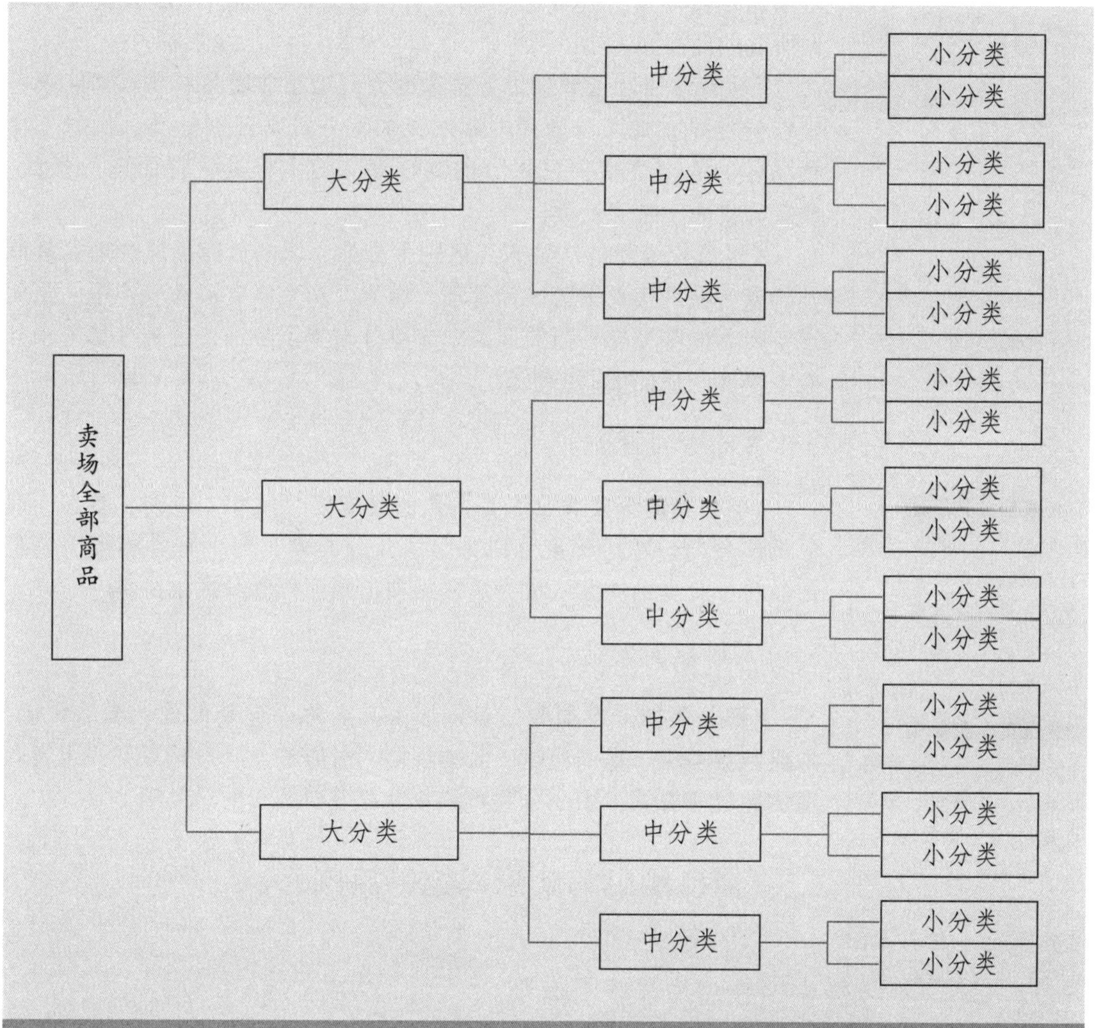

卖场全部商品

大分类

中分类 小分类 小分类

中分类 小分类 小分类

中分类 小分类 小分类

大分类

中分类 小分类 小分类

中分类 小分类 小分类

中分类 小分类 小分类

大分类

中分类 小分类 小分类

中分类 小分类 小分类

中分类 小分类 小分类

图 11-2 横式大中小分类架构图

大分类的分类原则
通常都依照商品的特性来加以判别，如商品的生产来源和方式、保鲜和保存方式等，属性相类似的商品即可归纳在同一大类。

1.大分类原则

“大分类的分类原则”通常都依照商品的特性来加以判别，如商品的生产来源和方式、保鲜和保存方式等，属性相类似的商品即可归纳在同一大类。例如，同样属于保存零下 18°C 的食品，都可归纳在冷冻食品类；又如，各种清洁用品或盥洗用具，皆可归纳在清洁用品类。大分类的编码以不超过 2 位数为原则，以方便计算机信息系统的处理。

中分类的分类原则
大都依照商品的功能或用途、制造加工方法、产地来源等顺序加以区别分类。

2.中分类原则

“中分类的分类原则”大都依照商品的功能或用途、制造加工方法、产地来源等顺序加以区别分类。

1.首先依照商品的功能或用途，从大分类中划分出不同的中分类。例如，在清洁用品的大分类当中，区分出个人卫生用品、家庭清洁用品用具等中分类商品，顾客从类目分明的标示中很快就可以找到所要的商品。

2.接着依照制造或加工方法来区分。当某些商品不易以功能或用途作分类时，则可以商品的制造或加工方式来区别分类。例如，在食品区的大分类中，可划分出烘焙食品的中分类，将面包、蛋糕、西点等食品归纳于此类。

3.再来依商品的产地来源区别中分类，以凸显商品原产地的价值性，或方便进货及销售统计管理。例如，从生鲜食品大分类中，强调进口肉品的中分类，当然此类中又可分出澳洲牛肉、阪神牛排等小分类，才能凸显此商品的价值。

小分类的分类原则
是依照商品规格、尺寸、包装、形态、商品的成分与口味等标准加以细分，其分类模式与中分类相同。

3.小分类原则

“小分类的分类原则”是依照商品规格、尺寸、包装、型态、商品的成分与口味等标准加以细分，其分类模式与中分类相同。倘若商品在小分类中尚无法成为单样品项，则可再划分成细分类。

细分类的分类原则
是依照商品名称、包装形式、商品售价、贩卖数量单位、商品容量、大小规格、材质差异、口味差异、组合商品的差异等方式，由小分类再细分至可上架贩售的单品项。

4.细分类原则

“细分类的分类原则”是依照商品名称、包装形式、商品售价、贩卖数量单位、商品容量、大小规格、材质差异、口味差异、组合商品的差异等方式，由小分类再细分至可上架贩卖的单品项。

二、商品编码与条形码编码原则

(一)商品编号原则

商品编号除了上游供货商已设定完成的标准码之外，卖场通常使用的店内条形码之商品号码，则需由商店自行设定。编号时虽没有限制码数，然业者应依实际规模与商品需求，并考虑未来扩充之需为设定之原则。表 11–2 以 5 码、6 码、7 码、8 码为例，并运用大中小分类原则来设定商品编号。

商品编号完成后的使用管理需着重于新商品的导入与旧商品的淘汰等两方面。

●新商品的导入

当加入新商品时，其新的号码不可随意替代插入或新编，应考虑号码的连贯性和完整性，以及号码取代的类别适应性，以避免破坏原编号系统，徒增使用管理的不便。

●旧商品的淘汰

当要淘汰一些旧商品时，不可任意删除其编号，应固定时间作业(如每月、每季或每年定期处理一次)，并登录被删除的编号，以免扰乱原编号系统。若有同类别的新商品引进，可从登录数据取得这些编号加以优先套用。

表 11–2 商品编号原则说明

编号种类	编号原则	编号说明
5 码的编号原则	①②③④⑤ ①–⑤：流水号	当单项商品比较多的时候，可用此流水号来编码，但因只有单一序号，不易分类是其缺点。
6 码的编号原则	①②③④⑤⑥ ①②：细分类 ③–⑥：流水号	为避免如上述的流水号缺点，可运用本项原则以增加分类项目，较易于归类管理。前 2 码为细分类，从 00~99 共可分成 100 个类别。后 4 码为流水号，从 0000~9999 共可编 10000 个单口项。
7 码的编号原则	①②③④⑤⑥⑦ ①：大分类 ②：中分类 ③④：小分类 ⑤⑥：商品品质 ⑦：检查码	使用 7 码编号时，第 1 码为大分类，从 0~9 共可分成 10 大类；第 2 码为中分类，从 00~99 共可分成 100 个分类（每一个大分类有 10 个中分类，10 个大分类共有 100 个中分类）；第 3、4 码为小分类，从 0000~9999 共可分成 10000 个小分类（每一个中分类有 100 个小分类，100 个中分类共有 10000 个小分类）。
8 码的编号原则	①②③④⑤⑥⑦⑧ ①：大分类 ②③：中分类 ④⑤：小分类 ⑥⑦：商品品质 ⑧：检查码	使用 8 码编号时，第 1 码为大分类，从 0~9 共可分成 10 大类；第 2、3 码为中分类，从 000~999 共可分成 1000 个中分类（每一个大分类有 100 中分类，10 个大分类共有 1000 个中分类）；第 4、5 码为小分类，从 00000~99999 共可分成 100000 个小分类（每一个中分类有 100 个小分类，1000 个中分类共有 100000 个小分类）。

商品条码
是以平行线条符号代替商品的编号数字，然后透过扫描器的阅读，再经由电脑软件信息将线条符号解译为数字号码的一种自动化编码作业方式。

EAN System
可以促使商业交易更具效率、快速回应客户需求，其识别代码被设计为无意义的编号，以识别商品、服务、资产和位址。

(二)商品条形码编码原则

所谓**“商品条形码”**（bar-code），是以平行线条符号代替商品的编号数字，然后透过扫描器的阅读，再经由计算机软件信息将线条符号解译为数字号码的一种自动化编码作业方式。此种作业方式主要的功用，是解决商品从生产制造、批发到零售一连贯过程的符号及编码作业管理问题。

国际商品条形码协会（International Article Numbering Association, IANA）于1977年成立，初期以欧洲国家为主体，故其所发展之条形码系统泛称为EAN（European Article Number）System，世界各国和地区之代码如表11-3所示。**EAN System**可以促使商业交易更具效率、快速响应客户需求，其识别代码被设计为无意义的编号，以识别商品、服务、资产和地址。同时，对补充性的数据也提供让业界共享的编号标准规范，如有效日期、批号、序号、尺寸、容量、重量等。换言之，导入EAN System可使工商买卖的方法变得更简单、快速。

表11-3 商品条形码世界各国代号

国家和地区	代码	国家和地区	代码	国家和地区	代码
美国、加拿大	00-09	波兰	590	巴西	789
法国	30-37	匈牙利	599	意大利	80-83
保加利亚	380	南非	600-601	西班牙	84
斯洛文尼亚	383	突尼斯	619	古巴	850
克罗地亚	385	芬兰	64	捷克	859
德国	400-440	中国大陆	690	南斯拉夫	860
日本	45、49	挪威	70	土耳其	869
俄国	460-469	以色列	729	荷兰	87
台湾	471	瑞典	73	韩国	880
香港	489	中美洲	740-745	泰国	885
英国	50	墨西哥	750	新加坡	888
希腊	520	委内瑞拉	759	奥地利	90-91
塞浦路斯	529	瑞士	76	澳大利亚	93
马耳他	535	哥伦比亚	770	新西兰	94
爱尔兰	539	乌拉圭	773	马来西亚	955
比利时	54	秘鲁	775	店内码	20-29
葡萄牙	560	阿根廷	779	期刊	977
冰岛	569	智利	780	书码	978-979
丹麦	57	厄瓜多尔	786	礼券、赠券	98-99

1.EAN 条码系统（EAN System）的应用效益

EAN 条形码系统（EAN System）包含编号体系、条形码符号、讯息标准等三个单元（如表 11-4 所示）。其提供工商企业以经营改善及提高生产力的方法，如在物流作业过程可缩短订单及运送前置时间、减少纸上作业、增进作业正确性，提升整个供应链的管理效益（如表 11-5 所示）。

表 11-4 EAN 条形码系统

EAN System（编号体系、条码符号、讯息标准）		
	编号体系	识别代号：包含有交易、包装、物流包装、服务性商品、客户代号、资产、位址等全球独一无二的识别代号。
		补充性资料：此为附属在主要识别代号之后的资讯，如有效日期、批号、序号、尺寸、容量、重量等的编号标准。
	条码符号	条码符号是将识别代号和补充性代号转换成条码的符号标准，目前国际标准的条码符号有 EAN-8、EAN-13、EAN-14、EAN-128 等几种。
	讯息标准	供 EDI 应用的讯息标准集合——EANCOM，包含有订单、订单回复、出货单、出货单回复等 42 种讯息标准。

表 11-5 条形码系统的应用效益

受益者	应用效益
批发业者	1.精确快速处理订出货作业，提升对下游厂商的服务品质。 2.精准掌控库存明细，防止管理不当，造成资金积压。 3.可应用于顾客分级和信用管理，降低经营风险。 4.有效掌握商品资讯和商业情报，提升市场竞争力。
零售业者	1.降低店内条码的不利因素。 2.强化收银效率，杜绝舞弊和错误损失。 3.整理商品流动资料，掌握商品销售动态。 4.方便商品的汰旧换新及价格的变动调整。 5.有效管理卖场的订出货、库存和营业分析。 6.增进供销关系，提升服务品质。 7.快速获得商情，反应市场所需，赢得顾客满意度。
制造业者	1.改善作业流程，提升作业效率。 2.强化物流作业的订出货及配送效率。 3.降低管理成本，提高获利能力。 4.提高库存管理的工作效率。 5.迅速收集和分析市场情报，以利定价策略和产品计划。 6.统一商品标签作业，节省人工成本。 7.符合国际趋势，掌握进入全球化市场的契机。
从业人员	1.作业简易、快速、精确，提高工作士气。 2.自动化系统简化了作业流程，避免了传统作业带来的烦躁。 3.培养资讯应用能力，提升员工素质。
消费者	1.排除价格计算错误的顾虑，可尽情享受购物乐趣。 2.结账快速有秩序，获得满意的服务。 3.商品项丰富，快速补充，减少缺货情形，增加选购机会。 4.可以减少使用货币结账，降低现金失窃风险。 5.方便退货及换货之作业。

原印条码
适合于量产的商品，是由制造厂商申请，并在商品出厂前印妥。

店内条码
是商家根据实际需求，设定并印制适合自己卖场的商品条码，此条码仅供在店内使用而不对外流通。

配销条码
通常是印制在包装外箱上面，以供扫描辨识商品种类及数量的条码符号，此符号应用在商品装卸、仓储、运输等配送过程。

标准码
又称EAN-13码，是商品条码系统中常用的标准符号，普遍用在一般商品上。

缩短码
又称EAN-8码，通常使用在体积较小的商品上。当商品包装面积小于120 cm²时，可申请使用缩短码。

2.条形码编号原则

台湾所使用的条形码系统种类有原印条形码（source bar-code）、店内条形码（in-store bar-code）及配销条形码（distribution bar-code）等三种。**“原印条形码”**适合于量产的商品，是由制造厂商申请，并在商品出厂前印妥。**“店内条形码”**是商家根据实际需求，设定并印制适合自己卖场的商品条形码，此条形码仅供在店内使用而不对外流通。**“配销条形码”**通常是印制在包装外箱上面，以供扫描辨识商品种类及数量的条形码符号，此符号应用在商品装卸、仓储、运输等配送过程。配销条形码的组成是在EAN-13码前附加1位数或3位数的配销识别码，使之构成14或16码的条形码符号。

（1）标准码与缩短码的编码原则

现有国际标准条形码符号有EAN-13、EAN-8、EAN-14、EAN-128等几种，兹就常用的标准码与缩短码说明如下。

●标准码

又称EAN-13码，是商品条形码系统中常用的标准符号，普遍用在一般商品上。标准码由13码所组成，其结构包括3位数的国家码、4位数的厂商号码、5位数的单项商品号码及1位数的检核码，共计13位数。其号码排列如下：

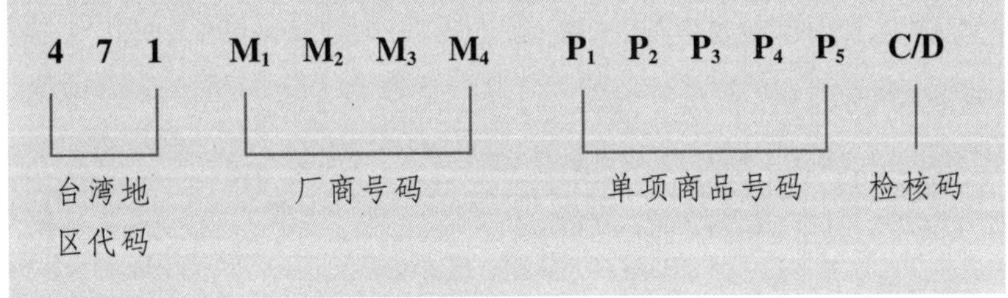

●缩短码

又称EAN-8码，通常使用在体积较小的商品上。当商品包装面积小于120 cm²时，可申请使用缩短码。缩短码由8码所组成，其结构包括3位数的国家码、4位数的单项商品号码及1位数的检核码，共计8位数。其号码排列如下：

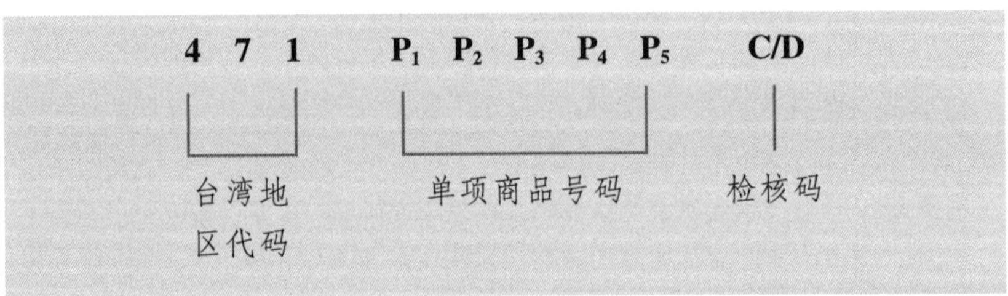

(2) 检核码的编码原则

EAN 规定在条形码最后附加一个 1 位数的检核码 (check code)，主要是减低机器的误读率，提高扫描的正确性。检核码是按照一定的计算公式得来的，标准码与缩短码之检核码都用一样的计算方法。兹以标准码为例，将其检核码计算步骤示范如下：

范例

条码结构名称一		国家代码			厂商号码				单项商品号码					检核码
顺序栏	栏位项目													
1	字码位数	13	12	11	10	9	8	7	6	5	4	3	2	1
2	条码设定	**4**	**7**	**1**	**2**	**1**	**6**	**5**	**1**	**2**	**3**	**4**	**5**	? **=1**
3	偶位数		7	+	2	+	6	+	1	+	3	+	5	24×3=72
4	奇位数	4	+	1	+	1	+	5	+	2	+	4		17
5	计算	步骤四：72+17=89 所求检核码为：10-9=1												

步骤一：按照字码位数在第 2 列（条形码设定）填上国家代码及已设定的厂商码与商品码。

步骤二：将偶数位的数值填入第 3 列（偶位数），取所有字码之和乘以 3，得值 24×3=72。

步骤三：将奇数位的数值填入第 4 列（奇位数），取所有字码之和，得值 17。

步骤四：取步骤二与步骤三之和，得值 72+17=89。

步骤五：以“10”减去步骤四所得值之个位数值，所得差值即为所求之检核码的数值，得值 10-9=1。

第二节 商品进货管理

台湾有句俗语“会买胜过会卖”，意指进货管理的重要性。买到适当适量又具有竞争力的商品，陈列出来自然就容易卖出去，为卖场创造利润。相反的，所进的商品若不合顾客所求，即会形成滞销，不利卖场营运。所以，为确保卖场营运顺利、货源供应正常，商品的进货管理着实应包括订货计划、进货与验收作业等过程。

一、订货计划

订货计划的适当与否，不仅关系着卖场的营运顺利，更直接影响库存管理和资金的运用。

订货计划的适当与否，不仅关系着卖场的营运顺利，更直接影响库存管理和资金的运用。商品的订货数量是随着商圈差异、季节变化、假日节庆促销、其他销售政策等而有所调整，所以，完善的订货计划应确实掌握商圈动态、顾客需求及商品的销售情况与周转率等信息，才能使卖场的货源供应顺畅，不致造成缺货或存货过多等问题。为达到订货作业的效率化，订货计划应该包含建立订货管制表、商品安全库存量、商品别订货周期、厂商配送周期、厂商别订货簿、商品最小订货量、订货方式等。

1.订货管制表

为确保订货的正确性，订货管制表可了解销售情形，方便卖场相关人员能立即掌握订货数量。

2.商品安全库存量

依据商品销售及供货状况，设定主力和次要商品的安全库存量。

3.商品别订货周期

随机性的订货过于匆促慌乱，常无法得到满意的供货服务。应建立各商品别的订货周期，配合厂商的运送时间，才能如期供货。

4.厂商配送周期

依据商品订货周期与供货厂商协调，订定合理适当的配送周期。

5.厂商别订货簿

设置此订货簿，以明确掌握向厂商订货的明细。

6.商品最小订货量

了解厂商的最小送货量，并与之协调订定适合卖场的最小订货量。

7.订货方式

考虑运用何种订货方式最适合，如厂商铺货、业务员抄货方式、电话订货、传真订货、电子邮件订货（E-mail）、电子订货系统等，以时效性和正确性为原则。表 11-6 兹就各种订货方式作优缺点说明，以供参考。

表 11-6 各种订货方式的优缺点说明

订货方式	优缺点说明
厂商铺货	供货厂商每天按照既定路线，将货品直接送到卖场。此方式最有效率，可降低卖场缺货率，很适合周转快的商品，但是不适合周转较慢的商品。
业务员抄货方式	各厂商都派有业务人员到卖场帮忙整理该公司的商品陈列，同时记录缺货数量并于隔天送达上架。此方式之缺点是容易造成业务人员任意塞货，影响卖场营运。
电话订货	卖场主动整理出缺货商品明细表，以电话直接向厂商订货，快速但错误率高。
传真订货	卖场主动整理出缺货商品明细表，以传真直接向厂商订货，快速正确但传真费用高且有字迹模糊之误。
电子邮件订货（E-mail）	卖场主动整理出缺货商品明细表，以 E-mail 直接向厂商订货，快速正确但怕厂商未及时开启电子信箱而延误时效。
电子订货系统	订货人员利用已登录商品种类和条码的电子订货簿和手持终端机，直接巡视卖场并将商品的缺货数量输入终端机即可完成订货。另外，可搭配货架标示卡（附有品名、货号、条码、售价、上下限订货量），在卖场同时完成巡货和订货的作业。此订货系统可缩短订货、检货、送货流程的时间，大幅降低成本。

不适当的订货计划容易导致“该进的货不到，不该进的货过多”，形成卖场缺货又积压资金的情况。订货计划不够周详，常衍生以下三种情况：

订货计划不够周详，常衍生三种情况：
1.减少卖场品项
2.滞销品过多
3.浪费作业时间

1.减少卖场品项

由于该进的货没有订、来不及订，或者过多的存货占据陈列空间，导致顾客买不到所要的，及没有足够空间陈列新商品以满足市场所需，如此的缺货情况将使卖场经营失去竞争力。

2.滞销品过多

滞销品过多不仅影响卖场的商品流通，更使库存积压、加重利息负担，同时降低商品的质量和鲜度，影响卖场信誉，造成顾客流失。

3.浪费作业时间

不周详的订货计划容易产生重复订货、仓促催货、先进后出、不良库存盘点和补货、滞销品整理等不合理的作业，常使员工疲于奔命、士气低落，影响整体卖场的营运效率。

二、进货与验收作业

(一)进货作业

依照订货作业，由供货商或物流中心将商品配送到卖场的过程，是为进货作业。兹将作业过程及注意事项说明如下：

1.供货商或物流中心依照订货明细配送到卖场。然而，有些商品必须由卖场自行到批发市场或产地采买。例如，到水果产地、果菜批发市场、鱼市场、“公卖局”等场所现场采购所需商品。自行采购的商品大都是自行运载，某些供货商有配送服务，采买前需事先了解并谈妥相关条件。

2.进货时应事先规划好进货区设施及辅助器材，如等候区、卸货区、进货平台、运送台车、堆高机、堆货栈板、升降机及输送带等。

3.双方遵照约定时间进行作业，进货前应该先办理退货作业，并将货品按照分类配送至验收区。

4.验收完成的商品先建档标价，然后依实际需要可直接进入卖场贩卖，或进入仓库等待补货上架。

(二)验收作业

采购的最终目的在于确保货品正确、安全地送抵卖场，并符合所要求的品质、数量及其他相关条件，以使之进入卖场贩售给消费者。

采购的最终目的在于确保货品正确、安全地送抵卖场，并符合所要求的质量、数量及其他相关条件，以使之进入卖场贩卖给消费者。为了达成此目的，就必须借由具体的验收作业才能确认出合乎所求的商品，也避免买卖双方发生不必要的纷争，建立长期合作关系。

1.验收的基本原则

(1) 设立专责的验收单位

遴选操守良好的人员，培训验收的专业知识与技能，才能发挥有效的验收功用。另外，专责的验收单位能与采购工作明显区隔，防止发生舞弊现象，损及双方利益，破坏合作关系。

(2) 合理订定标准化规格

商品规格一定要有标准化明细，收货时才有明确的依据。规格内容的涵盖范围甚广，如品牌、质量、尺寸、包装等等，订定时须考虑厂商的供应能力与卖场的验收能力，一切以合理化和标准化为原则。

(3) 明确订定合约条款

订货之前，应该明订买卖合约条款，经双方同意确认签章，于交货时按合约内容验收，应事先让供货商了解验收的风险存在，才不致引起纠纷。

(4) 讲求效率与效益

验收作业应力求迅速确实，减少不必要的流程，提高作业效率与买卖双方的合作效益。

2.验收的准备条件

(1) 预定验收时间、地点、数量

于订货采购时即应预定交货日期与数量，并排定验收时间和地点。一般零售业者皆将交货验收地点同设在卖场，有些连锁卖场会将交货地点设在统一的仓库，待验收完再配送到各卖场。如有交货时间延误或地点变更之虑，应事先预测并及时通知验收部门，以便因应配合。

(2) 验收应办理的手续

交货前或当日由厂商备妥货品验收记录表交付验收单位，记录表上应列明厂商名称、收货及验收单位、配送公司、交货日、交货地点等。另外，载明商品明细，如品名、品牌、数量、编号等。

(3) 验收职责与实际验收时间

通常卖场的验收作业都由验收单位会同供货商代表一起办理，如有争议则报请双方主管单位进一步协商处理。另外，依实际需要明订验收时间，尽速完成验收，以免影响其他作业。

(4) 厂商的交货责任

从订货到验收前的全部交货履行责任皆应由厂商负责，如在验收确认后发生短缺或损毁，其属于偶发事件或卖场过失时，则厂商可不负此责。

(5) 验收证明与拒收货品处理

买卖双方于完成验收作业后，应确认并签章验收证明书，双方各执一份以资凭证。如有不符标准规格，应拒收该货品并依合约规定办理退货或换货手续。

2.验收的方法

(1) 一般验收

一般验收就是所谓的目视验收，凡是比较单纯的商品，皆可用此方法按合约规定验收其包装、数量，以利快速完成交货入库作业。

(2) 技术性验收

有些商品具有特别的性能，非一般目视所能鉴定，则需借由度量或化验仪器检测者，称之为技术性验收。

(3) 试验性验收

在技术性验收时，有些商品必须经由物理或化学变化的分析，才能鉴定是否符合质量性能之要求，此方法称之为试验性验收。

(4) 抽样检验法

当使用以上各种方法验收时，因商品数量过多或拆封无法复原者，而不能一一检验每个单项商品时，可抽取一定的比例数量加以检验，是为抽样检验法。

4.验收应注意事项

(1) 不可同时验收多家厂商商品

一次只能验收一家厂商之货品，以避免分心失误。

(2) 避免在营业尖峰时段验收

要求供货商配合，避开卖场尖峰时段交货，以免影响忙碌的门市作业。

(3) 商品不可直接入库

商品验收前，不可让商品直接入库，以免徒增验收困难度。验收后，更不可让厂商单独将商品送进仓库，如需厂商配合入库，应由验收人员或仓库管理员陪同进入，避免无端纷争。

(4) 卖场亲自验收

验收时，卖场相关人员应亲自持交货验收单和发票，与厂商代表确实逐项点交验货，切勿为节省时间，任由厂商单独点交。

(5) 在专区进行验收

事先规划出指定验收区，以避免新旧商品混淆或影响卖场其他相关作业。

(6) 确认交货单上的各项明细

验收前应先确认清单上的内容明细，如品名、规格、数量、价格、日期、赠品或折扣等。

第三节 商品销售管理

卖场的商品销售管理包括“定价与标价作业”、“陈列上架作业”、“收银管理作业”等三大管理作业。

一、定价与标价作业

“**定价**”是指将商品或服务的价值数字化，以作为买卖行为的基准点。通常这些数字所代表的是金额的多寡，也就是当买方要获取这些商品或服务时，所必须付与卖方的金钱代价。而标价是将已定价好的数字，透过明显的标注方式告知买方，买方经由这些数字来衡量产品的价值性及购买效用，作为消费决定的考虑因素。

定价
是指将商品或服务的价值数字化，以作为买卖行为的基准点。

定价与标价的最终结果，都是在寻求一个对买卖双方都有利的价格，而这价格在营销组合里却是组合中唯一的销货收入因素。比起其余的产品、通路、推广等组合因素，价格对卖方来讲就更有其重要意义。然而，消费者所拥有的资源和消费能力有限，价格常是其衡量购买力的重要指针，消费者对价格的敏感度自然就会影响消费行为。这些影响消费者价格敏感度的因素包含有以下几点：

1.商品替代因素

当消费者面对有替代性的商品时，其价格敏感度会相对提高，对于商品的单价也会精打细算。

2.总支出分配因素

当消费者所要购买的商品，其支出占总收入的比重很高时，或已经超出原来预算支出时，消费者的价格敏感度都会相对提高。

3.利益比较因素

当消费者面对有需求的商品，其价格比平常或同业的定价还低时，此时消费者有可能在利益的考虑下刺激其购买欲。另外，当消费者面对高质量或知名品牌的商品时，有时在限量销售策略下，会将商品质量和保值性与价格作一衡量比较。

4.不易比较因素

新产品、具有独特差异化或商誉良好的高知名度品牌的商品，其价格往往难以比较，消费者对此商品的高价格定位较容易接受，若是降价销售，有时会变成反效果。

5.贩促情境因素

贩促的技巧常常营造极佳的销售情境，消费者在此情境之下，会产生注意、比较、欲望的心理因素，甚而在没有事先购物计划下，做出消费的临时决定。

虽然并非所有消费者都只买低价格商品，但随着信息发达和消费意识高涨，同属性的商品竞争激烈，没有差异化的商品是很难诱导消费者多花高价来购买。换句话说，现在的商业环境，不合理的定价或标价不明的商品，根本无法激起顾客的购买意愿。所以，定价与标价的良好作业，已是影响卖场提供商品与消费者第一印象的重要因素。

(一)定价作业

定价作业的考虑层面包括卖场自我条件和消费者客观因素，综合买卖双方的主客观因素，卖场定价的基础可归纳为市场需求导向、商品成本导向及竞争导向。从这三方面审慎评估，再选择正确的定价策略与技巧，最后订出适当的价格，才是完整的定价作业。以下将分项介绍有系统性的定价步骤（如图 11-3 所示），并从中挑出定价策略详加探讨各种适用于卖场的定价方法与技巧。

1.定价步骤

完整的定价步骤应该包括确认目标市场及需求状况、分析商品成本、分析竞争者相关商品价格及贩促策略、选定适当的定价策略、决定及调整最后价格等五大步骤。

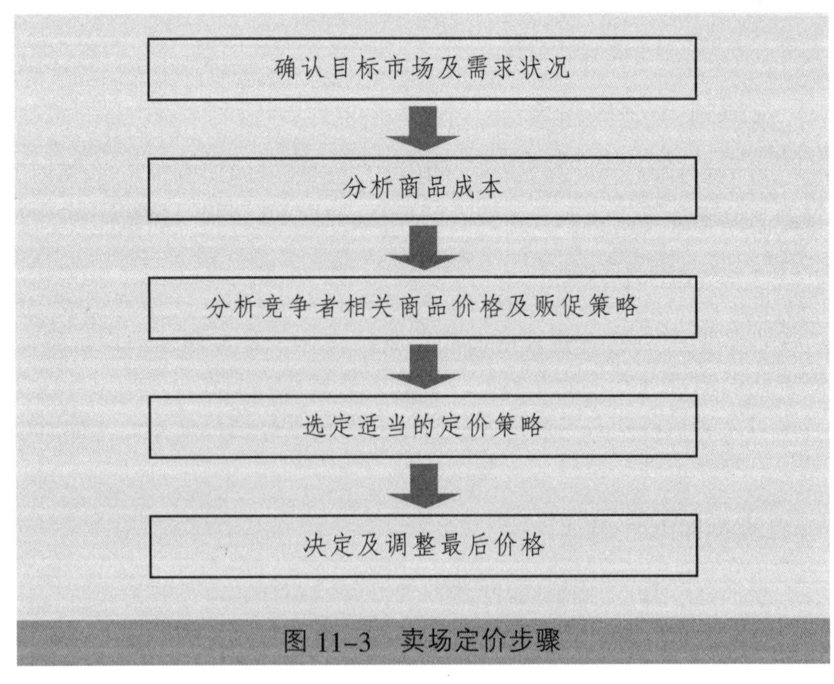

图 11-3 卖场定价步骤

(1) 确认目标市场及需求状况

不同的市场及需求，其价格决定也截然不同。所以，定价之前必须先确认目标市场在哪里，市场的需求层面如何；还有，商品的消费群是哪些人，其消费水平又是如何。确认市场状况之后，才能有明确的策略方针，所定的价格才不会偏离市场的实际需求。

(2) 分析商品成本

商品的成本除了本身的进货单价，尚需计算营运的固定成本（如卖场租金、硬件折旧费、人事费用）和变动成本（如促销折扣费、广告宣传费及包装材料等），这些成本的总和即可作为定价的基准底线。

(3) 分析竞争者相关商品价格及贩促策略

商场如战场，有必要做到知己知彼才能百战百胜。卖场业者不仅要分析商品的直接成本及其他的营运成本，还需要作例行性的商圈竞争者调查，以了解同业的各项竞争商品或品牌的售价，及可能采取的销售策略与战术作为参考依据，才能定出真正具有竞争优势的市场价格。例如，顺发三 C 卖场在主要竞争者推出“保证最便宜、买贵退还差价”的口号后，立即以一对一紧迫盯人的方式，深入了解竞争者的各种相同商品之售价，很机动性地些微调降其价格或优惠方式，减少其顾客的流失，也攻破了竞争对手的策略。

(4) 选定适当的定价策略

定价策略的选择关系着售价的适当性，更直接影响到销售政策的推行和业绩的达标率。选择错误的话，会造成商品不易销售、误导消费者对卖场的形象、整体利润下滑等结果。例如，定价太高会导致销售困难，定价太低又会降低利润。所以，卖场唯有掌握市场的需求状况、商品成本结构及竞争者价格等具体的条件依据后，再搭配相关措施（如广告促销），即能订定出被消费者所接受的价格。

(5) 决定及调整最后价格

在完成以上的四个阶段步骤后，即可根据适当的定价方法与技巧来决定商品的售价。然而决定后的价格，有时为了因应可预期及不可预期的因素，必须作调降或调涨的变化。这些因素包括成本的变动、市场需求、竞争状况、季节变化、库存出清、新产品推出、策略性应用等。

执行价格调整时，务必要先评估其市场合理性与顾客接受度，以避免消费者的抵制、同业的围剿、供货商的断货，造成难以弥补的损失。例如，不能为了实现成本或盈利目标，就在毫无预警的情况之下任意调涨。应先预告一段时间，观察顾客的反应情形，再渐进式地调

执行价格调整时，务必要先评估其市场合理性与顾客接受度，以避免消费者的抵制、同业的围剿、供货商的断货，造成难以弥补的损失。

整，调涨幅度更应考虑顾客的接受度，否则极易造成顾客流失或抵制。又如，不可为了提高销售量而调降到已损及市场秩序的价格，以免遭受竞争者的围剿或上游厂商的断货处分。常用的价格调整方法有数量折扣、换季折让拍卖、现金优惠、成本反应等，适时的运用才能达到双赢的效果。

2.定价策略与技巧

卖场定价是否得宜，常是影响销售好坏的关键。所以，为了达成营运目标，选定正确的定价策略来拟定定价决策，是卖场不可或缺的管理方针。卖场常用的定价策略有新商品定价策略、顾客心理定价策略、高价策略及低价策略等。选择定价策略之前必须考虑顾客心理、产业竞争及作业效率等因素，作为选定之基准。

定价的技巧非常多，卖场常使用的如下列：

(1) 固定性定价

固定性定价
将商品定价在消费者所能接受的合理固定价位。

将商品定价在消费者所能接受的合理固定价位，此价位通常可以维持一段期间不需变动，例如日常用品的盐、米、报纸等。

(2) 单一定价

单一定价
将多种商品订定在同一价格来贩卖，这些商品可能是同一品牌的不同品项商品，也可能是不同品牌的同品项商品。

将多种商品订定在同一价格来贩卖，这些商品可能是同一品牌的不同品项商品，也可能是不同品牌的同品项商品。例如，将同一品牌的所有铝箔包饮料或所有不同品牌的罐装饮料订同一单价，顾客可以用相同的价格选购这些商品。另外，有一种廉价卖场，将店内所有商品都订在 10 元来贩卖，此方式也称之为单一定价。

(3) 高低价定价法

高低价定价法
在同一卖场里，某些商品的定价比同业还高，而有些商品却比同行低。

在同一卖场里，某些商品的定价比同业还高，而有些商品却比同行低。高价定价法的主要支撑理由是，当商品具有强势的品牌及质量的竞争优势时，可将此商品订定高价位。例如，HP 公司的多功能事务机（含打印、传真、影印、扫描、数字相片等功能）的定价即比其他品牌多出一倍。HP 将此商品定位在公司行号（如中小企业及 SOHO 族）的目标市场，着力强调其事务功能齐全、质量稳定、保障性的售后服务（到府收件、提供备用机器），加上其品牌的优势，仍然保有高支持度的顾客群。但是，对简易列表机的定价，HP 公司则采取低价策略，此种机型定位在家庭用市场。此低价策略的支撑理由是，HP 公司的价廉质优产品和推广活动打动消费者。同时随着列表机的销售量提高，相对带动墨盒及用纸的销售，这些附属商品不仅维持 HP 公司与顾客之间的良好关系，更创造了高于列表机的可观利润。

(4) 变动性定价

同样的商品在不同的时段，订定不同的价格来贩卖。例如，隔日易腐坏的蔬果类商品，于下班前必须降价求售；或者是季节性商品，其成本随着淡旺季的差异，价格订定也都会有所变动。

变动定价
同样的商品在不同的时段，订定不同的价格来贩卖。

(5) 牺牲定价法

选择少数商品项，将价格定在低于市场行情或成本牺牲推出，以吸引顾客前来卖场消费，带动其他商品的买气。

牺牲定价法
选择少数商品项，将价格定在低于市场行情或成本牺牲推出，以吸引顾客前来卖场消费，带动其他商品的买气。

(6) 奇数定价法

将商品定价在比完整数目稍微少一点点，虽然价差只有 1 元（如$19、$69）或价差 1 位数的$9 和$99，顾客都有便宜的心理感受。此种定价法已经普遍被零售卖场使用，甚至国外的零售业者也常采用此技巧定价。

(7) 折扣定价法

以买 2 送 1、多一片价格不变、买 10 单位打九折等方式来达到促销目的，称之为折扣定价法。

(8) 天天低价法

“天天低价法”（EDLP；Every Day Low Price）早期仅是百货公司为了吸引顾客所推出“每日一物”的低价促销技巧，然而时至今日，此技巧已经变成多数零售卖场的必备贩促策略。这些卖场每天会选择一些不同商品，以低于平常的特别售价集中在特定贩卖区(又称经济特贩区)，让消费者感受到天天都有便宜商品可选购，以增强卖场吸引力。

天天低价法
卖场每天会选择一些不同商品，以低于平常的特别售价集中在特定贩卖区，让消费者感受到天天都有便宜商品可选购，以增强卖场吸引力。

(9) 低价保证定价法

对所有消费者宣告自己卖场所贩卖的商品，是同业之间最便宜的，如有消费者发现比他家卖场还贵，可凭据退还差价。此种方法有时很难认定价差的真实性，或被同业拦截价格情报而失去低价优势。不过也可以借由顾客的价差反应，了解竞争者的价格水平。

(10) 阶梯定价法

将同属性或同质量层级的商品订定同一价格，且将卖场所有商品归类成单纯的几种价位，以方便顾客选购，业者也降低一一定价每项商品的麻烦。例如，简餐店将各式的套餐类、咖啡类、热饮类、冷饮类，订定在 150 元、100 元、80 元、50 元等四种价格水平。

(11) 组合定价

将多样相关性的商品组合包装在一起，订定低于单样商品总和之价格，来吸引顾客的购买。例如，将相关性的清洁用品或化妆品组合定价优惠贩卖，常可获得刺激购买欲和提高销售量的双重效果。

(二)标价作业

标价作业
把正确的价格与商品代码，用已经设计好的标签粘贴于商品包装上，供消费者辨识选购及商品销售管理之用。

定价作业完成后就应该把正确的价格与商品代码，用已经设计好的标签粘贴于商品包装上，供消费者辨识选购及商品销售管理之用，此即为“**标价作业**”。标价作业时，应了解卷标的形式和用途，以及标价时应注意事项，方可迅速有效完成作业。

标签的形式大致分成三种：“部门别标签”仅用于标示部门代号及价格；“单品别标签”用于标示每一项单品之代号及价格；“店内码标签”用于标示每一单位之店内条形码及价格。这些标签的用途主要在于辨识商品的分类、代号及价格，以方便收银作业及了解商品的销售和周转状况，有利于库存盘点和订货作业。

当在有形商品执行标价时，应特别注意以下事项，才能使标价作业发挥完整的功效，不致造成顾客选购上和商品管理上的困扰。

1. 商品之代号与售价要先与传票和价格卡（陈列处）核对清楚。
2. 同类别的商品，其标示位置要明显一致，且不可盖住商品的说明字样。
3. 尽量由员工自行在后场标价后再送至卖场上架，以免影响顾客动线。如须由厂商代为标价，务必确认所有标价作业的正确性，以免造成销售上的困扰。
4. 采用一次性的折线标签并妥善保管，以防止不肖人士舞弊换标签。
5. 贩卖期间如须调整价格，应先去除原卷标再粘贴新卷标，以免产生顾客争议和作业困扰。

二、陈列上架作业

商品陈列上架
按照已规划好的陈列位置，将商品摆放在货物架或展示柜上面，有效地展售在顾客面前。

当商品完成定价与标价后，就可按照已规划好的陈列位置，将商品摆放在货物架或展示柜上面，有效地展售在顾客面前，此作业称之为“**商品陈列上架**”。陈列上架的主要原则如下：

1. 以销售政策为根据，事先做好陈列台账图管理。然后将标价好的商品，按照台账位置图依序上架定位。
2. 商品上架应做好先进先出原则，也就是先将原货架之商品取下，等新上架的商品摆置后段，再将原商品陈列在货架前段。
3. 商品上架后应确保安全定位，不可摇晃掉落，并将标价牌面向顾客。

4. 如果是陈列于展示柜的商品，应先开启展示玻璃门并固定之，再将商品陈列于稳固的层板架上。假如欲陈列于冷冻冷藏展示柜，当上架时间预估会超出 15 分钟时，应先关闭压缩机运转电源（避免冷气过度外流及冷凝器结霜），等待上架作业完成、关上设备展示门后，再开启运转电源。

商品陈列上架的作业流程，通常可分为直接上架和间接上架，间接上架又可分成入库后上架及加工后上架。

直接上架
当商品经过正常进货、验收，直接标价后随即上架陈列，称之为直接上架。

入库后上架
当商品经过进货、验收、入库等流程，在完成入档及定价作业后，等待前场的补货通知，再行提领标价并陈列上架，此称之为入库后上架。

1.直接上架

当商品经过正常进货、验收，直接标价后随即上架陈列，称之为“直接上架”。此流程通常适用于没有仓库设施的小型卖场，也适用于仓储型量贩店。然而，有一些普通卖场，已定完价的例行性商品，若为补缺货及节省作业流程，也可在完成进货手续后，直接标价入档陈列。

2.入库后上架

当商品经过进货、验收、入库等流程，在完成入档及定价作业后，等待前场的补货通知，再行提领标价并陈列上架，此称之为“入库后上架”。

3.加工后上架

当商品经过进货、验收、入库（或半入库）等流程，再经过重新组合、包装或加工制造为可贩卖的成品，然后完成定价及标价作业，再行陈列上架，此称之为“加工后上架”。

加工后上架
当商品经过进货、验收、入库（或半入库）等流程，再经过重新组合、包装或加工制造为可贩售的成品，然后完成定价及标价作业，再行陈列上架，此称之为加工后上架。

三、促销管理作业

“**卖场的促销作业**”就是营销组合中的推广管理，其不可毫无计划地区随性进行，否则容易造成卖场管理失序、混乱，对营运目标也会产生负面效果。为确保促销的效果能达到所预定的销售目标，应按照管理步骤，拟定完善的促销计划，接着决定促销组合方案，然后按照计划，确实执行促销作业，并不断检讨缺失、修正方案，作为日后改善的参考要点。此步骤形成如图 11-4 之促销管理流程。

卖场的促销作业
就是行销组合中的推广管理，其不可毫无计划地随性进行，否则容易造成卖场管理失序、混乱，对营运目标也会产生负面效果。

(一)拟订促销计划

“**促销计划**”主要包含设定促销目标及编列促销预算两大事项。卖场在设定促销目标之前，应先了解企业整体营销目标，据此对特定的目标市场和顾客诉求，订定适当的促销目标。而在编列促销预算之前，也应先衡量编列方法的优缺点，以选用适当的方法来编列促销预算。

促销计划
主要包含设定促销目标及编列促销预算两大事项。

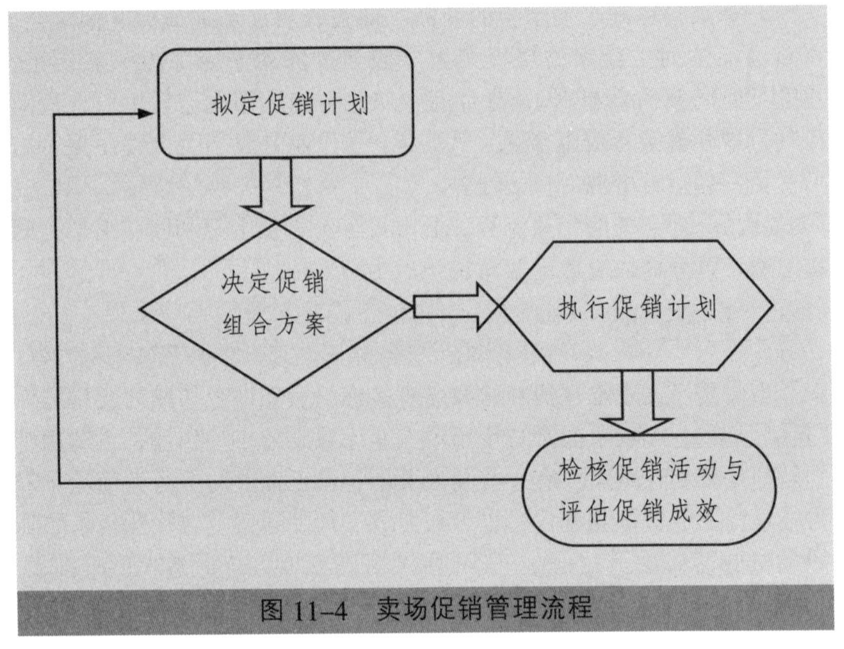

图 11-4 卖场促销管理流程

促销目标的设定
应包含长期目标、中期目标及短期目标等三个阶段。

“**促销目标的设定**”应包含长期目标、中期目标及短期目标等三个阶段。“**长期性促销目标**”通常设定在5年以上所要达到的预期目的，此目标主要偏重于建立与商圈消费者的良好关系、确保卖场在消费者心中的良好形象定位、强化顾客对卖场的忠诚度。“**中期性促销目标**”拟设定在2~5年之间，主要目标着重在新政策的导入、新产品的推出计划、扩张连锁店的促销计划，以及缓冲调整长期和短期目标的可行性。“**短期性促销目标**”的时间设定包括每周、每月、每季和年度计划，其主要目标包含激发顾客的冲动性购买欲、提高来客数及客单价，进而增加商品销售量和营业额。

编列促销预算
编列促销预算时，应衡量自己的需求来选择比较适当的预算方法。切勿毫无评估或随意编列预算而影响促销的效果，也徒增成本费用。

以上这些短、中、长期目标彼此之间仍应该互相配合，而且要力求明确书面化和数字化，以供有效执行、绩效评估及统计衡量之依据。例如，在暑假的2个月期间，针对学生族群实施回馈方案（购买25 000元的个人计算机，可得回馈金3 000元），预计编列300 000元回馈金和投入100 000元的推广费用，要达到100台的销售业绩。在此例的时间点、顾客诉求、执行方案、预算明细、业绩目标等，都有很明确的具体数字和详细的书面数据，才能使促销计划发挥执行效果。

目标工作预算法
优点：较能符号实际活动的需要，可以明确评估出促销的成效，有效的调整目标与费用的差异关联性。
缺点：在执行时必须花费较多的时间成本，以规划详细的目标任务及预计各项的准确成本。

“**编列促销预算**”时，应衡量自己的需求来选择比较适当的预算方法。切勿毫无评估或随意编列预算而影响促销的效果，也徒增成本费用。以下将讨论目标预算工作、市场竞争预算、营业额比例预算、经验调整预算、余额预算及定额预算等几种卖场常用的促销预算方法，并分析每种方法之优缺点。

1.目标工作预算法（Target-and-Task Budget Method）

依照卖场所设定的促销目标，将目标计划之每一项工作任务的预计费用加起来，所得的合计总额即为此促销目标之预算。此方法之优点是较能符合实际活动的需要，可以明确评估出促销的成效，有效地调整目标与费用的差异关联性。然而，在执行时必须花费较多的时间成本，以规划详细的目标任务及预计各项的准确成本。

2.市场竞争预算法（Market Competitive Budget Method）

随着市场竞争的必要性来编列卖场的促销预算。此方法是参考商圈内的主要竞争者之促销策略来改善自己的预算方案，其优点是有例可循，随时跟进竞争者以维持市场竞争力。但是，假如对竞争者的策略判定错误，或是没有考虑彼此之间的差异性而贸然跟进，容易产生反效果。

3.营业额比例预算法(Percentage-of-Sales Budget Method)

卖场依照其年度营业额目标，设定适当的固定比例作为促销预算。此种方法的优点是预算与销货收入有直接的关系，支出比较容易被控制在营利的基础上。同时也可以保持市场促销的常态性，还有预算的规划使用都很简单明确，是受到卖场接受使用的主要原因。但是，它的缺点是促销预算与销售量成正比，未考虑促销活动之实际需求，无法利用促销来引导销售。当销售额提高时，促销预算有可能超过实际所需要的资金；当销售额降低时，或许正需要资金加强促销活动，然此时促销预算却随着营业比例而减少。

4.经验调整预算法(Modulation-of-Experience Budget Method)

卖场依照过去的预算效果之经验，加上未来营运的需要判断，在现有的预算上作幅度调升或减少，作为下次或下年度的促销目标之预算。此方法对小型卖场之业者来讲，使用上非常方便，又可按照营业状况和促销需要作弹性调整。其缺点为业主的主观意识太强，容易失去目标设定的约束力及促销评估的正确性。

5.余额预算法（Balance Budget Method）

卖场没有将促销纳入预计的管销费用，仅将剩余的资金作为促销预算。例如，将所有资金都投入新开张的开办费用（含软硬件），最后开幕时才将或多或少的结余资金分配为促销预算。此方法也可称之为随性算法，并没有特别的优点。然而，却有多项缺点，如忽视促销目标的设定及促销活动的计划、较难评估资金预算与促销效果的平衡点。

6.定额预算法（Allotment Budget Method）

卖场提拨一笔固定的经费作为年度促销预算，以配合推动促销计划。此方法规划时较为简单，但是经费编列并无依据，分配到每一单

市场竞争预算法

优点：是有例可循，随时跟竞争者以维持在市场的竞争力。

缺点：假如对竞争者的策略判定错误，或是没有考虑彼此之间的差异性而贸然跟进，容易产生反效果。

营业额比例预算法

优点：是预算与销货收入有直接的关系，支出比较容易被控制在营利的基础上。也可以保持市场促销的常态性，还有预算的规划使用都很简单明确。

缺点：是促销预算与销售量成正比，未考虑促销活动之实际需求，无法利用促销来引导销售。

经验调整预算法

优点：使用上非常方便，又可按照营业状况和促销需要作弹性调整。

缺点：业主的主观意识太强，容易失去目标设定的约束力及促销评估的正确性。

余额预算法

缺点：忽视促销目标的设定及促销活动的计划、较难评估资金预算与促销效果的平衡点。

定额预算法

优点：规划时较为简单。

缺点：经费编列并无依据，分配到每一单项促销活动之预算也没有基准，容易形成直觉提拨而造成实际的活动经费之不足或过多。

项促销活动之预算也没有基准，容易形成直觉提拨而造成实际的活动经费之不足或过多。

(二)决定促销组合方案

卖场根据不同促销方式的特点结合成功的促销经验，大致可制订出比较合理的促销组合方案。在这促销组合的决策中，实际上就是根据促销目标来作促销预算的分配，其关键在于在促销预算限制条件下，寻求能够使卖场实现最大促销效果的促销组合，此一促销组合就是卖场所需要的“**最佳促销组合方案**”。

最佳促销组合方案
就是根据促销目标来作促销预算的分配，其关键在于在促销预算限制条件下，寻求能够使卖场实现最大促销效果的促销组合。

当促销预算分配到每一个促销组合个案时，应对其所产生的效果进行评价，以作为促销组合适度调整的依据。进行评价时应选定与促销目标相一致的评价指针，才能评价出有效的结果。借由评价的测量，可以反映出促销组合的效果，及分析出其中的问题与不足之处，以利及时调整与改进促销方案。

对促销组合方案评价后发现有改进之处后，通常会对促销方案的预算或方法作部分调整，而不是全面性大变动，以免影响整个促销计划。在进行整个评价与调整时，必须考虑到促销的滞后性效果，才是完整可行的促销组合方案。

(三)执行促销计划

“**促销计划的执行步骤**”包括选定何种推广媒体、考虑促销的时机、构思促销的讯息内容、促销人员的安排、贩促用具的搭配、其他支持配合等。

促销计划的执行步骤
包括选定何种推广媒体、考虑促销的时机、构思促销的讯息内容、促销人员的安排、贩促用具的搭配、其他支持配合等。

1.选定何种推广媒体

“**卖场促销常用的推广媒体**”有促销传单、报纸、促销海报、宣传旗帜与布条、广告牌广告、车体广告及电台广播等多种。每一种媒体都有不同的广告功能，要能够发挥促销计划的最大效果与经济效益，则需要评估整体的媒体成本、媒体效率、广告效果与前置作业时间。

卖场促销常用的推广媒体
有促销传单、报纸、促销海报、宣传旗帜与布条、看板广告、车体广告及电台广播等多种。

不同的媒体型态，其成本各有差异，而成本的高低并不一定与媒体效率成正比，也不一定产生所预期的广告效果，所以评估时应针对市场特性、商圈需求与顾客型态作主要考虑。假如，采用很高成本的媒体，结果没有达到及时性或直接性，其广告效果自然不佳，也达不到理想的经济效益。但是有些促销活动的效果确实是反映在成本的高低上，例如，在商圈范围内发行传单，发行数量越大，其广告能见度越高，成本也就相对提高。

另外，要考虑广告前置作业时间，无论采用单一媒体或多种媒体配合，都应事前规划好正确的作业时间，以免耽误促销计划的进行。例如，发行传单前必须及早设计内容、编辑印制，然后规划发行作业，务必在计划时间内完成，才能有效配合活动的推广。

2.考虑促销的时机

卖场每年都有淡季与旺季之分，每天也势必有尖峰与低谷时段，掌握正确的促销时机，才能够达到事半功倍的广告效率与促销效果。例如，服饰卖场的换季促销策略，应选在两季交替时段来实施最适当。而个人计算机的学生促销项目，可选在寒假及暑假期间来进行最有效果。所以，每一种促销组合策略都应针对其促销商品、诉求对象、特定市场，选择适当的时机来进行推广活动，才能发挥策略的效用。

掌握正确的促销时机，才能够达到事半功倍的广告效率与促销效果。

3.构思促销的讯息内容

"促销的讯息内容"有静态的设计与动态的规划，"静态的设计"包括促销主题、广告内容、商品设计、陈列展示、卖场形象等；"动态的规划"包含应对话术、示范解说、活动作业、交易条件、服务态度等。这些讯息内容因具有扩散与持续的特性，不论是有声或无声、立体或平面的讯息内容，只要一呈现随即传送出去，其扩散速度快、范围也大，对卖场的影响程度非常高。所以，卖场在构思促销计划的讯息内容时，应特别注意其正确性与合理性，对整体的营运才有正面效果。

促销的讯息内容
有静态的设计与动态的规划。

4.促销人员的安排

卖场促销时，因有不同的策略运用，所以人员安排与平常营运有所差别，计划进行前必须事先规划好适当的人力需求。可选派适任的在职员工或招募新员工，配合计划要求施以特别教育训练，将讯息内容完整地提供给顾客，达到促销目的。为激励员工能在促销期间发挥最大潜能，可制订促销奖励制度及评鉴事宜。很多卖场为求整体人力资源的平衡，在促销期间尽可能征聘工读生或其他临时员工，以补足促销期间的人力需求。要特别说明的是，假如雇用工读生或其他临时员工，无论其上班期间的长短，都更应加强专业度的训练，否则很容易因其对卖场的营运及促销作业不熟悉，降低服务质量，影响促销计划的推展效果。

卖场促销时，因有不同的策略运用，所以人员安排与平常营运有所差别，计划进行前必须事先规划好适当的人力需求。

5.贩促工具的搭配

"贩促工具"是促销策略的主要战略之一，其包含促销活动本身及贩促用品的辅助。主要目的是促进商品的陈列演出，营造有效的促销气氛，提高顾客的购买意愿。任何的促销组合策略，如果只是靠着单一的广告素材或平面促销海报，是无法活络卖场的贩促气氛的，容易失去顾客对卖场的新鲜感与好奇心。所以，企划人员进行促销前，必须同时规划如试吃、展示演出、折扣等战略活动，并运用贩

贩促工具
主要目的是在促进商品的陈列演出，营造有效的促销气氛，提高顾客的购买意愿。

促用品增添商品的展售效果，才能牵动顾客的消费意向。这些促销活动大都是动态的呈现，可以刺激消费者的感官意识；而贩促用品则是属于静态的装饰演出，从平面到立体、从小装饰品到大型广告用品，各式各样都有其不同的贩促机能。不同的促销活动搭配适当的贩促用品，才能相辅相成达到促进销售的目的。

6.其他支持配合

促销计划的作业推展，除了需要会同公司其他部门的配合，也需要外界厂商、媒体、社区、顾客的互动，才能顺利进行。

“促销计划”常是一家卖场的主要销售策略，其作业的推展往往都是综合性的工作，除了需要会同公司其他部门的配合，也需要外界厂商、媒体、小区、顾客的互动，才能顺利进行。所以，事前内部的任务分配与充分沟通是非常重要的，所有人员应认识到促销计划是公司的整体计划，不只是某单位的工作。当然，负责与外界单位协调者，更应掌握和谐的运作模式，才能内外配合、协调一致地成功完成计划。

(四)检核促销活动与评估促销成效

举办促销活动的主要目的是希望能在特定期间内，刺激顾客的购买动机，以增加来客数、提高客单价及整体营业额。

举办促销活动的主要目的是希望能在特定期间内，刺激顾客的购买动机，以增加来客数、提高客单价及整体营业额。同时，希望借由促销活动与顾客的互动，维持良好的顾客关系与忠诚度。所以，为提供有效的活动内容与质量给顾客，促销活动的执行检讨与成效评估是确保活动绩效的重要步骤。

促销活动的执行检讨可从促销前、促销中、促销后等三个阶段进行。

● 促销前

应该检查的项目为：

1. 卖场相关人员是否都已知道促销活动的要项？
2. 是否已和相关厂商洽妥促销配合之品项、数量、价格及供货时间？
3. 促销的商品是否已经完成订货手续和备货齐全？
4. 是否已经通知销货部门，进行促销商品的调价手续？
5. 测试活动方式是否过于繁杂，容易造成人员浪费及顾客不便？
6. 企划人员是否备妥宣传单、促销海报、POP 等相关贩促用具？
7. 卖场促销气氛的营造布置是否完善？
8. 检查促销商品的包装、标价、陈列等贩卖作业是否完备就绪？

● 促销中

应该检查的项目为：

1. 卖场相关人员是否熟练活动的进行作业，并提供完善的服务？
2. 卖场是否营造出具有魅力的贩促气氛？

3. 商品的促销内容和质量是否符合对外的文宣广告?
4. 促销商品的品项及数量是否齐全和足够?
5. 商品的陈列演出是否安全及具有吸引力?
6. 促销海报是否掉落或褪色模糊不清?

●促销后

应该检查的项目为:
1. 商品陈列展示应该恢复原状。
2. 商品价格应该立即恢复原售价。
3. 停止所有相关促销之文宣广告。
4. 拆除广告牌、过期传单、促销海报、布条旗帜、贩促POP等用具。

评估促销成效有助于下次活动计划的改进参考,应于促销后随即会同各相关部门召开检讨会议,就执行效果与目标作差异分析、检讨业绩及利润,并了解顾客对商品的接受度及较能接受的价格线。绩效评估以达标率90%为基准,并计算促销期间的所得利润额。当利润额为正,表示此次促销为有效活动;当利润额为负,表示此次促销为无效活动,应加以检讨、改进缺失。

评估促销成效有助于下次活动计划的改进参考,应于促销后随即会同各相关部门召开检讨会议,就执行效果与目标作差异分析、检讨业绩及利润,并了解顾客对商品的接受度及较能接受的价格线。

促销期间利润额=促销期间增加的营业额×平均毛利率
−促销活动费用

第四节 商品存货管理

随着激烈的市场竞争,存货成本已然成为零售卖场的重要竞争因素。过多的存货会产生高昂的商品持有成本及腐坏成本,而太少的存货却造成商品短缺及顾客流失等成本,这些成本对营运利益均造成莫大的不利影响。所以,存货管理决策中,卖场着实必须在存货持有成本、订货成本及缺货成本间取得均衡。

存货管理决策中,卖场必须在存货持有成本、订货成本及缺货成本间取得均衡。

除了仓储型量贩卖场之外,国内的各种卖场几乎都会在后场空间规划仓库区,以利及时补货,避免卖场发生缺货情形。然而,为使仓库发挥调节补货效能,亦不致造成商品积压过甚,其存货管理自是不可或缺的重要作业。

一、商品存货管制

商品存货管制
其目的在于求取商品库存量和订货频率的均衡，以降低营运成本和资金积压成本，并提高卖场的销货利益。

“**商品存货管制**”的目的在于求取商品库存量和订货频率的均衡，以降低营运成本和资金积压成本，并提高卖场的销货利益。卖场里存货管制的项目包括原物料（含食材与包装材）、半成品、商品、呆料呆货、坏料坏货等。假使这些物料及商品管制不当的话，会使企业资金调度恶化，卖场商品流通无法达到良性循环，将使卖场营运陷入困境。相对的，适当的存货不仅能加大资金周转率，更能使商品在卖场快速流通、创造利润。所以，为了防止卖场存货过多或缺货，同时要满足经营需求，又要降低成本，企业得采用以下多项控制方法，以取得均衡点。

(一)存货周转率与商品周转率

卖场的存货周转率就是在一定销售期间中（例如一个月），商品或原物料总共周转了几次。存货周转率的测定是以数量和金额两种为计算单位，若以数量为单位，则应以使用数量为准，而非出库数量；若以金额为单位，则应以使用金额为准，而非出库金额，如此可避免已出库但是未使用的误差。所谓的使用认定标准有两种，一种为出库即可销售的成品，此种认定标准以售出为准；另一种则是原物料或半成品，其认定标准为经过加工至成品为准。存货周转率的计算方法有周、旬、月、季、半年、年度等单位，一般都使用月单位及年单位居多，但是在零售卖场则大多采用周单位及月单位。

存货周转率计算公式

$$\text{存货周转率}=\frac{\text{使用数量}}{\text{存货数量}}=\frac{\text{销售数量}}{\text{存货数量}}=\frac{\text{该期间的销售数量}}{\text{该期间的存货数量}}$$

$$\text{存货周转率}=\frac{\text{使用数量}}{\text{存货数量}}=\frac{\text{销售成本金额}}{\text{存货成本金额}}=\frac{\text{该期间的销售成本总金额}}{\text{该期间的存货成本金额}}$$

注：以上分母取其平均值=（期初存货+期末存货）÷2

范例

范例 1：假设该月的平均存货数量为 2 000 单位，该月的销售数量为 10 000 单位，求该月的存货周转率。

范例 2：假设该月的平均存货数量为 10 000 单位，该月的销售数量为 2 000 单位，求该月的存货周转率。

解答 1：该月的存货周转率 5

解答 2：该月的存货周转率 0.2

解说

范例 1 的存货周转率为 5 次，使用数量比存货数量多 5 倍，所以存货数量一个月周转 5 次，属于高周转率的商品，可考虑提高安全存量。

范例 2 的存货周转率为 0.2 次（相当 1/5），此时是存货过多，使用量过少，属于低周转率的商品，应改善商品的结构、汰旧换新，才能提高卖场营收及利润。

卖场的商品周转率是以在一定期间（例如一个月）之销货额（量）除以该期间的存货额（量），表示商品的周转状态，以清楚区分畅销品与滞销品，作为适当存货管制的基础资料。商品周转率与存货周转率最大的差异，在于商品周转率的分子全部以销货为认定标准，没有原物料或半成品的使用认定问题，同时分子和分母的金额计算以销货售价或销货成本为依据。商品周转率的测定也是以数量和金额两种为计算单位，若以数量为单位则以销货数量为准；若以金额为单位则以销货金额为准。零售卖场的商品周转率和存货周转率一样，大都采用周单位及月单位。

商品周转率计算公式

$$\text{商品周转率}=\frac{\text{销售数量}}{\text{存货数量}}=\frac{\text{该期间的销售数量}}{\text{该期间的存货数量}}$$

$$\text{商品周转率}=\frac{\text{该期间的销货成本金额}}{\text{该期间的存货成本金额}}=\frac{\text{该期间的销货售价金额}}{\text{该期间的存货售价金额}}$$

注：以上分母取其平均值（期初存货+期末存货）÷2

在存货周转率之间或者商品周转率之间，都存有存货、销货、进货及期初（月初）存货、期末（月末）存货、期间销货、期间进货之相互关系（如图 11-5 及图 11-6 所示）。假设以年度为例，1 月 1 日开始营业前的存货额称之为“期初存货额”，12 月 31 日营业终的存货额则称之为“期末存货额”。而从期初到期末这段期间的销货称之为“期间销货额”，这段期间的进货就称之为“期间进货额”。相对的，若以月为单位则称之为“月初存货额”、“月末存货额”、“月销货额”、“月进货额”。在这些相互关系上，其金额计算必须在同一基准上，如成本与成本统一、售价与售价统一，才能求取正确数值。

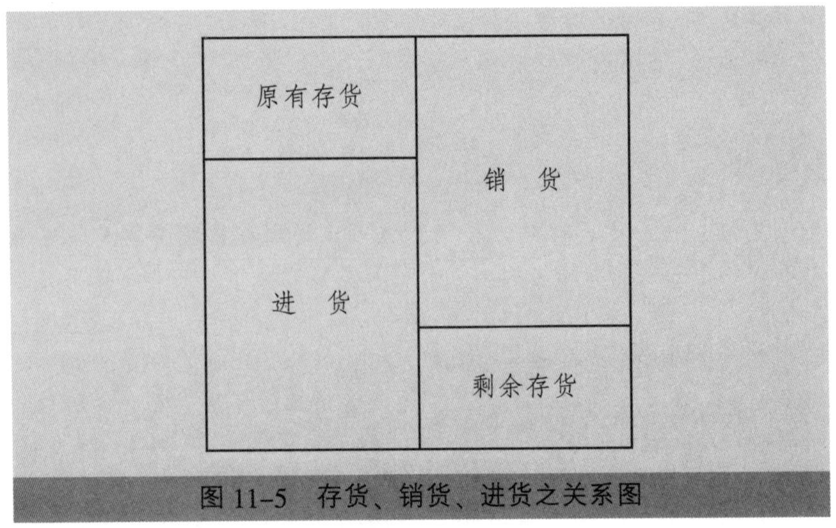

图 11-5 存货、销货、进货之关系图

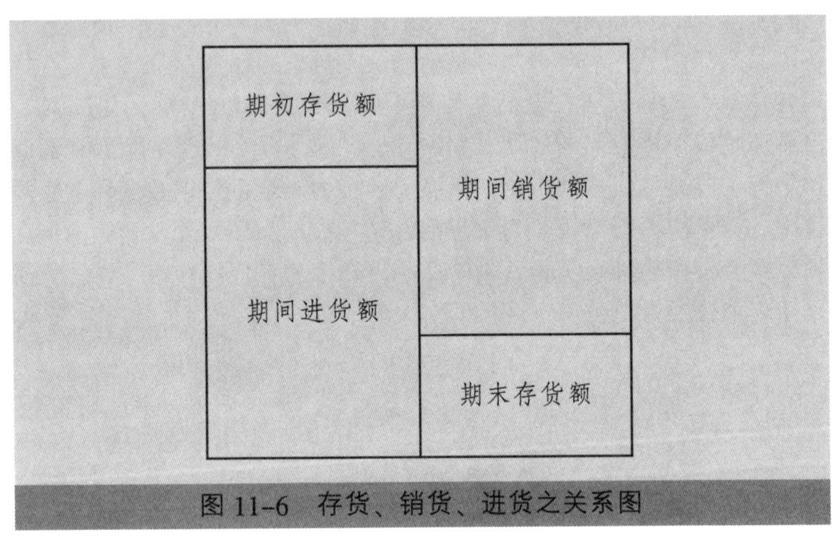

图 11-6 存货、销货、进货之关系图

(二)定量订购法与定期订购法

定量订购法
是当现有存货达到最低水准（在订购点）时即进行订购，此次订购量与前次订购量相同，而不管前次订购时间距今多久。

定期订购法
是订购期间固定，而订购量取决于库存水平。

零售业者常使用的“**定量订购法**”，是当现有存货达到最低水平(在订购点）时即进行订购，此次订购量与前次订购量相同，而不管前次订购时间距今多久。换言之，系依照过去经验定出最低安全库存量，当库存量到达警戒线即订货补充，也称之为“两箱订购法”，此方法最适合于小型卖场。

另外一种“**定期订购法**”，是订购期间固定，而订购量取决于库存水平。当订购决定于定期存货报告时，定期订购法显得特别好用，其订购量等于预定最大存货减现有存货。而当决定预定最大存货之前，必须先界定订购周期（几天、几周、几月)、设定前置时间、估计销售率（每周几个单位)、界定安全库存，如下之公式及范例。

定期订购法公式

订购量=预定最大存货–现有存货
预定最大存货=(订购周期×销售率)+(前置时间×销售率)+安全库存

定期订购法范例

假设订购周期为 4 周、前置时间为 2 周、销售率为每周 6 单位、安全库存为 3 单位、现有存货 15 单位，求预定最大存货及订购量=?

预定最大存货= (4×6) + (2×6) +3=39
订购量 39–15=24
每 4 周订购一次，预定最大存货为 39 单位，此次订购量为24 单位。

(三)经济订购量模型

“经济订购量” (EOQ, Economic Order Quantity) 为最符合经济效益的采购数量，其反映出存货持有成本及订购成本。当订购量增加时，订购成本会降低，却也使存货成本上升。所以，采购管理者当应用如下公式，以求取符合效益的订购量，达到最低的订购成本与存货持有成本之组合。

经济订购量
为最符合经济效益的采购数量，其反映出存货持有成本及订购成本。

经济订购量计算公式

$$Q=\sqrt{\frac{2SO}{IC}}$$

经济订购量范例

假设S=156，O=$0.5，I=$0.1074，C=$3，则求得经济订购量如下：

$$Q=\sqrt{\frac{2\times156\times0.5}{0.1074\times3}}=\sqrt{\frac{156}{0.322}}=\sqrt{484}=22$$

Q：经济订购量
S：年度预估销售量
O：单次订购成本
I：存货持有成本（单位成本之百分比）
C：单位商品成本

(四)ABC分析之应用

“ABC 分析” (ABC Analysis) 原来主要是制造业为了降低管运

ABC分析法
是依据价值不同，给予不同程度的管理，以合乎经济原则，即为帕累托原则。

成本，而导入且获得成效的方法。但是，现在已广为批发零售业所引用并获得相当的效果。早期的管理者面对许多种类的商品和原物料，大都采用同样的管理方式。然而，繁多的商品中，真正支撑公司营运的商品可能只有某部分品项，以相同的方法来管理全部的商品，实际上是低效率的管理模式，会造成企业很大的损失。于是，意大利经济学家 Villefredo Pareto 提出“依据价值不同，给予不同程度的管理，以合乎经济原则”，此原理就是“**帕累托原则**”，也称之为“**ABC 分析法**”，俗称为“**重点管理法**”。帕累托原则说明许多事物都存有重要的少数与次要的多数之现象，所以 ABC 分析系根据使用量将存货归为三种类别，然后集中管理资源于重要的少数，而不是次要的多数，其各分类的管理方法如下：

1.A 类存货

如图 11-7 所示之 A 为价值高、品项少的品类。A 类品项虽只占 20%的总品项，却占 70%的价值（或销售总额）。此类商品的管理方法为采用定期少量多次订货；严格实施经常性盘点、减少不必要的存货；详细核算经济订购量（EOQ）；明订安全存量并每周或每月定期盘点；严加控制交货期；进出仓库手续从严；存量异样时应立即追踪调查。

2. B 类存货

如图 11-7 所示之 B 为价值中等的品类。B 类品项占 30%的总品项，其占 20%的价值（或销售总额）。此类商品的管理方法为采用一

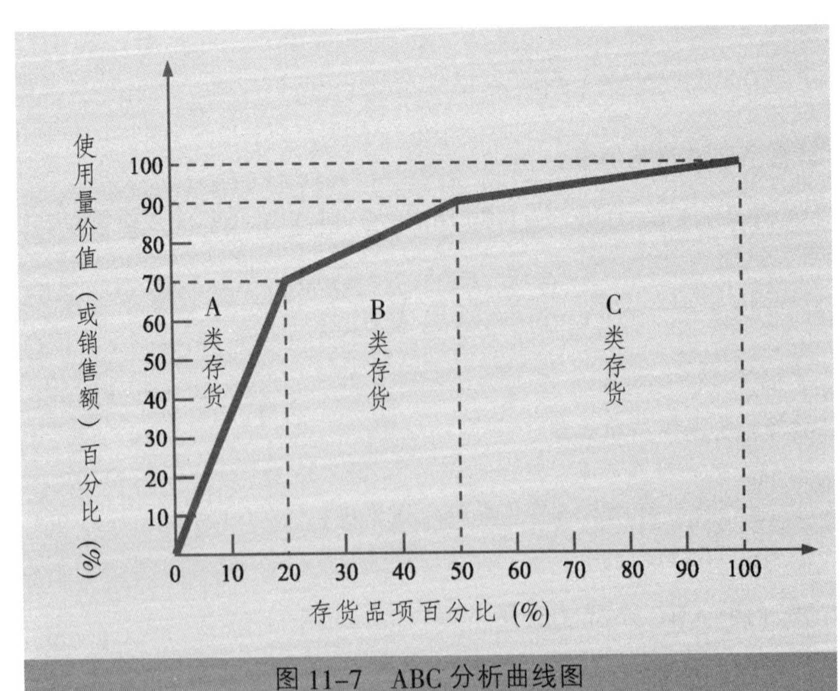

图 11-7 ABC 分析曲线图

般程度的存货管制策略，以定期（价格较高的品项）或定量（价格较低的品项）法混合采购，实施每季或每半年盘点，并依其使用频率弹性调整。

3. C 类存货

如图 11–7 所示之 C 为数量多、价值低的品类。C 类品项虽占 50%的总品项，却只占 10%的价值（或销售总额）。此类商品的管理方法为采用请购点订货、减少管理手续；进出仓库手续简便；安全库存量较多、每次订购量也较大，以节省运费及管理费；存放在仓库之次要位置或仓库外；每年一次以目测或比重换算实施盘点即可。

4.安全库存量

“**安全库存量**”为每日平均销售量乘以订货到送达之前置时间。例如，卖场每日销售包装米 50 包，而订货到送达时间需要 2 个工作日，则该卖场包装米的安全库存量为 100 包。

安全库存量
为每日平均销售量乘以订货到送达之前置时间。

安全库存量公式

安全库存量=每日平均销售量×前置时间（天）

学习评量及分组讨论

1. 请举例说明商品大分类的分类原则。
2. 商品中分类都依照什么原则来区分？
3. 何谓“商品条形码”，其功用为何？
4. 何谓“条形码符号”，目前国际标准的条形码符号有哪几种？
5. 条形码系统对零售业者有哪些应用效益？
6. 为达到订货作业的效率化，订货计划应该包含哪些项目？
7. 若订货计划不够周详，常会衍生哪三种不良情况？
8. 请简述进货作业过程及注意事项。
9. 影响消费者价格敏感度的因素有哪些？
10. “商品陈列上架”的主要原则为何？
11. 请说明“定量订购法”与“定期订购法”的差异？
12. 何谓“经济订购量模型”？
13. 以小组为单位，讨论卖场定价时的完整步骤，其必要性为何。
14. 以小组为单位，举例讨论15种的卖场定价策略与技巧。
15. 以小组为单位，举例讨论ABC分析法在卖场的存货管理中的应用。

第十二章 | 卖场服务管理

◎ 各节重点

第一节　服务管理的基本理论

第二节　收银服务管理

第三节　服务竞争策略

学习评量及分组讨论

◎ 学习目标

1. 了解服务的特质。
2. 熟悉收银服务的作业规范，及学习卖场的服务礼仪与常用术语。
3. 了解服务产业的竞争环境，探讨有效的竞争策略。
4. 学习如何运用回复策略来留住顾客。

第一节　服务管理的基本理论

当20世纪80年代在发达国家开始实施质量运动后，多数的消费者、学术界人士及大众媒体才意识到产业整体服务质量并不理想，经理人也感受到服务改善是赢得顾客满意度的要项，更是提升企业竞争力的利器。在这时期，随着社会环境的改变，服务产业也逐渐提升其在经济体系中的地位，在经济生活中扮演着重要的角色。

台湾在20世纪80到90年代期间，也积极推动质量运动，然而却仅着重于制造产业。直到90年代后半期，随着服务产业的发展，服务管理才逐渐被重视，始被纳入质量管理的议题。从此，不仅民营企业致力于服务质量改进，公营机构和政府行政部门更有不错的服务满意度成绩。在2004年后期，台湾正式宣示服务产业是未来台湾经济的主要发展产业，更要将目前的52%就业人口提高到2008年的70%。另外，教育主管单位也在此时明示将服务管理列为大学院校的重点教育。由此可见在21世纪里，服务管理在社会生活中的重要地位。

一、服务的特质

一个群体组织投入人力、原物料、资金、设备、技术及信息等多种资源，再透过可增加其价值的处理过程，最后转变为有形的产品或无形的商品。其中无形的商品就是所谓的服务，而此服务是用来增加人们的生活价值。

服务
是一种行为、行动或是表演，它可定义为能够产生时间、地点、形式或者是心理上效用的经济活动。

“**服务**”是一种行为、行动或是表演，它可定义为能够产生时间、地点、形式或者是心理上效用的经济活动。在ISO9000系列标准中，服务被定义为：“服务是为满足顾客的需要，在与顾客的接触中，服务提供者的活动和活动的结果”。进一步在质量管理和质量体系要素当中，对服务定义附有如下注释：

1. 在接触中，服务提供者和顾客可由人员和设备代表。

2. 对提供一项服务来说，与服务提供者接触的顾客的各种活动可能很重要。

3. 实体产品的提供可能成为服务的一部分。

4. 服务可以与实体产品的制造和供应结合起来。

从上述得知，服务很清楚地被定义是一种活动和结果之后，为了赢得顾客的最高满意度，服务提供者应了解服务本身所具有的以下特质，以规划提供更完善的服务来满足需求者。

(一)服务的无形性

相对于实体产品，服务是一种**无形**（Intangibility）的表征，它摸不到、闻不着、也无法陈列和品尝，因此消费者无法确实“掌握”服务，只能凭个人感觉来体会服务的存在。例如，当我们进到实体卖场，可以从陈列架上接触及选购所需要的商品，最后拥有所购买的商品。但是，我们只能感受这卖场的贩促气氛好不好，服务人员的态度是否亲切，而无法将他们表现的行为举止带走。

由于服务的无形性，需求者在消费时不易比较服务的好坏，仅能事前透过口碑得知服务的差异性。例如，我们无法在进入餐厅后先了解或比较其服务再消费，只能从亲朋好友口中得知餐厅的服务质量再决定前往消费。

服务为了呈现出更具体化，常须结合有形的设施和实体物品来执行，但其本身则不是实体的。例如，餐厅服务的一部分是有形的装潢设施和所提供的菜色。另外，很多的服务是经由专业的媒介来传递给消费者或需求者，例如，医师、律师、教师、顾问师、代书等都是借由专业知识及技能来执行对顾客或需求者的服务。

服务的无形性
相对于实体产品，服务是一种无形（Intangibility）的表征，它摸不到、闻不著、也无法陈列和品尝，因此消费者无法确实“掌握”服务，只能凭个人感觉来体会服务的存在。

(二)服务的不可切割性

服务的**不可切割性**（Inseparability）可从两种类型来探讨。第一种类型为生产与消费的不可切割性，任何一项商品都有生产与消费两个阶段，实体商品通常是在工厂制造完成后，再经由通路卖场销售给顾客，其生产与消费大都属于分开的时段和地点。而无形的服务，其生产与消费常是在同一地点与时间发生，所以其生产与消费具有不可切割的特质。

第二种类型为提供者与消费者的不可切割性，当实体商品在工厂被生产者制造时，顾客是不用参与制造过程的。然而，大多数的服务产生时，提供者与消费者需要共同参与才能制造服务商品。在此，我们举个例子来说明以上两种类型，如洗发精（属于实体商品）必须在化学工厂由生产者完成制造，消费者再经由配销通路自行前往选购，其生产与消费的时间和地点是分开的，消费者也不需要参与生产者的制造过程。而洗发是属于一种服务商品，此服务的产生必须在同一时间与地点发生，且提供者与消费者也必须一起参与，否则无法产生此洗发服务，所以它具有生产与消费不可切割的特征。

服务的不可切割性
1.生产与消费的不可切割性。
2.提供者与消费者的不可切割性。

(三)服务的不易保存性

服务是一种行为、活动及结果，其无法先被制造成实体物品，加以陈列或储存等待销售，所以它具有**不易保存性**（Un-preserve）。服务产生的同时也在进行消费行为，而当消费结束时，服务也消逝了。就像上述例子，当洗发服务产生时，顾客也正在进行消费行为。而

服务的不易保存性
服务是一种行为、活动及结果，其无法先被制造成实体物品，加以陈列或库存等待销售。

此服务不能事先制造保存，等待顾客头发乱了或脏了再来取用，必须在顾客有了需求后光临发廊与提供者进行服务的交易。又如卖场收银员上全天班,不能将比较空当的低峰时段保存下来,挪至隔日使用。

(四)服务的多变性

服务的多变性

主要是服务容易受到多种因素的影响，造成品质的不一致性。这些因素包括服务环境好坏、提供者与需求者的认知差异等。

服务的多变性也称之为**异质性**（Heterogeneity)，主要是服务容易受到多种因素的影响，造成质量的不一致性。这些因素包括服务环境好坏、提供者与需求者的认知差异等。服务环境就好比卖场的设施及贩促气氛规划，如良好的停车场规划、适度的冷气空调、适当的音乐曲调、有效的 POP 广告、完善的卖场安全及清洁卫生管理等都能提高服务质量；反之则会降低服务质量。提供者的影响因素有专业知识与技能、服务流程设计、个人的情绪表现等。然而，即使提供者按照标准化流程呈现颇具水平的服务，若因面对不同顾客对服务员的言行举止、专业知识技能等服务的需求标准或认定程度不一时，难免会产生不满意的顾客印象。另外，不同的服务时间、服务人员，或不同的服务心情，都有可能表现出不同的服务水平。

从以上的影响因素，不难发现服务的不一致性之主要原因，在于整个提供到消费过程都高度依赖人力。它不像实体产品可借由机器，明确的设定质量条件与告知质量的认定标准。所以，在不易掌控服务的多样化之情况下，为力求顾客满意度与维持消费者对服务商品的信心，服务业者除了尽力规划较稳定性的条件之外，尚应深入探讨与调整不稳定性的因素，以达到可与实体商品相比拟的质量管理能力。

第二节　收银服务管理

现代化卖场大都已经规划为自助式贩卖型态，消费者可以随意参观比较，挑选最适合的商品，再到收银台结账。顾客在卖场里除了需要解说员的服务之外，所接触到的唯一卖场人员可能只有收银员。换句话说，顾客与卖场人员的互动几乎是只有发生在收银工作区，因此收银员的行为表现等于代表了卖场的经营形象，由此可见收银管理作业的重要性。

收银员的工作任务

除了收银作业之外，还包括服务礼仪、资讯管理、情报提供与活动推广、抱怨处理、失窃防范等多项卖场管理要项。

整体性收银服务的完善与否，足以影响顾客重复消费的意愿。因此，**“收银员的工作任务”**除了收银作业之外，还包括服务礼仪、信息管理、情报提供与活动推广、抱怨处理、失窃防范等多项卖场管理要项。也唯有做好这些卖场门面工作，才能提升顾客服务质量和卖场经营形象，确保顾客再次光临的机会。

一、收银作业

收银作业范围从作业规定到作业稽核，都应有明确的规范可遵照执行，才不会造成服务及管理的缺失。这些规范涵盖收银作业规定、收银作业流程、收银排班及交接班作业管理等。

(一)收银作业规定

为了确保收银管理的安全性，及避免不必要的舞弊误会，收银人员应该遵守以下的收银作业规定：

1. 收银员值勤时，应将私有现金寄存公司会计部门，身上不可携带任何现金，避免与公款混淆，造成误会与结算困扰。另外，除茶水之外，收银台不可放置任何私人物品。

2. 收银员值勤时，应专注工作，不可闲聊嬉笑，并随时机警注意任何动态，以防范状况发生或及时处理。

3. 收银员不可任意打开收款机点算金钱，避免舞弊嫌疑和安全缺失。

4.收银员应熟悉卖场各项政策、销售活动、商品信息及其他相关讯息，以能及时回答顾客问题，并主动将相关讯息告知顾客。

5. 收银员不可为亲朋好友结账，避免发生舞弊误会。

6. 收银员值勤时，不可擅自离开岗位。如须离开收银柜台，应依照卖场规定报准，得有代理人或将“暂停结账”牌示告知顾客。暂停结账时，应将收款机安全上锁，并以链条封锁结账通道，明示顾客由其他柜台结账。

7. 确实遵守卖场之结账规定，达到正确、迅速的结账服务，以赢得顾客的信任度。

8. 收取大钞时，确实按照辨识步骤加以判别真伪。

9. 装置收款机发票时，收执联和存根联必须有一致的号码，其位置不可错误，并且依照顺序使用。

10. 结账时应确认商品价格，如发现有误差时，应立即查明并向顾客解说清楚。

11. 收银员不可答应兑换金钱之要求，避免遭受诈骗损失及影响卖场的现金控制。

12. 收银员应遵守卖场的折扣政策及优待对象，严格禁止私自折扣或优惠。

(二)收银作业流程规范

收银作业虽然繁杂，但是如能按照表 12-1 所示营业前、营业中、营业后之流程规范来执行，可确保收银工作顺利，提升收银服务质量及营运效率。

表 12-1 收银作业流程规范

营业前收银作业规范： 1. 整理收银作业区之收银机、收银台、服务台、包装台、端头架、桌上架、购物车篮等设施，及作业区四周环境清洁工作。 2. 补充收银区必备物品，包括统一发票、空白收银纸、包装纸、购物环保袋、商品相关备品（如吸管、筷子）、文具、抹布、黑钞油、结账现金袋、交班记录表、告示牌（如暂停结账牌）等。 3. 补充端头架及桌上架之商品。 4. 准备找钱用的定额硬币及纸钞，依序置妥于收银机内。 5. 检验收银机之发票收执联和存根联的装置、号码、日期、程式设定、统计数值等是否正确。 6. 检验发票列印机、条码感应机、显示屏、键盘、刷卡机等操作正常。 7. 检查收银人员之服装仪容和服务礼仪训练。 8. 熟记当日之卖场活动内容，并确认变价商品及特价品之价格和贩促位置。
营业中收银作业规范： 1. 招呼问候顾客。 2. 仔细为顾客作结账服务。 3. 小心有序地为顾客作商品入袋或放置购物车篮之服务。 4. 特贩作业如折价券、现金抵用券、赠品、点券、折扣等作业的处理。 5. 在收银空当时应补充收银区之各项必备物品和商品、补充零钱、整理退货及收银区环境。 6. 处理顾客作废的发票。 7. 处理顾客抱怨及回复顾客之相关询问。 8. 交班结算作业。
营业后收银作业规范： 1.整理当日所有作废的发票。 2.整理当日各种优惠点券。 3.结算当日营业总额。 4.整理收银柜台及周围环境。 5.关闭收银机电源并盖上护套。 6.协助整理擦拭购物车篮及卖场善后工作。

（三）收银排班及交接班作业管理

收银排班作业
应依据相关法律规定，配合卖场营业时间及情况，将编制内的收银服务员予以轮班及轮休安排，提供顾客最佳的服务。

卖场收银服务是直接面对每一位顾客的服务产出，服务提供者自是不能缺席或过劳，以免造成产能失衡及重大服务缺失。为了维持收银服务产能的平衡及提高收银服务质量，收银排班及交接班管理应明订有效可遵守的作业规范。

“收银排班作业”应依据相关法律规定，配合卖场营业时间及情况，将编制内的收银服务员予以轮班及轮休安排，为顾客提供最佳的服务。安排轮班作业时，必须考虑卖场营业的时间长短，作为排班班次的主要考虑因素。接着考虑不同时段的来客数，以便在尖峰时段安排较多的服务人力，纾缓顾客久候结账的压力。同时考虑假日、节庆及促销期的营业状况之需，以利提早调整轮班及轮休作业。另外，为配合营运需要，可考虑在营业尖峰时段或期间，弹性安排兼职人员负责部分简易的收银作业。总结所有排班因素之后，服务经理人即可以一周或一个月为基准，拟定“收银服务人员排班表”，并张贴公布，确实按表实施。

“交接班作业”着重在现金交接、商品和物品交接和卖场状况了解。两班人员除了自我管理之外，更应帮忙检视、提醒对方的作业疏忽，避免造成卖场的管理缺口。此作业流程涵盖交班前、接班前及交接班等作业事项。

交接班作业
著重在现金交接、商品和物品交接和卖场状况了解。

“交班前作业”有：（1）当班收银员准备下班前，应将必备物品及商品补齐；（2）清洁、整理收银区环境；（3）备妥交班金及零找金；（4）填写收银员日报表及交班簿等事项。

“接班前作业”有：（1）签到并详阅交班簿；（2）检查监视器并换装录像带；（3）检视上一班人员之环境清洁工作及补货作业是否完成；（4）清点商品及备品并签名记录等事项。

“交接班作业”有：（1）相互清点交班金及零找金；（2）由接班人员按确认责任键；（3）交班人员将实收现金投入金库并记录之；（4）两班人员相互沟通，了解收银情形及卖场状况；（5）交班者检视接班者之服装仪容；（6）接班者检查交班者之皮包及手提袋等事项。

二、服务礼仪

“服务礼仪”是从事服务产业人员的基本条件，尤其在零售卖场更是建立与顾客之间良好关系的要素，使顾客对卖场留下好的印象。这些基本条件包含合适的服装仪容、服务态度和卖场用语、熟练的操作技巧等。

服务礼仪
是从事服务产业人员的基本条件，尤其在零售卖场更是建立与顾客之间良好关系的要素，使顾客对卖场留下好的印象。

(一)合适的服装仪容

收银人员的**“服装仪容”**以整齐清洁、简单大方，并能表现出亲切有朝气为原则。兹将服装仪容应注意之事项明列如下：

服装仪容
以整齐清洁、简单大方，并能表现出亲切有朝气为原则。

1. 穿着合身得体的服装或卖场规定的制服，衣服、鞋袜、领结等必须保持一致且维持整洁不起皱。

2. 将员工识别证及服务臂章一致配挂在明显的固定位置。

3. 头发应梳理整齐，避免蓬散、过长、油腻、头皮屑或过度染色，发型以自然清爽为原则，勿过度夸张创意。

4. 适宜的淡妆可以显得更有朝气。切勿浓妆艳抹和佩戴太多的首饰，以免造成与顾客的距离感。尤其避免不当的穿饰，如穿鼻饰、眼皮饰及嘴唇饰等。

5. 上班前将牙齿刷干净并避免口臭，同时修剪鼻毛。

6. 适度的口红或护唇膏。

7. 修剪指甲，勿涂抹太过鲜艳的指甲油，并且随时保持双手干净。

8. 检查是否佩戴服务名牌、手帕、便条纸、相关文具用品等。

9. 穿着得体舒适的鞋子并保持鞋面整洁光亮，切勿穿着鞋跟太高的鞋子，以免站立时过度劳累。

(二)服务态度和卖场用语

卖场在激烈竞争的商业环境之下，提升服务质量已是经营优势的基本条件。收银员应随时面带笑容，主动和礼貌地服务及协助顾客，且在不影响作业范围内与顾客作适度的交谈互动，使顾客能在购物之余，感受到亲切友善的服务气氛。以下将说明收银员在服务态度和礼貌性用语方面应注意之事项：

1. 随时保持微笑，礼貌亲切且真诚地对待每一位顾客。

2. 顾客若有不解或误解之处，应耐心委婉地详加解说，切勿怒斥与顾客辩解。

3. 在营业时间内，无论处于任何买卖情况之下，都应控制自己的情绪，保持冷静与机警，适时请求相关同仁支持处理，避免与消费者发生冲突。

4. 第一时间接触顾客时，适度使用问好用语，如欢迎光临、早安、先生/小姐您好等，无须大声吆喝或提高音量以避免产生负面效果。

5. 协助顾客找商品及解答问题时使用“是的、好的”、“我明白了”、“请稍等”、“让您久等了”、“不好意思，让您久等了”。

6. 进行结账时使用“欢迎光临”、“请”，避免结账同时与顾客交谈，以免发生账目错误。

7. 结账时应读出商品名称、数量与金额。

8. 金额统计完应读出总额，金钱交付往来时应告知顾客“收您××元”、“找您××元”、“谢谢您”。

9. 结账后应说“谢谢您，欢迎再光临”。

10. 使用以上礼貌用语时，务必亲切、诚恳、微笑，不可流于公式化而面无表情。

(三)熟练的操作技巧

大部分的顾客都希望在选购之后，尽快结完账离开卖场，不希望排队等候太久。因此，收银员必须有如下的熟练收银动作，充分掌握作业技巧，正确又快速地完成收银作业。

1. 快速的商品分类及条形码扫描作业。

2. 收款机的熟练操作。
3. 熟练的刷卡作业。
4. 正确而快速的装袋服务。
5. 现钞的真伪辨识。
6. 正确无误的找钱服务。

三、信息管理

现在较具规模的卖场或连锁商店都已使用 **POS（Point of Sale）“销售情报管理系统”**，其主要借由收银时的销售数据输入，自动存盘并分析卖场营运相关信息，以供拟定销售计划及营运决策之依据。所以，收银员在作业时务必遵照相关规定及专业技能来执行。这些情报系统信息包括销售日报表、商品销售排行表、存货记录表、促销成效表、顾客意见表、顾客年龄层、顾客性别层等。从以上信息，管理者可清楚得知营业额、销售量、销售比率、来客数及客单价、毛利率、商品周转率、畅销品与滞销品、促销结果、顾客抱怨程度与频率及市场区隔等，以作为日后目标设定与策略运用之参考。

销售情报管理系统
借由收银时的销售资料输入，自动存档并分析卖场营运相关资讯，以供拟定销售计划及营运决策之依据。

四、情报提供与活动推广

收银管理作业常常需要扮演营销组合的推广角色，例如，将新产品信息告知顾客、协助促销活动的推展进行、提醒顾客相关的优惠事项、回答相关的商品情报或流行趋势。顾客常经由收银员适当的告知、推广或解说，而提高其购买意愿及对卖场的信任度。

五、失窃防范

卖场商品失窃行为虽大都发生在陈列区，然而有时管理人员欠缺具体的证据时，不能轻率怀疑顾客，而必须配合收银员的察觉防范。例如，当收银员接获可疑告知时，应注意并确认消费者之偷窃商品未经付账即行离开，等其要离开卖场时应予以揭发并呈上处理。另外，收银区最容易发生诈骗及抢劫事件。诈骗行为可借由平常的教育训练和状况模拟来加以防范，如使用验钞笔按照验假钞要点，详细检查大钞。还有事先模拟可能的诈骗手法，加以因应演练。至于抢劫事件大都为突发状况且让人措手不及，除装设保全系统之外，收银人员应随时保持警觉性，尤其当夜班、来客数少的时段，更应注意店面闲逛者的举动。卖场应随时保持内外的明亮度，以降低歹徒行抢的动机。若真发生抢劫意外，应先顾及人身安全并迅速按警铃，通报相关单位。

卖场商品失窃行为虽大都发生在陈列区，然而有时管理人员欠缺具体的证据时，不能轻率怀疑顾客，而必须配合收银员的察觉防范。

第三节　服务竞争策略

Porter五力分析
在新进入的竞争者、替代品的威胁、买方的议价能力、供应商的议价能力、现存竞争者的竞争程度等五种力量之分析。

新进入者的参与
常引进新的竞争条件和产能，使现存企业有可能面临顾客流失、市场占有率降低及获利减少等经营压力。

替代品的威胁
是竞争者以相同基本功能的服务商品满足顾客的需求，构成原服务组织的主商品之销售威胁。

买方的议价能力
也就是当顾客不断地寻求较低价格、更高的品质和更多更好的服务时，会造成的产业组织间的竞争压力，同业之间彼此相互抗衡。

供应商的议价能力
系指上游厂商对下游产业提高供给条件，造成产业组织的经营压力。

现存竞争者的竞争程度
包括实力相当的主要竞争者、产业成长缓慢市场被瓜分、高的固定成本、缺少差异化、高比率的重叠商品、竞争者产能大增、高出口障碍形成内销竞争等。

一、了解竞争环境

根据 Michael E. Porter 在定义竞争环境时所提出的新进入的竞争者、替代品的威胁、买方的议价能力、供货商的议价能力、现存竞争者的竞争程度等五种力量。卖场在经营上为求不被淘汰，着实应运用此五力分析，深入了解现有商圈的竞争条件及潜在的竞争环境，发展组织有效策略以响应竞争环境和竞争者，不断提升经营竞争优势。

“新进入者的参与”常带入新的竞争条件和产能，如新产品、新设备、新技术与更好的新服务，这些条件的引进都是现存企业需要面对挑战的竞争力量，这挑战隐含着现存企业有可能面临顾客流失、市场占有率降低及获利减少等经营压力。例如，当 SOGO 百货公司引进更多的新商品和新颖设备，及提供更好的顾客服务进入高雄三多商圈，随即形成对新光三越百货公司的经营威胁。

“替代品的威胁”是竞争者以相同基本功能的服务商品满足顾客的需求，构成原服务组织的主商品之销售威胁。尤其差异性不大或附加价值不高的服务，竞争者很容易推出新替代品或增加辅助服务，以取代原服务商品。

“买方的议价能力”也就是当顾客不断地寻求较低价格、更高的质量和更多更好的服务时，会造成的产业组织间的竞争压力，同业之间彼此相互抗衡。如果大多数顾客所寻求购买的商品是产业组织的主力商品时，此冲击更会提高竞争力量。例如，当大多数的消费者都在寻求更新鲜价廉与便利的生鲜食品时，生鲜超级市场势必掀起一阵“抢鲜优惠”大活动。

“供货商的议价能力”系指上游厂商对下游产业提高供给条件，造成产业组织的经营压力。此条件可能是提高供应价格、提高付款标准、降低产品质量或延长配送流程等，都足以构成经营威胁。另外，在高人力依赖度的服务产业，若是工会组织提高谈判筹码，也将严重影响服务组织的正常营运。

“现存竞争者的竞争程度”之原因包括实力相当的主要竞争者、产业成长缓慢市场被瓜分、高的固定成本、缺少差异化、高比率的重叠商品、竞争者产能大增、高出口障碍形成内销竞争等。这些原因可能衍生多种的竞争形式，包含价格竞争、强势广告与促销活动、新商品导入、加强质量保证、扩大服务范围或提高服务质量等，使竞争程度不断提升。

除了以上五种主要竞争原因之外，尚应了解产业低进入障碍、小型经济规模、不规则的销售波动、顾客忠诚度、政府管制的障碍等造成服务业激烈竞争的多重要因，以为拟定有效的竞争策略作正确评估。

二、一般性竞争策略

服务组织的策略发展应该清楚衡量内部的能力与资源，同时评估产业中的机会与威胁，并考虑内外在环境的相互关系与社会大众的期望。综合这些相关因素，始能确认并选择可行的策略形式。Michael E. Porter 在其达成竞争优势的研究中，即确认“成本领导者”、“差异化”与“集中化”等三种明显不同的竞争策略，称之为**“波特的竞争策略”**（Porter's Competitive Strategies）。

(一)成本领导者策略

“成本领导者策略”（Cost-leadership Strategy）是产业中的成本领导者都会强化具有经济规模且高效率的产出设施和创新技术，并严格地控管成本效益，使低成本优势成为市场侵略与防御竞争的利器。如果产业中的组织呈现高成本与低效率的产出状态，将会在此竞争策略中遭受严重的打击。实行低成本策略必须注入大量的资金，而且短期间无法回收，必须暂时地损失利润以取得市场占有率。同时要积极拟定有效的定价策略，配合配销系统及相关推广活动，以争取市场契机，甚而引导业别革命。取得低成本领导者地位的方法有寻找低成本客户、将服务具体标准化、降低服务提供的人力成本、降低服务传递（或通路）成本、力求服务营运非现场化、提高电子化服务供给、善用信息科技缩短服务流程等几种，服务组织视时机与评估加以运用实施，当可形成此策略优势。

成本领导者策略
是产业中的成本领导者都会强化具有经济规模且高效率的产出设施和创新技术，并严格的控管成本效益，使低成本优势成为市场侵略与防御竞争的利器。

(二)差异化策略

“差异化策略”（Differentiation Strategy）是将服务组织的企业形象、产出技术、商品特色、品牌形象、顾客服务、实体环境、传递流程等优于竞争者的独特效能，呈现于供给市场，使顾客感受到此组织所提供的是竞争者无法比拟的独一无二服务。采用差异化策略应建立在顾客的忠诚度与合理成本基础上的独特性，不可为求差异化而忽视成本控制。建立差异化策略的实行方法如降低顾客的风险感觉、将标准商品个性化、使无形服务具体化、着重员工教育训练、实行全面质量管理等几种，服务组织当采取多种措施来达到差异化目标，赢得顾客最大忠诚度。

差异化策略
是将服务组织的企业形象、产出技术、商品特色、品牌形象、顾客服务、实体环境、传递流程等优于竞争者的独特效能，呈现于供给市场，使顾客感受到此组织所提供的是竞争者无法比拟的独一无二服务。

(三)集中化策略

集中化策略
是服务组织全力服务于一个较集中的目标市场，比分散致力于多方市场来得有效能和效率。

“集中化策略”（Focus Strategy）是服务组织全力服务于一个较集中的目标市场，比分散致力于多方市场来得有效能和效率。在较集中的市场，服务组织可以提供质量稳定、优势的价格与传递流程，满足顾客需求，达到差异化的目的。集中化策略实际上是成本领导者策略和差异化策略，在某一个区隔市场中的具体定位表现，所表现的形式有成本集中和差异化集中两种。成本集中和差异化集中与成本领导者策略和差异化策略的差别是，前两者在产业市场范围上是相当有限的，而后两者则包括了整个产业或产业的大部分。因此，任何成功的集中策略，所定位的目标市场都必须是竞争者所忽略或顾及不到的市场，针对这样的市场采取成本集中或差异化集中策略，才能发挥攻击效果，获得竞争优势。

三、有竞争力的服务策略

服务策略的目的
是为满足顾客的需求，或为顾客提供某种利益、产生对顾客所认知的价值。

“服务策略的目的”是为满足顾客的需求，或为顾客提供某种利益、产生对顾客所认知的价值。当顾客对服务的认定价值越高，给付的价格也越高，相对的顾客满意度就会提升，对服务组织的未来发展更具有竞争力。因此，形成有竞争力的服务策略，已是服务组织除了考虑一般性竞争策略之外的必要谋略。

(一)策略性服务愿景的要素

策略性服务愿景的要素包含目标市场区隔、服务概念、营运策略、服务传送系统等四项基本要素，及定位、价值/成本的杠杆作用、策略/系统整合等三项整合要素。

1.基本要素

目标市场区隔
识别区分具有相同特性、需求、消费行为和购买模式的顾客群，针对这些非常异于其他区隔的顾客，试想该提供什么服务、用什么方式、由什么人去执行，以满足这顾客群体。

基本要素的开始是**“目标市场区隔”**（Target-market Segmentation），其根据地理位置、人口统计、心理统计等相关可供区隔条件，识别区分具有相同特性、需求、消费行为和购买模式的顾客群，针对这些非常异于其他区隔的顾客，试想该提供什么服务、用什么方式、由什么人去执行，以满足这顾客群体。

服务概念
其必须依照对顾客所提供的利益、对员工所执行的成果、对组织所经营的行业来定义服务的观念。

接着以服务组织明确认知**“服务概念”**（Service Conception），其必须依照对顾客所提供的利益、对员工所执行的成果、对组织所经营的行业来定义服务的观念。定义时应该适度着眼于未来技术流程提升、消费模式改变、信息科技进步及其他相关机会所衍生的市场扩展。要注意的是，不可太过于广泛定义，以免超出服务组织的能力与财力范围，导致反效果。同样地，也不可太过狭隘地定义，以免暴露组织型态，遭受竞争者或相关产业突如其来的攻击。

"营运策略" (Operational Strategy) 是服务组织一系列的计划和政策。策略范围包括人力资源、财务管理、营销管理、产出及研发等营运功能，其掌握着人事组织政策、质量与成本的控制、投入与产出的平衡作用。

"服务传送系统" (Service Delivery System) 是服务组织在服务产出与销售过程如何计划经营，其设计必须达到顾客满意的最大值，且不易被复制，足以构成潜在竞争者的障碍。因此，系统的设计必须考虑到服务提供者的工作描述和顾客参与期间所扮演的角色，同时还要借由相关硬设备、技术及实体环境的辅助搭配，始能设计出良好的服务传送系统。

2.整合要素

整合要素的开始为定位问题。服务组织如何使其营运功能有异于竞争者，称之为 **"定位"** (Fixed Position)。组织定位时要先对顾客需求及组织能力有明确的认知，更应深刻了解竞争者的营运能力及服务供给策略，以求知己知彼。从认知与理解的要素当中，寻求发展符合目标市场的服务概念，拟定具竞争力的服务商品、传递系统、成本控制、推广活动、配销通路等策略，以达到独特性的竞争优势。

"价值/成本的杠杆作用" (Value and Cost Leverage) 是指需求者对服务商品的认知附加价值远超过提供者的产出成本。如此，服务组织可获得高于竞争者的利润。然而，要创造比竞争者还高的附加价值，势必要定位及设计良好的服务概念与技术，以向顾客提供更独特的利益。此概念与技术如严格控管服务过程的质量、增加个性化商品的特色并加以标准化、掌握需求与供给的平衡，以及肯定并提高顾客的参与度，都是可创造高附加价值的战略。

"策略/系统整合" (Strategy and System Integration) 是将营运策略和传递系统结合成有系统性的整体。服务组织经由人力资源管理，设计出高价值服务和效率化的过程，并借由可行的战略与设备辅助，使营运策略和传递系统达到最好的协调性。在整合的过程当中除了满足顾客需求之外，也同时提供合理报酬及升迁制度奖励员工，达到相辅相成的整合效果。

(二)留住顾客策略

服务组织要留住顾客，应先在组织内实行服务质量缺失管理，营造全面的零缺点文化，确实改善服务缺失。然后与顾客建立起伙伴关系，强化顾客对组织的忠诚度。运用服务保证方式，让顾客对所提供的服务商品有足够的认同感，提升对组织的高度信任。

1.缺失管理

"缺失管理" 是致力于寻找顾客有可能流失的原因，以持续改进

营运策略
是服务组织一系列的计划和政策。策略范围包括人力资源、财务管理、行销管理、产出及研发等营运功能，其掌握着人事组织政策、质量与成本的控制、投入与产出的平衡作用。

服务传送系统
是服务组织在服务产出与销售过程如何计划经营，其设计必须达到顾客满意的最大值，且不易被复制，足以构成潜在竞争者的障碍。

定位
服务组织如何将其营运功能有异于竞争者，称之为定位。

价值/成本的杠杆作用
是当需求者对服务商品的认知附加价值远超过提供者的产出成本。

策略/系统整合
是将营运策略和传递系统结合成有系统性的整体。

缺失管理
是致力于寻找顾客有可能流失的原因，以持续改进服务提供系统，将未来的服务缺失降到最低。

服务提供系统，将未来的服务缺失降到最低。如同制造业实施质量零缺点管理一样，服务业在此方面也力求完善。然而不同的是，制造业有明确的产品规格与标准，有可能尽力地达到零缺点目标。但是，由于服务业产品的无形性与异质性，每个顾客对质量有不同的期望与要求，造成服务产品的质量无法完全标准化，要达到零缺点管理的目标就显得更困难。因此，为了克服这一困难，需要分析顾客流失的原因，再针对这些原因施予有效的管理方法，力求零缺点服务目标。

通常导致顾客离开的原因可归类为价格、质量、服务、市场等几方面。当顾客没有高度的忠诚度时，很容易转向低价格的提供者。服务组织所提供的质量低下或不如顾客的预期，也是造成顾客流失的原因。另外，当新的服务组织能够提供更好、更有附加价值的服务时，也会导致顾客流失。最后的顾客流失原因是市场因素，如顾客迁址、顾客对提供者的认知及消费行为改变、商圈结构变动、提供者对市场的重新定位、市场策略或业务失败等。

分析得知顾客流失原因以后，可进行以下方式的管理，加以持续改善，达到零缺点目标。首先必须与组织内部员工充分沟通，要对服务零缺点有完全的认知，并言行一致地执行改善工作。接着营造服务零缺点文化，加强缺失管理的教育训练，培训员工有能力搜集市场信息和掌握顾客动态，并鼓励对信息拟出因应对策。然后订定奖励制度，奖励员工为留住顾客所做的努力，降低服务缺失比率。另外，设定顾客离开的转换成本，可提高顾客变换提供者的障碍，降低顾客流失率。

缺失管理的原则
在于顾客流失之前留住顾客，且从已流失的信息获得有效的改善方法。

总而言之，“**缺失管理的原则**”在于在顾客流失之前留住顾客，且根据已流失顾客包含的信息获得有效的改善方法。其关键是使顾客流失的因素可事先测量并预防管理，营造零缺点文化，以力求留住顾客为主要目标。

2.建立顾客忠诚度

卖场借由服务行销的推广策略，试图与顾客发展正式而持续的关系，以建立顾客忠诚度。

卖场借由服务营销的推广策略，试图与顾客发展正式而持续的关系，以建立顾客忠诚度。忠诚度一旦建立，可确保卖场较长期的营运收益，并且避免潜在利益的损失。而维持这种关系最有效的方法就是实施会员制度，会员制度可让主要支持者和服务组织在相互信任与尊重的基础上，形成更好的伙伴关系。

大多数卖场都是属于零售经营型态，与顾客的交易是属于分散型态，无法像产业营销与顾客建立经销或签约制度的固定型态。所以，管理者更应努力与顾客建立关系，力求交易的稳定性，像是在开幕时就借由促销活动建立会员制度，将主要顾客的需求与喜好记录备文件，以尽力做到顾客化服务，及推测顾客未来的需求。

当卖场拥有一定的顾客会员基础时，可实行会员回馈计划，将交易行为转换成长期且契约式的定型化关系，形成更高的忠诚度。高忠诚度的顾客群就如同稳固的目标市场，不仅提高竞争者的进入障碍，对于卖场执行各种营销策略都有事半功倍的效果。

3.服务保证

“保证”原是制造厂商对所提供的有形产品质量给予顾客的一种有效信任与承诺的策略，产品有了明订范围的保证之后，会提高顾客对产品的信任度与购买意愿，也提升厂商正面的经营形象。当此策略被运用在服务产业，便是服务组织对顾客所承诺的服务商品质量保证，我们称之为“**服务保证策略**”（Service Guarantee Strategy）。服务组织透过服务保证策略，可以达到留住顾客、稳固市场占有率及迫使企业改善服务质量的目的。

服务保证策略
是服务组织对顾客所承诺的服务商品品质保证之策略。

有效成功的服务保证并不是毫无限制的承诺，也不是只承诺不履行的口号，而是在满足必要及顾客需求条款的要求下，能够合理适时地提出兑现。因此，提出保证时应该避免如下问题：（1）保证事项很琐碎；（2）保证事项很含糊；（3）保证事项是可预期的；（4）无限制的索赔保证；（5）保证事项流于口号，不可能发生。

常用的服务保证方式有“口头保证”、“特定保证”、“无条件保证”等三种。“**口头保证**”是一种非书面化的承诺，当服务组织具有良好的信誉及口碑，且保证策略需要灵活调整时，可实施此种保证方式。“**特定保证**”是服务组织在特定范围的条件下，承担保证和赔偿的责任，这些条件非常明确，只适用于特定的阶段和具体的结果。“**无条件保证**”是服务组织不计成本损失，对问题产生所做的完全赔偿之保证。此方式是最有力的保证策略，也最容易得到顾客对商品的认同感。

常用的服务保证方式有“口头保证”、“特定保证”、“无条件保证”等三种。

（三）回复策略

顾客抱怨对任何企业组织来讲都是不可避免的，尤其与顾客面对面的服务业卖场，顾客抱怨的几率更高。顾客一有抱怨产生，如果得不到适时合理的回复处理，不仅不再回流消费，更会将抱怨传播给亲朋好友，影响其他消费者的购买意愿，甚至会采取更严重的报复行为，造成卖场更大的损失。由此可知，顾客抱怨的回复策略是何等的重要。

1.回复方法

卖场每天面对许多的顾客，不仅要重视顾客抱怨，更要鼓励顾客将他们的不满提出来。如此，服务组织才可以发现经营上及管理上所存在的缺失，并且有机会重新与顾客建立良好的关系。如果顾客有不满意的消费问题而不抱怨或得不到合理的解决，对卖场而言将会是顾客永远流失与批评散播的双重损失。

卖场既然避免不了顾客抱怨，就更应该去面对处理，实施合理的回复策略以挽回顾客即将失去的忠诚度。因此，实施回复策略时必须要做到鼓励抱怨行为、营造回复策略文化、有能力向抱怨者学习。首先，提供简便快速的顾客抱怨系统，并经常向顾客征求意见，以搜集处理实质的缺失问题，确保顾客满意。接着，在企业内部实施回复教育训练，培养员工体验顾客的心情与感觉，并学会及时处理的因应措施，将损失降到最低。

回复方法
有立即改正、折扣优惠、替换保证、发送优惠券或赠品等几种。

处理顾客抱怨的具体"**回复方法**"有立即改正、折扣优惠、替换保证、发送优惠券或赠品等几种。抱怨问题发生时，依照不同状况需求采取适当的方法，才能达到有效的回复作用。

2.抱怨处理方式

卖场常发生的抱怨不外乎久候结账、买不到所需要的商品、品质问题、服务欠佳、结账金额有误差或误解、收银员或现场人员对商品资讯不了解、卖场安全顾虑等问题。

"**卖场常发生的抱怨**"不外乎久候结账、买不到所需要的商品、质量问题、服务欠佳、结账金额有误差或误解、收银员或现场人员对商品信息不了解、卖场安全顾虑等问题。当顾客在卖场抱怨时，通常都由顾客服务部门来处理。但是，很多中小型卖场都未设置此部门，且都由首当面对顾客抱怨的卖场服务人员来处理。因此，卖场服务人员及管理人员就必须具备以下抱怨处理的基本能力：

- 先安抚顾客情绪。
- 倾听并仔细了解顾客抱怨的原因。
- 承认错误或解说误会，不与顾客争辩。
- 抱怨原因如属于抱怨接收者之处理责任内，当立即按照正常手续处理补偿，并向顾客道歉。
- 抱怨原因如非抱怨接收者能处理者，当立即呈报主管处置。
- 抱怨原因如非卖场责任，纯属于顾客单方问题，当立即向顾客解释清楚，切勿置之不理。
- 让顾客对抱怨处理的过程保持清楚的状态。
- 表白公司重新获得顾客的善意。

学习评量及分组讨论

1. 服务提供者应了解服务本身所具有的哪些特质？

2. 请简述“服务不可切割性”的两种类型。

3. 收银人员应该遵守哪些收银作业规定？

4. Porter在定义竞争环境时所提出的有哪五种竞争力量？

5. “波特的竞争策略”是指哪些策略？

6. 建立差异化策略的实行方法有哪几种？

7. 提出服务保证时应该考虑哪些问题？

8. 请简述三种常用的服务保证方式。

9. 以小组为单位，举任一服务产业或服务商品，来讨论说明服务所具有的各种特质。

10. 以小组为单位，讨论所有可能产生的等候心理认知问题。

11. 以小组为单位，讨论该组所熟悉的卖场之营业前、营业中、营业后的收银作业流程规范。

12. 2人一组，模拟演练交班前、接班前及交接班等作业事项。

13. 2人一组，模拟演练收银人员的服装仪容应该注意的事项。

14. 2人一组，模拟演练收银人员在服务态度和礼貌性用语表现时应注意的事项。

第十三章 | 卖场安全管理

◎ 各节重点

第一节　生财设备之安全管理

第二节　公共设施之安全管理

第三节　行政与作业之安全管理

第四节　安全管理之应变作业

学习评量及分组讨论

◎ 学习目标

1. 了解生财器具设备安全事故之发生原因与预防方法。
2. 熟悉设备安全管理之要点及保养事项。
3. 了解卖场公共设施及消防安全设备之管理要点。
4. 学习门市安全及员工作业安全管理。
5. 知道如何防范卖场意外灾害及防偷抢诈骗之事件。

第一节　生财设备之安全管理

一、前场陈列设备安全管理

前场是一家卖场提供实体商品与服务的最主要区域，在这区域活动的主要对象是卖场的顾客及员工。为了提供完善的消费服务给顾客，前场就必须借由多种不同功能的生财设备以达到此目的，如商品陈列架、置物挂钩、冷冻冷藏设备、餐饮设备、装潢等。然而也因为这些设备上的使用，多少引起一些意外事故，常见的事故大致可归类为动线安全、商品陈列安全、设备安装安全、设备使用安全、装潢布置安全及地板安全等（如表 13-1 所示）。

表 13-1　前场安全事故之发生原因与预防方法

前场安全事项	发生事故原因	预防方法
动线安全	1.动线不顺畅 2.通道宽幅不足	1.开幕前整体规划 2.事前适当设计，营运时妥善管理
商品陈列安全	1.商品陈列不整齐 2.摆放位置太高	1.做好商品分类计划 2.实施商品上架教育训练
设备安装安全	1.安装位置不正确、不稳固 2.电线走火或漏电	1.确定施工、试车验收 2.加装金属线槽、定期检修
设备使用安全	1.餐饮机器之蒸气伤及脸部 2.冷藏展示柜之自动回归门夹伤手臂	1.先选好食品再开启橱柜门 2.先将自动回归门定位再取物 3.明示简单易懂的使用说明
装潢布置安全	1.不适当的设计 2.施工不严谨 3.不合格的材质	1.规划完整的设计 2.要求施工品质 3.选用合乎标准的材质
地板安全	1.清洗后未擦干地板 2.补货时弄湿地面 3.生财设备的排给水管外漏	1.要求清洁人员确实擦干地板 2.补货时应将湿冷食品置放于盛水盘架上 3.重新装配水管、经常清理设备内之杂物、定期检修管理

(一)动线安全

会有动线安全顾虑的卖场，通常都因事前没有做好动线规划，导致营业后产生动线不顺畅及通道宽幅不足，而造成意外事件。**动线不顺畅**容易混淆顾客的走向，形成拥挤或对撞的情况，尤其在有使用购物车的卖场，此情况会造成较严重的对撞伤害。**通道宽幅不足**最容易形成购物车追撞或擦撞，造成顾客受伤。通道宽幅不足的原因除了事前设计不良之外，另一种是营运期间管理不良所造成，例如，补货人员未依规定将商品上架定位，直接置放在通道两旁使通道宽幅变小；或者当进行促销活动时，将通道变成特贩区使用，导致顾客推挤，无法行进。

动线不顺畅容易混淆顾客的走向，形成拥挤或对撞的情况。

通道宽幅不足最容易形成购物车追撞或擦撞，造成顾客受伤。

(二)商品陈列安全

商品陈列不整齐或者摆放位置太高，容易因外力碰撞掉落或因重心不稳而倒塌，砸伤消费者或卖场员工。形成商品陈列不安全的原因，主要是企划人员没有做好商品分类计划，或者陈列人员未依照商品分类原则而陈列，此情况常发生于新进员工或工读生身上，卖场可定期实施商品教育训练及现场机会教育。另外一种原因是**陈列架设计不良**，选用太高或太浅的陈列设备，极易造成货架重心不稳。例如，超商的商品架深度大都设计为45 cm，若选用高度180 cm以上的商品架置于卖场中间，即会形成重心不稳而倒塌的情况。又如面包店的面包陈列架大都是木工订制，设计时若能考虑在面包架四周倒圆角或斜角，就可避免钩伤消费者。

商品陈列不整齐或者摆放位置太高，容易因外力碰撞掉落或因重心不稳而倒塌，砸伤消费者或卖场员工。

陈列架设计不良，选用太高或太浅的陈列设备，极易造成货架重心不稳。

(三)设备安装安全

“前场的设备安装”首重位置正确、安装稳固，尤其像冷冻冷藏展示柜和餐饮设备，若安装不正确，将会使陈列的瓶罐商品掉落，易发生意外；还有如陈列架的层板未完全固定，其三角支撑架会脱落，导致商品及层板滑落，伤及消费者。这些设备依安装方式分成配电与非配电两种，需要配电的设备必须遵照用电安全规定，加装漏电安全开关，避免危及消费者。同时配线设计时，应该以硬塑料管套住电线或将所有电线集中在金属线槽内，以防老鼠咬破线材引起电线走火。若需配排给水管，应事先配合水泥工程设计为暗管，如需配明管应尽量沿着墙角配管，以免影响通道的顺畅及其他陈列设备的配置。另外，非配电设备除了位置正确、稳固之外，尚需考虑避免有突角的设计，及配合软件安装的需求，如收银台应考虑计算机收银系统的安装设计。

前场的设备安装

首重位置正确、安装稳固，若安装不正确，将会使陈列的瓶罐商品掉落，易发生意外。

(四)设备使用安全

每一种设备或多或少都有不同的使用方式，尤其让顾客自助消费每一种设备或多或少都有不同的使用方式，若使用不当，极易造成较严重的伤害。

的机电生财设备，若使用不当，极易造成较严重的伤害。例如，超商自助冷热饮区的蒸包橱，应选好食品再开门取物，避免先开后选时蒸气伤及脸部。又如使用茶叶蛋锅和关东煮时，都应特别小心避免热水烫伤。另外，冷冻冷藏柜的展示开启门，因设计有自动回归装置，顾客若不小心很容易被夹伤，开启时应先将展示门固定在门档位置再取物，才不会发生意外。为预防以上的事故发生，最好的办法是设计简单易懂的使用图文明示消费者，同时随时注意并教导消费者正确的使用方法。

(五)装潢布置安全

前场的装潢和布置

常是一家卖场贩卖气氛的主要诉求，然而不适当的设计或施工不严谨的装潢和布置，却也隐藏着卖场意外事故的危险。

“**前场的装潢和布置**”常是一家卖场贩卖气氛的主要诉求，然而不适当的设计或施工不严谨的装潢和布置，却也隐藏着卖场意外事故的危险。例如，太多的突角设计、太低的板梁设计、设计过高过重致使支撑力无法负荷、压条或边材未修饰去毛边、铁钉及螺丝未完整固定、布置的装饰物松垮悬挂、没有妥善做好玻璃材质的装修工作、使用易燃没有隔热耐火的材质等等。诸如此类的设计和施工问题，都极易暴露危险，造成消费者受伤。唯有施工前做好完整设计和选用适当材质，并严谨要求施工质量，方能避免意外发生。

(六)地板安全

地板安全

除了与地板材质有关之外，也与地板湿滑或置放杂物有关。

“**地板安全**”除了与地板材质有关之外，也与地板湿滑或置放杂物有关。地板材质的选用宜考虑容易清理且快干，不宜选用太过平滑或易脏不易洗的地板。造成地板湿滑有几种原因：清洗后未擦干、补货时沾湿地面（如增补冷藏冷冻食品时容易产生水滴）、生财设备的排给水管外漏等。预防以上问题，首先应要求清洁人员于清洗后务必擦干地板；增补湿冷食品时，运补过程应将食品置放在可盛水之盘架上；排给水管外漏大都起因于原设计不良、水管阻塞、水管接头脱落等，处理方式有重新装配合乎标准的水管、经常清理设备内之杂物、定期检修管路，以确保地面行走安全。

二、后场加工作业安全管理

各种卖场的后场设施及规划虽都不尽相同，然其配置机能不外乎员工生活功能、管理办公机能、进货仓储机能、加工作业机能，这些机能是每天都在运作的，所以其安全管理和前场一样重要，稍有不慎就会产生意外，尤其在进货仓储区和加工作业区的后场更不可掉以轻心。进货仓储区的安全问题诸如货品进出的搬动、运补台车及堆高机的使用、仓储架或冷冻冷藏仓储的装置固定、货品上架安全、清洁防虫鼠等。加工作业区的安全管理是后场最重要的地方，因为此区的作业功能最复杂，极易造成冷、热、油、烟、湿、脏、滑、电等问题。例如，餐饮业（如餐厅和面包店）的后场功能包括干湿货品进货、洗涤处理、厨房调理、食品机器处理、成品配送，过程中所使用的设备器具和原材料繁多，加工处理程序也复杂，相对的易产生较有安全顾虑的操作流程。然而像一般只贩卖干货的零售卖场（如服饰店及精品店），其后场功能仅着重在适量库存管理和拆装作业，与餐饮业相比较，其后场安全问题自然降低许多。

三、电器设备安全管理

卖场的电器安全管理范围除了照明、招牌、音响、通讯等基本电器之外，尚包括冷气空调、冷冻设备、餐饮及食品机器、发电机、电力系统等机电设备。这些设备若是操作不当或保养不良，不仅会损坏设备，影响卖场营运，更容易造成灾害，危及顾客和员工安全。所以，正确的使用方法和定期的维修保养，是提高卖场安全管理的主要条件。

各种设备的功能及用途都不一样，要能发挥其最大使用效能及确保使用安全，首要之务就是认识其性能条件并列册管理，使用时才不至于损坏设备，造成安全虞虑，最后还须定期实施保养和检修工作。兹将各项设备安全管理要点和保养事项归纳如表 13–2 所示。

表 13–2 设备安全管理要点和保养事项

设备安全管理要点	保养事项
1.熟悉电器及设备的机型规格和各部位名称。 2.了解使用电压及开关位置。 3.了解运作性能和操作方法。 4.熟记安全说明及使用须知。 5.熟练简易故障排除。 6.熟记维修厂商电话资料。 7.备妥简易零件及耗材。 8.做好噪音防护和散热通风条件。 9.装置稳压器及接地线，防止电压不稳及漏电。 10.定时检视设备使用的温度变化。 11.定期检视排给水的顺畅。 12.设备安置尽量远离热源，以免降低功能效率。 13.停电时，先拔电源插头或切断电源开关。	**·每日清理：** 擦净设备外表及内面，且务必清除设备内的残渣和油脂，以防发出异味。另外，每日应检视冷冻冷藏设备温度并记录在温度管理表。 **·每月保养：** 检查外部结构与内部结构的零配件是否运作正常；检查管线是否有破皮折损，排给水管是否顺畅不漏水，如有异状或需更换零配件，应立即通知协力厂商前来处理。 **·每季检修：** 定期安排时间和人员，实施重点清理和检修工作，如冷冻柜需每季配合专业厂商，清理蒸发器（冷排）的结霜和冷凝器（散热器）的灰尘，以维持良好的冷冻效率，同时检修冷冻回路和电路系统。餐饮设备每季应严格检修瓦斯管线和烹调功能，确保使用安全和保证饮食品质。

第二节　公共设施之安全管理

一、消防安全设施管理

依据相关规定，营业场所都应设置符合国家审核认可的消防安全设施及设备。而且各卖场更应拟定有效的消防作业之应变措施，以利发生火警意外时，能确保人员及财物之安全。火警应变处理要点将于下一节叙述，下列系为消防设施及设备之安全管理要点：

1. 定期检查保养各项消防设施及设备（如表 13-3 所示），如发现性能不佳或功能失效之设备，应立即向相关主管反映，以利修护或更新。

2. 定期实施消防器材操作演练，消防设施及设备之功能及使用讲解。

3. 随时检查逃生门是否正常开启、逃生标示是否清楚、疏散通道是否被阻塞。

4. 建立"防灾重于救灾"的正确消防观念，养成下班务必关闭瓦斯及其他非常态使用的机电设备的习惯。

表 13-3　消防设施检查项目

消防设施检查项目
1. 检查逃生门及紧急出口是否开启正常与畅通。 2. 检查警报器是否运作正常。 3. 检查避难方向灯是否明亮或被遮住看不清楚。 4. 检查紧急照明灯是否性能正常及蓄电状态。 5. 检查灭火器之性能、日期、数量、标示是否正常。 6. 检查消防栓之水量及操作是否正常。 7. 检查电器设备之性能及操作是否正常。 8. 检查电梯及铁卷门是否正常运作。 9. 检查楼梯是否被阻塞。 10. 检查急救箱之救护药品及用品是否齐全。

二、公共设施安全管理

卖场公共设施包括停车场、骑楼特贩区、出入门、化妆室、楼梯间等。其中以停车场、骑楼特贩区及出入门最容易发生意外，停车场以车辆进出时最易产生事故，后者以人员进出时易生状况，其安全管理要点如表 13–4 所示。另外，卖场所有公共设施皆应规划残障人士使用需要之设计。

表 13–4 停车场、骑楼特贩区及出入门之安全管理要点

公共设施安全管理要点		
停车场	骑楼特贩区	出入门
·着重完善停车设施规划与设计。 ·车辆进出车道不可过度斜坡和转弯。 ·人车分道、标示明显、光线充足。 ·派有专人管理，并将顾客散置的购物车归定位。 ·随时清理脏乱、排除障碍及危险物品。	·注意台阶的安全性。 ·特贩商品摆放整齐并稳固，避免商品掉落伤及顾客。 ·若设有休息区，应与商品区隔开。 ·以骑楼当特贩区，首重不可违规妨碍消费者行走。	·设计适当的出入门形式及规格，确保开门与关门的安全性。 ·若属玻璃门，必须贴自黏式装饰色带，避免顾客误撞玻璃。 ·大型卖场需设有专人管理，避免人潮挤在门口徒增意外。 ·若是设计为旋转门，应严格禁止儿童独自进出，避免发生夹伤事件。

第三节 行政与作业之安全管理

一、门市安全管理

门市安全分为开店作业、门市营业中、打烊作业等三个管理阶段，这些作业应由业主本身或指派卖场主管于规定时间内负责执行或监督。

“开店作业前” 应先检视卖场周围环境是否有异样，例如堆积易燃物、设施遭受污损等，如有异样，应迅速通报相关单位处理。若一切正常，则可进行开启店门动作，首先解除保全设定再行开启，并记录开启时间与其他状况事项。接着检查所有出入口、门窗及金库门有无被破坏，然后检视电器控制箱及生财设备，确定电源安全再进行一天的营业事项。

开店作业前
应先检视卖场周围环境是否有异样，例如堆积易燃物、设施遭受污损等，如有异样，应迅速通报相关单位处理。

门市营业中
主管人员应当随时巡视卖场，适时处理不正确的作业方式及状况。

“**门市营业中**”，主管人员应当随时巡视卖场，适时处理不正确的作业方式及状况，例如，补货员占据通道、生财设备运转不正常、购物车散置、电器设备器材有问题等，都应及时处理，以确保卖场安全及营运正常。

打烊作业前
应先清点收入现金，同时检查收银机、金库、管理办公室，记录并上锁。

“**打烊作业前**”应先清点收入现金，同时检查收款机、金库、管理办公室，记录并上锁。接着检查卖场每一商品区、后场仓库及加工作业区、员工休息室和化妆室，确认完成下班的作业模式。然后，检视持续运转的生财设备，如检查冷冻冷藏设备并记录其温度，同时关好设备门；检视非持续运转的生财设备及电器设施并关闭其电源，如冷气空调、音响、照明等。最后，要关门时应注意卖场周围环境，提高警觉巡察有无可疑状况。

二、员工作业安全

员工作业安全包括进货、补货、拆装、加工、机电设备使用、接口设备器材使用、清洁作业等，兹详述如下。

进货作业
首重卸货与入库安全，应正确使用起卸货的机具，以提高作业安全。

“**进货作业**”首重卸货与入库安全，应正确使用起卸货的机具，如升降货梯、堆高机、输送带、输送梯、人工货梯等，以提高作业安全。进货作业时应尽量避免人工起卸货，如无法避免时，也应教导员工正确的操作动作与流程，首先关掉进货车辆引擎，货车与卸货平台保持近距离，卸货完再依序分批入库。

补货
是由仓库提货补充到卖场的作业，通常除了大卖场使用较大型堆高补货机之外，一般中小型卖场大都使用补货棚台车。

“**补货**”是由仓库提货补充到卖场的作业，通常除了大卖场使用较大型堆高补货机之外，一般中小型卖场大都使用补货棚台车，其分为生鲜用车与干货用车两种（如图 13-1、图 13-2 所示）。操作时应依照规定补货动线行走，避免碰撞顾客及其他商品。补货上架时，确实做好商品不落地，以免阻塞通道，妨碍顾客选购，同时搬货时应保持身体正确的直线姿势，勿过度弯腰以免伤及腰椎骨。

图 13-1　生鲜用的补货棚车

图 13-2 干货用的补货台车

“拆装作业” 主要应预防拆卸时的割伤、刮伤及砸伤，所以使用拆卸刀具或工具时，应由内而外、由上而下操作，同时分层拆卸以防商品瞬间散落，造成伤害。

“加工作业” 因为必须经常使用各种各样的刀具和工具器材，甚至加工机器，是最容易发生员工意外的管理范围。例如，生鲜食品加工使用多种不同的刀具，不同的生鲜也有不同的操作手法，作业人员应熟练操作技巧并遵守作业规范，才是安全管理之上策。又如烘焙食品加工，所使用的食品机器都是不同的功能用途，机器运转及操作模式都有差异，作业人员除应熟练操作技巧之外，更应严格遵照使用安全规范（如不可穿宽松衣服避免被机器缠绕），始能避免意外发生。

所有的 **“机电设备”** 应有专门负责人，将操作流程及使用规范书面化或图表化，明示于设备旁，并教导作业人员熟练操作技巧后，始可任其独立作业。然而，所有设备之电力问题及功能维修或调整，除了电源切换开关动作和简易的一级保养之外，必须经由合格技术员工或厂商专业处理，作业人员不可任意处理以免发生意外。

“周边设备” 系指一些弱电功能、没有电源运转或比较没有复杂机电功能的卖场贩促辅助器材，如贩促用品或道具、商品展示器材、标价机、防盗镜或监视设备等。这些设备器材虽然比较没有危险性，但是在悬挂或安置时都应确定其固定性，使用时避免碰撞及妨碍到其他设备陈列。

“清洁作业” 主要安全考虑为滑倒及碰撞，清洁时难免会使用水，应特别注意排水顺畅及快速抹干清洁面，否则极易发生滑倒意外和再次玷污清洁面。无论清洁台面或地板面之前，都应谨慎小心、有秩序地收纳或移位物品，作业后再还原现场，以免因乱置物品而产生碰撞或绊倒意外。

拆装作业
主要应预防拆卸时的割伤、刮伤及砸伤。

加工作业
因为必须经常使用各种各样的刀具和工具器材，甚至加工机器，是最容易发生员工意外的管理范围。

机电设备
应有专门负责人，将操作流程及使用规范书面化或图表化，明示于设备旁，并教导作业人员熟练操作技巧后，始可任其独立作业。

周边设备
在悬挂或安置时都应确定其固定性，使用时避免碰撞及妨碍到其他设备陈列。

清洁作业
主要安全考量为滑倒及碰撞，清洁时难免会使用水，应特别注意排水顺畅及快速抹干清洁面。

三、保全管理

卖场保全管理除了设置保全系统之外，尚可向当地派出所申请巡逻服务，辖区警员将会定时巡逻此区并记录于卖场的巡逻箱。另外，应向产险公司投保相关保险，如火险、水险、地震险、窃盗险等。多层的保安系统是为了预防与减少意外发生及降低卖场损失，然而一旦发生不可避免的意外，应在了解状况发生原因后，迅速向上级主管及相关保全单位报告，以便进一步地有效处理。所以，卖场主管平常就应熟记相关单位的联络电话，如上级主管行动电话、当地电力公司电话、当地派出所值勤电话、119 火灾和 110 窃盗电话，并将这些相关电话明示特定位置，方便急用。

钥匙管理也是保全的管理重点，卖场出入门、管理办公室、保险箱、机房等重要钥匙，应有备份并编号交由相关正副主管妥善保管，未经公司许可不得复制。保险箱之密码只有业主和必要相关人员知悉，且应定期或相关人员调离职时重新设定密码。放置保险箱之处(如金库或店长室)，应随时关闭并上锁，非相关人员不得进入，卖场主管于上下班时间必须审慎检视有无异状，如有异样需立即通报上级单位并迅速妥善处理。

四、灾害及危机处理

(一)防台风及水灾处理

台风及水灾的处理措施，可分成灾害发生前、灾害发生时、灾害发生后等三个阶段。

在台湾将近有半年（五月至十月）是属于雨季及台风期，其所带来的强风豪雨是相当大的天然灾害。对卖场经营而言，该如何事先做好完善的预备措施，避免人员遭受灾害，使卖场财物损失降到最低程度，已是卖场安全管理的重要课题。针对台风及水灾的处理措施，可分成灾害发生前、灾害发生时、灾害发生后等三个阶段。

1.灾害发生前的处理措施

(1) 检修固定卖场四周的硬件设施。

(2) 检修广告招牌的牢固安全度，并拆掉其他临时或非牢固性之悬挂物（如帆布广告牌）。

(3) 确实疏通卖场所有排水沟及邻近卖场的主要排水沟，以防阻塞倒灌。

(4) 检修电器设施及切换开关的运作正常。

(5) 检修卖场的自动照明设备，确保功能使用正常，并准备手电筒置于易拿处。

(6) 将外场的商品全部搬往内场，同时将内场地面物品和贵重商品移至较高或安全之处。

(7) 随时注意台风及豪雨的最新动态。

2.灾害发生时的处理措施

(1) 保持冷静、坚守岗位，遵照上级主管指示，随时应变处理突发状况。

(2) 安抚顾客及其他较没经验的员工，勿造成惊慌现象。

(3) 暂停所有进货、补货及调拨之作业，分配其他相关防灾之作业。

(4) 若风力太大足以影响顾客进出或损及店面，立即请示上级暂停营业。

(5) 卖场遇有淹水情况，立即拔除近地面的插头，如有需要应关闭总电源，并迅速汇报主管人员，请示暂停营业。

3.灾害发生后的处理措施

(1) 清理外场周围环境，并检修外场设施。

(2) 检修电力设施及所有机电设备，确保电源安全后始可开机运转。

(3) 检视陈列设备及货品，将松动或掉落之物品重新归定位。

(4) 集中清理受损商品，列表汇报会计单位。

(5) 详填生财器具损坏表，汇报相关单位以利尽速修护。

(6) 重新清理内外卖场，并整理商品陈列，尽速恢复营业。

(二)地震意外处理

台湾位处欧亚地层板块与菲律宾地层板块相接之处，每年频传的地震灾害，常造成很大的损失。就如防台风管理一样，地震意外处理在卖场也是不可轻忽的管理事件，尤其地震常是不可预知的天灾，其意外发生常让人措手不及。管理人员应当注意以下事项，将卖场损失降到最低：

1. 平时所有员工都应接受地震意外处理教育训练。

2. 当地震发生时，迅速关闭电源总开关，同时打开卖场大门及逃生门。

3. 安抚并疏导顾客尽速离开卖场至室外空旷处。

4. 人员疏散时应小心坠落物品，且不可搭乘电梯，应沿楼梯墙边下楼。

5. 如来不及疏散，应尽速就近寻找躲避处，如桌下或紧靠柱边。

(三)停电应变处理

卖场停电有可预期性和不可预期性两种状况。**“可预期性停电”**包括电力公司的预期停电通知及卖场定期机电检修而必须停电。针

可预期性停电
包括电力公司的预期停电通知及卖场定期机电检修而必须停电。

对可预期的停电状况，卖场比较有足够的时间加以因应，其措施如下：

1. 将停电日期和时间公告于卖场出入口，让顾客都能事先知道此讯息。

2. 提早准备发电机，以利卖场供电正常。

3. 如无法借由发电机正常供电，应暂停机电性的生财设备之使用，并将保温、保冷的商品事先妥善处理。

4. 当无法正常供电的情况之下，如小型卖场仍须营业，可加装蓄电式照明并以人工结账，完成买卖行为。

不可预期性停电
包括有地区电力系统突然故障，及卖场电力设施突发状况或生财设备故障所引起的断电问题。

“不可预期性停电”包括地区电力系统突然故障，及卖场电力设施突发状况或生财设备故障所引起的断电问题。另外，台风、地震等天灾也会引起不可预期的停电情况。当面临以上这些突发性停电原因时，可按照下列事项依序处理：

1. 首先确认停电原因，如属地区性停电，应即刻电询电力公司，确认停电时间，以利因应。

2. 如非地区性原因，仅是卖场本身停电，应先行关闭电器总开关，且尽快通知电工人员查明原因并检修。

3. 突然停电时，借由紧急照明的光线，安抚顾客注意安全，并疏导他们将未结账之商品置妥后先行离开卖场。

4. 夜间停电时，应关闭出入门暂停营业，且迅速妥善处理冷冻冷藏等易损坏之食品。

5. 日间停电时，可依停电时间长短决定是否继续营业。如仍须营业，应将停电事件明示告知顾客，并将冷冻冷藏食品妥善处理后暂停贩卖。

6. 实时停止所有进货、补货、理货之作业。

7. 恢复供电时，每隔 10 秒钟逐一将电器及设备开关打开，并调回定时装置的正确时间。

8. 检视供电后设备的运转情形，同时清理损坏的商品，呈报会计单位。

(四)卖场火警处理

卖场发生火警时，所有卖场人员务必保持冷静，可按照下列事项依序处理：

1. 依照平常之火警教育训练规定，迅速任务编组。

2. 第一组人员随即进行疏导工作，将顾客疏散到安全的地方。

3. 第二组人员立即判断火势大小，如火势尚未蔓延开来，迅速利用灭火器扑灭。如要以水灌灭，务必确认为非电器火源，以免造成导电意外。灭火时应确保退路，实时逃生。

4. 当火势已蔓延开来，判定无法先行控制时，所有人员应立即逃生避难，同时拨打 119 火警，详告火灾正确地址及现况。

5. 提供适当的火灾情报及现场概况给消防人员，以协助尽速灭火。

6. 火势熄灭后，尽速回报上级主管，以处理后续问题。

(五)偷窃及诈骗管理

卖场常发生的偷窃行为有：结账后顺手带走未付款的商品、夹带未结账之商品离开卖场、偷拿置于收银柜台的款项、佯称忘记付款而离开卖场、擅自在卖场食用未付款的食品等几种。为防止发生以上这些偷窃行为，可采取下列的预防措施和处理方式：

1. 于卖场内各卖点区之适当位置，装设防盗镜和监视器，以吓阻和有效监控偷窃行为。

2. 收银人员亲手接递收妥顾客的付账款项，且切勿将找钱之款项置于桌面，应亲手传递给顾客，避免制造犯罪机会。

3. 补货人员作业时，一警觉有异样，应就近观察嫌疑者的动态。

4. 管理人员巡视卖场时，当警觉顾客有异样行为时，可技巧性查证让窃者知难而退。但在没有具体证据时，切勿轻率怀疑顾客。

5. 当确认顾客在卖场有偷窃行为时，应等其要离开卖场时才予以揭发。

6. 当发现顾客在卖场内食用未付账之食品时，可立即告知卖场规定，请其先行结账并了解其意图。

由于卖场的商品项很多、现金流量又大，加上卖场服务人员大都是年轻人，其社会经验较不足，所以常成为不法分子诈骗的目标。常见的卖场被诈骗方式有：假钞购物、信用卡盗刷、兑换零钱、大批购物、假优惠券、假送货、假借寄物声称遗失贵重物品、货品鱼目混珠等不法手段。为防止发生以上这些诈骗行为，可采取下列的预防措施和处理方式：

1. 收银员可使用验钞笔或按照验假钞要点，详细检查大钞。

2. 收银员详细核对信用卡签名，金额较大时先与信用卡公司确认。

3. 告知卖场规定，无法提供兑换零钱服务。

4. 通常到零售卖场大批购物，已有违常规。

5. 确认优惠券的内容明细，如无法确认真伪，应立即请示主管。

6. 假送货真诈骗常发生在小卖场，歹徒佯称业主订货，将假货卸下并立即向收银员收款。收银员若负有收货职责时，应按照正确流程进货，并取得业主的确认，不可擅自付款。

7. 寄物服务台应明示告知所有消费者，贵重物品应自行保管，卖场不负赔偿责任。

(六)夜间行窃及抢劫处理

卖场遭受行窃最容易发生在夜间打烊后，最好的预防方法，是与信誉佳的保全公司合作，装设夜间保全系统。另外，向当地辖区派出所申请巡逻服务，增加一层有效的保全作用。

卖场的现金流量较大，加上大部分的收银柜台都靠近出入口，极易引起歹徒觊觎。除此之外，歹徒也会利用在卖场假购物时，进而向其他顾客抢劫。因此，为预防卖场被行抢，以下注意事项可供参考：

1. 随时保持卖场内外的明亮度，以降低歹徒行抢的动机。

2. 卖场应最少保持两人以上服务人员，切勿单留一人，让歹徒有机可乘。

3. 收银台内只保持小额现金，方便找钱即可。

4. 卖场人员应随时保持警觉性，尤其当夜班、来客数少的时段，更应注意店面闲逛者的举动。

5. 若真发生抢劫意外，应先顾及人身安全并迅速按警铃，通报保全公司和派出所。

(七)恐吓事件处理

由于卖场的位置目标比较明显，不法分子常借由电话或信件恐吓业者。所恐吓之事项大都为在食品里下毒、在卖场里放置危险品、纵火等。这些恐吓事件对企业、消费大众及整个社会已构成严重的伤害，卖场平常即应拟定一套有效的预防措施及应对流程。果真不幸发生，因立即报案，全力配合警方破案,确保社会大众及企业免受伤害。

(八)顾客扰乱行为之处理

进出卖场的人潮流量较大，相对的各阶层的消费者都有，难免碰上小部分的消费者蓄意捣乱，其行为如纠缠员工、故意砸坏商品、破坏生财器具、装疯卖傻、无故谩骂等。当有人在卖场发生这些行为时，相关主管应马上出面了解情形并加以制止。处理时，应有服务人员同时安抚其他顾客免于惊吓，其他人员速将捣乱者请至非卖场区，详细了解情况并告知卖场规定，如不听劝者，将通报辖区派出所处理并请求赔偿。

第四节　安全管理之应变作业

一、应变小组之任务编组

卖场的安全管理项目中，以突发状况事件最多。纵使平常已有拟定防范措施，然而当意外发生仍会有控制不了的因素存在，如人员慌乱、重大灾变等。为了避免人员伤亡和降低财物损失，平日即应将卖场现有人员编制成“灾害应变小组”，明订各自职责并定期实施教育训练和模拟演练，以利意外发生时能及时应变处理。“**灾害应变小组**”之编制包含组长、副组长、人员疏散组、救灾组、情报联络组、财物抢救组及医护组等（如图13-3所示）。小组之职责详述如下：

灾害应变小组
包含组长、副组长、人员疏散组、救灾组、情报联络组、财物抢救组及医护组等。

“**组长**”之职责为负责指挥、调派及协调灾害现场的所有救灾作业，掌控卖场人员动态及灾变状况，并将现场情报向上陈报和相关救援单位协调配合，全力救灾。

“**副组长**”之职责为协助组长执行各项任务，随时与各组协调相关救灾作业。当灾变发生时,立即切断卖场的所有电源与撤离易爆物。

“**人员疏散组**”之职责为立即将状况透过广播，告知所有在卖场的人员，并迅速打开所有可以逃生的通道，同时协助疏导人员逃生及避难。

“**救灾组**”之职责为平日定期检修及演练各种消防设施和救灾器材，且应将设施器材编号放置定位，随时清除救灾通路的障碍物。灾害发生时，立即判断灾害种类，使用适当之救灾设施和器材全力抢救。另外需派员维持现场秩序，以免现场慌乱，影响救灾行动。

“**情报联络组**”之职责为负责对外通报相关支持单位。通报时务必保持冷静，告知详细地址及相关重要数据与信息，切勿含糊以免影响救灾时效。

“**财物抢救组**”之职责为立即将现金、贵重物品和重要文件数据，迅速带离现场另行妥善保管。如来不及带离，也应将其送往金库或保险箱内上锁。如时间允许再抢救其他商品，抢救当中应以人员安全为第一，切勿为抢救财物而疏忽安全。

“**医护组**”之职责为由有医护经验或常识之资深员工担任紧急救护及抢救伤员并送医之任务。

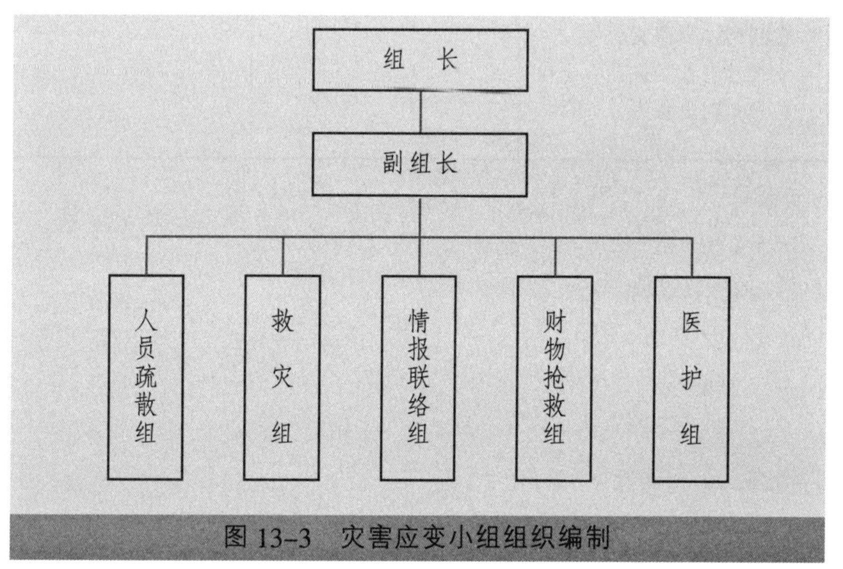

图13-3 灾害应变小组组织编制

二、应变原则与检讨改善

卖场一发生意外事故，不管是哪一种原因所引起的，终将对企业和社会大众造成无法弥补的伤害。如果是属于天灾，吾人不可避免；然而有很多卖场的意外灾害却是人为因素所造成的，这些原因应归罪于企业未尽到社会责任。为了降低自然灾害所引起的损伤，及避免人为疏忽而产生的意外事故，经营者和所有卖场人员都有责任做好应变措施及针对事后严加检讨与改善。

完善的灾害应变措施，包括事前规范、事中应变、事后追查原因等三项应变原则（如表 13-5 所示）。卖场人员应确实做好这些原则，才能有效防范各种安全管理上的缺失。

表 13-5　灾害应变原则

事故发生前	事故发生中	事故发生后
◎事前针对各种安全管理项目规划详细的作业流程和步骤。 ◎将详细作业书面化及图表化，如预防作业说明书、处理流程图或安全项目检查表等，使卖场人员有明确的作业依据。 ◎编制“灾害应变小组”组织结构与职责。 ◎定期实施卖场安全管理教育讲习及演练，以培养警觉心和加强应变能力。 ◎定期检修卖场各项安全设施及生财设备。	◎保持冷静的态度，首重人身安全，财物抢救为次要。 ◎按照平日的任务编组及处理流程，确实执行任务。 ◎遵照上级指示应变调动。 ◎配合并协助他人处理其他应变措施。	◎追查事故发生的真正原因。 ◎追究失职人员之责任，并慰勉尽责之人员。 ◎检讨整个事故之过程缺失，并建立补救措施，改善避免类似情形再发生。

学习评量及分组讨论

1. 常见的前场陈列设备所发生的安全事故大致可归类为哪几种?

2. 请举例说明何谓“动线安全”。

3. 如何加强“商品陈列安全”?

4. 如何做好“卖场地板安全”?

5. “设备安全管理”的要点有哪些?

6. 消防设施检查的项目有哪些?

7. 停车场之安全管理要点有哪些?

8. 卖场出入门之安全管理要点有哪些?

9. 卖场应防范的灾害及危机处理有哪八大项?

10. 针对所选择的卖场,以2人一组,讨论如何做好门市安全管理。

11. 针对所选择的卖场,以2人一组,讨论如何做好员工作业安全管理。

12. 以7人为一小组,进行“灾害应变”任务分配及状况仿真演练。

参考文献

中文文献

丁昌言，2000，店头营销媒体对消费者购买行为的影响——以感官式货架招贴为例，台湾科技大学，硕士论文。

王文义，1997，购物中心规划指南，远流出版事业股份有限公司，台北。

王健民，1991，音乐、情绪、购买涉入与购买行为之研究——实地实验研究，中原大学，硕士论文。

石晓蔚，1997，室内照明设计原理，淑馨出版社，台北。

石晓蔚，1998，室内照明设计应用，淑馨出版社，台北。

朱凤传，1993，实用制图与识图，雄狮图书股份有限公司，台北。

何和明，1993，商业空间动线研究，中国文化大学出版部，台北。

吴师豪主编，2000，便利商店经营管理实务，"经济部商业司"，台北。

吴师豪主编，2000，超级市场经营管理实务，"经济部商业司"，台北。

吴嘉勋、陈进雄合着，2003，会计学第五版，华泰文化事业股份有限公司，台北。

李传明，2001，百货公司卖场环境与气氛塑造之探索性研究——以中兴百货为例，台湾科技大学，硕士论文。

沈妙姿，1995，百货公司卖场管理之研究——以台北市百货公司为例，政治大学，硕士论文。

周泰华、杜富燕，1997，零售管理，华泰书局，台北。

林文昌，1994，色彩计划，艺术图书公司，台北。

林正全，1993，形象时代的塑造者，财团法人连德工商发展基金会，台北。

林正修、徐村和，2002，商店经营管理与成功个案典范，世界商业文库，台北。

林盘耸，1998，企业识别系统/CIS，艺风堂出版社，台北。

邱培荣，2000，展示设计之研究——以商品展场设计为例说明，私立中原大学室内设计研究所，硕士论文。

金惠卿，2000，商店设计表现方式之空间印象研究——以 Esprit， Levi's 服饰旗舰店为例，私立中原大学室内设计研究所，硕士论文。

孙惠敏编译，1989，调和配色手册，信宏出版社，台北。

张彦辉、林正修，2003，门市营运管理，沧海书局，台中。

张辉明，1988，手绘 POP 广告，东皇文化出版社事业有限公司，台北。

张辉明，1998，展示设计实务，三采文化出版事业有限公司，台北。

许胜雄、彭游、吴水丕编译，2000，人因工程，沧海书局，台中。

许逸云，2001，创意店面营销，书泉出版社，台北。

许锦江，2000，“本国”大型百货公司设施规划设计管理之研究，“国立”台湾大学，硕士论文。

郭敏俊，1989，商店设计，新形象出版事业有限公司，台北。

陈宏政译，1999，店铺的管理与诊断，书泉出版社，台北。

陈明杰编译，1997，零售学，前程企业管理有限公司，台北。

陈淑娟，1995，零售卖场设计与现场消费行为关系之探索研究——以百货公司为例，元智大学，硕士论文。

陈德贵，1991，室内设计基本制图，新形象出版事业有限公司，台北。

陈锋仁，1981，超级市场食品百货采购年鉴，超奇出版社，台北。

黄文宏、庄胜雄、伍家德编译，2003，营销管理：Essentials of Marketing A Global-Managerial Approach 8/e，沧海书局，台中。

黄南斗编译，1992，存货管理实务，台华工商图书出版公司，台北。

黄铭章，1998，商业自动化，前程企业管理有限公司，台北。

黄宪章、阿部幸男，1997，便利商店入门，“中国生产力中心”，台北。

杨鸿儒，2001，卖场设计新魅力，书泉出版社，台北。

“经济部”，1982，“中国国家标准”CNS 工程制图，“经济部中央标准局”订定，台北。

经济部商业司，1994，商品条形码应用手册，“经济部商业司”，台北。

邹庆士、赖逢辉译，2003，服务业作业管理，双叶书廊有限公司，台北。

汉宝德，2000，展示规划理论与实务，田园城市文化，台北。

刘丽文、杨军，2002，服务业营运管理，五南图书出版股份有限公司，台北。

欧秀明、赖来洋，1993，实用色彩学，雄狮图书股份有限公司，台北。

苏宗雄，国立故宫博物院新标示系统设计，设计杂志，91 期、92 期。

钟文训编译，1988，成功的店铺设计，大展出版社有限公司，台北。

日文文献

中日贩卖株式会社，1988，Chunichi: Foods & Variety System，中日贩卖株式会社，Nagoya Japan。

太田昭雄、河原英介，1988，色彩与配色（彩色普级版），新形象出版事业有限公司，台北。

日本店铺设计家协会监修，1985，商业建筑企划设计数据集成：设计数据篇，商店建筑社出版，Tokyo。

西川好夫，1972，新色彩の心理，法政大学出版，Tokyo。

志田惯平，1999，店面设计入门，新形象出版事业有限公司，台北。

扶桑产业株式会社，1990，Store Tools Collection，扶桑产业株式会社，Tokyo。

通商株式会社，1990，Naturally for Better in Collection，通商株式会社，Tokyo。

会田玲二著、陈星伟译，1996，瞄准商圈：开店调查实务大公开，金钱文化企业股份有限公司，台北。

广川启智，1999，日本建筑及空间设计精粹第二集：文化、公共设施及标示设计篇，日本联合设计株式会社，Tokyo。

网络数据

"中华民国商品条形码策进会", 2004, http://www.eantaiwan.org.tw

台湾日立股份有限公司, 2004, http://www.taiwan-hitachi.com.tw/pdct/product.asp

台湾日光灯股份有限公司, 2004, http://www.tfc.com.tw/newproduct.html

台湾飞利浦公司, 2004, http://ww2.philips.com.tw/pdnews900823_3.htm

西文文献

Abramson, S. & Stuchin, M. 1999, "*Shops & Boutiques:2000 desiger store and brand imagery*", PBC International Incorporated, Hong Kong.

Alpert, Judy I. & Alpert, Mark I.1990 Summer, "*Music Influences on Mood and Purchase Intentions.*", Psychology & Marketing 7, no.2, pp.109–133.

Anderson, Carol H. 1993, "*Retailing–Concepts, Strategy and Information*", Minneapolis/Saint Paul, MN:West Publishing Company.

Baker, "*The Role of Environment in Marketing Services*", American Marketing Association, pp.79–84, 1987.

Baker, J.Grewal, D.& Parasuraman, A., "*The influence of store enviroment on quality inferences and store image*", J.Acad Mark Sci. 22, 4, pp.328–339, 1994.

Barich & Koter, "*A Framework for Marketing Image Management*", Sloan Management Review, pp.94–104, Winter 1991.

Bellizzi et. al., "*The Effects of Color in Store Design*", Journal of Retailing, Vol. 59, pp. 21–24, 1983.

Brown, S., "*Retail Location at the Micro–Scale: Inventory & Prospect*", The Service Industries Journal, Vol.14, No.4, Oct. 1994, pp.542–576.

David H. Maister, "*The Psychology of Waiting Lines*", in J.A.Czepiel, M.R.Solomon, and C. F.Surprenant (eds.), The Service Encounter: Managing Employee / Customer Interaction in Service Businesses (Lexington, MA: Lexington Books, 1985), pp.113–123.

DeChiara, J., Panero, J. & Zelnik, M. 1992, "*Time–saver Standards for Interior Design and Space Planning*", McGraw–Hill, New York.

DiLouie, C. 1994, "*The Lighting Management Handbook*", The Fairmont Press, Lilburn U.S.A.

Donovan, "*Store Atmosphere, An Environment Psychology Approach*"5.8, pp.34–57, 1982.

Gardner, C. & Hannaaford, B. 1993, "*Lighting Design—An Introductory Guide for Professionals*", The Design Council, London.

Ghosh, A. & Craig, C.S., "*FRANSYS:A Franchise Distribution System Location Model*", Journal of Retailing, Vol.67, No.4, Winter 1991, pp.466–495.

Gill, P. 1990, "*What's a Department Store?*", NRMA Enterprises, New York.

Green, W.R. 1991, "*The Retail Store: Design and Construction*", Van Nostrand Reinhold, New York.

Hansen & Deutscher, "*An Empirical Investigation of Attribute Importance in Retail Store*

Selection",Journal of Retailing,Vol.54,pp.59–73,1977.

Huff,D.L., "*Defining & Estimating a Trading Area*",Journal of Marketing,Vol.28,July 1964,pp.34–38.

IESNA 1993, "*Lighting Handbook–Reference and Application*",Illuminating Engineering Society of North America,New York.

Israel,L.J. 1994, "*Store Planning / Design: History,Theory,Process*",John Wiley & Sons, Inc.,New York.

Kasuga,Y.,Tao,I.M.&Komachi,H.2000, "*World Up–Scale Supermarkets*",Shotenkenchiku –Sha,Tokyo.

Kotler, Philip & Armstrong, Gary 1994, "*Principles of Marketing*", 6th ed., Englewood Cliffs, New Jersey: Prentice–Hall.

Lovelock,C.H.& Wirtz J. 2004, "*Services Marketing: People,Technology,Strategy*",5th ed.,Prentice Hall,Singapore.

Lovelock,C.H.,Patterson,P.G.& Walker,R.H. 2001, "*Services Marketing: An Asia–Pacific Perspective*",2nd ed.,Prentice Hall,NSW.

Maitland,B.1985, "*Shopping Malls: Planning and Design*",Construction Press,London.

Ming–Hsien Yang & Wen–Cher Chen, "*A study on shelf space allocation and management*",International Journnal of Production Economics 60–61,1999,pp.309–317.

Munn,D. 1986, "*Shops—A Manual of Planning and Design*",Architectural Press,New York.

Olins,W. 1989, "*Corporate Identity*",Thames and Hudson.

Philips Lighting. 1993, "*Lighting Manual*",5th ed.,Eindhoven,the Netherlands: Philips Lighting B.V.

Porter,M.E. 1980, "*Competitive Strategy: Techniques for Analyzing Industries and Competitors*",The Free Press,New York,pp.7–14.

Roush,M.L. 1994,The Retail –Each Application Requires an Individual Prescription, Lighting Design Application,September,pp.27–31.

Sheryl E.Kimes, "*Yield Management: A Tool for Capacity–Constrained Service Firms*", Journal of Operations Management,vol.8,no.4 (October 1989),pp.348–363.

Tayman,J.& L.Pol. 1995, "*Retail Site Selection and Geographic Information Systems*", Journal of Applied Business Research,Vol.11,No.2,pp.46–54.

Tompkins,J.A.& John A.W. 1984, "*Facilities Planning*",U.S.A.,John Wiley & Sons,Inc., pp.1–3.

Wingate,J.W.& Helfant,S. 1977, "*Small Store Planning for Growth*",Small Business Administration,Washington.

图书在版编目(CIP)数据

卖场规划与管理(精华版)/谢致慧著.—厦门:厦门大学出版社,2010.5
ISBN 978-7-5615-3486-1

Ⅰ.卖…　Ⅱ.谢…　Ⅲ.零售商业-商业管理　Ⅳ.F713.32

中国版本图书馆 CIP 数据核字(2010)第 071248 号

厦门大学出版社出版发行
(地址:厦门市软件园二期望海路 39 号　邮编:361008)
http://www.xmupress.com
xmup @ public.xm.fj.cn
辑美彩印(厦门)有限公司印刷
(地址:厦门市集美北部工业区理工路 8 号　邮编:361021)
2010 年 5 月第 1 版　2010 年 5 月第 1 次印刷
开本:787×1092　1/16　印张:20　插页:3
字数:400 千字　印数:1～3 500 册
定价:45.00 元